中央高校基本科研业务费项目重点科技创新项目（N130223001）

东北大学秦皇岛分校学术集刊

主编 董劭伟

ZHONG HUA LISHI YU
CHUANTONG WENHUA YAN JIU
LUN CONG

中华历史与传统文化研究论丛

第1辑

中国社会科学出版社

图书在版编目（CIP）数据

中华历史与传统文化研究论丛．第1辑／董劭伟主编．—北京：
中国社会科学出版社，2015.4

ISBN 978 - 7 - 5161 - 5590 - 5

Ⅰ.①中… Ⅱ.①董… Ⅲ.①中国历史—文集 ②中华文化—文集
Ⅳ.①K207 - 53 ②K203 - 53

中国版本图书馆CIP数据核字（2015）第037431号

出 版 人	赵剑英	
责任编辑	宋燕鹏	
责任校对	石春梅	
责任印制	李寡寡	

出　　版	中国社会科学出版社	
社　　址	北京鼓楼西大街甲158号（邮编100720）	
网　　址	http://www.csspw.cn	
	中文域名:中国社科网　　　010 - 64070619	
发 行 部	010 - 84083685	
门 市 部	010 - 84029450	
经　　销	新华书店及其他书店	

印　　刷	北京君升印刷有限公司	
装　　订	廊坊市广阳区广增装订厂	
版　　次	2015年4月第1版	
印　　次	2015年4月第1次印刷	

开　　本	710×1000　1/16	
印　　张	25	
插　　页	2	
字　　数	419千字	
定　　价	80.00元	

编委会

（按拼音顺序排列）

学术顾问

（按拼音顺序排列）

卜宪群（中国社科院历史所）　川本芳昭（日本九州大学）

杜家骥（南开大学）　杜文玉（陕西师范大学）

樊志民（西北农林科技大学）　黄朴民（中国人民大学）

霍存福（沈阳师范大学）　蒋重跃（北京师范大学）

黎　虎（北京师范大学）　李华瑞（首都师范大学）

李文才（扬州大学）　孙继民（河北省社会科学院）

孙家洲（中国人民大学）　沈卫荣（清华大学）

王开玺（北京师范大学）　王晓毅（清华大学）

王子今（中国人民大学）　乌云毕力格（中国人民大学）

张剑光（上海师范大学）　张金龙（首都师范大学）

仲伟民（清华大学）　朱　英（华中科技大学）

目　录

唐史专题研究

域外汉学研究

新史料整理与研究

传统文化研究

文史专家访谈录

学术随笔

东北大学秦皇岛分校博士专题论文

书　评

唐史专题研究

唐代和亲公主的常驻使节作用

黎 虎

（北京师范大学历史学院）

古代世界的外交中没有常驻使节只有临时使节，这是学术界的基本共识。一般认为常驻使节是"由13世纪意大利各城邦之间相互交换代表开始，后来逐渐普及，从17世纪后半叶起，常驻使节才成为普遍的制度"①。虽然由于古代国家之间外交事务相对来说比较寡少而且简单，加以受古代交通、通信条件和发展水平的限制，外交双方的联系、沟通并不频繁而且比较困难，故以临时性使节为双方交往之基本媒介，有其必然性。但是在这种情况下，某种替代性的常驻使节将能够在一定情况下弥补这一不足。我们不能够认为古代外交中绝对不存在常驻使节，事实上在汉唐时期的外交实践中，和亲公主和质子在某种意义上就起到了常驻使节的作用。和亲和纳质是汉唐时期外交体制中的两种重要方式，与此同时和亲公主和质子也在当时的外交中发挥了某种常驻使节的作用，对汉唐王朝而言，可以说和亲公主为己方派驻对方之"常驻使节"，质子则为对方派驻己方之"常驻使节"②。虽然无论和亲公主还是质子均没有被派遣方正式授予常驻使节的职衔，但是他们在实际上往往起到了这样的作用。一般来说和亲公主长期生活于和亲国，从时间方面来说其常驻性固然不存在问题，但是和亲公主之常驻使节作用，更重要的是在于其肩负的和亲使命，以及在和亲国所承担和进行的一系列维护国家利益，为发展双方友好关系

---

① 日本国际法学会编：《国际法辞典》，世界知识出版社1985年版，第790页。
② 关于"质子"的常驻使节作用，详见拙著《汉代外交体制研究》（商务印书馆2014年版）第四章《外交方式（下）》第五节"质侍"，第552—556页。

以及调停双方矛盾冲突中所发挥的一系列不可代替的积极作用等方面。

汉代和亲公主的常驻使节作用问题，我们已经在《汉代和亲女的常驻使节作用》①中进行了讨论，本文所要讨论的是唐代和亲公主的常驻使节作用问题。

唐代和亲公主之发挥了常驻使节作用，体现于如下几个方面。

一　国家的代表

晚近出现于世界外交舞台上的常驻使节，其首要特征是其具有代表国家的资格。在中国古代所谓代表国家，就是代表皇帝。和亲公主不仅是皇帝所派遣，而且是皇帝的亲生女，或者是皇帝的亲属、重臣之女，而以皇帝的名义派遣的。因此，她们作为国家的代表的资格是十分充分而毫无疑义的。

1. 册封以明"公主"身份

和亲公主被选定之后，不论是否皇帝的亲生女，均首先需经皇帝册封，明确以"公主"的身份赴蕃和亲。

肃宗与回纥和亲，乾元元年（758）"诏以幼女封为宁国公主出降"②，此以皇帝亲生女封为公主以和亲。回纥"自咸安公主殁后，屡归款请继前好，久未之许"。及至元和末，"其请弥切"，宪宗"遂许以妻之"。元和十五年（820）"宪宗崩，穆宗即位，踰年乃封第十妹为太和公主"。③此以皇帝之妹封为公主以和亲。大历四年（769）封仆固怀恩女为崇徽公主出降回鹘可汗，此以重臣之女为公主以和亲。《册崇徽公主文》曰：

> 皇帝若曰：于戏！鲁邦外馆，有小君之仪；汉室和亲，从阏支之号。命公主而疏邑以封，焕于徽章。抑有前范，咨尔第十女：裒秀云汉，增华女宗，卓尔洵淑，迥然昭异。肃雍之道，能中其和，缛丽之功，自臻于妙，不资姆训，动会《礼》经。甫及初笄之年，眷求和

① 《江汉论坛》2011年第1期。
② 《旧唐书》卷一九五《回纥传》，中华书局1975年版，第5200页。
③ 同上书，第5211页。

凤之对，用开汤沐，方戒油軿。我有亲邻，称雄贵部，分救灾患，助平寇虞。固可申以婚姻，厚其宠渥，况有诚请，爰从归配。是用封曰崇徽公主，出降回纥可汗，册曰可敦。割爱公主，嫔于绝域，尔其式是闺则，以成妇顺。服兹嘉命，可不慎欤！①

从册文可知，册封和亲公主是以皇帝的名义郑重宣布的。这里，唐代宗视仆固怀恩女如同己出，以公主的荣誉和待遇对待之，对其下嫁回鹘可汗，发展唐、回关系同样寄予厚望。通过册封，就使和亲公主具有了国家——皇帝的代表的名分和资格，而不论其是否皇帝的亲生女。

由于经过册封之后，意味着和亲公主具有了唐王朝及其皇帝代表的身份，故和亲公主究竟是否皇帝的亲生女都能够获得对方的接受。突厥毗伽可汗多次求婚，唐王朝一直没有应许。开元十三年（725），唐遣使告请其参与玄宗东巡，毗伽可汗趁机再次向唐使提出求婚问题，其中说道：“闻人蕃公主，皆非天子之女，今之所求，岂问真假，频请不得，实亦羞见诸蕃。”② 当时和亲国都知道唐王朝和亲公主并非均为皇帝的亲生女的内情，其中有真有假。那么，和亲国何以能够接受并非皇帝亲生女的和亲公主呢？就是因为这些经过皇帝正式册封的和亲公主，不论其是否皇帝的亲生女，都已经具有了“公主”的身份，都已取得了唐王朝代表的资格。可见和亲公主是否皇帝的亲生女虽然重要，但是更重要的是经过册封而有了公主的名号。

当然，如果和亲公主是皇帝的亲生女再经过正式册封，那么和亲国对此将更为满意。乾元元年（758）宁国公主下嫁回纥毗伽阙可汗，七月，以肃宗堂弟李瑀、堂侄李巽为使护送，在交接仪式场合，双方进行了礼仪之争，“及（李）瑀至其牙帐，毗伽阙可汗衣赭黄袍，胡帽，坐于帐中榻上，仪卫甚盛，引瑀立于帐外，谓瑀曰：‘王是天可汗何亲？’瑀曰：‘是唐天子堂弟。’”时李瑀“不拜而立，可汗报曰：‘两国主君臣有礼，何得不拜？’瑀曰：‘唐天子以可汗有功，故将女嫁与可汗结姻好。比者中国与外蕃亲，皆宗室子女，名为公主。今宁国公主，天子真女，又有才貌，万里嫁与可汗。可汗是唐家天子女婿，合有礼数，岂得坐于榻上受诏命耶！’可汗乃起奉诏，便受册命。翼日，册公主为可敦”。李瑀迫使毗伽

① （清）董诰等编《全唐文》卷四一五，中华书局1983年版，第4251页。
② 《旧唐书》卷一九四上《突厥传上》，第5176页。

阙可汗就范的法宝之一就是强调和亲公主为肃宗之亲生女，使毗伽阙可汗不得不起身受诏。由于这次唐王朝是以皇帝的亲生女为和亲公主，故"蕃酋欢欣曰：'唐国天子贵重，将真女来！'"回纥方面备感荣耀。于是同年八月，"回纥使王子骨啜特勤及宰相帝德等骁将三千人助国讨逆"①。对于促进双方的军事合作起到了立竿见影之效果。

不仅如此，前朝的、敌对王朝的和亲公主也可以经过册封而转身成为新王朝的和亲公主。在与突厥的和亲中，北周的千金公主转身为隋王朝的大义公主就是一个典型。北周宣帝大成元年（579），"策赵王（宇文）招女为千金公主以嫁"突厥他钵可汗，次年（北周静帝大象二年，580）公主正式赴突厥。又次年（北周静帝大定元年，581）周隋易代，北周禅让于杨坚，是为隋文帝，隋朝建立，改元开皇。是年底，突厥他钵可汗死，千金公主继为沙钵略可汗之妻。"沙钵略勇而得众，北夷皆归附之。隋文帝受禅，待之甚薄，北夷大怨"②。加以千金公主因"自伤宗祀绝灭"，"每怀复隋之志，日夜言之于沙钵略。由是悉众为寇，控弦之士四十万"③。沙钵略谓其臣曰："我，周之亲也。今隋主自立而不能制，复何面目见可贺敦乎！"于是双方关系紧张，隋文帝患之，"敕缘边修保障，峻长城"④。千金公主之所以"自伤"，不仅因为她所代表的周室被杨氏所篡，同时还因为其父被杨坚所杀。千金公主之父宇文招与杨坚同为周室重臣，双方矛盾尖锐，千金公主出嫁突厥不久，宇文招试图谋杀杨坚不成，反被杨坚所杀。故千金公主可谓集国恨家仇于一身。后来"沙钵略既为达头所困，又东畏契丹，遣使告急"⑤。随着隋王朝加大反击力度，"突厥沙钵略可汗数为隋所败，乃请和亲"⑥。开皇四年（584）隋即趁机以"其妻可贺敦周千金公主，赐姓杨氏，编之属籍，改封大义公主"⑦。经过册封，于是北周的和亲公主千金公主遂摇身一变而为隋的和亲公主大义公

①　《旧唐书》卷一九五《回纥传》，第5200—5201页。

②　（唐）李延寿：《北史》卷九九《突厥传》，中华书局1974年版，第3290—3291页。

③　（唐）魏徵等：《隋书》卷八四《北狄传》，中华书局1973年版，第1865—1866页。

④　（北宋）司马光主编：《资治通鉴》卷一七五《陈纪九》，宣帝太建十三年，（元）胡三省注，中华书局1956年版，第5450页。

⑤　《隋书》卷八四《北狄传》，第1869页。

⑥　《资治通鉴》卷一七六《陈纪十》，长城公至德二年，第5475页。

⑦　《隋书》卷八四《北狄传》，第1870页。

主，她一身而为两朝和亲公主，隋王朝亦从而得以继续与突厥建立起和亲关系，"沙钵略大悦，于是岁时贡献不绝"①。

2. 赋予国家使命的重托

和亲公主之所以出嫁蕃君，并非仅仅作为女性而尽妻妾之道，而是身负重大的政治使命，出嫁时均被赋予国家使命的重托。"军容旌节送，国命锦车传。"②不仅是和亲公主降蕃盛况的形容，也是对于和亲公主被委以重任、衔命出使的一种写照。

和亲公主的派遣完全是出于国家的外交目的。唐初，西突厥统叶护可汗"北并铁勒，西拒波斯，南接罽宾，悉归之，控弦数十万，霸有西域，据旧乌孙之地"。史称"西戎之盛，未之有也"。为唐王朝在西方的重要对手。武德三年（620），统叶护可汗遣使来请婚，唐高祖谓侍臣曰："西突厥去我悬远，急疾不相得力，今请婚，其计安在？"封德彝对曰："当今之务，莫若远交而近攻，正可权许其婚，以威北狄。待之数年后，中国盛全，徐思其宜。"高祖"遂许之婚"③。唐王朝君臣对于和亲的外交目的有着明确的认识。

维系和发展双方和平、友好关系，是和亲公主共同的使命，但是除此之外，根据双边关系的具体情况和不同的和亲对象，和亲公主的使命又有所差异。

金城公主是继文成公主之后和亲吐蕃的。文成公主和亲期间，唐、蕃之间"数十年间，一方清净"。自文成公主去世之后，唐、蕃关系有所倒退，双方边境地区冲突有所增加，但是维护和发展唐、蕃和平友好关系仍然是双方的共同愿望，故吐蕃一直希望继续与唐和亲，"赞普及祖母可敦、酋长等，屡披诚款，积有岁时，思托旧亲，请崇新好"④。于是中宗以所养雍王李守礼女为金城公主许嫁之。景龙四年（710）正月，制曰："金城公主，朕之少女，岂不钟念，但为人父母，志息黎元，若允乃诚祈，更敦和好，则边土宁晏，兵役服息。遂割深慈，为国大计，筑兹外馆，聿膺嘉礼，降彼吐蕃赞普，即以今月进发，朕亲自送于郊外。"⑤这

---

① 《隋书》卷八四《北狄传》，第 1870 页。

② （唐）韦元旦：《奉和送金城公主适西蕃应制》，《全唐诗》卷六九，第 1055 页。

③ 《旧唐书》卷一九四下《突厥传下》，第 5181 页。

④ 《旧唐书》卷一九六上《吐蕃传上》，第 5227 页。

⑤ 同上。

里明确指出金城公主下嫁吐蕃乃"为国大计",具体来说,一方面是继承文成公主和亲所开辟的唐、蕃和平友好关系,进一步"更敦和好",保持和发展双方和平友好关系;另一方面则强调要加强双方边境的安宁,期望金城公主的和亲,有利于"边土宁晏,兵役服息",从而"志息黎元",使得唐、蕃百姓得以休养生息,安居乐业。唐王朝还特意将公主和亲的目的向对方宣示,送别金城公主时,中宗"幸始平县以送公主,设帐殿于百顷泊侧,引王公宰相及吐蕃使入宴。中坐酒阑,命吐蕃使进前,谕以公主孩幼,割慈远嫁之旨,上悲泣歔欷久之"①。由此可见唐中宗将派遣爱女和亲吐蕃的目的意义,即"割慈远嫁之旨",是在送别盛会上,当着唐王朝公卿百官和吐蕃迎亲使者的面公开宣示的,其用心之切于此可见。

安史之乱时回纥出兵助唐平叛有功,但恃功骄横,诛求无已。这时两京虽然已经收复,但是仍需借其兵力以进一步平叛。乾元元年(758)回纥可汗求婚,唐肃宗遂以宁国公主妻之。其所发布的《宁国公主下降制》对于这次和亲的目的、使命有深入的阐述:

> 顷自凶渠作乱,宗社贴危,回纥特表忠诚,载怀奉国。所以兵瑜绝漠,力徇中原,丞除青犊之妖,实赖乌孙之助。而先有情款,固求姻好。今两京底定,百度惟贞,奉皇舆而载宁,缵鸿业而攸重。斯言可复,厥德难忘。爰申降主之礼,用答勤王之志。且骨肉之爱,人情所钟,离远之怀,天属尤切。况将适异域,宁忘轸念。但上缘社稷,下为黎元,遂抑深慈,为国大计。是乃筑兹外馆,割爱中闱,将成万里之婚,冀定四方之业。以其诚信所立,家国攸宁,义以制名,式崇宠号。宜以幼女封为宁国公主,应缘礼会,所司准式。其降蕃日,仍令堂弟银青光禄大夫殿中监汉中郡王瑀充册命英武威远毗伽可汗使,以堂侄正议大夫行右司郎中上柱国上邽县公赐紫金鱼袋巽为副,特差重臣开府仪同三司尚书左仆射冀国公裴冕送至界首。凡百臣庶,宜悉朕怀。②

这里也强调指出宁国公主之出嫁回纥乃"为国大计",其意义重大,

---

① 《旧唐书》卷一九六上《吐蕃传上》,第5227—5228页。

② 《全唐文》卷四二,第4251页。

"上缘社稷，下为黎元"，攸关国家和人民福祉；值此社稷动荡之时、国运安危之秋，其使命更显非常，"翼定四方之业""家国攸宁"，身系天下安危，为国分忧，发展唐、回关系，以安定唐王朝的统治。宁国公主对此使命亦有强烈的认识，乾元元年（758）宁国公主出嫁回纥时，"肃宗送宁国公主至咸阳磁门驿，公主泣而言曰：'国家事重，死且无恨。'上流涕而还"①。深知此行身负国家重任，抱定不避艰险以死报国的决心，大有"壮士一去"之慨，令人动容。

二　为维护国家利益而效力

和亲公主之所以在当时可以视为发挥了一定的常驻使节的作用，更主要体现在她们在和亲国期间所采取的一系列效力于本国国家利益的行动。和亲公主之被册封不仅是在双方公开宣示其为国家代表的身份和资格，同时也是对于其得以行使国家代表的一种授权。故和亲公主在和亲国期间往往利用这一身份和授权，采取一系列行动以维护国家的利益。英国外交理论学者杰夫·贝里奇在介绍 16 世纪欧洲早期外交学先驱马基雅弗利的贡献时写道："通读马基雅弗利的著作，可以发现他认为常驻大使应当有五项主要职责。大使必须鼓动驻在国君主采取符合本国君主利益的政策，防止敌对政策的酝酿，其中可能包括破坏外交对手活动的行为。外交官还必须向本国君主提交政策建议，并且不惜一切代价捍卫本国君主的名声。如果有必要，他还应该参与正式谈判，特别要注意努力获取情报并向国内报告。最困难的是，报告必须预测未来局势发展。"② 我们不必拘泥于马基雅弗利所说的五项职责，他是根据他作为佛罗伦萨共和国外交官员的经验而总结出来的，何况常驻大使的职责在不同时代、不同国家也是有所变化的，要之，常驻大使为代表君主常驻于所在国，他们将利用一切机会和可能为维护本国之利益，为发展双方关系而尽力，获取情报或提交政策建议向本国君主报告。和亲公主根据自己所处的环境而开展多种多样政治活

---

① 《旧唐书》卷一九五《回纥传》，第 5200 页。

② ［英］杰夫·贝里奇（G. R. Berridge）、莫里斯·基恩斯—索珀（Maurice Keens-Soper）、奥特（T. G. Otte）著：《外交理论——从马基雅弗利到基辛格》，陆悦璘、高飞译，北京大学出版社 2006 年版，第 16 页。

动，为双方关系的发展和维护本国的国家利益而效力，这是和亲公主具有常驻使节作用的核心体现。发挥双方关系的纽带作用，是和亲公主为国家利益效力的一种体现。这种作用不论和亲关系国的双方还是和亲公主本人在遇到各种不同情况时都会加以利用，在双方关系融洽、友好时固然如此，在双方关系僵持、紧张时期也是双方互通使命的一个抓手，从而有助于恢复和改善双方关系。和亲公主在和亲国期间，与朝廷建立密切联系，是其发挥常驻使节作用的重要体现。直接向朝廷遣使、上表或贡献，是和亲公主与朝廷建立密切联系的体现。在这种使节和书疏往还之中，和亲公主对于双边关系的发展，双方经济文化交流，以及日常外交事务的交涉和沟通，无不尽其所能，做出了自己的努力。

唐代和亲公主在和亲国为国家利益的行动，体现于以下诸方面。

1. 置府设官以为活动平台

和亲公主为了在和亲国采取维护和服务于国家利益的行动，首先需要有相应的机构和官员才能进行，故和亲公主在和亲国一般均置府并设相应的官属，他们除了负责和亲公主的日常生活及其相关事务之外，也是其开展各种公务活动的依托和平台。

唐代对于公主置府设官有一定的制度，神龙二年（706）"敕置公主设官属。镇国太平公主，仪比亲王。长宁、安乐，唯不置长史，余并同亲王。宣城、新都、安定、金城等公主，非皇后生，官员减半。其金城公主，以出降吐蕃，特宜置司马"。公主府基本上比照亲王府而略有调整，其非皇后所生者，则官属减半。这里特别规定，由于金城公主和亲吐蕃，破例设置司马。长史、司马统领府僚、府务。可见唐王朝对于和亲公主之格外关照。至景龙四年（710）六月二十二日，"停公主府，依旧置邑司"①。诸公主改置邑司，隶属于宗正寺，邑司的官属和职责："公主邑司：令一人、丞一人、录事一人、主簿二人、谒者二人、舍人二人、家吏二人。"他们各"掌主家财货出入、田园、征封之事。"② 这是一般公主的置府及其职能情况。

唐代和亲公主往往特批置府设官，例如，贞元四年（788）德宗以咸

---

① 以上见《唐会要》卷六《杂录》，上海古籍出版社 2006 年版，第 79 页。
② 《旧唐书》卷四四《职官志三》，第 1915 页。

安公主和亲回纥，"尽建咸安公主官属，视王府"①。可见为和亲公主所建之府及其官属，是与王府等同的，所谓王府，即指亲王府，故《旧唐书》记此事曰："诏咸安公主降回纥可汗，仍置府，官属视亲王例。"② 长庆元年（821）五月，穆宗以太和公主和亲回纥，其月敕："太和公主出降回纥，宜特置府，其官属宜视亲王例。"③ 王府官属"有傅、咨议参军、友、文学、东·西阁祭酒、长史、司马、掾、属、主簿、史、记室、录事参军、录事、功·仓·户·兵·骑·法·士等七曹参军、参军事、行参军、典签。"④ 有的和亲公主在置府的同时还加公主邑司，如太和公主和亲回纥时，"公主置府，官属准亲王例。仍铸邑司印一面"⑤。在按照亲王府设置官属的同时，还授予"邑司"印。

和亲公主在和亲国又有相应的官府设置和官属配备。长庆元年（821）太和公主下嫁回纥，"既至虏庭，乃择吉日，册公主为回鹘可敦。可汗先升楼东向坐，设毡幄于楼下以居公主，使群胡主教公主以胡法。公主始解唐服而衣胡服，以一妪侍，出楼前西向拜。可汗坐而视，公主再俯拜讫，复入毡幄中，解前所服而披可敦服，通裾大襦，皆茜色，金饰冠如角前指，后出楼俯拜可汗如初礼。虏先设大舆曲扆，前设小座，相者引公主升舆，回纥九姓相分负其舆，随日右转于庭者九，公主乃降舆升楼，与可汗俱东向坐。自此臣下朝谒，并拜可敦。可敦自有牙帐，命二相出入帐中"⑥。太和公主到了回纥后，被册封为回纥可敦，即可汗的正妻⑦。太和公主作为回纥可汗的正妻，一方面"自此臣下朝谒，并拜可敦"。另一方面"可敦自有牙帐，命二相出入帐中"。此牙帐即可敦府，并设有相应的

---

① 《新唐书》卷二一七上《回鹘传上》，第 6124 页。

② 《旧唐书》卷一九五《回纥传》，第 5208 页。

③ 同上书，第 5211 页。

④ 《资治通鉴》卷一九〇《唐纪六》，高祖武德七年（624）胡注，第 5978 页。详见《旧唐书》卷四四《职官志三》，第 1914 页。

⑤ 《唐会要》卷六《杂录》，第 89 页。

⑥ 《旧唐书》卷一九五《回纥传》，第 5212—5213 页。

⑦ 可敦或称可贺敦，为古代北方草原地区突厥、柔然、回纥、鲜卑等民族对于可汗正妻的称呼，汉译"皇后"之意，《通鉴》胡三省谓："自突厥有国以来，可汗号其正室曰可贺敦。"[《资治通鉴》卷二二〇《唐纪三十六》，肃宗乾元元年，第 7059 页。]又谓："柔然之主曰可汗，其正室曰可贺敦。"[《资治通鉴》卷一四九《梁纪五》，武帝普通元年，第 4660 页]

官属。故《新唐书》记此事曰："可敦亦自建牙，以二相出入帐中。"[①] 护送太和公主入回纥的唐使胡证等人启程归唐前，"可敦宴之帐中，留连号啼者竟日"[②]。太和公主与唐使的告别宴会是在自己的牙帐内进行的，由此可知，太和公主有自己独立的府第、辅佐官属以及一定的独立的活动。其官属除了从唐朝带去的之外，还有和亲国所配备的。

文成公主以及金城公主和亲吐蕃时，吐蕃特为之另筑一城邑，其与回纥为和亲公主另设牙帐之意涵有相通相似之处。贞观十五年（641），太宗以文成公主妻之，吐蕃赞普亲迎于河源，"及与公主归国，谓所亲曰：'我父祖未有通婚上国者，今我得尚大唐公主，为幸实多。当为公主筑一城，以夸示后代。'遂筑城邑，立栋宇以居处焉"[③]。此举虽然有"夸示后代"之意，但实际上也是为和亲公主另建立府第。后来金城公主和亲吐蕃时亦然，"公主既至吐蕃，别筑一城以居之"[④]。唐诗咏金城公主和亲吐蕃，有"羌庭遥筑馆"[⑤] 之句，即指此云。

和亲公主在和亲国置府设官，不仅是其荣誉地位的标志和日常生活事务的管理者，同时也使其有了开展促进双方关系和维护国家利益等政治行动的依托和平台。和亲公主向朝廷和其他各方面派遣使者以及发出各种文书就是其依托置府设官这一平台而进行的公务活动的表现。白居易《阴山道》中有咏和亲回纥的咸安公主诗句，称"咸安公主号可敦，远为可汗频奏论"[⑥]。实际上是对于当时和亲公主在和亲国活动情形的一种概括。

金城公主秘密遣使个失密，是和亲公主有自己的官属并在其指挥下进行活动的一个反映。开元十一年（723）五月金城公主"遣汉使二人偷道向个失密国传言曰：'汝赤心向汉，我欲走出投汝，容受我否？'"个失密即今克什米尔，在吐蕃之南，"去吐蕃金城公主居处七日路程"。个失密当时与唐保持友好关系，故"个失密王闻其言，大喜报曰：'公主但来；竭心以待。'"于是个失密王又遣使谢飓，曰："天子女欲走来投我国，必恐吐蕃兵马来逐，我力不敌，乞兵于我，即冀吐蕃破散，公主得达臣

---

① 《新唐书》卷二一七下《回鹘传下》，第6130页。
② 《旧唐书》卷一九五《回纥传》，第5212—5213页。
③ 《旧唐书》卷一九六上《吐蕃传上》，第5221—5222页。
④ 同上书，第5228页。
⑤ （唐）徐彦伯：《奉和送金城公主适西蕃应制》，《全唐诗》卷七六，第1125页。
⑥ （唐）白居易：《阴山道》，《全唐诗》卷四二七，第6791页。

国。"谢䫄王"闻之极欢，遣使许诺于个失密王"，并于次年遣使入唐，"面取进止"。唐玄宗"甚然之，赐帛百疋，放还蕃"①。这里值得注意的是金城公主派出的是"汉使二人"而非吐蕃官员，此二位汉人，应当就是金城公主从唐带去的官员。此二位汉使是秘密出境的，并没有通过吐蕃当局，可见金城公主是有自己的官属并接受她的指示而行事。汉代和亲公主就已经有自己遣使出境的情形，和亲乌孙的解忧公主就曾经派遣其"侍者"冯嫽出使西域诸国。不过冯嫽之出使是公开的，金城公主的二位使者是秘密的。我们虽然不知道金城公主出于什么原因要离开吐蕃，以及此事为什么后来不了了之，但是我们可以看到金城公主通过秘密的、曲折的渠道，终于将信息传递到了唐王朝，从中可以窥见和亲公主及其官属的活动能量。

　　金城公主于中宗景龙四年（710）赴吐蕃和亲，从上述神龙二年（706）置公主设官属的敕中，我们知道金城公主在前往吐蕃之前已经置邑司，并特准设置司马以统其事，但是金城公主在吐蕃时，于开元二十年（732）又向唐王朝提出"请置府"②的要求。其原因何在？一方面可能与公主置府制度的变化有关，恰巧景龙四年（710）敕停公主府，诸公主改置邑司。此后和亲公主需经特批才能置府。睿宗景云二年（711）册封金城公主为长女，册文云："是用命朝散大夫试司宾少卿护军曹国公甘昭充使，试詹事丞摄太子赞善大夫沈皓仙为副，持节往册尔为朕长女，依旧封金城公主。率由嫔则，无替尔仪，载光本朝，俾乂蕃服，岂可不慎欤？"③这里没有提到为金城公主置府问题，故金城公主在吐蕃时可能仍然设置的是邑司而非公主府；另一方面可能与金城公主入蕃已经二十余年，其原有官属已经变化较大，减员比较严重，因此需要通过置府以补充官属。故开元二十年唐使崔琳回唐时，金城公主已经通过他上书请求置府，但是次年唐使李行祎来吐蕃时，此事并没有得到唐玄宗的回应，因此她再次上书提出请求，她说："去年崔琳回日，请置府。李行祎至，及尚他辟回，其府事不蒙进止。望皇帝兄商量，矜奴所请。"④唐玄宗在《敕金城公主》中有云："所请授官及内人品第，既久在彼，诚亦可矜，即当

---

① 《册府元龟》卷九七九《外臣部·和亲》，第11501页。
② 《册府元龟》卷九七九《外臣部·和亲》，第11503页。
③ 《全唐文》卷二三五《册金城公主文》，第2377页。
④ 《册府元龟》卷九七九《外臣部·和亲》，第11503页。

续有处分。"① 当是对于金城公主这一请求的回复，答应尽快解决她提出的问题，满足她的要求。

2. 促进双方友好关系

促进双方关系和好，是和亲公主出嫁前即已领受的基本使命，出嫁后即尽一切可能为促进双方关系的和好而尽力。"远修好信，既申洽比之姻，殊俗保和，实赖肃雍之德。"② 国家对于和亲公主促进双方关系的和好寄予厚望。

金城公主下嫁吐蕃之后，唐、蕃之间在河陇一带的争夺并未休止，双方在边界地区兵戎相见，时有发生。开元四年（716）二月，吐蕃围松州，松州都督孙仁献袭击吐蕃于城下，大破之。八月，吐蕃请和，唐玄宗从之，同时赏赐金城公主及赞普锦帛器物等。于是金城公主，上表谢恩曰：

> 金城公主奴奴言，仲夏盛热，伏惟皇帝兄起居万福，御膳胜常。奴奴奉见舅甥平章书，云还依旧日，重为和好。既奉如此进止，奴奴还同再生，下情不胜喜跃。伏蒙皇帝兄所赐信物，并依数奉领。谨献金盏、羚羊衫段青长毛毾各一，奉表以闻。③

金城公主为雍王李守礼之女，于辈分为中宗、睿宗之侄孙女，玄宗之侄女，何以在其上玄宗书中以"皇帝兄"称呼玄宗？景云元年（710）金城公主入蕃之后，次年睿宗又册金城公主为长女，册文云："礼之隆杀，大系于情；情之厚薄，抑亦在我。今犹子属爱，何异所生？然叔父继恩，更思敦睦。是用命朝散大夫试司宾少卿护军曹国公甘昭充使，试詹事丞摄太子赞善大夫沈皓仙为副，持节往册尔为朕长女，依旧封金城公主。"④ 通过册封金城公主为长女，使"于骨肉而加等"，表示"更思敦睦"之情，以期"载光本朝，俾父蕃服"之意。故这里金城公主与玄宗得以兄妹相称。当时把唐、蕃关系定位为"舅甥"关系，通过和亲，唐皇帝为

---

① 《全唐文》卷二八七，第2907页。

② （唐）白居易：《祭咸安公主文》，《全唐文》卷六八一，第6961页。

③ 《册府元龟》卷九七九《外臣部·和亲》，第11520页。

④ 《全唐文》卷二三五《册金城公主文》，第2377页。

吐蕃君主之舅，吐蕃赞普则为唐皇帝之甥。在金城公主的上书中，其核心精神是表示对于唐、蕃之间恢复和好关系表示十分赞成和高兴，从表文可知，她得以拜阅唐玄宗致吐蕃赞普的回信，看到唐玄宗在回信中申明"还依旧日，重为和好"。她感到"还同再生"，"不胜喜跃"。充分肯定了双方和解的愿望，表示衷心的拥护。她的上书所表达的对于唐、蕃和好的强烈意愿，对于处于紧张关系之中的双方来说都是有积极意义的一种促进。

　　开元中，吐蕃自恃国力强盛，一方面频繁犯塞，"连兵十余年，甘、凉、河、鄯，不胜其弊"；另一方面"致书用敌国礼，辞指悖慢"，玄宗"意常怒之"①。经过唐方的有力反击，吐蕃兵数败而惧，于是"频遣使请和"，但是唐玄宗拒绝其请，以致吐蕃方面曾经"数度使人入朝，皆被边将不许，所以不敢自奏"。在这种情况下，开元十七年（729）冬金城公主"遣使人娄众失力将状专往"②，致书玄宗。这位使者显然是吐蕃官员，但他是受金城公主之命，专程入唐上书的。在吐蕃使者屡遭唐方拒绝的情况下，金城公主的专使得以入唐，这对于沟通双方关系，无疑是一种补偏救弊良方。史籍虽然没有留下金城公主这一上书的具体内容，但是从当时吐蕃方面的迫切要求可以推知，其必然是转达了吐蕃君臣的请和意愿，并希望唐方能够与吐蕃方面进行沟通，重归于好。开元十八年（730）唐玄宗终于回心转意，遣使吐蕃，重建双方和好关系。唐玄宗态度的转变，忠王友皇甫惟明的力劝固然起了很大作用，而金城公主的上书，不能不说也在其中起了促进作用。而且皇甫惟明之劝说玄宗，也是拿金城公主说事的，一方面他指出："开元之初，赞普幼稚，岂能如此。必是在边军将务邀一时之功，伪作此书，激怒陛下。两国既斗，兴师动众，因利乘便，公行隐盗，伪作功状，以希勋爵，所损钜万，何益国家。今河西、陇右，百姓疲竭，事皆由此"；另一方面则为玄宗通使吐蕃找到一个好主意："若陛下遣使往视金城公主，因与赞普面约通和，令其稽颡称臣，永息边境，此永代安人之道也"③。和亲公主成为唐玄宗通使吐蕃的一个抓手和台阶，看望金城公主的借口给了唐玄宗一个妥协的机会。于是玄宗同意了皇甫惟

---

① 《资治通鉴》卷二一三，第6776页。
② 《旧唐书》卷一九六上《吐蕃上》，第5231页。
③ 同上书，第5230页。

明的意见，派遣皇甫惟明及内侍张元方出使吐蕃，"以书赐公主"①。唐使于是打着看望金城公主的旗号出使吐蕃，以实现双方重启和谈，重归于好的目的。唐使至吐蕃，"既见赞普及公主，具宣上意。赞普等欣然请和，尽出贞观以来前后敕书以示（皇甫）惟明等，令其重臣名悉猎随惟明等入朝"。吐蕃赞普通过使者上表曰："外甥是先皇帝舅宿亲，又蒙降金城公主，遂和同为一家，天下百姓，普皆安乐。中间为张玄表、李知古等东西两处先动兵马，侵抄吐蕃，边将所以互相征讨，迄至今日，遂成衅隙。外甥以先代文成公主、今金城公主之故，深识尊卑，岂敢失礼。又缘年小，枉被边将谗构斗乱，令舅致怪。伏乞垂察追留，死将万足。前数度使人入朝，皆被边将不许，所以不敢自奏。去冬公主遣使人娄众失力将状专往，蒙降使看公主来，外甥不胜喜荷。谨遣论名悉猎及副使押衙将军浪些纥夜悉猎入朝，奏取进止。两国事意，悉猎所知。外甥蕃中已处分边将，不许抄掠，若有汉人来投，便令却送。伏望皇帝舅远察赤心，许依旧好，长令百姓快乐。如蒙圣恩，千年万岁，外甥终不敢先违盟誓。"② 于是双方聘使往还，"自是吐蕃复款附"③。这次唐、蕃关系之由敌对向和好的转折，根本上当然是双方军事较量达到一个新的平衡阶段，双方都有了恢复和平、稳定关系的意愿，但是金城公主在其中发挥了积极的作用也是应当看到并加以肯定的。

　　3. 为双方交涉事务沟通斡旋

　　在双方交涉事务中，和亲公主亦以自己所处的特殊地位而在双方之间尽力进行沟通和斡旋。其事迹昭然者，略举数端以明之：

　　（1）亲署誓文问题

　　玄宗开元初期，唐、蕃之间曾为双方盟誓及署名问题展开了较长时段的争执。开元二年（714），吐蕃相坌达延上书唐宰相，"请载盟文，定境于河源，丐左散骑常侍解琬莅盟"④。玄宗令姚崇等报书，命解琬持中宗神龙（705—707）年间双方所立誓文前往。吐蕃方面也提出了自己的誓词，双方尚未达成一致，吐蕃即将兵十万寇边。此后吐蕃方面多次遣使入唐要

————————

① 《新唐书》卷二一六上《吐蕃上》，第6084页。
② 同上书，第5231页。
③ 《资治通鉴》卷二一三，第6791页。
④ 《新唐书》卷二一六上《吐蕃传上》，第6081页。

求与唐皇帝"共署誓刻"，玄宗一直没有同意。开元五年（717）三月吐蕃赞普又遣使奉表请和，金城公主也通过吐蕃使者上表玄宗，表文曰：

> 金城公主奴奴言：季夏极热，伏惟皇帝兄御膳胜常。奴奴甚平安，愿皇帝兄勿忧。此间宰相向奴奴道，赞普甚欲得和好，亦宜亲署誓文。往者皇帝兄不许亲署誓文。奴奴降蕃，事缘和好。今乃骚动，实将不安和。矜怜奴奴远在他国，皇帝兄亲署誓文，亦非常事，即得两国久长安稳，伏惟念之。①

在这个表文中，金城公主向唐玄宗传递了吐蕃统治集团对于双方关系"甚欲得和好"的意愿，报告了目前"今乃骚动，实将不安和"的动态，据此她强烈希望玄宗能够"亲署誓文"，认为这对于"两国久长安稳"十分重要，这也是她和亲吐蕃的目的"事缘和好"的体现，对于身处吐蕃的她来说也是有利的事情。可见金城公主直接介入唐蕃交涉事务。但是唐玄宗仍然没有答应，至开元七年（719）六月，吐蕃复遣使请玄宗亲署誓文，玄宗不许，曰："昔岁誓约已定，苟信不由衷，亟誓何益！"② 不过唐朝方面还是"礼其使而遣，且厚赐赞普。自是岁朝贡不犯边"③。

（2）划界树碑问题

经过开元前期的长期竞争角逐，唐、蕃双方终于同意划定疆界，以减少边境冲突。开元十九年（731）吐蕃请"交马于赤岭，互市于甘松岭。宰相裴光庭曰：'甘松中国阻，不如许赤岭。'乃听以赤岭为界，表以大碑，刻约其上"。这一建议得到了吐蕃方面积极的响应，于是吐蕃"遣使谢，且言：'唐、吐蕃皆大国，今约和为久长计，恐边吏有妄意者，请以使人对相晓敕，令昭然具知。'"④ 二十一年，唐方派遣工部尚书李暠出使吐蕃，打的是慰问金城公主的旗号，玄宗制曰："金城公主既在蕃中，汉庭公卿非无专对，有怀于远，夫岂能忘。宜持节充入吐蕃使，准式发遣。"并以国信物一万匹、私觌物二千匹，皆杂以五彩遣之，赏赐吐蕃赞

---

① 《册府元龟》卷979《外臣部·和亲》，第11500页；《全唐文》卷一〇〇，第1030页。
② 《资治通鉴》卷二一二，第6736页。
③ 《新唐书》卷二一六上《吐蕃传上》，第6083页。
④ 同上书，第6085页。

普以及金城公主等人。及李暠还，"金城公主上言，请以今年九月一日树碑于赤岭，定蕃、汉界"①。提出了划界树碑的具体日程。时李暠使于蕃，"金城度其还期，当在暮秋，故有是请"②。金城公主这一请求得到了唐玄宗的准许，史称"金城公主请立碑于赤岭以分唐与吐蕃之境，许之"③。金城公主对于唐、蕃之间和好关系的这一重大进展，十分欣慰，于是同年七月，吐蕃遣宰相论纥野赞等来朝且通和好，金城公主献表曰："妹奴奴言：李行祎至，奉皇帝兄正月敕书，伏承皇帝万福，奴惟加嘉跃。今得舅甥和好，永无改张，天下黔庶，并皆安乐。"吐蕃赞普亦同时上书，曰："且汉与吐蕃俱是大国，又复先来宿亲，自合同和，天下苍生悉皆快活，赞扬盛德，当无尽期，及至久长亦无改变。恐彼此边界黎庶不委长和，虑有恶人妄生乱意，请彼此差使相监。"④ 玄宗接受了赞普这一建议，"令金吾将军李佺监赤岭树碑，诏张守圭与将军李行祎、吐蕃使者莽布支分谕剑南、河西州县曰：'自今二国和好，无相侵暴。'"⑤ 金城公主为唐、蕃关系中的这一重大进展，尽心竭力，在双方之间进行沟通斡旋，做出了不可磨灭的贡献。双方树立于赤岭的《定蕃汉两界碑》中也肯定了和亲公主在中间的贡献，指出"往日贞观十年，初通和好，远降文成公主入蕃。已后景龙二年，重为婚媾，金城公主因兹降蕃。自此以来，万事休帖"。"昔先帝含宏，爱主从聘，所以一内外之礼，等华夷之观，通朝觐之往来，成舅甥之宴好。则我先帝之德，不可忘也。"但是，"间者边吏不谨，互有侵轶，越在遐荒，因之隔阂"。现在经过双方的努力，达成协议，"今遵永旧，咸与维新，帝式藏用，不违厥旨。因以示赤岭之外，其所定边界，一依旧定为封守，为罗斥候通关梁"。强调双方"不以兵强而害义，不以为利而弃言，则我无尔诈，尔无我虞，信也"。从此"舅甥修其旧好，同为一家"⑥。

---

① 《旧唐书》卷二一二《李暠传》，第3336页。

② 《唐会要》卷九七《吐蕃》，第2054页。

③ 《资治通鉴》卷二一三，第6800页。

④ 《册府元龟》卷九七九《外臣部·和亲》，第11503页。

⑤ 《新唐书》卷二一六上《吐蕃传上》，第6085页。

⑥ 《全唐文》卷九九〇，第10251页。

4. 其他双边事务

（1）互市

互市是唐王朝与和亲国经常存在的一种交往形态。有的和亲公主在双方边境地区开展互市时，有可能参与并过问其事，此可以和亲突骑施之交河公主为代表。开元十年（722）十二月唐玄宗以十姓可汗阿史那怀道女为交河公主，出降突骑施可汗苏禄。① 苏禄 "颇善绥抚，十姓部落渐归附之，众二十万，遂雄西域之地"。开元十四年（726）交河公主 "遣牙官赍马千匹诣安西互市"。时杜暹为安西都护，突骑施 "使者宣（交河）公主教与（杜）暹"。"教" 为上致下文书，杜暹以交河公主非皇帝或宗室女，采取轻蔑态度，"怒曰：'阿史那氏女，岂合宣教与吾节度耶！' 杖其使者，留而不遣，其马经雪寒，死并尽"。杜暹这一错误做法，招致严重后果，"苏禄大怒，发兵分寇四镇。会杜暹入知政事，赵颐贞代为安西都护，城守久之，由是四镇贮积及人畜并为苏禄所掠，安西仅全"。后来 "苏禄既闻杜暹入相，稍引退，俄又遣使入朝献方物"②。在这个事件中，虽然和亲公主主导的这次互市遭到边镇官员的破坏而失败，但是它一方面表明在双边互市时，和亲公主也是可以参与其事的，也表明交河公主在突骑施亦置府设官，从而可以撰写并发出对外之公文。

（2）贡赐往还

贡赐是唐代外交诸方式之一，贡是四方国、族向唐王朝纳贡，赐是唐王朝所给予的相应回馈。和亲公主至和亲国之后，亦经常向朝廷贡献，朝廷亦经常对其加以赏赐，通过这种方式，不仅密切了和亲公主与朝廷的联系，而且有助于发展和亲国与唐王朝的关系，对于双方经济文化交流亦有其积极意义。

长庆元年（821）唐穆宗封其十妹为太和公主嫁回纥崇德可汗，不久崇德可汗死，其弟昭礼可汗继位，宝历元年（825），唐王朝 "命使册立登罗骨没密施合毗伽昭礼可汗" 的同时，又 "遣品官田务丰领国信十二车使回鹘，赐可汗及太和公主"。在这里，唐王朝在进行赏赐时，赐予其君主的同时也赐予和亲公主本人，这有助于提高和亲公主在该国的地位。和亲公主亦经常利用和亲国使者入唐时进行贡献，太和九年（835）六

---

① 《资治通鉴》卷二一二，玄宗开元十年（722），第6754页。交河公主或记作金河公主。
② 《旧唐书》卷一九四下《突厥下》，第5191页。

月，"入朝回鹘进太和公主所献马射女子七人，沙陀小儿二人"①。太和公主的这些贡品是通过回纥使者进行交付的。对于和亲公主的进贡，唐王朝是十分重视的，贞观中，"文成公主贡金，遇盗于岐州"，唐太宗亲自主持这次破案，他"召群御史至，目（李）义琛曰：'是人神情爽拔，可使推捕。'"于是李义琛衔命破此案，"数日获贼。帝喜，为加七阶"②。对于破案有功之臣大力加以嘉奖。

和亲公主与和亲国君主的贡、赐往还，更多的是结合进行的。开元十八年（730）唐、蕃恢复使节往还，以促进和好关系，吐蕃派遣重臣名悉猎随唐使皇甫惟明使唐，吐蕃上表中有曰："谨奉金胡瓶一、金盘一、金椀一、马脑杯一、零羊衫段一，谨充微国之礼。"同时"金城公主又别进金鹅盘盏杂器物等"③。这里吐蕃赞普的进贡与金城公主的进贡虽然是各自进行的，但他们都是同一遣使活动中的两个方面，互为有机的一体，这无疑有助于促进双方关系更好地改善。唐、蕃之间通过使节往还，双方进一步谈判恢复以往友好关系和边界安宁问题，于是唐方又遣使回报，玄宗在致吐蕃文书中说："今故使御史大夫崔琳往申信约，所有陈请咸不相违，并所进器物并依数领得。今寄多少信物，至宜领取。"这是对于吐蕃进贡作出的回应和回馈。与此同时"又降书金城公主：远降殊方，底宁蕃落，载怀贞顺之道，深明去就之宜，能知其人而献其款，忠节克著叹美良深，所进物等并领得。今寄公主多少信物，至宜领取"④。这是对于金城公主贡献的回应和回馈。

还应当特别指出的是，和亲公主与主国之间的贡赐往还，并非单纯的物资往还，而是通过这种贡赐往还，促进双边关系的发展。金城公主与唐王朝之间的贡赐往还中，一般均有相应的文书往还，而这种文书往还中，双方可以将对于和亲公主本人以及双边关系中的问题与期望加以表达和传递。略举金城公主与唐王朝的贡赐往还中的文书往还以观其情。

　　　　敕金城公主：岁月流易，忽复经年，言念远情，何能已已！比者

①　《旧唐书》卷一九五《回纥传》，第5213页。
②　《新唐书》卷一〇五《李义琛传》，第4034页。
③　《旧唐书》卷一九六上《吐蕃传上》，第5231页。
④　《册府元龟》卷九七九《外臣部·和亲》，第11503页。

通好，信使数来，知彼所宜，善足为慰。国家大计，以义断恩，离别
婴心，固当自抑，仍善须和顺，使欢好如初。所请授官及内人品第，
既久在彼，诚亦可矜，即当续有处分。宗元礼衰疾，近不能起，贾混
之缘此未得独行，待其稍瘳，亦即遣去。今有少信物，至宜领取。春
晚，公主已下并平安好，遣书指不多及。①

这是唐王朝对于金城公主一次贡献所做的回应，这封敕书包含如下一
些内容：①对于和亲公主的问候；②肯定吐蕃及公主多次遣使来唐，有助
于了解吐蕃方面的要求；③勉励金城公主在吐蕃不忘身负"国家大计"
之使命，善自处理好与吐蕃相关人士的关系；④答复她关于授官及增品第
的请求；⑤告知唐使未能及时发遣的原因；⑥赐予金城公主信物。显然，
一次贡赐往还中的牵涉面是相当广泛的。

在另一文书中曰：

敕金城公主：数有来使，闻彼安宁，差慰遥心，想所知也。柔顺
之道，既以凤成，终始用心，贵于无失，惟此而已，余不足言。所附
物并依领，具有还答，并更附少信物，别有委曲，至宜领取。秋冷，
念比何似？遣书指不多及。②

在这个文书中，除了关于贡、赐物品的知会以及问候之外，又特别提
示希望金城公主能够在吐蕃兢兢业业，坚持不懈，尽力发挥自己的作用，
所谓"终始用心，贵于无失"云云，是唐王朝对于她的叮咛和嘱托。通
过这类文书，不仅使和亲公主与唐王朝保持密切的关系，而且有利于促进
她在吐蕃为唐王朝的利益效力。

由此可见，唐王朝始终把和亲公主牢记使命，坚持不懈搞好与和亲国
的关系作为自己关注的核心问题。

（3）引进汉文化

中华文化是古代世界上最为先进、发达的文化，在汉唐时期的东亚世

---

① 《全唐文》卷二八七，第 2907 页。宗元礼当为窦元礼，他是唐王朝内常侍，曾多次出使
吐蕃及看望金城公主。

② 同上书，第 2908 页。

界中更是无可望其项背者。因此，运用这一"软实力"以为外交利器，是汉唐时期外交中经常采用的手段①。尽可能发挥这一软实力的作用，是和亲公主在和亲国致力于维护唐王朝的利益并维护和发展双方友好关系的重要方式之一，而引进汉文化典籍则是和亲公主履行这一使命的具体行动。

文成公主降蕃之后，吐蕃方面"渐慕华风。仍遣酋豪子弟，请入国学以习诗、书。又请中国识文之人典其表疏"②。促进了学习和引进汉文化的高潮。金城公主则在这一基础上继续采取行动，开元十九年（731）她通过吐蕃入唐使者，"请《毛诗》《礼记》《左传》《文选》各一部"。对此唐王朝内部有不同意见，以正字于休烈为代表加以反对，认为"经籍，国之典也"。故不可以假人，何以然？他说："臣闻吐蕃之性，慓悍果决，敏情持锐，善学不回。若达于书，必能知战。深于诗，则知武夫有师干之试；深于礼，则知月令有兴废之兵；深于传，则知用师多诡诈之计；深于文，则知往来有书檄之制。何异借寇兵而资盗粮也！"③ 但是唐玄宗不同意他的意见，"疏奏不省"④。侍中裴光庭等人也反对于休烈的这种片面的、错误的观点，支持金城公主的请求，他批驳于休烈的观点，说："西戎不识《礼经》，心昧德义，频负盟约，孤背国恩，今则计穷，求哀稽颡。圣慈含育，许其降和，所请书随事给与，庶使渐陶声教，混一车书，文轨大同，斯可致也。休烈虽见情伪变诈，于是乎生；而不知忠信节义，于是乎在。"⑤ 唐玄宗支持裴光庭等人的意见，答曰："善。乃以经书赐与之。"于是"命有司写《毛诗》《礼记》《左传》《文选》各一部，以赐金城公主，从其请也"⑥。和亲公主请求书籍这种行为，是其承担的"国之大计"的重托的具体体现之一，通过以先进的汉文化为"软实力"，而有助于加强唐王朝在外交上的影响力和亲和力。

---

① 在学术界笔者首次提出中国古代外交中的"软实力"问题并做了论述，参见李文才《汉代外交与"软实力"》，《文史哲》2012 年第 4 期，《汉代外交体制研究》之《跋语》，商务印书馆 2014 年版。

② 《旧唐书》卷一九六上《吐蕃传上》，第 5227 页。

③ 同上书，第 5232 页。

④ 同上书，第 5233 页。

⑤ 《唐会要》卷三六《修撰·蕃夷清经史》，第 778 页。

⑥ 同上。

（4）遣使告丧

吊唁奔丧作为一种礼仪，也是在外交上促进双方关系的一种有效手段和方式。和亲公主也运用这一方式，为密切和发展双边关系而做出了贡献。

调露元年（679）二月，吐蕃赞普卒，子器弩悉弄立，年仅 8 岁。当时唐蕃正对峙于羊同，"时器弩悉弄与其舅麴萨若诣羊同发兵"，高宗"闻赞普卒，命裴行俭乘间图之，行俭曰：'钦陵为政，大臣辑睦，未可图也。'乃止"。次年十月文成公主所遣使节到达唐，"吐蕃文成公主遣其大臣论塞调傍来告丧，请和亲，不许。遣郎将宋令文使吐蕃，会赞普之葬"①。文成公主遣"其大臣"为使节，报告赞普之丧，同时提出与唐和亲的请求。高宗虽然没有满足对方"和亲"的请求，因为当时唐朝正为与吐蕃和亲还是战争举棋不定，高宗"以吐蕃为忧，悉召侍臣谋之，或欲和亲以息民；或欲严设守备，俟公私富实而讨之；或欲亟发兵击之。议竟不决，赐食而遣之"②。但还是派出使者前往吐蕃吊唁赞普之丧，这有助于缓和双方已有的紧张关系。

玄宗先天二年（713）七月金城公主"上言吐蕃赞普之母死"，唐王朝于是"乃命左清道率李璹摄宗正卿持节使于吐蕃会葬也"③。

与此相关的是，和亲公主去世时，对方也会遣使报丧，唐王朝即派遣使者前往吊唁。永隆元年（680），"文成公主薨，遣使者吊祠"。通过吊唁，双方又增加了一次接触的机会，有的双边关系中的遗留问题也可能得到解决。这次唐使吊唁文成公主，使团回国时，吐蕃方面"又归我陈行焉之丧"。原来陈行焉出使吐蕃时，吐蕃宰相论钦陵"欲拜己，临以兵，不为屈，留之十年"。扣留了唐使陈行焉。陈行焉"及是丧还，赠睦州刺史"④。

开元二十九年（741）春，"金城公主薨，吐蕃遣使来告哀，仍请和，上不许之。使到数月后，始为公主举哀于光顺门外，辍朝三日"⑤。这次唐王朝没有向吐蕃派遣吊唁使者，而是在数月之后在唐举行吊唁仪式。其

① 《旧唐书》卷五《高宗本纪下》，第 105 页。
② 《资治通鉴》卷二〇二上，第 6386 页。
③ 《册府元龟》卷九七九《外臣部·和亲二》，第 11499 页。
④ 《新唐书》卷二一六上《吐蕃传上》，第 6082 页。
⑤ 《旧唐书》卷一九六上《吐蕃传上》，第 5235 页。

原因是当时唐蕃之间关系紧张，正在边境地区兵戎相见。

综上所述，我们可以看到，在古代外交中没有正式的常驻使节制度出现之前，和亲公主在相当程度上起到了常驻使节的作用。和亲公主肩负国家使命之重托，及其在和亲国所开展的从政治、军事、经济乃至文化等一系列的、全方位的亲善友好活动，为沟通双方关系，调停双方矛盾冲突所作出的努力，在实际上起到了常驻使节的作用，因此，我们对于和亲公主的历史作用与地位的评价应当站在外交全局的高度去认识并予以肯定，对于"和亲"这一外交方式我们也有必要从这个新的视角赋予它新颖的内涵。

武德、贞观时期关于明堂兴造问题的讨论

李文才

（扬州大学社会发展学院）

　　作为中国古代宫室制度最核心、最重要的构成部分之一，明堂制度乃是古今学者讨论最多、观点分歧最多的一个问题。[①] 古今学人对明堂所展开的讨论，涉及范围十分广泛，诸如：明堂的性质、功能，明堂与宗庙、学校、路寝、灵台等建筑之关系，明堂制度产生的渊源，明堂制度在各个时代的状况，明堂的建筑构造、象征意义，等等，在所有涉及明堂的问题上，均可谓聚讼纷纭，莫衷一是。[②] 明堂制度在中国宫室制度、礼仪制度中的重要地位，自是毋庸置疑，历代围绕明堂制度所展开的争论、政治活动中对明堂制度的实践，以及对明堂礼仪的重视程度，在今人看来或不免显得有些匪夷所思，但在素有礼仪之邦之称的传统中国社会，人们对明堂制度、明堂礼仪的格外重视，仿佛都是自然而然的事情。

　　唐朝是中国古代制度发展的重要时期，明堂制度在此时也有了进一步的发展，正如学者所指出的那样，"唐代是明堂制度史上第二个繁荣时期，也是明堂形制演变史上资料最为丰富、变化最为多样、后人误解也最多的时期之一"[③]。因此，对唐代明堂制度进行探讨，有助于深化对中国明堂制度发展演变历史的认识和理解。

---

　　① 王国维曾指出："古制中之聚讼不决者，未有如明堂之甚者也。"王国维：《观堂集林》卷三《明堂庙寝通考》，中华书局 1959 年版，第 125 页。

　　② 古今围绕明堂制度所展开的探究及争论，可详参张一兵《明堂制度研究》第一章《前人研究综论及前人重要论著述评》，中华书局 2005 年版，第 11—26 页。

　　③ 前揭《明堂制度研究》第五章《明堂形制考》，第 393 页。

唐代明堂之形制究竟如何，其政治功能又有哪些，明堂又怎样影响唐代的政治？诸如此类的问题，历来学人颇多关注者，且曾试加解说，但并未得到完全一致的看法。基于对学界诸多研究成果的解读，本文拟对唐武德、贞观时期围绕明堂兴造，及明堂祭祀等相关理论问题之争论及探索略加剖析，为下一步深入探讨唐代明堂建造的实践活动，及明堂告朔诸礼等论题，聊作铺垫焉。

一　武德时期有关明堂祭祀礼仪的讨论

传统文化背景之下的明堂，并非单纯意义上的建筑群体，而是和现实政治有着密切联系的礼仪制度之载体，从礼制的角度来说，明堂乃是皇权和神权的双重象征，在封建国家的政治生活中具有不可替代的作用。时代发展到唐朝，明堂制度所承载的政治、文化功能也更加丰富。那么，唐朝统治者究竟从何时开始关注到明堂问题的呢？

就史料所提供的信息来看，从李唐建国伊始，统治者就已经明确认识到明堂制度的重要性了，并且极有针对性地发布了一系列诏令，试图对明堂祭祀过程中所出现的问题加以指导和裁正。例如，唐高祖李渊于武德初年，曾颁布过一道法令，其中就涉及南郊祀天、北郊祀地、明堂祭祀等大礼仪的规范。据《旧唐书·礼仪志》云：

> 武德初，定令：
> 每岁冬至，祀昊天上帝于圆丘，以景帝（按，景帝，即景皇帝唐太祖李虎，李渊祖父）配……其牲，上帝及配帝用苍犊二，五方帝及日月用方色犊各一，内官已下加羊豕各九。
> 夏至，祭皇地祇于方丘，亦以景帝配……其牲，地祇及配帝用犊二，神州用黝犊一，岳镇已下加羊豕各五。
> 孟春辛日，祈谷，祀感帝于南郊，元帝配，牲用苍犊二。
> 孟夏之月，雩祀昊天上帝于圜丘，景帝配，牲用苍犊二。五方上帝、五人帝、五官并从祀，用方色犊十。
> 季秋，祀五方上帝于明堂，元帝（按，元帝，即唐世祖元皇帝李昞，李渊父亲）配，牲用苍犊二。五人帝、五官并从祀，用方色犊十。

孟冬，祭神州于北郊，景帝配，牲用黝犊二。

贞观初，诏奉高祖配圜丘及明堂北郊之祀，元帝专配感帝，自余悉依武德……①

这道法令具体涉及南北郊祀、祖宗配飨、四时郊祭、祀礼明堂等重大祭祀典礼，内容十分广泛。此令具体颁布于武德时期的哪一年，《旧志》并未说明，但既言"武德初"，那就无法排除发布于李渊受禅建国之时的可能。此令之发布，一则是礼法之要求，受禅建国，郊天祭地、宗庙配飨等礼仪必不可少；二则表明唐朝自建国伊始，对于南、北郊及明堂祭祀等国家重大典礼，已然足够重视。唯其如此，这才会在叛乱尚未平定、江山尚未一统、百废待兴的情势下，就发布有关明堂郊祀大典的法令。

武德初年所发布的有关郊祀礼仪，大抵为随后的唐太宗所继承，至少贞观初年的南北郊及明堂致祭等典礼仪式，除了奉高祖配祀圜丘、明堂北郊之祀二礼有所变革以外，其他典礼仪式，如元帝（即唐世祖元皇帝李昞，李渊父亲）专配感帝等仪式，则完全继承了武德令所规定的程式。唐高祖武德时期所颁布之法令，直到唐高宗显庆时期，还被大臣引以为依据的经典，据前揭《旧志》载，显庆元年（656），太尉长孙无忌领衔给唐高宗上了一道奏章，其中有云："臣谨上考殷、周，下洎贞观，并无一代两帝同配于明堂……又检武德时令，以元皇帝配于明堂，兼配感帝。至贞观初缘情革礼，奉祀高祖配于明堂，奉迁世祖专配感帝。此即圣朝故事已有递迁之典，取法宗庙，古之制焉。"② 由此可见，至少到唐高宗初年，唐朝国家祭祀大典的法律依据，主要还是武德令所规定的典制。

综合以上可知，唐高祖李渊禅隋建唐以后，即颁布了旨在规范南、北郊与明堂大礼的相关法令，唐太宗贞观时期，基本遵行了武德故事，对郊祀大礼只是进行了些微调整而未作较大变革。不过，需要指出的是，唐高祖武德令所确定的南北郊及明堂大礼规范，应当是对隋朝（也可以说是魏晋南北朝）郊祀礼仪的继承，而不大可能有较多创新，这主要是由当时的形势所决定。武德初年，大唐帝国还面临着削平反叛、稳固政权、统一全国的现实政治任务，并无详细讨论郊天祀地、明堂颁朔等礼仪的条

---

① 《旧唐书》卷二一《礼仪志一》，第819—821页。
② 同上书，第822页。

件，因此其重大礼仪必定沿用隋朝的相关制度，这一点自当无可置疑。①
至于唐太宗贞观时期，仍然没有在郊祀礼仪方面有较多发明，同样也是由
其时政治局势所决定，尽管其时全国已经宣告统一，但对周边诸族的军事
征伐行动，仍然是贞观时期大唐帝国最主要的任务，所以包括讨论裁定明
堂郊祀等典礼等在内的礼仪文化建设，自然未能列入国家政治治理的
首选。

二　贞观时期有关明堂建筑
形制与明堂礼仪的讨论

　　尽管郊祀大典仍未能列入贞观政治优先考虑的实施目标，但这并不代
表统治阶层对这个问题的漠视，所谓"国之大事，在祀与戎"，对于祭天
祀地等礼仪制度的重要性，唐太宗及其臣僚当然有着足够的认识。事实
上，唐太宗即位不久之后，就下令全国的知识界对礼仪制度进行修订。据
前揭《旧志》云：

　　　　太宗皇帝践祚之初，悉兴文教，乃诏中书令房玄龄、秘书监魏徵
　　等礼官学士，修改旧礼，定著《吉礼》六十一篇，《宾礼》四篇，
　　《军礼》二十篇，《嘉礼》四十二篇，《凶礼》六篇，《国恤》五篇，
　　总一百三十八篇，分为一百卷。②

　　所谓"悉兴文教""修改旧礼"，主要内容就是指对承袭自隋朝的礼
法进行修订。从房玄龄、魏徵领衔的事实来看，唐太宗至少在表面上表现
出对于修礼活动的重视。此次修订礼法的活动，历时十余年，直到贞观十
一年（637）正月，才由房玄龄领衔进上，唐太宗随即发布诏敕，令有司

---

　　① 《旧唐书》卷二一《礼仪志一》："神尧受禅，未遑制作，郊庙宴享，悉用隋代旧仪。"
（第 816 页）同书卷二二《礼仪志二》记述隋唐明堂制度创置诸问题时，亦云："高祖受禅，不
遑创仪。"（第 849 页）由此可证，唐高祖武德令所规定之重大礼仪制度，主要是对历史已有成
规之继承，而创新无多。
　　② 《旧唐书》卷二一《礼仪志一》，第 816—817 页。

行用此新订之《五礼》。① 就《旧志》所载来看，贞观初年的这次修订礼
法，因革兼有，并有所创新，但总体精神仍继承隋礼之内涵。其因革情况
大致如下：①凡魏晋南北朝时之典礼被认为不符合"古典"者，一并删
除；②改革汉武帝元封、汉光武帝建武时期的封禅礼；③新增皇太子入
学、太常行山陵、天子大射、合朔、陈五兵于太社、农隙讲武、纳皇后行
六礼、四孟月读时令、天子上陵、朝庙、养老于辟雍等礼二十九条，均北
周、隋朝所阙之礼典。②

　　然而仅就上引《旧志》所载来看，贞观初年的这次修礼活动，对于
明堂、郊祀等重大礼仪，似乎涉及不多，据此笔者认为，《旧志》所载不
应该是贞观修订礼法的全部内容。实际的情况很有可能，就在房玄龄、魏
徵修订礼仪的同时，唐太宗已下令对明堂、郊祀诸礼仪问题展开讨论。③
唐太宗修礼的命令下达之后，唐朝的知识界对于明堂、郊祀诸礼的争论很
可能陷入了一场旷日持久的激辩之中，因为直到贞观五年（631），太子
中允孔颖达才就明堂郊祀诸礼等问题给唐太宗呈上了一道奏章，这是目前
文献所能见到的唐代第一篇有关明堂诸礼的奏疏。

　　从唐太宗下令讨论，到孔颖达提出奏议，其间相隔至少三四年的时
间，适足表明当时的知识界在明堂郊祀礼仪认识上的巨大歧异，以及论争
之激烈，否则不会延宕三四年之久，才有这么一道奏疏提交给皇帝。孔颖
达在奏疏中明确指出，其时诸儒有关明堂郊祀的提议违背古制，请求唐太
宗对此"国之大典，不可不慎"。其奏疏云：

　　　　臣伏寻前敕，依礼部尚书卢宽、国子助教刘伯庄等议，以为
　　"从昆仑道上层祭天"。又寻后敕云："为左右阁道，登楼设祭。"臣
　　检六艺群书百家诸史，皆名基上曰堂，楼上曰观，未闻重楼之上而有
　　堂名。《孝经》云："宗祀文王于明堂。"不云明楼、明观，其义一

---

　　①　据《旧唐书》卷三《太宗纪下》：贞观十一年正月，"甲寅，房玄龄等进所修《五礼》，
诏所司行用之"（第46页）。

　　②　《旧唐书》卷二一《礼仪志一》，第817页。

　　③　据《旧唐书》卷二二《礼仪志二》："太宗平定天下，命儒官议其制。"（第849页）"太
宗平定天下"一句含义不明，但有可能指"玄武门事变"后，高祖禅位，太宗荣登大宝。所谓
"其制"，根据前文内容可知，就是指郊祀、明堂诸礼。因此，唐太宗命儒官讨论明堂大礼的时
间，应当就在其即位不久。

也。又明堂法天，圣王示俭，或有翦蒿为柱，茸茅作盖。虽复古今异制，不可恒然，犹依大典，惟在朴素。是以席惟秉秸，器尚陶匏，用茧栗以贵诚，服大裘以训俭，今若飞楼架道，绮阁凌云，考古之文，实堪疑虑。按《郊祀志》：汉武明堂之制，四面无壁，上覆以茅。祭五帝于上座，祀后土于下防。臣以上座正为基上，下防惟是基下。既云无四壁，未审伯庄以何知上层祭神，下有五室？且汉武所为，多用方士之说，违经背正，不可师祖。又卢宽等议云："上层祭天，下堂布政，欲使人神位别，事不相干。"臣以古者敬重大事，与接神相似，是以朝觐祭祀，皆在庙堂，岂有楼上祭祖，楼下视朝？阁道升楼，路便窄隘，乘辇则接神不敬，步往则劳勚圣躬。侍卫在旁，百司供奉。求之典诰，全无此理。臣非敢固执愚见，以求己长。伏以国之大典，不可不慎。乞以臣言下群臣详议。①

孔颖达的这道奏疏，核心内容是在谈论明堂的建筑格局，而明堂建筑格局又直接影响到祭祀天地的仪式。揆诸孔颖达奏疏所论，可知在他之前，至少尚有礼部尚书卢宽、国子助教刘伯庄二人曾分别就祭天礼仪的地点、明堂建筑形制等问题，提出过自己的见解。如果按照卢宽、刘伯庄的意见，则明堂至少应该分为上下两层，上层用来"祭天"，下层用来"布政"，下层至少有"五室"，从而达到"人神位别，事不相干"的效果。

卢、刘二人对明堂建筑形制的理解，主要来自汉武帝时期的明堂制度。按，汉武帝明堂祀天的制度，载诸《汉书·郊祀志》，其中有云："明堂中有一殿，四面无壁，以茅盖。通水，水圜宫垣，为复道，上有楼，从西南入，名曰昆仑，天子从之入，以拜祀上帝焉……天子从昆仑道入，始拜明堂如郊礼。"② 这就是奏疏中所言卢、刘等人"从昆仑道上层祭天""为左右阁道，登楼设祭"的历史依据。

循孔颖达奏疏之义，卢、刘二人关于明堂形制、明堂礼仪诸问题的倡议，大有被采纳的可能，因为唐太宗至少先后两次下敕，准备照此办理。正是在这种情况下，孔颖达上奏提出反对意见，其反对理由如下：①综合所有历史文献记载，地基上的建筑称堂，楼上建筑称观，从未有过楼上建

---

① 《旧唐书》卷二二《礼仪志二》，第849—850页。
② 《汉书》卷二五下《郊祀志下》，第1243页。

筑被称作堂者——这是从建筑学的角度来说。又据《孝经》："宗祀文王于明堂"，而不言明楼、明观，由此可证，宗祀文王在堂，而不在楼或观。②稽诸古代文献，明堂礼仪重在法天示俭，故其建筑自古就以简单朴素为准则，若"飞楼架道，绮阁凌云"，则有失其本义。③卢、刘之建议实系模仿汉武帝明堂祭祀制度，而汉武帝多采纳方士之说，本已违背经典正道，故不可引以为凭据。④卢宽所谓"上层祭天，下堂布政，欲使人神位别，事不相干"的建议，也是不合古典的臆想，因为自古以来朝觐祭祀，都在庙堂上举行，岂有楼上祭天祀祖，楼下视朝听政的道理。另外，将祭祀礼仪放到楼上进行，还有其现实的弊端，其弊即在或对神不敬，或于人不便，即所谓"阁道升楼，路便窄隘，乘辇则接神不敬，步往则劳勤圣躬"。

单就明堂建筑形制而言，孔颖达的意见显然更倾向于一层单殿（单室一殿）式的建筑，不赞同"复庙重屋"即分为上下两层的建筑构造，因为只有这样才符合"明堂法天，圣王示俭"的本意。孔颖达在奏疏最后明确提出，希望唐太宗将自己的意见交由群臣集议。

就在同一年，时任侍中的魏徵也就明堂建筑及郊祀诸礼，给唐太宗上了一道奏章。在这道奏疏中，魏徵表述的观点正与孔颖达相反。那么，魏徵奏议是否专门针对孔颖达的意见而发？魏徵的看法有没有可能代表了群臣集议的观点？据前揭《旧志》云：

> 侍中魏徵议曰："稽诸古训，参以旧图，其上圆下方，复庙重屋，百虑一致，异轸同归。洎当涂膺箓，未遑斯礼；典午事兴，无所取则。裴頠以诸儒持论，异端蜂起，是非舛互，靡所适从，遂乃以人废言，止为一殿。宋、齐即仍其旧，梁、陈遵而不改。虽严配有所，祭享不匮，求之典则，道实未弘。夫孝因心生，礼缘情立。心不可极，故备物以表其诚；情无以尽，故饰宫以广其敬。宣尼美意，其在兹乎！臣等亲奉德音，令参大议，思竭尘露，微增山海。凡圣人有作，义重随时，万物斯睹，事资通变。若据蔡邕之说，则至理失于文繁；若依裴頠所为，则又伤于质略。求之情理，未允厥中。今之所议，非无用舍。请为五室重屋，上圆下方，既体有则象，又事多故实。下室备布政之居，上堂为祭天之所，人神不杂，礼亦宜之。其高下广袤之规，几筵尺丈之制，则并随时立法，因事制宜。自我而作，

何必师古。廓千载之疑议，为百王之懿范。不使泰山之下，惟闻黄帝
之法；汶水之上，独称汉武之图。则通乎神明，庶几可俟，子来经
始，成之不日。"议犹未决。①

魏徵首先指出，综合古训旧图的记载，明堂形制应该是一种"上圆
下方，复庙重屋"式的建筑。至于魏晋南朝时期通行的单室一殿式明堂
形制，不过是裴颜新创的权宜之制。进而，魏徵认为，裴颜所创之单室一
殿式明堂形制，尽管也发挥了"严配有所，祭享不匮"的作用，但不能
完全弘扬郊祀天地之大道（即"求之典则，道实未弘"）。在魏徵看来，
孔子当初制作礼仪的初衷，本就出于尽孝心、表人情（即"心不可极，
故备物以表其诚；情无以尽，故饰宫以广其敬"），因此，无论是从孝道，
还是从人情的角度来看，将明堂建筑加以增广修饰，都符合圣人制礼作乐
的本意。

魏徵还指出，凡事都应该讲求变通，即所谓"凡圣人有作，义重随
时，万物斯睹，事资通变"。基于这种权变的思想，魏徵进而指出，明堂
建筑如果按照蔡邕的说法，不免失之于繁复；若依据裴颜的主张，则不免
苟简率略。魏徵于是在奏疏中提出了自己的明堂建筑设计图——"五室
重屋，上圆下方"。在魏徵看来，明堂建筑分为上下两分层的布局形式，
首先可以明确区分祭祀典礼和国家行政的功能，即"下室备布政之居，
上堂为祭天之所，人神不杂，礼亦宜之"；其次，明堂上、下层建筑的尺
寸规格，则可以"随时立法，因事制宜"。为了让唐太宗采纳自己的建
议，魏徵在奏疏中还极力鼓吹"自我而作，何必师古"，力劝唐太宗在明
堂制度建设方面要有"廓千载之疑议，为百王之懿范"的魄力，从而取
得"不使泰山之下，惟闻黄帝之法；汶水之上，独称汉武之图"的成就。

细析魏徵之明堂建筑规划布局，除了主张在明堂建筑尺寸规格方面可
以灵活处理，与前揭卢宽、刘伯庄等人的意见略有不同，其主体精神与
卢、刘等人的见解并无实质性差异。不过，从"议犹未决"一语来看，
唐太宗一时之间也没有采纳魏徵的建议。

事实上，围绕明堂兴造、明堂郊祀等问题所展开的讨论或倡议，此后
可能一直未曾稍歇。因为直到贞观十七年（643），秘书监颜师古还曾就

_____

① 《旧唐书》卷二二《礼仪志二》，第850—851页。

明堂制度建设的问题，先后两次上疏，申述自己关于建设大唐明堂的主张。其具体情况载诸前揭《旧志》，略云：

十七年五月，秘书监颜师古议曰：

明堂之制，爰自古昔，求之简牍，全文莫睹。始之黄帝，降及有虞，弥历夏、殷，迄于周代，各立名号，别创规模。众说舛驳，互执所见，巨儒硕学，莫有详通，斐然成章，不知裁断。究其指要，实布政之宫也。徒以战国纵横，典籍废弃；暴秦酷烈，经礼湮亡。今之所存，传记杂说，用为准的，理实芜昧。

然《周书》之叙明堂，纪其四面，则有应门、雉门，据此一堂，固是王者之常居耳。其青阳、总章、玄堂、太庙及左个、右个，与四时之次相同，则路寝之义，足为明证。又《文王居明堂》之篇："带以弓韣，祠于高禖。下九门磔禳以御疾疫，置梁除道以利农夫，令国有酒以合三族。"凡此等事，皆合《月令》之文。观其所为，皆在路寝者也。《戴礼》："昔周公朝诸侯于明堂之位，天子负斧扆南向而立。明堂也者，明诸侯之尊卑也。"《周官》又云："周人明堂，度九尺之筵，东西九筵，堂一筵。"据其制度，即大寝也。《尸子》亦曰："黄帝曰合宫，有虞氏曰总章，殷曰阳馆，周曰明堂。"斯皆路寝之征，知非别处。大戴所说，初有近郊之言，复称文王之庙，进退无据，自为矛盾。原夫负扆受朝，常居出入，既在皋库之内，亦何云于郊野哉？《孝经传》云"在国之阳"，又无里数。

汉武有怀创造，询于搢绅，言论纷然，终无定据，乃立于汶水之上而宗祀焉，明其不拘远近，无择方面。孝成之代，表行城南，虽有其文，厥功靡立。平帝元始四年，大议营创。孔牢等乃以为明堂、辟雍、太学，其实一也，而有三名。金褒等又称经传无文，不能分别同异。中兴之后，蔡邕作论，复云明堂太庙，一物二名。郑玄则曰："在国之阳，三里之外。"淳于登又云："三里之外，七里之内，丙巳之地。"颍容《释例》亦云："明堂太庙，凡有八名，其体一也。"苟立同异，竞为巧说，并出自胸怀，曾无师祖。

审夫功成作乐，理定制礼，草创从宜，质文递变。旌旗冠冕，古今不同，律度权衡，前后不一，随时之义，断可知矣。假如周公旧章，犹当择其可否；宣尼彝则，尚或补其阙漏。况郑氏臆说，淳于谀闻，匪异守株，何殊胶柱？愚谓不出墉雉，迩接宫闱，实允事宜，谅无所惑。但当上遵天旨，祗奉德音，作皇代之明堂，永贻范于来叶。区区碎议，皆略而不论。

又上表曰："明堂之制，陛下已发德音，久令详议。但以学者专固，人人异言，损益不同，是非莫定。臣愚以为五帝之后，两汉已前，高下方圆，皆不相袭。惟在陛下圣情创造，即为大唐明堂，足以传于万代，何必论户牖之多少，疑阶庭之广狭？若恣儒者互说一端，久无断决，徒稽盛礼，昔汉武欲草封禅仪，博望诸生，所说不同，莫知孰是。唯御史大夫倪宽劝上自定制度，遂成登封之礼。臣之愚诚，亦望陛下斟酌繁省，为其节文，不可谦拒，以淹大典。"寻以有事辽海，未暇营创。

颜师古的这两封奏表，对贞观时期（十七年之前）有关明堂创制的各种争议进行了大致概括，与此同时，颜师古也提出了自己关于明堂创制的意见。兹将颜师古奏疏内容梳理如下。

（一）分析历代关于明堂制度的文献记载，以及这些文献中的自相矛盾之处。颜师古认为，明堂制度究竟如何，历来文献从无完整的文字表述，从黄帝以后，到夏、殷、周诸朝，在明堂创制的问题上，实际上处于"各立名号，别创规模"的状态，从来未曾有过一致的说法。言及明堂制度，历来学者说法驳杂、各执己见，因此无法判断哪一种说法可信。但总结各家所论之要点，诸家在明堂的性质问题上却取得了一致意见，那就是明堂系君主发布政令的宫室（即"究其指要，实布政之宫也"）。

颜师古还将各家说法，进行了一番梳理，具体情况如下：①《周书》认为，明堂乃是"王者之常居"，亦即所谓路寝，《周书·文王居明堂》篇所说诸事，与《月令》所载全部相合。②《戴礼》认为，明堂是周公朝见诸侯的地方，故"明堂也者，明诸侯之尊卑也"。③《周官》所说的周代明堂，也是所谓"大寝"。④《尸子》认为，明堂就是路寝，只不过黄帝称为合宫，有虞氏称为总章，殷商称为阳馆，西周称为明堂。

在梳理诸家之说的基础上，颜师古进一步申述了自己的观点，他指出：以上诸家之说不仅互有轩轾，且往往一家之内抑或有自相矛盾之处。例如，戴圣的《大戴礼记》关于明堂的位置所在，或云明堂在"近郊"，或云明堂就是文王之庙，这是自相矛盾。又如，《孝经传》云明堂"在国之阳"（按，"国"，国都、首都也），就是说，明堂在国都的南面，但明堂在国都南面有多远，却又不作揭示。

（二）反思汉代诸帝创制明堂的历史。接下来，颜师古较为系统地分析了汉代诸帝创制明堂的情况，通过对汉代诸帝创制明堂历史的反思，以为唐太宗的决策提供借鉴。汉代诸帝创制明堂的情况大致如下：（1）汉武帝有意于创制明堂，遂向诸儒垂询，但由于诸儒各怀异说，始终没有定论，于是便在汶河上创立明堂以行宗祀之礼。汉武帝所创制的明堂，对明堂的距离、方位，均无太多考虑。（2）汉成帝拟于城南创制明堂，并下达了相关诏令，但终于未竟其功。（3）汉平帝元始四年（公元4年），举行大朝议，讨论创制明堂事宜。孔牢等人认为，明堂、辟雍、太学，三者名异而实同。金褒等人则称经传并无记载，因此，明堂、辟雍、太学三者，究竟是否为一，无法判断。（4）东汉时期，蔡邕撰文认为，明堂太庙，一物二名。郑玄则说，明堂"在国之阳，三里之外"。淳于登进一步说：明堂在"三里之外，七里之内，丙巳之地"。颖容《释例》则说："明堂太庙，凡有八名，其体一也。"颜师古认为，以上四者说法，均出自各人臆想，并无师承祖述。

（三）鼓吹"草创从宜，质文递变"，希望唐太宗在明堂制度建设上应该大胆创新，从而创造出属于大唐皇朝的明堂。在第一道奏疏的最后，以及第二道奏疏中，颜师古以历史为借鉴，特别是以两汉明堂创制方面的实践及其经验教训，鼓励唐太宗不要为"碎议"所困扰而"久无断决"，而应该"上遵天旨，祗奉德音，作皇代之明堂，永贻范于来叶"，也就是说，在明堂创制的问题上，唐太宗完全可以遵从上天意旨，独自做出"圣断"，创造出能够垂范后世、属于大唐皇朝的明堂。

颜师古如此劝勉唐太宗，其中有一个很重要的理由，那就是，"古今不同，律度权衡，前后不一，随时之义，断可知矣"，也就是说，包括律度权衡在内的一切制度，各朝各代其实各不相同，都会因为时代变化而变化，因此没有必要依傍前人的规制。颜师古的第二个理由是，自从唐太宗下敕讨论明堂制度以来，学者人各异言，争论旷日持久，始终莫衷一是。颜师古指出，实际上明堂制度"五帝之后，两汉已前，高下方圆，皆不相袭"，也就是说，从五帝到两汉期间，历代明堂制度并不存在递相沿袭的情况。基于以上两点，颜师古热情洋溢地指出，只要唐太宗能够"圣情创造，即为大唐明堂，足以传于万代，何必论户牖之多少，疑阶庭之广狭？"反过来，如果仍然因为儒者互说一端，而久无断决，则事必无成。为劝说唐太宗尽快就此进行决断，颜师古还举汉武帝草拟封禅典礼之例，认为汉武帝最后能够完成封禅大典的盛事，乃是因为不被群儒所迷，唯取御史大夫倪宽的建议而自定制度。在第二道奏疏的最后，颜师古再次恳求唐太宗"斟酌繁省，为其节文，不可谦拒，以淹大典"。

颜师古的这两道奏章可能引起过唐太宗的充分关注，但最终还是因为不久之后唐太宗决策东征高丽，而未能付诸实施，亦即"寻以有事辽海，未暇营创"。这也就意味着，唐太宗贞观时期尽管多次就明堂问题展开讨论，并准备加以营造，但大唐的明堂制度最终还是没有能够创建起来。

三　武德、贞观时期明堂未能建立的原因分析

大唐皇朝的明堂制度，历经唐初二帝始终未能建立，与此前魏晋南北朝诸政权多在建国之际或建国不久，就已经确立郊祀明堂诸礼的情况，明显不同。依理而论，唐朝比起此前的魏、晋（西晋、东晋）、宋、齐、梁、陈诸政权更有条件恢复或重建明堂制度，至少到唐太宗贞观时期，江山已经一统，政权已经稳固，似乎没有理由不建立这一象征皇天授命的"国之大典"。然而，时至贞观，祚传二代，大唐皇朝的明堂制度却依然未能建立，其中原因何在？窃意可从如下几个方面略加分析。

（一）可能正如前面所分析的那样，唐高祖武德年间，大唐帝国还面临着削平反叛、稳固政权、统一全国等现实政治任务，展开制度文化建设的条件显然尚不完全具备。在这种情势下，包括明堂祭祀、宗庙雅乐等在内，也就唯有沿用前朝制度设施一途，由此造成相关史籍每每言及的唐承隋旧。征诸史籍所载，一直到唐太宗贞观时期，大唐皇朝方始拥有属于自己的宗庙雅乐，此前应该一直使用隋朝之"旧文"。①

---

①　（宋）王溥：《唐会要》卷三十二《雅乐上》："高祖受禅，军国多务，未遑改创，乐府尚用隋氏旧文。武德九年正月十日，始命太常少卿祖孝孙正雅乐，至贞观二年六月十日，乐成，奏之。"（上海古籍出版社1991年版，第688页）由此可见，"军国多务"正是造成武德时期"未遑改创"的主要原因，直到武德九年正月，始命太常少卿祖孝孙修订属于唐朝的雅乐，同年六月"玄武门事变"发生，大概耽误了一些时间，直到唐太宗贞观二年（628）六月，大唐皇朝的宗庙雅乐始告修成。

　　另一方面我们也注意到，尽管武德时期在包括明堂祭祀、宗庙雅乐等制度建设方面并无创获，但并不意味着唐高祖在礼乐文化建设方面的全面停顿。征诸史载，诸如检阅、讲武、校猎、大射等与武事有关的礼仪活动，在武德时期频繁进行，这表明唐高祖在当时所关注的礼仪问题，主要局限在和军事活动有关的内容，亦即"五礼"中的军礼，其原因则在于武事乃是其时大唐帝国压倒一切的任务。兹据诸史籍所载，将武德时期"军礼"活动内容，排比如下：

　　　　武德元年十月，下敕大集诸军，并将亲临检阅军队。①
　　　　武德二年正月，赐群臣大射于玄武门。②
　　　　武德四年八月，赐三品以上官员射于武德殿。③
　　　　武德五年十一月，"丙申，幸宜州，简阅将士。十二月丙辰，校猎于华池"④。
　　　　武德六年二月，"辛亥，校猎于骊山"⑤。十一月，"校猎于沙苑"⑥。
　　　　武德七年十一月，"戊辰，校猎于高陵。"⑦
　　　　武德八年十月，"辛巳，幸周氏陂校猎，因幸龙跃宫。十一月庚子，讲武于同官县"⑧。

　　以上唐高祖武德时期的情况，除武德三年、九年未有"军礼"方面的活动外，其他年份至少有一次或一次以上。
　　唐太宗贞观时期，大唐皇朝的礼仪制度建设比起武德时期，已经有明显的进步，因为到贞观十一年，房玄龄等人已经在隋制的基础上，完成了大唐《五礼》的修订工作，并且经由唐太宗诏令的形式颁行全国。不过

---

　　① 《唐会要》卷二十六《讲武》："武德元年十月四日诏：'杀气方严，宜顺天时，申耀威武，可依别敕，大集诸军，朕将躬自循抚，亲临校阅。'"（第 584 页）
　　② 《唐会要》卷二十六《大射》，第 581 页。
　　③ 同上。
　　④ 《旧唐书》卷一《高祖纪》，第 13 页。
　　⑤ 同上。
　　⑥ 同上书，第 14 页。
　　⑦ 同上书，第 15 页。
　　⑧ 同上。

我们也注意到，在国家祭祀大典中颇具象征性意义的明堂建筑及明堂配祀等大礼仪的建设，却仍然没有取得实质性进展，因为直到贞观十七年（643）颜师古连上两道奏章，所谈的核心问题仍然是明堂建筑布局的问题，就足以表明这一点。贞观时期在明堂制度建设方面所以未能有所创获，原因仍受限于其时的国内国际形势，尽管国内平叛战争已经结束，但对四夷的攻伐行动，却方兴未艾地展开，这就直接影响到明堂祭祀等礼乐制度的重建步伐。

（二）可能与唐高祖、唐太宗的心态有某种关系。我们注意到，尽管唐初二帝都未能建立唐朝的明堂制度，但其间围绕明堂制度创建的讨论或争议，却一直在进行着，对于这种情况，我们或可认为这是在为明堂制度建设所进行的理论探索。或许在唐高祖、太宗看来，包括郊祀、明堂诸礼在内的宗庙礼仪制度，既然历来争议颇多，那就应该更为慎重地对待，在决策施行之前不妨利用军国事务尚殷的时机，让知识界予以更加充分地讨论，然后再制定出能够反映大唐皇朝风范的一套制度。唐初二帝的这种心态，在其所发布的相关诏敕中，似乎有所表露。如唐太宗在《定服色诏》中这样说道：

> 车服以庸，昔王令典；贵贱有节，礼经彝训。自末代浇浮，采章讹杂，卿士无高卑之序，兆庶行僭侈之仪。遂使金玉珠玑，靡隔于工贾；锦绣绮縠，下通于皂隶。习俗为常，流遁亡反，因循已久，莫能惩革。朕继踵百王，钦承宝运，思宏典制，垂范后昆，永鉴前失，义存厘改。其冠冕制度，已备令文，至于寻常服饰，未为差等。今已详定，具如别式，宜即颁下，咸使闻知。①

尽管这道诏书针对的具体对象是当时的服章制度，但从中却可以看出唐太宗对于礼仪制度的一些想法。在唐太宗看来，由于近代以来的服章制度错乱讹杂，由此造成士庶混淆、贵贱不分的社会无序状态，而且这种情况已经是"因循已久，莫能惩革"，如今已经到了应该整顿的时候了，既然自己身当君临天下之重位，那么就有承担"思宏典制，垂范后昆"的责任，亦即由自己确定的礼仪制度能够成为被后世效法的典范。

---

① 《全唐文》卷五（太宗二），《定服色诏》，第60—61页。

再如前揭贞观十一年（637），房玄龄领衔上奏新修订之《五礼》，唐太宗下诏颁行全国。其诏书有云：

> ……朕虽德谢前王，而情深好古。伤大道之既隐，惧斯文之将坠，故广命贤才，旁求遗逸，探六经之奥旨，采三代之英华。古典之废于今者，咸择善而修复；新声之乱于雅者，并随违而矫正。莫不本之人心，稽乎物理，正情性而节事宜，穷高深而归简易。用之邦国，彝伦以之攸叙；施之律度，金石于是克谐。今修撰既毕，可颁天下，俾富教之方，有符先圣；人伦之化，贻厥后昆。①

这道诏书同样隐约表达出唐太宗"思宏典制，垂范后昆"的心态，也就是说，在唐太宗看来，由他所主导修订的《五礼》，理应能够起到教化天下、垂范后世的作用。正是基于"贻厥后昆"的心理，于是我们看到了，唐初修订礼法的工作一直按部就班、从容有序地推进，自贞观初年下令修订《五礼》，至贞观十一年修订工作完成，其经历时间之长久，在历代都不多见。至于前揭诏书中所云"广命贤才，旁求遗逸""探六经之奥旨，采三代之英华""择善而修复""随违而纠正""本之人心，稽乎物理"等语，均非徒逞文采之虚美华辞，而有其实际内涵，无论是修礼人才的选拔、对新旧礼书乐典的征集考稽、对古今礼仪长短优缺的扬弃驳正，还是对人情物性的关照节制，以上任何一个方面，在这部属于大唐皇朝的《五礼》中都有充分体现。

贞观新修《五礼》，多数与普通民众关系更为直接，唐太宗对其修订工作提出了较高要求，之所以如此，就在于唐太宗希望能够制定出一套充分体现大唐风度、代表大唐形象，并垂范后世的礼仪制度。对于这样的通行礼法，要求尚且如此严格，那么在更高等级、更加复杂、更多争议，而又更具皇权与神权双重象征意义的明堂郊祀等重大礼仪的修订上，其要求之高、规定之严，自然不难想象。这也就意味着，明堂郊祀大礼的修订，不仅仅成为当时唐朝知识界关注的焦点，而且成为整个唐朝统治阶级瞩目的大问题。建造出一座什么样式的明

---

① 《全唐文》卷六（太宗三），《颁示礼乐诏》，第70—71页。

堂，制定出什么样的明堂祭祀礼仪，才能够体现我大唐皇朝的巍巍
风度？

（三）唐初二帝明堂迟迟未能建立，以及明堂郊祀诸礼未能全面展
开，其中原因还可能与唐高祖、唐太宗以隋炀帝奢侈而亡的教训为借鉴，
推行俭朴为政的治国理念有某些关系。事实上，已有学者从这个角度进行
过分析，认为明堂制度之所以没有能够在唐高祖、唐太宗时期建立起来，
一个重要原因就是唐初政治界对隋炀帝的奢靡政风持有一种严肃批判的政
治态度。这是因为明堂建筑不同于一般的楼台馆所，在所有的皇家建筑
中，明堂不仅地位最高，且建筑体量十分庞大，修造起来必定大费人力
物力。①

唐高祖、唐太宗既然每每批评隋炀帝奢靡享乐、大兴土木，如果他们
在位期间也兴造明堂等宏大建筑，岂非授人以柄，自贻口实？征诸史籍所
载，唐高祖、唐太宗不仅对隋炀帝的奢侈政风时有批评之语，而且每有毁
废隋朝宫室建筑之具体行动。凡此种种，均可证明唐初二帝确有倡导节俭
新风、树立俭朴为政之施政理念的主观意识。唐初二帝毁拆隋朝宫室建
筑，最典型的例子，便是武德四年（621）平定东都洛阳以后，秦王李世
民下令毁废东都宫室建筑一事。对于此事，不论是后晋史臣所修撰之
《旧唐书》，还是司马光主编之《资治通鉴》，均有浓墨重彩的记录，尤其
是后者的文字表述，更是重点突出了秦王李世民对隋炀帝"逞侈心，穷
人欲"以致国家灭亡的感叹。②

---

① 前揭《明堂制度研究》第五章《明堂形制考》，第 395 页。
② 武德四年（621）毁废洛阳隋朝宫殿建筑一事，《旧唐书》卷七三《薛收传》云："东都
平，太宗入观隋氏宫室，嗟后主靡人力以逞奢侈。收进曰：'窃闻峻宇雕墙，殷辛以灭；土阶茅
栋，唐尧以昌。秦帝增阿房之饰，汉后罢露台之费，故汉祚延而秦祸速，自古如此。后主曾不能
察，以万乘之尊，困一夫之手，使土崩瓦解，取讥后代，以奢虐所致也。'太宗悦其对。"（第
2588 页）《资治通鉴》卷一八九唐高祖武德四年五月："秦王世民观隋宫殿，叹曰：'逞侈心，
穷人欲，无亡得乎！'命撤端门楼，焚乾阳殿，毁则天门及阙；废诸道场，城中僧尼，留有名德
者各三十人，余皆返初。"（第 5918 页）《旧传》突出的是薛收进谏，为秦王李世民认可，从而
采取焚烧宫室的行动；《资治通鉴》则突出了秦王李世民对隋宫建筑富丽堂皇所发的感叹，及其
二令毁宫的行为。两相比较，《旧传》的记载可能更贴近当时的实际情况，原因在于《资治通
鉴》的修撰动机，主要是为帝王俭朴行政提供某种借鉴，故而在陈述此事的时候，有意识地突出
了李世民主观意识性。

唐初二帝刻意树立俭朴行政的政治形象，还可从停止封禅泰山一事得到验证。两《唐书·高祖纪》均没有关于武德时期欲行封禅大礼的记载，固然与其时帝国初创，一切百废待兴，尚无暇讨论封禅的时代形势有关，但群臣一致缄口不言封禅，可能与唐高祖所表现出来的俭朴政治作风也有关系。

至唐太宗贞观时期，提议封禅者尤多，征诸史载，贞观时期至少先后六次讨论封禅事宜。①第一次提议，在贞观五年（631）正月，朝集使赵郡王李孝恭等人上表请求封禅，被唐太宗婉辞拒绝。① ②第二次提议，在贞观五年十一月，朝集使利州都督武士彠等人再上奏表，请求封禅，唐太宗答诏拒绝。② ③第三次提议，在贞观六年。此次提议封禅者人数众多，只有王珪、魏征等少数人表示反对。尽管唐太宗公开表扬了魏徵，但他还是亲自向礼官咨询封禅礼仪，并派中书侍郎杜正伦前往泰山，考察历史上七十二帝的祭坛遗迹。④第四次提议，在贞观十一年。是年，群臣再劝封禅，并着手详细讨论封禅仪式。最后由房玄龄、魏徵、杨师道等人"博采众议"，确定了封禅礼仪，唐太宗下诏附于贞观《五礼》之后。③ ⑤第五次提议，在贞观十四年。是年十月甲戌，荆王李元景（唐高祖第六子，武德三年封赵王，贞观十年徙封荆王）等人，上表请求封禅。贞观十五年四月下诏，决定于来年二月封禅泰山；六月，下诏停封泰山。⑥第六次提议，在贞观二十年。是年十一月、十二月，以长孙无忌为首，先后三上奏，请求封禅。贞观二十一年正月，下诏来年二月有事泰山；同年八月，诏停封禅。

---

① 据《旧唐书》卷三《太宗纪下》，贞观五年正月"癸未，朝集使请封禅"（第41页）。《旧纪》未言朝集使姓名，前揭《唐会要》卷七《封禅》云："贞观五年正月，朝集使赵郡王孝恭等金议，以为天下一统，四夷来同，诣阙上表请封禅。"（第93页）

② 按，贞观五年十一月武士彠等人奏请封禅，以及唐太宗的答复诏书，两《唐书》无载，《唐会要》此处记载转录自《册府元龟》，未知《册府元龟》何据。又《唐会要》本卷原缺，系据四库全书本增补。

③ 《旧唐书》卷二三《礼仪志三》，第882—884页。据前揭《旧唐书》卷三《太宗纪下》，贞观十一年正月，"甲寅，房玄龄等进所修《五礼》，诏所司行用之"（第46页）。按，房玄龄等主持所修《五礼》，于贞观十一年正月即上奏，并经诏令行用，而讨论封禅典礼肯定在正月之后，在讨论完毕以后，仍由房玄龄领衔进上，唐太宗下令"附之于礼"（《旧唐书》卷二三《礼仪志三》，第884页），其中所言"礼"，当即是年正月所上之《五礼》。

　　综合分析六次提议而最终未能举行封禅的原因，有助于我们把握唐太宗对待封禅的真实心态。第一、二次拒绝封禅，理由均为民生凋敝，封禅条件尚不成熟。① 第三次、四次、第六次，最终取消封禅计划，都与黄河流域发生严重水灾有直接关系。② 第五次，则是因为发生天象异常变化，从而取消了封禅计划。③ 尽管贞观时期封禅始终未能付诸实施，但就唐太宗的主观意愿来说，他面对群臣的反复提议，其实颇为心动，并且为封禅进行了认真扎实的准备，诸如派人前往泰山考察古代封禅遗迹、讨论封禅仪式并附于《五礼》、两次下诏欲行封禅等行动，都明白无误地表达了唐太宗内心深处对封禅的渴望。④

　　那么，唐太宗在位期间，最终还是未能如愿举行封禅大典，原因何在？笔者认为根本原因就在于，唐太宗希望将自己塑造成为一个俭朴行政、关心民生的政治形象，为了实现这个政治目标，唐太宗在具体行政过程中，自然就不能不有所顾忌。封禅虽为帝王盛事，然而历史上曾行封禅大典之帝王，如秦始皇者，虽有一统六合之丰功伟绩，却仍不免落下一个"奢侈自矜"的形象，相反者如汉文帝，却因为躬行节俭，而被认为是"有德之君"，从这个角度来说，要成为受人拥戴的明君贤主，并不需要通过举行封禅大典来实现。⑤

　　除此而外，唐太宗在执政期间经常言及汉文帝之节俭，并每以汉文帝之行为自励，与之相对应，其时大臣上疏劝谏，也往往以汉文帝为说辞，而汉文帝在历史上一直以节俭皇帝的形象出现。唐太宗以汉文帝为政治楷模，主观动机当然不止一端，但在无形之中也进一步强化其俭朴为政、勤

---

① 据《唐会要》卷七《封禅》，唐太宗答李孝恭诏中有"流遁永久，凋残未复，田畴多旷，仓廪犹虚"之句；答武士彠等诏中也有"丧乱之后，民物凋残，惮于劳费"之辞（第93—94页）。

② 《旧唐书》卷二三《礼仪志三》：贞观六年"两河水潦，其事乃寝"（第882页）。《旧唐书》卷三《太宗纪下》：贞观十一年，"秋七月癸未，大霪雨。穀水溢入洛阳宫，深四尺，坏左掖门，毁宫寺十九所；洛水溢，漂六百家。庚寅，诏以灾命百官上封事，极言得失……九月丁亥，河溢，坏陕州河北县，毁河阳中潬。幸白司马坂以观之，赐遭水之家粟帛有差。"（第48页）贞观二十一年，"八月壬戌，诏以河北大水，停封禅"（第60页）。

③ 《旧唐书》卷三《太宗纪下》：贞观十五年六月"戊申，诏天下诸州，举学综古今及孝悌淳笃、文章秀异者，并以来年二月总集泰山。己酉，有星孛于太微，犯郎位。丙辰，停封泰山，避正殿以思咎，命食减膳。"（第52—53页）

④ 详参李文才《唐代封禅大典的提议其及实践》（未刊稿）。

⑤ 《唐会要》卷七《封禅》，第94页。

政爱民的政治形象，从而或多或少地影响到贞观时期大型工程项目的建设或推进，明堂建筑、封禅泰山诸事均属需要耗费大量人力物力的大型工程项目。

工部尚书与隋唐时期的重大建设[*]

卫 丽

（西北农林科技大学　中国农业历史文化研究中心）

尚书工部制度在隋朝大兴土木的背景下得以确立，由于隋朝国祚短暂，隋朝所建的都城、大运河等大型工程连同工部制度一起为唐所继承。工部作为国家管理大型工程营建的中央政令部门，在隋唐建设方面发挥了重要作用。作为部门长官的工部尚书的首要职责即是负责工程营建。隋唐逾300年历史中，可考的工部尚书人数达127人。尽管包括工部尚书在内的工官在隋唐官僚体系中的地位并不高，但每有大的工程，国家都要任命一些真正懂技术真正有建设才能的人担任工部长官。正是这部分人，凭借时机，发挥才能，为一个时代的建设事业做出了卓著贡献，推动了科技文化的发展，也成就了自己优秀建筑家和技艺家的美名。有鉴于此，本文对隋唐时期可考的工部尚书所参与的重大建设活动进行考梳，分析其在隋唐建设中所发挥的独特作用，希望对深入理解工部制度起到积极作用。

隋唐时期每有重大工程，多由工部与将作监共同主持，并在其他相关部门的配合下开展营建活动。其中，工部"掌天下百工、屯田、山泽之政令"，其职责主要在于掌握政令的运行及监督实施方面；而工部尚书为正三品官员，其职责是对所辖四司"总其职务而奉行其制命。凡中外百司之事，由于所属，咸质正焉"[①]。也就是说，工部尚书的职责在于总领工部，并在遇有国家重大建设，如都城、帝王陵墓、象征统治的礼制建

---

[*] 本文为陕西省社会科学基金（11J067成果）。

① （唐）李林甫等：《唐六典》卷七《工部尚书》"工部郎中、员外郎"条，陈仲夫点校，中华书局1992年版，第216页。

筑、大型水利工程等的建设时才必须参与。这种情况下，工部尚书的身份不仅是工部长官，也是作为国家高级官员而参与的。此外，工部尚书担任者本人就是技艺家或建筑家，且在其仕宦生涯中曾参与过土木工程营建，并因功绩而得以升任工部尚书，这种情况也不在少数。以下将按照工程类别的不同进行分析。

一 工部尚书与隋唐两京的营建

（一）大兴—长安城的营建

东汉末以来，在长安建都的政权为数不少，不过，由于国家长期处于分裂状态，很少对长安进行大规模营建。直到隋朝建立，才将重建都城提上议事日程。据《隋书》卷一《高祖本纪》载，隋文帝在即位的第二年即开皇二年（582）六月便下了《兴建新都诏》，诏书陈述了修建新都的诸多原因，如当前都城为"前代之宫"、"凋残日久"、"事近权宜"、"不足建皇王之邑"等，而"龙首原山川秀丽，卉物滋阜"，适合建设作为"定鼎之基"和"无穷之业"的都城。并且强调"营构资费，随事条奏"，他本人对都城营建表现了极大的关心和支持。这篇诏书在隋唐建筑史上具有重要地位，表现了隋朝统治者在统一全国后开放大气的雄伟气魄，可以说正是它的颁布开启了隋大兴城即唐长安城的建设历史。

在大兴城监修与建设人员的选择方面，隋文帝在下诏当日即以宰相尚书左仆射高颎为营建新都大监，太子左庶子宇文恺为副监，同年十月辛卯，"以营新都副监贺娄子干为工部尚书"，[①] 确立了营建新都的领导班子。此外，具体参与新都营建的还有太府少卿张煚、将作大匠刘龙、太府少卿高龙义（义）[②]。高颎是杨坚创建帝业的心腹重臣，隋文帝登上皇位后，便"拜为尚书左仆射，兼纳言，进封渤海郡公，朝臣莫与为比"，是

_____

① （唐）魏徵等：《隋书》卷一《文帝纪》，中华书局1973年版，第18页。关于隋唐的都城建设过程，陈寅恪先生在其《隋唐制度渊源略论稿》第二章"礼仪"后附"都城建筑"一节，对隋大兴城的经过、隋代技术人才的家世甲少数民族背景等方面进行了论述。参见《隋唐制度渊源略论稿》，生活·读书·新知三联书店2001年版，第69—90页。

② （唐）李百药：《北齐书》卷一四《长乐太守灵山传》："义少谨，武平末给事黄门侍郎，隋开皇中为太府少卿，坐事卒。"中华书局1972年版，第1859页。《北史》卷五一《齐宗室诸王传上·长乐太守灵山传》（唐李延寿撰，中华书局1975年版）同。可见，高义即是高龙义。

隋朝的第一任宰相，也是一代名臣。隋文帝正是在他和苏威的建议下决定营建新都大兴城，并任命其为总监，"制度多出于颎"。① 宇文恺是北周世臣，在北周时就已经成为小有名气的技艺家和建筑家。入隋后，任大兴城的总设计师和总工程师，史载："高颎虽总大纲，凡所规画，皆出于恺。"他后来又为"营东都副监"，主持修建东京。由检校将作大匠迁为将作少监，再迁为将作大匠，东京建成之后很快升为工部尚书。宇文恺除营建东西两都外，还主持过隋代多项重大水利及其他土木工程项目，在中国建筑科技史上是值得大书特书的人物。② 刘龙"性强明，有巧思"，北齐时曾为后主高纬修三爵台而被赞赏，入隋后，才能受到赏识，拜为右卫将军，兼任将作大匠，"与高颎参掌制度，代号为能"。③ 是营建大兴城的主要参加者。张煚也是杨坚的心腹之臣，"甚亲遇之"，为太府少卿，"领营新都监丞"。④ 高龙义（乂）亦为太府少卿，隋朝的太府寺掌财物库藏及器物制造，是保证营建新都的物资供应部门⑤。贺娄子干本代人，是一员战功赫赫的武将，北周时曾领军器监，入隋后先任凉州刺史，也是隋文帝杨坚的心腹。杨坚登上皇位不久，便进其爵为钜鹿郡公。从开皇元年（581）八月起，吐谷浑和突厥就开始对刚刚诞生的隋王朝展开攻扰，贺娄子干也是从八月起就一直拼杀于西北战场，大败吐谷浑，又击退了突厥。直到开皇二年（582）六月乙酉"突厥又寇兰州，凉州总管贺娄子干败之于可洛峐"，⑥ 西北战争结束，隋文帝为了嘉奖贺娄子干，"征授营新都副监，十月，拜工部尚书"。⑦ 同年十月，突厥再次犯边，贺娄子干再以行军总管的身份开赴战场。可见，贺娄子干虽有营新都副监和工部尚书的身份，但实际上无暇参与新都的建设。隋文帝授其营新都副监和工部尚书，一是对

---

① 《隋书》卷四一《高颎传》，第 1180 页。

② 《隋书》卷六八《宇文恺传》，第 1587 页。

③ 《隋书》卷六八《何稠传附刘龙传》，第 1598 页。

④ 《隋书》卷四六《张煚传》，第 1262 页。

⑤ 据《通典》卷二六《职官八·诸卿中》"太府卿"条，隋初与北齐同，"曰太府寺，亦有卿、少卿各一人"。（（唐）杜佑撰，王文锦等点校，中华书局 1988 年版，第 730 页）而营建新都的参与者有两人皆为太府少卿。据《隋书》卷四六《张煚传》，张煚"丁父忧去职"，后"寻迁太府卿"。（第 1262 页）则很有可能高龙义接替张煚太府少卿之职。

⑥ （北宋）司马光主编：《资治通鉴》卷一七五《陈纪九》"宣帝太建十四年"，（元）胡三省注，中华书局 1956 年版，第 5560 页。

⑦ 《隋书》卷五三《贺娄子干传》，第 1352 页。

其击败隋北方心腹大患突厥的褒奖①；另一方面表明，参与都城营建是工部尚书的职责，而其本身又是正三品的中央高级官员，参与国家大事更是责无旁贷。由此，可以看到营建新都的人员构成和阵容（参见表1"隋东西两京修建工程监修人员表"），其监修人员的配备堪称强大一流，包括宰相、工部、太府监、将作监、京兆尹等诸多中央机构。由宰相亲自监督和策划，选用当时最杰出的工程师设计总的建设蓝图，保证充足的物资供应和补给，并由负责国家公共工程营建的工部尚书挂名参与。到开皇三年（583）三月历时仅九个月，新都大兴城便基本建成，当月隋文帝就迁入新都。唐朝未再选择新址建新都，而是直接继承了隋大兴城，只是在其基础上进行了扩建和营建，并改名为长安城。宋人程大昌云："唐高祖、太宗建都，因隋之旧，无所改创。"② 唐高祖武德元年（618）将大兴殿、大兴门改为太极殿、太极门，大兴县改为万年县，大兴苑改为禁苑。唐睿宗景元元年（710），又将大兴宫改为太极宫，即大内。

表1 **隋东西两京修建工程监修人员③**

姓名	职务	职责	本职	出典
			西京	
高颎	营新都大监	总领其事总大纲	尚书左仆射兼纳言	《隋书》卷四一；《太平御览》卷一五六
李询	营新都大监			《故邛州别家陇西公李君墓志》
虞庆则	总监		京兆尹	《隋书》卷四十
宇文恺	副监	规划、设计、施工等	将作少监	《隋书》卷六八
刘龙	副监		将作大匠	《隋书》卷六八

---

① 据《隋书》卷五三《贺娄子干传》，隋文帝对贺娄子干的褒奖有过多次，贺娄子干在隋文帝开国创业过程中，曾多次立功，开皇元年便进爵钜鹿公。同年，败退吐谷浑，"功最优，诏褒美"。第二年，击退突厥，隋文帝再册授子干大将军。同时，"征授为营新都副监，寻拜工部尚书"（第1352页）。

② （宋）程大昌：《雍录》卷一《龙首山龙首原》，中华书局2002年版，第21页。

③ 参见辛德勇《隋唐两京丛考》第一章《隋东西两京修建工程诸主事人》，三秦出版社2006年版，第1—5页。

续表

姓名	职务	职责	本职	出典
贺娄子干	副监		工部尚书	《隋书》卷五三
张煚	监丞		太府少卿	《隋书》卷四六
高龙义（乂）	监丞		太府少监	《隋书》卷一
东京				
杨素	营东京大监		尚书令	《隋书》卷四八
杨达	营东都副监		纳言	《隋书》卷四三
宇文恺	营东都副监		将作大匠	《隋书》卷六八
元弘嗣	木工监	木工	木工监	《隋书》卷七四
阴世师	瓦工监	瓦工	骠骑将军	《隋书》卷三九
孟孝敏	土工副监	土工		《孟孝敏妻刘氏墓志》①
刘权	宫城监筑人	监筑宫城	卫尉卿	《大业杂记》
韦万顷	宫城监筑人	监筑宫城	秘书丞	同上
裴矩	省府监筑人	监筑省府	吏部侍郎	《隋书》卷六七

（二）东京洛阳城的营建

隋文帝驾崩当年即仁寿四年（604）十一月，隋炀帝巡幸洛阳，亲自考察了洛阳的周边环境，遂即下达营建东京诏，该诏书洋洋五百余言，从"变则通、通则久"的高度、洛阳"天地之所合、阴阳之所和"的天下之中的地理位置、历代王朝未能建都洛阳的客观原因以及当时山东地方的政治形势等角度，论述了营建东都洛阳的必要性、可行性和紧迫性，此外，还强调了"务从节俭"的营建原则。实际上，营建东都洛阳还有一个重要的原因就在于粮食问题。魏晋南北朝以来，黄河流域战争频繁，关中的粮食问题日益严重，隋文帝开皇十四年（594）只得亲率户口就食于洛阳。② 而洛阳紧邻山东、河北及江南等富庶的产粮区，能够满足粮食的供给。大业元年（605）三月，隋炀帝诏尚书令杨素、纳言杨达和将作大匠宇文恺负责营建东京。杨素是隋文帝时权倾朝野的宰相，曾监修仁寿宫，

---

① 赵万里：《汉魏晋南北朝墓志集释》图版四四九，科学出版社 1956 年版。

② 参见《隋书》卷二四《食货志》。

献皇后崩，又创建山陵制度。① 杨达为宗室观王杨雄之弟，从开皇十五年（595）开始担任工部尚书，直到隋炀帝实际执政的仁寿二年（602）才转为纳言，任期长达8年之久，在此期间，曾参与献皇后及高祖的山陵制度的创建。炀帝即位，"甚信重之"，特令其以纳言领营东都副监。② 接替杨达的任职者为赵仲卿，但他并非正式任职，而是"判兵部、工部二曹尚书事"，只是兼任而已，且当年便已去世。③ 直到大业二年，工部尚书的职位一直空缺。因此，杨达虽以纳言的身份领营东都副监，实际上更可能是因其为前任工部尚书之故。宇文恺此次再为将作大匠兼营东都副监，规划建设东京洛阳城。洛阳的营建负责人员的配备，相对于新都大兴城来说毫不逊色（参见表1：隋东西两京修建工程监修人员）。从两京的监修人员构成来看，首先，可看出隋朝君臣上下对于营建东西两京的重视程度，由宰相亲自担任总监，在选人方面几乎都是皇帝的亲信重臣，说明都城建设的重要性；其次，人才的选用方面，十分重视有相关经验、有真才实干和有专业技术的人员。从仁寿四年（584）十一月下诏到大业元年（605）三月开始建设，洛阳城的规划设计时间只有短短的四个月，而到大业二年（606）正月，用了不到一年的时间东京洛阳除外郭城墙外都已基本建成，其建设速度可谓神速。

东京建成后，大业五年（609），将东京改为东都，其地位几与大兴城相当，成为隋朝的政治、经济、文化的中心之一，这种地位一直延续到唐代。唐朝虽以长安为都，但唐太宗不顾大臣反对，曾多次要求营建洛阳宫。他对房玄龄说："朕以洛阳土中，朝贡道均，意欲便民，故使营之。"④ 洛阳地理位置之重要，在唐代已成共识。但是鉴于隋亡教训，唐初统治者一直未敢仓促行事，直到唐高宗显庆二年（657）十二月丁卯，才颁布了《建东都诏》："此都中兹宇宙……宜改洛阳宫为东都。"⑤ "龙朔（661—663）中，诏司农少卿田仁注随事修葺，后又命司农少卿韦机

---

① 参见《隋书》卷四八《杨素传》。

② 《隋书》卷四三《杨达传》，第1218页。《隋书》卷二《炀帝纪》，第40页。

③ 《隋书》卷七四《赵仲卿传》，第1697页。

④ 《资治通鉴》卷一九三《唐纪九》"贞观四年五月"，第6080页。

⑤ （清）董诰等编：《全唐文》卷一二，中华书局1983年版，第147页。

更加营造。"①　武则天当政以后，逐渐把洛阳作为根据地，光宅元年
（684），改东都为神都，建立武周后，以洛阳为都。唐玄宗在开元二十一
年（733）第五次东幸洛阳时，对裴耀卿所言"国家帝业，本在京师，万
国朝宗，百代不易之所"深以为然②，但此后再未到过洛阳，东都从此渐
被冷落。而安史之乱又使洛阳几成废墟，洛阳再无往日的东都地位。唐前
期，由于东都的重要性，唐政府在此常置比一般地方行政长官级别要高的
东都留守官③。

（三）工部尚书在两京建设中的任职表现

营建都城等大型工程是尚书工部的核心职能，也是工部长官的核心职
掌。下面在史籍记载和前人研究的基础上，从尚书工部制度的角度出发，
以隋代工部尚书的代表性人物宇文恺为中心，论述其生平任职经历、在建
造方面的功绩以及对后世制度的影响等，进而讨论隋代工部尚书在土木营
建尤其是两京建设方面的表现④。

1. 宇文恺任职简历

《隋书》卷六八《宇文恺传》载："宇文恺，字安乐，杞国公忻之弟
也。在周，以功臣子，年三岁，赐爵双泉伯，七岁，进封安平郡公，邑二
千户。"由同书卷四《炀帝纪下》："大业八年（612），冬十月甲寅，工部

---

①　（唐）李林甫等：《唐六典》卷七《尚书工部》"工部郎中·东都"，陈仲夫点校，中华
书局1992年版，第220页。又见（宋）王溥：《唐会要》卷三十《洛阳宫》，中华书局1955年
版，第551页，及（宋）王钦若等编：《册府元龟》卷一四《帝王部·都邑第二》皆为"田仁
汪"，中华书局1960年版，第156页。

②　（后晋）刘昫等：《旧唐书》卷九八《裴耀卿传》，中华书局1975年版，第720页。

③　唐代在东都除设立东都留守外，还有分司官。关于唐代东都分司制度的研究，参见勾利
军《唐代东都分司官研究》，上海古籍出版社2007年版。她认为"东都的政务机构主要指东都
尚书省及其下属机构"，"东都尚书省的实际长官是东都留守"，并统计了唐代的东都留守的历任
官，但未对其兼职特点进行探讨。对于工部尚书兼任东都留守者，只有从兼任者所兼官职两个方
面去考察，才能看清其本质。又指出东都分司官的任职原因除王鸣盛所说的"安置罢黜者、远黜
量移者及性乐恬退者"之外，可分为奖赏、重用、避祸、因病、家庭及逃避出使六种类型。认为
"分司官用于赏功十分合适，对于因病不能正常工作、年老体弱又不想致仕及性乐恬淡的官员也
都是优待"。（第223页）

④　陈寅恪最早对宇文恺的民族背景进行讨论，参见《隋唐制度渊源略论稿》第二章《礼
仪》附"都城建筑"一节，第69—90页。关于宇文恺的籍贯，参见宁昶英《宇文恺籍贯考》，
《社会科学辑刊》1985年第6期。关于宇文恺事迹考述的有金秋鹏《宇文恺修长城之役考略》，
《中国科技史料》1989年第4期。

尚书宇文恺卒。"可以推测宇文恺出生于西魏恭帝元年即公元 554 年，北周闵帝宇文觉元年赐爵双泉伯，北周武帝宇文邕保定元年进封安平郡公，入隋时 27 岁。从开皇元年（581）的 27 岁到大业八年（612）即去世时 58 岁的这 31 年间，对于宇文恺本人来说，正值年富力强的青壮年，是创造力和精力最旺盛的时期；对于隋朝来说，是由分裂到统一，由战乱到稳定再到经济社会的全面恢复和发展，而衰落刚要开始的时期。单从宇文恺所处的时代背景来看，对其所创造的为后人称道的辉煌业绩能够多少有所理解。据本传载："及（隋文帝）践阼，诛宇文氏，恺初亦在杀中，以其与周本别，兄忻有功于国，使人驰赦之，仅而得免。"由于隋文帝看重宇文恺的才能，且其兄有功于隋，才使他得以死里逃生，这为他的人生又增添了传奇色彩。

本传又载："恺少有器局。家世武将，诸兄并以弓马自达，恺独好学，博览书记，解属文，多伎艺，号为名父公子。"① 宇文恺出身于胡族，却非以军功起家，自幼博览群书，多技艺有巧思，在北周时就担任过掌城郭、宫室营建及诸物度量的匠师中大夫一职。出身胡族可能是其能够成为优秀技术家的一个原因②，但他将所熟知的典章制度与北魏以来的建筑技艺和传统融入到隋朝的都城规划及建筑实际之中，更使其技艺超群。因此，入隋后，其高超的营造能力受到隋文帝和隋炀帝看重，几乎参与了隋朝的所有大型建筑活动，创造了中国古代建筑史上的诸多杰作。宇文恺在

---

① 《隋书》卷六八《宇文恺传》，第 1587 页。

② 《隋书》卷六八为隋代三大"技术家"宇文恺、何稠、阎毗的合传，关于三人的家世血统，陈寅恪有过深刻的论述："盖其人具含有西域胡族血统，而又久为华夏文化所染习，故其事业皆籍西域家世之奇技，以饰中国经典之古制。如明堂、辂辇、衮冕等，虽皆为华夏之古制，然能依托经典旧文，而实施精作之，则不籍西域之工艺亦不为功。夫大兴、长安都城宫市之规模取法太和洛阳及东魏高齐邺都南城，犹明堂、车服之制度取法中国之经典也。但其实行营建制造而使成宏丽精巧，则有资于西域艺术之流传者矣，故谓大兴长安之规模及隋唐大辂、衮冕之制度出于胡制者固非，然谓其绝无系于西域之工艺者，亦不具通识之言者也。"陈寅恪指出应该从两方面看待隋代技术人员的出身问题，三人既有胡族血统，又久为华夏文化染习，所创制度固然不是采取西域艺术，也不是完全没有受到西域艺术特色的影响。（陈寅恪《隋唐制度渊源略论稿》第二章"礼仪"附"都城建筑"，第 88 页）在这一认识的基础上，关于隋文帝开国的用人政策，韩昇通过对文帝时期的三省长官、六部长官以及禁军卫府大将军的任职者进行考察，发现六部长官中拥有少数民族血统的官员占有相当比例，"其中，在兵部和民部尚书中均占 43% 弱，在工部尚书中占 57%，在禁军卫府大将军中占 46% 强"，认为"少数民族在尚书省各部的不同分布，完全由于其文化特长所决定，例如，礼部纯任汉人，而工部多用少数民族，即可示其一斑"，"毫无疑问，隋朝是以汉族为主的多民族融合的国家"。（韩昇《隋文帝传》，人民出版社 1998 年版，第 267 页）这一观点是准确的。

隋代的任职经历和事迹，见表2：

表2　　　　　　　　　　宇文恺职历年表

时间	职务	事件	出典
开皇元年（581）	太子左庶子、营宗庙副监	营建宗庙；合撰《东宫典记》	《隋书》卷六八，卷三三，卷五八
开皇二年（582）六月—三年（583）三月	太子左庶子、营新都副监	营建新都大兴城	《隋书》卷一
开皇四年（584）六月壬子	太子左庶子	开广通渠	《隋书》卷一九；《资治通鉴》卷一七六
开皇五年（585）—六年（586）	莱州刺史	甚有能名	《隋书》卷1，卷二五，卷六八
开皇六年（586）—十三年（593）	无职	兄忻被诛，除名于家；修复鲁班故道①	《隋书》卷六八；《资治通鉴》卷一七八
开皇十三年（593）二月丙子—十四年（594）	检校将作大匠、仁寿宫监、仪同三司、将作少监	营仁寿宫；依《月令》文，造明堂木样	《资治通鉴》卷一七八；《隋书》卷六
仁寿二年（602）	将作少监	营太陵	《隋书》卷三六，卷六八
大业元年（605）三月—二年（606）正月	营东都副监将作大匠	营建东都	《隋书》卷三，卷六八
大业二年（606）	将作大匠、开府仪同三司、大将军	制造漏刻；上《奏定皇太子辂》②	《隋书》卷三，卷十，卷一二，卷一九，卷六八；《资治通鉴》卷一八〇

①　关于宇文恺修复鲁班故道的时间，参见金秋鹏《宇文恺修长城之役考略》，《中国科技史料》1989年第4期。

②　《隋书》卷一〇《礼仪志五》："大业元年，更制车辇，五辂之外，设副车。诏尚书令楚公杨素、吏部尚书奇章公牛弘、工部尚书安平公宇文恺、内史侍郎虞世基、礼部侍郎许善心、太府少卿何稠、朝请郎阎毗等，详议奏决。"（第204页）又同书卷一二《礼仪志七》"衣冠"："及大业元年，炀帝始诏吏部尚书牛弘、工部尚书宇文恺、兼内史侍郎虞世基、给事郎许善心、仪曹郎袁朗等，宪章古制，创造衣冠。"（第262页）都是说工部尚书宇文恺在大业元年议定舆辇和衣冠，而据《隋书》卷三《炀帝纪上》：大业二年"二月丙戌，诏尚书令杨素、吏部尚书牛弘、大将军宇文恺、内史侍郎虞世基、礼部侍郎许善心制定舆服"（第65页）。大业四年三月辛酉，"以将作大匠宇文恺为工部尚书"（第71页）。这说明《礼仪志》的记载有误。

时间	职务	事件	出典
大业三年（607） 六月—八月	同上	主持修筑长城①；随行 榆林郡，作大帐；造观 风行殿；作行城	《隋书》卷三，卷六八； 《资治通鉴》卷一八〇
大业四年（608） 三月辛酉	工部尚书		《隋书》卷三
大业八年（612）	工部尚书	奏《明堂议表》； 撰《明堂图议》二卷、 《东都图记》二十卷、 《释疑》一卷	《隋书》卷六八
大业八年（612） 二月	工部尚书， 金紫光禄大夫	从征辽东，造浮桥	《隋书》卷六八； 《资治通鉴》卷181
大业八年（612） 冬十月甲寅	卒		《隋书》卷四，卷六八

从其职历年表可看出，宇文恺在隋朝几乎担任了从将作少监、将作大匠到工部尚书等与建造相关的所有职务，而其所从事的也主要是与工程营建相关的事务，其次还有手工制作方面的事务。工程营建从营建类型来看，可分为都城建设、宫殿庙堂、山陵制度、交通道路四种类型；从功能方面，可分为宫殿类、礼仪类、军事类三种类型。除了实践方面的功绩外，还有理论方面的著述，如《奏定皇太子辂》《明堂议表》《明堂图议》等。宇文恺的上述功绩并非都是在其担任工部尚书时所做出的，但正是之前所担任的各种职务和所做成绩为其后来成为工部尚书奠定了基础。

2. 宇文恺在都城营建中的贡献

大兴城的监修成员虽由当时最高级的官员和技师组成，但其具体的规划和设计则是由宇文恺完成的，参与建造和实施的还有当时著名的建筑家、技艺家工部尚书担任者何稠及技术家阎毗等人。这些人都带有西域胡

---

① 关于宇文恺修筑长城的时间，参见金秋鹏《宇文恺修长城之役考略》，《中国科技史料》1989 年第 4 期。

族的血统，又长期受华夏文化的熏陶。因此学者分析认为隋大兴城—唐长安城宫城及坊市的基本模式，应当取法于北魏"太和洛阳及东魏高齐邺都南城"①，其建筑技巧则借助了西域的工艺，"使城市既像大理石建筑一样宏伟壮观，又精准巧妙地符合中国传统都城建造所遵循的《周礼·考工记》的制度"，被誉为显示新王朝政权正统性的"宇宙之都"。② 宇文恺作为总设计师，大兴城从具体选址到规划设计都反映了以其为首的设计团队的思想和理念。

在都城的选址上，宇文恺在隋文帝所确定的龙首原这一原则的前提下，选择龙首原北部的黄土梁洼相间地区作为都城基址，避免了南部黄土台原由于地势过高而引起城市供水困难的问题。使得城市在东西南北四个方向上都有扩建的余地，并且可从浐、滈、潏、沣诸水就近引水。同时，选择这一城址与大兴城的规划思想相一致。在都城的规划和布局设计上，首先，大兴—长安城面积达84平方公里，是我国古代也是当时世界上规模最大的都城③，反映了隋唐大一统时代在建筑风格上的宏伟气魄。其次，大兴—长安城继承了中国传统都城的建筑制度，同时又有所创新。大兴—长安城的规划符合《周礼·考工记》所规定的"方九里"、"旁三门"、"左祖右社"等关于都城建设的规制。在此基础上，受北魏洛阳城和北齐邺南城的影响。北魏洛阳城将宫城放在主轴线中央偏北一带，大兴—长安城也同样将宫城、皇城放在外郭中轴线上北部的位置；对于汉长安城规模狭小，宫殿、官署和闾里相间杂，分区不整齐的问题，大兴—长安城在北魏洛阳城布局的基础上，将居民区全部迁往城外的郭中，并将原内城一分为二，北为宫城，南为衙署。而官署分列于皇城左右对称的南北大道两侧的制度，实际上在北魏洛阳城和南朝的建康城就已经出现。大兴—长安城正是在总结前代都城建置经验的基础上，将其发展趋势制度化并创新而成。再次，大兴—长安城在布局上体现了"象天设都"的思

---

① 陈寅恪：《隋唐制度渊源略论稿》，第二章《礼仪》附"都城建筑"，第88页。

② 荣新江：《隋唐长安：性别、记忆及其他》，复旦大学出版社2010年版，第2—3页。

③ 据统计，隋唐长安城面积是汉长安城的2.4倍，北魏洛阳城的1.2倍，隋唐洛阳城的1.8倍，元大都的1.7倍，明南京城的1.9倍，明清北京城的1.4倍。是公元447年所建东罗马帝国首都拜占庭的7倍，公元800年所建伊拉克首都巴格达的2.7倍，公元690年日本奈良藤原京的13倍，公元708年日本奈良平城京的3.73倍，公元793年日本京都地区平城京的3.67倍。见张永禄《唐都长安》，三秦出版社2010年版，第23—24页。

想。将皇帝居住的宫城置于郭城北部的中心象征北辰，从建筑手法上突出了宫城所代表的皇权的中心地位，以位于宫城南侧的皇城中央官署象征环绕北辰的紫薇垣，体现了皇帝据北而立，面南而治的儒家传统思想；以分布在外城的围绕宫城的矩形众里坊、商业及寺观象征天上向北辰环拱的群星。城内道路纵横相交宽阔笔直，形成规整的棋盘式布局，因有白居易"百千家似棋盘局，十二街如种菜畦"之谓。此外，大兴—长安城的布局设计还十分注意对地形的利用，把《周易》的乾卦卦象与理论运用到都城设计之中，体现了"天人合一"的人文精神和因地制宜的设计理念。宇文恺利用龙首原北部梁洼相间的地理条件特点，对从北到南横亘的六条高坡赋予乾卦的六爻之义，从而布置不同类型的建筑，以显示特殊的功能分区，使都城设计既具理想化又有神秘感。

总之，大兴—长安城整齐的布局，严密的规制，是将政治、经济、军事、城市生活需要与北魏以来的都城传统以及《周礼·考工记》中的原则结合起来的杰出典范，也是人类在进入工业社会以前规模最大的城市，表现了大一统国家的宏大气势和中国都城规划水平之高。这种建筑风格，对当时及后来国内外的城市建置产生了深远的影响。此后隋的东都洛阳城、同一时期的龟兹、高昌等边疆城市、北宋汴京、元大都、明清北京城、七八世纪日本的藤原京、平城京和平安京等都是模仿大兴—长安城的规制而建。

据《两京新记》《元河南志》《大业杂记》以及《隋书》等史书的记载，洛阳城的城市规划完整，街道匀整且有很好的绿化。在宫室建设方面，宇文恺"兼以梁、陈曲折，以就规模"①，吸收了南朝梁陈建筑的特点，第一次将其先进的建筑技术引入北方，促进了南北方建筑技术的交流和融合。然而"炀帝既好奢靡，恺又多奇巧，遂作重楼曲阁，连阁洞房，绮绣瑰奇，穷巧极丽"②。宇文恺设计的东都显仁宫，"南接皂涧，北跨洛滨。发大江之南、五岭以北奇材异石，输之洛阳；又求海内嘉木异草，珍禽奇兽，以实园苑"。不仅宫室建筑穷极壮丽，园苑设计也极尽巧丽奢靡。东都的西苑，"周二百里；其内为海，周十余里；为方丈、蓬莱、瀛

---

① 《隋书》卷二四《食货志》，第 672 页。
② 《唐六典》卷七《尚书工部》"工部郎中·东都"，第 220 页。

洲诸山，高出水百余尺，台观宫殿，罗络山上，向背如神。北有龙鳞渠，萦纡注海内。缘渠作十六院，门皆临渠，每院以四品夫人主之，堂殿楼观，穷极华丽。宫树秋冬凋落，则剪彩为华叶，缀于枝条，色渝则易以新者，常如阳春。沼内亦剪彩为荷芰菱芡，乘舆游幸，则去冰而布之。十六院竞以淆羞精丽相高，求市恩宠"。① 宇文恺挖空心思设计的宫殿园苑都是为满足隋炀帝的享乐而建。

除宇文恺外，隋代工部尚书任职者在仕宦生涯中曾参与过土木工程营建的有贺娄子干、苏孝慈、杨达、卫玄和何稠，占隋代工部尚书可考人数的比例为54.55%（6/11）②，超过半数。其中，在工部尚书任上参与者有贺娄子干和杨达二人，其余皆是任职以前所为。可见，隋朝对于工部尚书任职者的选任需要考虑其在工程营建方面的才能。贺娄子干和杨达分别担任过大兴城和洛阳城的营建副监已见前述，卫玄也曾监督过修筑长城③。苏孝慈在隋创业初期任太府卿，为隋文帝征集天下工匠，"纤微之巧，无不毕集"，被提拔为大司农。后监督疏通广通渠，解决了从陕州常平仓到京城的物资运输问题，被提拔为工部尚书和民部尚书。④ 何稠，据《隋书》本传，"稠性绝巧，有智思，用意精微"，高祖时，"兼掌细作署"。"仁寿初，文献皇后崩，与宇文恺参典山陵制度"。辽东之役，"帝遣稠造桥，二日而就……初，稠制行殿及六合城，至是，帝于辽左与贼相对，夜中施之。其城周回八里，城及女垣合高十仞，上布甲士，立仗建旗。四隅置阙，面别一观，观下三门，迟明而毕。高丽望见，谓若神功"。大业十二年，为工部尚书。除参与土木工程营建外，何稠在手工艺方面的才能也很突出。大业初，隋炀帝拜何稠为太府少卿，令营造舆服羽仪。"稠于是营黄麾三万六千人仗，及车舆辇辂、皇后卤簿、百官仪服，依期而就，送于江都……稠参会今古，多所改创。"⑤《隋书》史臣对宇文恺的评价是"学艺兼该，思理通赡，规矩之妙，参纵班、尔，当时制度，咸取则焉"，而其所定《明堂图》"虽意过其通，有足观者"；对长孙毗、何稠的评价

① 《资治通鉴》卷一八〇《隋纪四》"炀帝大业元年"，第5726页。
② 隋代可考的工部尚书任职者有：长孙毗、杜杲、贺娄子干、长孙平、杨异、苏孝慈、杨达、赵仲卿、卫玄、宇文恺、何稠。
③ 《隋书》卷六三《卫玄传》："会起长城之役，诏玄监督之。"第1501页。
④ 《隋书》卷四六《苏孝慈传》，第1259页。
⑤ 《隋书》卷六八《何稠传》，第1596—1597页。

是"巧思过人，颇习旧事，稽前王之采章，成一代之文物"，① 可见三人对隋唐时期技术进步的贡献之大。尚书工部制度形成于隋，工部尚书在土木工程营建、礼仪制度建设等方面对隋朝和后世都产生了深远影响，这也反映了尚书工部制度在隋确立的重要意义。

二 工部尚书与隋唐时期的重要建筑

（一）修缮京城、修建宫殿

对京城的扩建、修缮，修建宫殿等是工部尚书的首要职责。由于隋大兴城城市规模宏大，而建造的时间却非常短促，因此，直到隋亡，大兴城的城门尚未建城楼和外郭城。随着唐朝社会、经济的发展，对都城的增修、扩建活动一直在频繁进行。据统计，整个唐朝290年间对长安城的修建达73项之多，包括宫殿、寺塔、园苑、城门的修建等方面②。这些增修活动都属工部的职责范围，不过，是否都由工部尚书领衔开展，由于史料记载缺如，不得而知，史料明确记载由工部尚书完成修建的是长安城的外郭城和城门。据《旧唐书》卷四《高宗纪》，永徽"五年（564）春三月戊午……以工部尚书阎立德领丁夫四万筑长安罗郭"，"冬十一月癸酉，筑京师罗郭，和雇京兆百姓四万一千人，板筑三十日而罢，九门各施观"。观即是城门楼，"九门"指的是唐长安城城东、城南和城西三面的九座门：通化门、春明门、延兴门、启夏门、明德门、安化门、延平门、金光门和开远门③。到此为止，隋大兴城未完成的罗城和城门才在工部尚书阎立德的负责下修筑完成。

在大兴—长安城的宫殿建设方面，隋开皇十三年（593），宇文恺以"检校将作大匠、仁寿宫监、仪同三司、将作少监"的身份规划营建了"仁寿宫"，唐改为九成宫。大明宫是唐长安城新修的宫殿区，是唐太宗李世民为其父太上皇李渊所建，于贞观八年（634）十月开始修建，贞观九年（635）五月因李渊的去世而停工。大明宫的大规模营建在唐高宗龙

---

① 《隋书》卷六八"史臣曰"，第1599页。

② 隋唐长安城的建设历史，参见肖爱玲等著《隋唐长安城》（古都西安丛书编纂委员会编《古都西安》），西安出版社2008年版，第42—49页。

③ 《唐六典》卷七《工部尚书》，第216页。

朔年间（661—663），据《雍录·唐东内大明宫》载："龙朔二年（662），高宗染风痹，恶太极宫卑下，故就修大明宫。"据《新唐书》卷四《高宗本纪》载，大明宫这次扩建工程的规模非常之大，其营建的费用由中央政府筹集，不仅于龙朔三年（663）"二月丙戌，陇、雍、同、岐等一十五州户口，整修蓬莱宫"，同月丁酉，又"减京官一月俸，助修蓬莱宫"。蓬莱宫即大明宫，为唐高宗所改。大明宫扩建后极为豪华，规模和太极宫不相上下，但其宏大气魄却远超过太极宫。据说当时的木材全部取自于荆扬，唐李华《含元殿赋》云："朝泛江汉，夕出河渭"，而长安的木材"拥栋如山"。而宫内亭台林立，殿堂幢幢，曲庵幽静，花香景美，各种阁殿亭观三十多座。本次大明宫的扩建史书没有关于其主持修建人员的记载，不过，由于此时担任工部尚书的是阎立本，据《旧唐书》卷七七《阎立本传》，"尤善图画，工于写真。《秦府十八学士图》及贞观中《凌烟阁功臣图》，并立本之迹也，时人咸称其妙"。还有《历代帝王图卷》《步辇图》等脍炙人口的画卷流传至今。且阎立本是接替其兄，也是长安城罗城修建者阎立德而任工部尚书的，因此可以推测，大明宫的修建很可能由阎立本主持。

如前所述，工部尚书所具有的功能是掌管政令而非实际执行，其主要作用是颁布政令，质正并节制中外百司与工部相关的事务，因此，工部的大部分事务都要下符于所辖诸监等事务机构执行。前面已经论述过工部尚书的职责之一是总掌城池土木之工役程式，规定"役千功者先奏"[1]，就是说监督工役使用是其职责之一，具体执行这一规定的部门是将作监和少府监。据《旧唐书》卷一八三《窦怀贞传》，载睿宗为金仙、玉真两公主建观，"料功甚多，时议皆以为不可。惟怀贞赞成其事，躬自监役"。窦怀贞此前为御史大夫，就检校造二观的修造，并曾"移牒近县，征百姓所隐逆人资财，以充观用"。[2] 此时为尚书左仆射，调发夫匠超过限制。尹思贞时为将作大匠，"常节减之"。窦怀贞怒，频频诘责尹思贞，思贞说："公职居端揆，任重弼谐，不能翼赞圣明，光宣大化，而乃盛兴土木，害及黎元，岂不愧也！又受小人之谮，轻辱朝臣，今日之事，不能苟

---

① （北宋）欧阳修、宋祁：《新唐书》卷四六《百官一》"工部尚书"条，中华书局 1975 年版，第 1201 页。

② 《旧唐书》卷一八五下《良吏下·杨场传》，第 4819 页。

免，请从此辞。"并且"拂衣而去，阖门累日"。睿宗得知此事，"特令视事"，特地令他返回职位继续其职务。窦怀贞后来因谋逆被杀，尹思贞被迁为御史大夫又累迁工部尚书。① 正是因为尹思贞能够恪尽职守，对滥用工匠之事敢于纠举，后来才得以迁入工部尚书。

（二）修建帝王陵墓

帝王是中国历史上非常特殊的群体，他们的生与死，往往关系一朝的更迭盛衰和国家社稷的安危成败，因而帝王陵墓的修建也是一项国之大事。隋唐都有以宰相或重臣主持帝后山陵制度的惯例，隋朝除杨达外，杨素也曾以尚书左仆射身份主持创建了隋文帝献皇后的山陵制度②。唐初也是如此，要么由宰相总摄山陵制度，要么由某高级官员"摄司空"为山陵使进行帝王的山陵营建。高士廉以吏部尚书（正三品）"摄司空，营（高祖）山陵制度"③，房玄龄以尚书左仆射（宰相）"护高祖山陵制度"④，阎立德时为将作少匠（从四品下），因"营（高祖）山陵功，擢为将作大匠（从三品）"。太宗文德皇后崩后，由阎立德以将作大匠"摄司空，营昭陵"，太宗崩又由阎立德以工部尚书"摄司空，营护太宗山陵"。⑤ 高宗山陵由韦特价以吏部尚书"摄司空，营高宗山陵"⑥。以上重臣，或为资历名望较高的宰相，或为宗室成员，由他们来营建帝王陵墓，体现了帝王葬事的重要性。

以工部尚书营建帝王陵墓，固然有其为国家重臣的因素，还有一个原因则在于营建土木工程是其职责之一。杨达是隋观王杨雄之弟，出身宗室，又是工部尚书，因而参与了献皇后和隋文帝的山陵制度。阎立德是唐代著名的建筑家和画家，据两唐书《阎立德传》，阎立德一生所历几乎都是与其工艺技术相关的官职，在任将作少匠以前就曾担任过秦王府士曹参

---

① 《旧唐书》卷一〇〇《尹思贞传》，第3110页。

② 据《隋书》卷四八《杨素传》："及献皇后崩，山陵制度，多出于素。"隋文帝善其所为，特下诏嘉奖曰："茔兆安厝，委素经营……遂得神皋福壤，营建山陵。"第1287页。

③ 《旧唐书》卷六五《高士廉传》，第2443页。

④ 《旧唐书》卷六六《房玄龄传》，第2461页。

⑤ 《旧唐书》卷七七《阎立德传》，第2679页。

⑥ 《旧唐书》卷七七《韦挺传附特价传》，第2672页。

军和尚衣奉御①，多次以阎立德营山陵，主要就是因为他的工艺技巧。贞观二十三年（649）五月，太宗崩，八月十八日，太宗山陵建设完毕，"宫人欲依故事留栈道，惟旧山陵使阎立德奏曰：'元宫栈道，本留拟有今日，今既始终永毕，与前事不同。谨按故事，惟有寝宫安供养奉之法，而无陵上侍卫之仪，望除栈道，固同山岳。'上呜咽不许。长孙无忌等援引礼经，重有表请，乃依奏。"② 可见，阎立德是以山陵使的身份具体负责昭陵的建设的。此外，在德宗朝，为代宗修建山陵的宗室成员李涵，也是"检校工部尚书，兼光禄卿"，并充山陵副使③。

除了参与帝王陵墓的修建，国家重臣的丧葬仪式，工部尚书也要参加。李勣是唐朝重要的开国功臣，历事高祖、太宗、高宗三朝，深得朝廷信任和重用。唐太宗贞观十一年便被封为英国公，又画像于凌烟阁，乾封二年，李勣死时，"帝为之举哀，辍朝七日，赠太尉、扬州大都督，谥曰贞武，给东园秘器，陪葬昭陵。令司平太常伯杨昉摄同文正卿监护。及葬日，帝幸未央古城，登楼临送，望柳车恸哭，并为设祭。皇太子亦从驾临送，哀恸悲感左右。诏百官送至故城西北，所筑坟一准卫、霍故事，象阴山、铁山及乌德鞬山，以旌破突厥、薛延陀之功。光宅元年，诏勣配享高宗庙庭"。④ 对他的安葬采取了最高规格的待遇，令其陪葬昭陵，并特令司平太常伯（即工部尚书）杨昉摄同文正卿监护其陵墓的修建及下葬。

（三）修建礼制建筑

礼制建筑包括宗庙、明堂、郊坛等，体现了中央集权的统治秩序，因而礼制建筑自汉代开始，历来作为国家头等大事而受到统治者的重视。但汉代以后各朝均未能建立。隋开皇初年就有人提出依古制建造明堂，但统治者认为国家草创，百业待兴，意见未被采纳。开皇九年（589）灭陈之后，国家实现了统一，开皇十三年（593）明堂营造再次提到了议事日程，隋文帝于是下诏建造明堂。对于明堂的建置，当时议论者甚多，但皆不能决。宇文恺博考群书，上奏《明堂议表》，"以一分为一尺，推而演

---

① 《旧唐书》卷七七《阎立德传》。
② 《唐会要》卷二〇《陵议》，第395页。
③ 《旧唐书》卷一二六《李涵传》，第3562页。
④ 《旧唐书》卷七一《李勣传》，第2488页。

之"，即按照1：100的比例绘制了明堂建筑图。但由于朝臣之间存在着建造方案上的差异，明堂的建造计划被搁浅。隋炀帝即位后，继续讨论明堂建造事宜，宇文恺再次上《明堂议》，"远寻经传，傍求子史，研究众说，总撰今图。其样以木为之，下为方堂，堂有五室，上为圆观，观有四门"[1]，结合古代的典章制度、经学礼法，对历代明堂制度的沿革、得失、优劣、建置特色逐一进行排比考证，并对自己所提出的建造方案进行详细解释，重新绘制了明堂建筑图，并制作了木样。隋炀帝对宇文恺的方案表示赞同，但由于正好赶上辽东之役，最终明堂未能建造。尽管隋朝的明堂未能建成，但宇文恺所撰的《明堂议》则第一次详细记载了一座建筑的设计，对于建筑史的研究具有重要意义。

三　工部尚书与隋唐时期的大型水利工程

隋文帝时期开广通渠、山阳渎；隋炀帝开通济渠，拓宽山阳渎，重修由长江至杭州的江南运河，又开永济渠，最终形成由长安、洛阳直达杭州的东西大运河，以及南起杭州、北至涿郡的南北大运河，总长度二千余公里。唐代的水利工程主要是对大运河的修治，不过，由于唐代的河防和农田水利工程由地方负责修治，中央一般不直接参与。因此，隋唐时期与工部直接相关的大型水利工程，主要是全国水利航运工程方面。

（一）广通渠的开凿

隋唐都城长安的粮食及物资大量依靠关东沿黄河而上，再转渭水漕运西来。然而，由于"渭水多沙，流有深浅"，向来为漕运者所苦。因此，隋文帝政权建立后的第四年（开皇四年，584）便下诏开凿广通渠。[2] 隋文帝在诏书中说明了开凿广通渠的理由在于：渭河水量大小不定，含沙量太大造成流浅沙深，对漕运舟船造成阻隔；数百里的路程一个季度却不能走一个来回；颇费人力。经过勘查审议之后，与当年六月命时任太子左庶子的宇文恺率领水工开始凿渠，引渭水从大兴城东至潼关入黄河，长三百余里，名为广通渠。同时，令太子右卫率、兵部尚书苏孝慈"督其役"。

---

① 《隋书》卷六八《宇文恺传》，第1589页。
② 《隋书》卷二四《食货志》，第683—684页。

苏孝慈在开皇初年曾为隋文帝征集天下工匠，"纤微之巧，无不毕集"，"世以为能"。令其监督漕渠的开凿有对其组织能力的考量。渠成后，隋文帝对此表示满意，令苏孝慈"判工部、民部二尚书"，数年后，正式担任工部尚书。① 同时，参与广通渠开凿的还有元寿，《隋书》本传载隋文帝以元寿有思理，开皇初年曾派其于淮浦监修船舰，以强济而受到称赞。因而开皇四年令其与苏孝慈一起"参督漕渠之役"，渠成后，授尚书主爵侍郎一职。② 因此，广通渠的修凿是在擅长工程组织的苏孝慈和元寿的监督下，由建筑家宇文恺率水工完成的。由隋文帝对广通渠开凿人选的慎重选择可见其对此项工程的重视程度。唐初广通渠的渠道逐渐堵塞废弃，直到天宝元年（724）唐玄宗才派陕郡太守韦坚重修，同时在长安城东开广运潭作为船舶的停泊港。大历之后渠道再次埋废，直到唐文宗开成元年（836）修堰浚渠才再次恢复了漕运。

（二）通济渠（汴渠）的开凿

隋唐时期的通济渠，西起洛阳，东南至扬州，是东西、南北运河都要经过的枢纽河道。通济渠最初的修建始于隋朝在汴口所修的梁公堰，隋书未载梁公堰的具体修建过程，据《太平寰宇记》记载，"梁王堰。在（河阴）县西二十里，又名梁公堰……隋开皇七年（587），使梁睿增修古堰，遏河入汴，故谓之梁公堰"③。而在《旧唐书》卷一二三《刘晏传》中对梁公堰修建者的记载是："到河阴、巩、洛，见宇文恺置梁公堰，分黄河水入通济渠。"这是唐代人刘晏的书信中的记述，可知梁公堰为宇文恺所建。梁睿是北周旧将，建立隋朝的功臣，他"久居重镇"，曾平定过王谦之乱，并劝杨坚称帝。开皇初年，为不被杨坚所疑，梁睿屡次主动申请入朝，谢病身退，不与当朝权贵交往，于开皇十五年死于洛阳。④ 因此，虽称梁公堰，实际上梁睿可能并未参与工程。而宇文恺在开皇五年（585）—六年（586）任莱州刺史，开皇六年（586）因"兄忻被诛，除

---

① 《隋书》卷四六《苏孝慈传》，第 1259 页。

② 《隋书》卷六三《元寿传》，第 1497 页。

③ （宋）乐史撰：《太平寰宇记》卷五二《河北道一·孟州》"河阴县"条，王文楚等点校，中华书局 2007 年版。

④ 参见《隋书》卷三七《梁睿传》。

名于家，久不得调"①。那么，开皇七年（587）隋文帝很有可能令梁睿挂名而实际由宇文恺修建了梁公堰，最终一位德高望重的功臣和一位技艺超群的工程建筑家皆因梁公堰而留名青史。到大业元年（605）隋炀帝开通济渠，渠口由汴口的梁公堰改在了氾水东北三十五里的板渚。唐初梁公堰和板渚两口并用，但汴口的梁公堰渐淤，至唐开元天宝年间，梁公堰又经过多次维修②。

隋大业元年（605）三月隋炀帝发布诏令将"巡历淮、海，观省风俗"，命令时任将作大匠的宇文恺等人建显仁宫，要求将海内的奇材异石、佳木异草、珍禽奇兽等输送到洛阳以实园苑。为疏通渠道，隋炀帝命尚书右丞皇甫议发河南、淮北诸郡前后百余万人开通济渠。自西苑引谷、洛水达于黄河；复自板渚引黄河水历荥泽入汴水；又自大梁（今开封）之东引汴水入泗水，达于淮水。接着又发淮南民丁十余万人开邗沟，自山阳（今淮安）至杨子（今扬州南）入长江。渠道宽四十步，渠旁皆筑御道，植柳树。从长安到江都，置离宫四十余所。同时，派黄门侍郎王弘等往江南造龙舟及船舶数万艘③。值得注意的是，承担通济渠开凿任务的是尚书右丞皇甫议。隋炀帝时期，在尚书左右仆射之下增设左右丞各一，皆正四品。尚书左丞掌管吏、户、礼三部十二司诸事，右丞则掌管兵、刑、工三部十二司诸事。因此，开凿通济渠也是皇甫议的职责所在。唐代汴渠又称广济渠，安史乱后，通济渠一度断航八年，至广德二年（764）唐代宗命刘晏重开汴河④。此后，汴河在刘晏的管理下漕运通航三十多年，直到唐末汴河才中断。

（三）永济渠的开凿

隋炀帝大业四年（608）春，为征辽东，下诏发河北诸郡县一百多万人开凿永济渠。永济渠引沁水向南到达黄河洛口，向北通涿郡（治蓟县，即北京），以便于漕运。永济渠开挖时，"丁男不供，始役妇人"⑤，当时监督永济渠开凿工程的是起部郎阎毗。阎毗是隋代著名的技术家，虽未担

① 《隋书》卷六八《宇文恺传》，第1587页。
② 参见《旧唐书》卷二九《食货志下》。
③ 《资治通鉴》卷一八〇《隋纪四》，炀帝大业元年，第5724页。
④ 参见《旧唐书》卷一二三《刘晏传》。
⑤ 《资治通鉴》卷一八一《隋纪五》，炀帝大业四年，第5743页。

任过工部尚书，但对当时社会的技术进步也贡献颇多，且他的两个儿子阎立德和阎立本在唐代都担任过工部尚书。除任起部郎期间监督开凿永济渠外，阎毗在隋代还曾任殿内少监、领将作少监等职，在辇辂车舆方面多有创制，主持营建了临朔宫，修筑坛场和长城①。永济渠开通后，以洛阳为起点，由洛口过黄河而北可入永济渠，北航可至涿郡；或由通济渠到洛口，顺黄河可至汴口，沿汴河可知杭州。通济渠和永济渠的开凿，形成了大运河的南北干线，成为从隋唐时期的政治中心长安和洛阳向北、向南的两条大动脉。

四　小　结

总体而言，隋唐时期工部尚书参与的重大建设主要包括都城的规划与营建，宫殿、园苑以及帝王陵墓等建筑物的修建，以及大运河等大型水利工程的开凿。除水利工程的营建贯穿了整个隋及唐两代外，工部尚书直接或间接参与的工程以隋代和安史之乱之前的唐前期居多。工部尚书参与建设的方式可分为两种情况：第一是由现任工部尚书直接参与，如隋大兴城在建时，工部尚书贺娄子干虽为挂名参与，但表明了工部尚书的职责所在；唐前期对隋大兴城即唐长安城继续修缮和修建宫殿时，由工部尚书阎立德、阎立本兄弟主持；在帝王陵墓和礼制建筑中，同样如此。第二种情况是由前任工部尚书兼领，或是工程本身是官员升任工部尚书的历练。如东都洛阳城在建时，杨达虽是纳言兼领营东都副监，但实则因其前任工部尚书的身份；宇文恺是隋代著名的建筑家和技术家，纵观其一生的贡献，皆与工程、营建、技术相关，且贡献卓著，其任职经历也都是工程类的官职，最后官至工部尚书。隋文帝时期的苏孝慈和唐睿宗时期的尹思贞的经历同样如此。此外，在水利工程营建方面，由于唐代的水利工程除航运工程外，都由地方政府负责修治，因此中央直接参与的工程较少见，而由工部尚书参与的水利工程更是未见记载。不过，由工部尚书的下属如隋朝的起步郎阎毗，或由中央负责工程的尚书右丞皇甫议主持监修的大运河工程可作为补充。

---

①　参见《隋书》卷六八《阎毗传》。

从平叛到扩张：唐末蔡州行营的
设置及其意义

胡耀飞

（复旦大学历史学系）

晚唐五代是一个藩镇普遍设置，藩镇割据层出不穷的时代，笔者称之为"藩镇时代"。在藩镇时代，针对某一割据势力的军事征讨，成为常见的现象。具体负责征讨的军队，则由禁军和各道藩镇军队组成，并以被征讨对象所在地命名为"某某行营"，设置行营招讨使或行营都统，以便于统一指挥。行营的起源，据孟彦弘研究，可追溯至安史之乱以前，在平定安史之乱的过程中，从泛称转为专称，并成为一种制度。[①] 相比于最终发展为节度使制度的唐代前期行军制度，[②] 唐代后期至五代的行营制度可谓是"行军之行军"，相关研究也已经有不少。[③] 然而，尚未有学者专门针

① 孟彦弘：《论唐代军队的地方化》，《中国社会科学院历史研究所学刊》第一集，社会科学文献出版社 2001 年版，第 264—291 页。

② 孙继民：《唐代行军制度研究》，台北文津出版社 1995 年版，第 369—386 页。

③ 张国刚则从唐前期"营"这一军事建制出发，探讨了行营制度的组织和统领，以及行营兵士的装备和衣粮供给，不过并未深入考察行营本身的个案，一些观点有失简略。见张国刚《唐代藩镇行营制度考》，《中国史论集》，天津古籍出版社 1994 年版，收入氏著《唐代政治制度研究论集》，台北文津出版社 1994 年版，第 175—196 页。友永植则从溯源宋代都监出发，先后考察了唐代和五代的行营都监。见友永植《宋都监探原考（1）：唐代の行营都监》，《别府大学纪要》，第 37 号，1996 年 1 月，第 28—39 页；友永植《宋都监探原考（2）：五代の行营都监》，《别府大学アジア歴史文化研究所报》，第 14 号，1996 年 1 月，第 1—16 页。石云涛讨论到行营统帅开设幕府的情况，见氏著《唐代幕府制度研究》，中国社会科学出版社 2003 年版，第 196—205 页。黄寿成讨论了神策军行营在河北地区的城镇，见黄寿成《唐代河北地区神策行营城镇考》，《中国历史地理论丛》2004 年第 2 期。冯金忠讨论了行营体制下的地方武官，见冯金忠《唐代行营体制下的地方武官》，氏著《唐代地方武官研究》，台北花木兰文化出版社 2012 年版，第 163—194 页。

对某一行营予以个案研究。① 故笔者近日在前人基础上，讨论了唐末镇压黄巢（？—884）时期的行营和讨伐沙陀时期的代北行营。② 本文则梳理唐廷征讨秦宗权（？—889）时期设置的唐末蔡州行营。③

关于秦宗权的研究，目前关注不多，即使涉及也局限于其与黄巢、朱温的关系。因此，倪彬近年对秦宗权的关注，实开风气之先。④ 然而需要整理的工作还有许多，比如对于唐廷征讨秦宗权的军事组织形式唐末蔡州行营的研究。对于笔者来说，对唐末蔡州行营的关注，与藩镇时代藩镇割据势力的普遍存在有关。行营的设置，首先是唐廷用来平叛的工具，而到了五代时期，更多成为藩镇扩张的工具。唐末蔡州行营及其他一系列唐末时期的行营，处于晚唐与五代之间，则基本兼具这两种功能。就唐末蔡州行营而言，它从唐廷的平叛工具，成为藩镇的扩张工具，也经历了一个过程。下文中，先就唐末蔡州行营的设置与分期、结构与作战进行梳理，最后分析其性质的转变过程。

一　唐末蔡州行营的设置和分期

黄巢灭亡之后，给唐廷遗留的一大后患即蔡州秦宗权势力。中和四年

① 薛宗正和刘玉峰先后对安西北庭行营进行的研究，是针对安史之乱前后来自安西、北庭的勤王军队的研究，这一所谓行营尚在行营制度初起而并未定型时期，其统帅也是节度使，而非晚唐时期的招讨使或都统等号，故不属于对典型行营的个案研究。分别参见薛宗正《唐安西、北庭行营建制述略》，《西域研究》1993 年第 3 期，收入氏著《安西与北庭：唐代西陲边政研究》，黑龙江教育出版社 1995 年版，第 253—263 页；刘玉峰《论安西、北庭行营军》，《陕西师范大学学报》1997 年第 1 期，收入氏著《唐德宗评传》，齐鲁书社 2002 年版，第 210—223 页。由孙继民执笔的对于 20 世纪唐代藩镇问题中行营问题的综述，仅举这两篇论文，似未中的，见胡戟等主编《二十世纪唐研究》，中国社会科学出版社 2002 年版，第 136 页。

② 胡耀飞：《唐末镇压黄巢行营考》，未刊稿；胡耀飞：《从招抚到招讨：晚唐代北行营的分期与作用》，第三届中国民族史研究生论坛，中央民族大学，2014 年 6 月 28—29 日。

③ 此一时期的蔡州行营，有别于晚唐时期唐廷征讨吴氏的元和蔡州行营，故暂时称之为唐末蔡州行营。关于元和蔡州行营，笔者将另文处理。相关研究参见胡浩《唐淮西藩镇研究》，福建师范大学硕士论文，2011 年；杨文春《唐代淮西镇割据问题研究》，首都师范大学硕士论文，2011 年。

④ 近有倪彬《秦宗权"降巢"之事浅议》一文，宣读于"唐代江南社会"国际学术研讨会暨中国唐史学会第十一届年会第二次会议，南京师范大学，2013 年 9 月 13—14 日；又改题《秦宗权"降巢""僭号"事考论》，宣读于首届古史新锐南开论坛，南开大学，2014 年 4 月 25—26 日。本文参考后者，然作者并未涉及对唐末蔡州行营本身的考察。

(884）十一月，秦宗权开始扩张其势力范围，第一个目标是襄州。在原讨伐黄巢的忠武军将鹿晏弘（？—885）的协助下，"秦宗权遣其将秦诰、赵德諲将兵会之，共攻襄州，陷之"①。鹿晏弘又占据了许州，自称忠武军节度使。② 光启元年（885）三月，唐廷即设置行营，开始征讨秦宗权。由于唐末蔡州行营可以明显分为两个阶段，故按时间先后叙之。

（一）第一阶段（中和四年后）

据《旧唐书·僖宗纪》：光启元年三月，"蔡贼秦宗权侵寇藩邻，制以徐州节度使时溥为巨鹿王，充蔡州西面行营兵马都统。宗权将秦贤攻汴、郑不已，以汴州刺史朱全忠为沛郡王，充蔡州西北面行营都统"③。又据《旧唐书·时溥传》："宗权未平，仍授溥徐州行营兵马都统。"④ 可知，唐廷此时设置了"蔡州行营"，以徐州节度使时溥为"蔡州西面行营兵马都统"，以汴州节度使朱全忠（朱温）为"蔡州西北面行营（兵马）都统"。其中，时溥因是徐州节度使，故其所帅行营兵马，亦可称之为"徐州行营"⑤。

至于行营的方位。朱温的汴州在蔡州正北方，说"西北面"大致不误。时溥的方位，《旧唐书·僖宗纪》的记载或有误，盖徐州在蔡州东北面，若时溥从徐州进攻蔡州，当是东北面行营。《新唐书·僖宗纪》则是另一种说法，以"时溥为蔡州四面行营兵马都统"⑥。这应当是从时溥得以受封巨鹿王，可以支配朱温的角度来看，即以"四面"统辖朱温的西北面。至于朱温为何会受时溥支配，或因其为黄巢降将的身份使然。

当时还有另一位降将身份的招讨使李罕之，《新唐书·诸葛爽传》记

---

① 《资治通鉴》卷二五六，唐僖宗中和四年十一月条，中华书局1956年版，第8315页。

② 《资治通鉴》卷二五六，僖宗中和四年十一月条，第8316页。

③ 《旧唐书》卷一九下《僖宗纪》，中华书局1975年版，第720页。

④ 《旧唐书》卷一八二《时溥传》，第4717页。

⑤ 关于行营的称呼，一般有两种情况，这在晚唐代北行营的身上最为明显：第一期的代北行营为以代北沙陀军队为主体进行命名，以招抚回鹘势力；第二期的代北行营以代北沙陀势力为招讨对象，由河东节度使率领河东军及其他诸道军队进行招讨。参见胡耀飞《从招抚到招讨：晚唐代北行营的分期与作用》。

⑥ 《新唐书》卷九《僖宗纪》，中华书局1975年版，第276页。

载："明年，诏爽为东南面招讨使，伐秦宗权，表李罕之自副。"① 其中招讨使是常见于行营的一种职务，也有指挥一方军队的权力，"自副"则是诸葛爽请求以自己的部将李罕之为自己的招讨副使。诸葛爽曾与黄巢勾结，与朱温同为降将身份，但此时已经是名义上唐廷的河阳节度使。

不过河阳镇在蔡州西北方，则似又不可能以"东南面"称之。结合诸葛爽出任招讨使的时间，首先，当在其光启二年（886）十月去世②之前。其次，前引《新唐书·诸葛爽传》所谓"明年"，似在魏博节度使韩简于中和三年（883）二月败绩③之后，则为中和四年。若如此，诸葛爽出任招讨使的时间比朱温、时溥还要早。从秦宗权中和四年十一月即下襄州来看，亦似合理。那么，"东南面"也许还能解释为蔡州位于长安东南面，即在秦宗权初乱之时，唐廷尚未重视其势力，故仅任命招讨使。

（二）第二阶段（光启四年正月后）

唐末蔡州行营最初的设置已如上述，但并未起到应有的效果，秦宗权的军队依然四处出击。光启元年六月，蔡州将孙儒攻下东都洛阳，进围郑州。④ 十月，败朱温于中牟、双丘之地。⑤ 光启二年七月，秦宗权攻陷许州，杀忠武军节度使鹿晏弘。⑥ 十一月，孙儒攻陷郑州，逐刺史李璠。⑦ 十二月，孙儒攻陷孟州。⑧

---

① 《新唐书》卷一八七《诸葛爽传》，第 5442 页。

② 《新唐书》卷九《僖宗纪》，第 278 页。

③ 韩简战败时间，诸书或系于中和二年十一月，或系于中和三年二月。当以中和二年十一月败绩，三年正月身死，二月唐廷授乐彦祯留后。详考不赘，参见拙稿《黄巢年谱》，未刊。

④ 《新唐书》卷一八八《孙儒传》，第 5466 页。

⑤ 据《新唐书》卷九《僖宗纪》：光启元年，"十月癸丑，朱全忠及秦宗权战于双丘，败绩。"（第 277 页）又据《新唐书》卷一八八《孙儒传》："河阳节度使诸葛爽与儒战洛水，爽败，儒亦东围郑州。朱全忠屯中牟救之，不敢前。"（第 5466 页）其中中牟县属郑州，又在汴州城西。而双丘之地，据韩愈《唐河中府法曹张君墓碣铭》（马其昶校注《韩昌黎文集校注》卷六，上海古籍出版社 1986 年版，第 384 页），墓主殁于"汴城西双丘"，可知双丘当在中牟附近。此战根据时间顺序，当即《新唐书》卷二二五下《秦宗权传》中所指的这一段叙述："秦贤略宋及曹，全忠好书约和，贤遣张调请分地，自汴以南归之蔡，全忠阴许，而贤引兵济汴，肆燔劫无子余。全忠大怒，斩调而还，曰：'我出十将，必破此贼。'进与贼战，杀获甚众。"（第 6465 页）

⑥ 《旧唐书》卷一九下《僖宗纪》，第 725 页。

⑦ 同上。

⑧ 同上书，第 726 页。

战争的转折点是光启三年五月的边孝村之役。当时秦宗权增援秦贤，围攻汴州，列三十六栅。朱温亦得到兖州泰宁军节度使朱瑾、郓州天平军节度使朱瑄两兄弟的增援，最终大败秦宗权。① 此后，孙儒退出孟州，转而向南方进攻扬州。② 秦宗权亦转而向南发展，于十二月派赵德諲攻下江陵。③ 不过此时唐廷方面已经取得了主动权，开始新一轮的行营设置，是为第二阶段。以下先列相关史料：

　　1. （文德元年五月）制以宣武军节度使、检校侍中、沛郡王朱全忠为蔡州四面行营兵马都统。自秦贤、石璠败后，蔡贼渐弱，时溥方为全忠所攻，故移溥都统之命授全忠。壬寅，蔡贼将伪署荆襄节度使赵德諲遣使归朝，愿讨贼自效，乃以德諲为蔡州四面行营副都统，德諲遂以荆襄之兵属全忠。④

　　2. 二月丙戌，僖宗制以帝（朱温）为蔡州四面行营都统，繇是诸镇之师，皆受帝之节制。⑤

　　3. （文德元年）五月，行营讨蔡州，围之百余日，不克。是时，时溥已为东南面都统，又以王统行营而溥犹称都统，王乃上言，论溥讨蔡无功而不落都统，且欲激怒溥以起兵端……是时，秦宗权陷襄州，以赵德諲为节度使。德諲叛于宗权以来附。天子因以王为蔡州四面行营都统，以德諲为副。⑥

　　4. （文德元年正月）朱全忠为蔡州四面行营都统。⑦ （文德元年四月）朱全忠及秦宗权战于蔡州，败之。⑧

---

　　① 《旧唐书》卷一九下《僖宗纪》，第727页。倪彬亦以此役有"决定性意义"，见倪彬《秦宗权"降巢""僭号"事考论》。

　　② 关于孙儒南下后陷入江南地区的混战，参见胡耀飞《唐宋之际苏州军政史研究》，陈瑞近主编《苏州文博论丛》，第4辑，文物出版社2013年版，第75—88页。

　　③ 《新唐书》卷九《僖宗纪》，第280页。

　　④ 《旧唐书》卷二〇上《昭宗纪》，第736页。

　　⑤ 《旧五代史》卷一《梁太祖纪一》，中华书局1976年版，第10页。

　　⑥ 《新五代史》卷一《梁太祖纪一》，中华书局1974年版，第4页。

　　⑦ 《新唐书》卷九《僖宗纪》，第280页。

　　⑧ 《新唐书》卷一〇《昭宗纪》，第283页。

5.（文德元年正月）癸亥，以全忠为蔡州四面行营都统，代时溥，诸镇兵皆受全忠节度。①

　　以上五种材料分别来自：①《旧唐书·昭宗纪》；②《旧五代史·梁太祖纪一》；③《新五代史·梁太祖纪一》；④《新唐书·僖宗纪》；⑤《资治通鉴》。

　　五种材料中对朱温出任蔡州四面行营都统的记载颇有差异，可归类为三种说法：光启四年（文德元年）正月、文德元年二月（此月改元文德）、文德元年五月。三种说法虽皆言之凿凿，但也很好解决。根据《资治通鉴考异》所引《编遗录》载："（二月）丙戌，上奉唐帝正月二十五日制命授蔡州四面行营都统。"②《编遗录》即《梁太祖编遗录》（或曰《大梁编遗录》），为朱温宰相敬翔所撰，颇可信从。③可知唐廷制命在正月二十五日，朱温收到朝命在二月丙戌（十八日），《资治通鉴》即据此系于正月。

　　值得一提的是五月份的说法，这一差误当来自于对蔡州四面行营副都统赵德諲的任命，如《新五代史·梁太祖纪一》即提及五月份时，"行营讨蔡州，围之百余日，不克"。其中提及的行营，虽然也当指第一阶段以来的蔡州行营，但更可能是指文德元年初以来的蔡州行营，故曰"百余日，不克"。联系后文对赵德諲副都统的任命，则可说明把朱温的时间写于五月，当是出于叙述方便。至于《新五代史·梁太祖纪一》所谓"时溥已为东南面都统"，联系前文对诸葛爽"东南面招讨使"的判断，当指时溥自光启元年以来出任的"蔡州四面行营兵马都统"一职。

　　此后，直至龙纪元年（889）正月蔡州平，并无更多关于行营设置都统的记载。

①　《资治通鉴》卷二五七，唐僖宗文德元年正月条，第8373页。
②　《资治通鉴》卷二五七，唐僖宗文德元年正月条"考异"，第8373页。
③　南宋陈振孙著录为："《朱梁兴创遗编》二十卷。梁宰相冯翊敬翔子振撰。自广明巢贼之乱、朱温事迹，迄于天祐弑逆，大书特书，不以为愧也。其辞亦鄙俚。"但这些特点与史实的准确性并不矛盾。见陈振孙《直斋书录解题》卷五，上海古籍出版社1987年版，第148页。《大梁编遗录》对于黄巢史事的史料价值，笔者亦有揭示，参见胡耀飞《战争·回忆·修史：唐宋时期关于王黄之乱的历史书写进程》，"历史书写：过去与现在"：2014年复旦大学博士生论坛之史学篇，复旦大学，2014年4月25—26日。

二　唐末蔡州行营的结构和作战

通过上文的梳理，可知前后两阶段唐末蔡州行营的作战，基本完成了其职能，即消灭了唐廷所要对付的秦宗权和朱玫势力。不过作战过程，并不十分顺利，即使第二阶段的收效颇大，因秦宗权亡于内乱，并不完全属于蔡州行营的功劳。故对唐末蔡州行营尚且值得进一步研究，以见军事史角度行营的功能。对此，首先需要对唐末蔡州行营的结构予以梳理。

（一）唐末蔡州行营结构

安史之乱以后的行营，一般由神策军或各道藩镇军组成，并由宰相或藩镇节度使兼任招讨使或都统。唐末蔡州行营亦不例外，通过整理史料，可按阶段列表论之。

据上文整理，第一阶段共任命三位正都统和正招讨使、一位副招讨使；第二阶段则由朱温代替时溥为正都统，并任命一位副都统。可列如下表：

表1　　　　　　　　唐末蔡州行营分阶段结构表

阶段	时间	都统	副都统	招讨使	副招讨使
第一阶段	约中和四年				李罕之
	光启元年三月	蔡州西北面行营都统朱全忠			
第二阶段	光启三年十二月	蔡州四面行营都统时溥			
	光启四年正月	蔡州四面行营都统朱全忠			
	文德元年五月		蔡州四面行营副都统赵德諲		

唐末蔡州行营第一阶段，可明显看出唐廷重视程度的上升。即先以河

阳节度使诸葛爽为东南面招讨使，诸葛爽部将李罕之为副招讨使，仅因蔡州在长安东南而概言之为东南面招讨使；然后以宣武节度使朱温为蔡州西北面行营都统，感化节度使时溥为蔡州四面行营都统，名义上统领整个征讨事宜。

唐末蔡州行营第二阶段，除了朱温和赵德諲为正、副都统外，尚可整理相关僚佐如下：

行军司马兼粮料应接使。

《旧五代史·梁太祖纪一》文德元年五月，"又以河阳、保义、义昌三节度为帝行军司马兼粮料应接使"①。其中河阳节度使当是丁会，文德元年四月由朱温任命。② 保义节度使当指原陕虢节度使，龙纪元年（889）四月赐保义军号③，文德元年时节度使为王珙，光启三年六月由唐廷任命④，此处对军号使用的记载提前一年。义昌节度使为曹诚，光启元年七月牙军逐杨全玫后，唐廷以曹诚为义昌节度使，牙将推立的留后卢彦威为德州刺史。⑤ 这三个藩镇皆受唐廷控制，此后更直接为朱温所支配，在蔡州行营中主要以行军司马的职衔，负责转输军粮。

都统判官。

《旧五代史·梁太祖纪一》龙纪元年二月，"太祖遣都统判官韦震奏事，且疏时溥之罪，愿委讨伐"⑥。可知行营都统之下有都统判官作为僚佐。不过这位都统判官不常见于记载，此处因朱温不满原行营都统时溥，派韦震进京奏事，也与具体镇压蔡州秦宗权关系不大。但可以看出，都统判官似有负责与唐廷沟通之责。

除行军司马兼粮料应接使和都统判官之外，其他行营都统下之僚佐，暂付阙如。

---

① 薛居正撰：《旧五代史新辑会证》卷一《梁太祖纪一》，陈尚君辑证，复旦大学出版社2005 年版，第 21 页。

② 《资治通鉴》卷二五七，唐僖宗文德元年四月条，第 8377 页。

③ 《资治通鉴》卷二五八，唐昭宗龙纪元年四月条，第 8386 页。

④ 《资治通鉴》卷二五七，唐僖宗光启三年六月条，第 8358 页。

⑤ 《资治通鉴》卷二五六，唐僖宗光启元年七月条，第 8323 页。吴廷燮直接以卢彦威为节度使，误，见吴廷燮《唐方镇年表》卷四《义昌》，中华书局 1980 年版，第 539 页。对此，岑仲勉已指出其误，见岑仲勉《唐方镇年表正补》，《中央研究院历史语言研究所集刊》，第十五本，1948 年 4 月，第 341—342 页。

⑥ 《旧五代史新辑会证》卷一《梁太祖纪一》，第 22 页。

（二）唐末蔡州行营战役

唐末蔡州行营的设置，自然是为了征讨蔡州叛藩，故尚需对行营设置以后具体的战役情况进行梳理。需要说明的是，虽然诸葛爽出任东南面招讨使在前，但他一直在河阳节度使任上，且不久去世，河阳一带也陷于战乱，故史料并无关于诸葛爽直接与秦宗权作战的记载。对于唐末蔡州行营所参与的战役，本文直接从蔡州行营两大都统时溥、朱温开始整理。

第一阶段

1. 城父之役。

《旧五代史·梁太祖纪一》："光启元年春，蔡贼掠亳、颍二郡，帝帅师以救之，遂东至于焦夷，败贼众数千，生擒贼将殷铁林，枭首以徇军而还。"①《资治通鉴》系于正月。② 其中焦夷即亳州城父县，在朱温得势之后的天祐二年（905）十月左右因避朱温父朱诚之讳而改为焦夷县③，龙德元年（921）三月又改为夷父县。④ 则此战可名之曰城父之役。交战双方是朱温、秦宗权，朱温胜。

2. 中牟、双丘之役。

前文已经述及光启元年十月中牟、双丘之役。交战双方是朱温、秦宗权，秦宗权胜。

3. 金堤驿、武阳桥之役。

《旧五代史·梁太祖纪一》光启二年："是岁……宗权既得郑，益骄，帝遣裨将逻于金堤驿，与贼相遇，因击之，贼众大败，追至武阳桥，斩首

---

① 《旧五代史新辑会证》卷一《梁太祖纪一》，第 10 页。

② 《资治通鉴》卷二五六，唐僖宗光启元年正月条，第 8320 页。

③ 《旧唐书》卷二〇下《哀帝纪》：天祐二年十月"癸丑，敕成德军宜改为武顺，管内藁城县曰藁平，信都曰尧都，栾城曰栾氏，阜城曰汉阜，临城为房子，避全忠祖、父名也。十一月乙卯朔，敕潞州潞城县改为潞子，黎城曰黎亭……甲申，敕河南告成县改为阳邑，蔡州襄城改为苞孚，同州韩城改为韩原，绛州翼城改为浍川，郓州郓城改为万安，慈州文城改为屈邑，泽州晋城改为高都，阳城改为濩泽，安州应城改为应阳，洪州丰城改为吴高"。（第 801—802 页）其中虽未提及城父县，然亦当在改名之列，史或失之。《资治通鉴》卷二五六唐僖宗光启元年正月条《考异》："焦夷在亳州城父县界。按薛《史·梁纪》，龙德元年，改亳州焦夷县为夷父。则焦夷时已为县。'夷父'当作'城父'。"（第 8320 页）此处谓薛居正《旧五代史》"夷父"当作"城父"，误，龙德尚在梁朝，安能改回城父？

④ 《旧五代史新辑会证》卷一〇《梁末帝纪下》，第 308 页。

千余级。帝每与蔡人战于四郊,既以少击众,常出奇以制之,但患师少,未快其旨。宗权又以己众十倍于帝,耻于频败,乃誓众坚决以攻夷门。既而获蔡之谋者,备知其事,遂谋济师焉。"① 可知此年在金堤驿、武阳桥附近有战役,交战双方是朱温、秦宗权,朱温胜。

4. 板桥(版桥)之役。

《旧五代史·梁太祖纪一》光启三年四月:"秦贤屯于版桥……乃亲引兵攻秦贤寨,将士踊跃争先,贼果不备,连拔四寨,斩首万余级。"②《新五代史·梁太祖纪一》亦曰:"贤军板桥……乃击贤版桥,拔其四栅。"③ 可知此月有板桥(版桥)之役,交战双方是朱温、秦宗权,朱温胜。

5. 万胜(万胜戍)之役。

《旧五代史·梁太祖纪一》:光启三年四月"庚午,贼将卢瑭领万余人,于圃田北万胜戍夹汴水为营,跨河为梁,以扼运路。帝择精锐以袭之。是日,昏雾四合,兵及贼垒方觉,遂突入掩杀,赴水死者甚众,卢瑭自投于河。"④《新五代史·梁太祖纪一》亦曰:"又击瑭万胜,瑭败,投水死。"⑤ 可知此月又有万胜(万胜戍)之役,交战双方是朱温、秦宗权,朱温胜。

6. 边孝村之役。

前文已提及之。《旧唐书·僖宗纪》曰:五月"壬午,郓、兖、汴三镇之师大破蔡贼于边孝村,宗权退走。"⑥《旧五代史·梁太祖纪一》则逐日详细记载道:"五月丙子,出酸枣门,自卯至未,短兵相接,贼众大败,追斩二十余里,殭仆相枕。宗权耻败,益纵其虐,乃自郑州亲领突将数人,径入张晊寨。辛巳,兖、郓、滑军士皆来赴援,乃陈兵于汴水之上,旌旗器甲甚盛。蔡人望之,不敢出寨。翌日,分布诸军,齐攻贼寨,

---

① 《旧五代史新辑会证》卷一《梁太祖纪一》,第13页。
② 同上书,第14页。
③ 《新五代史》卷一《梁太祖纪一》,第3页。
④ 《旧五代史新辑会证》卷一《梁太祖纪一》,第14页。其中圃田即圃田泽,是一片水域湿地,参见张文华《汉唐时期淮河流域历史地理研究》,上海三联书店2013年版,第100—102页。万胜戍即万胜,似唐代新设军事据点,张文华对淮水流域的关戍整理中,未见其名。参见张文华《汉唐时期淮河流域历史地理研究》,第352—384页。
⑤ 《新五代史》卷一《梁太祖纪一》,第3页。
⑥ 《旧唐书》卷一九下《僖宗纪》,第727页。

自寅至申,斩首二万余级。会夜收军,获牛马、辎重、生口、器甲不可胜计。是夜,宗权、晊遁去。"① 即可明显分为两次交战,前一次可作为后一次之热身。至于《新五代史·梁太祖纪一》所载:"五月,兖州朱瑾、郓州朱宣来赴援。王置酒军中,中席,王阳起如厕,以轻兵出北门袭晊,而乐声不辍,晊不意兵之至也,兖、郓之兵又从而合击,遂大败之,斩首二万余级。"② 颇为传奇,似有所夸张,不取。可知,此时有边孝村之役,交战双方是朱温与兖州泰宁军、郓州天平军、滑州义成军三个藩镇,对阵秦宗权,朱温联军胜。

7. 封禅寺之役。

《新五代史》卷一《梁太祖纪一》:光启三年五月"宗权至蔡,复遣张晊攻汴。王闻晊复来,登封禅寺后冈,望晊兵过,遣朱珍蹑之,戒曰:'晊见吾兵,必止。望其止,当速返,毋与之斗也。'已而晊见珍在后,果止。珍即驰还。王令珍引兵蔽大林,而自率精骑出其东,伏大冢间。晊止而食,食毕,拔旗帜,驰击珍。珍兵小却,王引伏兵横出,断晊军为三而击之。晊大败,脱身走。宗权怒,斩晊"③。可知此时尚有封禅寺之役,交战双方是朱温与秦宗权,朱温胜。

第二阶段

8. 陈、亳之役。

《旧五代史·梁太祖纪一》:文德元年三月"是月,蔡人石璠领万众以剽陈、亳,帝遣朱珍率精骑数千,擒璠以献"④。《资治通鉴》亦曰:"蔡将石璠将万余人寇陈、亳,朱全忠遣朱珍、葛从周将数千骑擒击之。"⑤ 可知此月有陈、亳之役,交战双方是朱温与秦宗权,朱温胜。

9. 龙陂之役。

《旧唐书·昭宗纪》:文德元年六月"蔡州行营奏大破贼于龙陂,进军以逼贼城"⑥。《旧五代史·梁太祖纪一》则记为:五月"败蔡贼于汝

① 《旧五代史新辑会证》卷一《梁太祖纪一》,第15页。
② 《新五代史》卷一《梁太祖纪一》,第3页。
③ 同上。
④ 《旧五代史新辑会证》卷一《梁太祖纪一》,第20页。
⑤ 《资治通鉴》卷二五七,唐僖宗文德元年正月条,第8373页。
⑥ 《旧唐书》卷二〇上《昭宗纪》,第736页。

水之上，遂薄其城。五日之内，树二十八寨以环之，盖象列宿之数也"①。
《资治通鉴》亦曰："大破宗权于蔡州之南，克北关门；宗权屯守中州，
全忠分诸将为二十八寨以环之。"② 另有《新唐书·昭宗纪》文德元年四
月，"辛卯，朱全忠及秦宗权战于蔡州，败之"③。疑即此龙陂之役。此役
交战双方是朱温、秦宗权，朱温胜。

10. 蔡州南城之役。

《资治通鉴》卷二五七唐昭宗文德元年八月条："八月，戊辰，朱全
忠拔蔡州南城。"④ 可知此时在蔡州南城有一场争夺战，交战双方是朱温、
秦宗权，朱温胜。

以上共 10 场战役，其中第一阶段 7 场，第二阶段 3 场。交战双方基
本以朱温、秦宗权为两方，且秦宗权仅有一次胜利。可见唐末蔡州行营的
确有战果。

三　唐末蔡州行营的历史意义

以上笔者大致整理了唐末蔡州行营的分阶段设置情况，以及行营结构
和行营战役。可以说，唐末蔡州行营相关的史料已经尽萃于此。不过对于
行营这一军事设置本身的研究，尚需进一步论述。从唐末蔡州行营的设置
情况，也能看出行营设置的一些特点。

首先，从招讨使到都统的循序渐进。

行营统帅的设置，是行营成立的标志之一。但行营统帅的名号各有不
同，张国刚总结了以下几种：①行营节度使；②行营招讨使（招抚使）；
③行营都统、行营都都统；④行营元帅。张国刚又指出，行营元帅地位最
尊，行营招讨使、都统次之，行营节度使最低。⑤ 然而笔者已经指出，招
抚使并非招讨使的温和称呼，而是招讨与抚绥兼具。⑥ 此外，张氏所谓行
营节度使、行营元帅，据石云涛整理，仅出现于安史之乱前后，晚唐征讨

---

① 《旧五代史新辑会证》卷一《梁太祖纪一》，第 21 页。
② 《资治通鉴》卷二五七，唐昭宗文德元年五月条，第 8379 页。
③ 《新唐书》卷一〇《昭宗纪》，第 283 页。
④ 《资治通鉴》卷二五七，唐昭宗文德元年八月条，第 8380 页。
⑤ 张国刚：《唐代藩镇行营制度考》，第 184—185 页。
⑥ 胡耀飞：《从招抚到招讨：晚唐代北行营的分期与作用》。

各类叛乱的行营并无元帅、节度使职位的出现。[①] 即晚唐时期行营统帅的名号仅有都统、招讨使、招抚使等。这三类若按功能分，则招抚使异于都统和招讨使，自可无论。招讨使与都统虽为一类，即专具军事招讨职能的统帅，等级和性质亦自有别。

石云涛已经区分了都统与招讨使，但并未深入辨析。[②] 笔者在讨论唐末镇压黄巢的行营时，通过都统和招讨使之间的不同等级，解决了诸道行营都统王铎和诸道行营招讨草贼使曾元裕两项任命之间的所谓时间冲突，即都统和招讨使可同时并存，且招讨使在都统之下。[③] 事实上，从唐廷对行营的重视程度来看，行营招讨使一般设置于行营都统之前，为行营都统的准备阶段。在唐廷讨伐王仙芝、黄巢时，最初并未意识到其势力能够发展壮大到如此规模，故最先任命的是诸道行营招讨草贼使宋威，及至宋威无功，方任命诸道行营都统王铎。本文所讨论的唐末蔡州行营，也能提供一例，即先任命诸葛爽为东南面招讨使，然后在秦宗权大肆四出之后，进一步任命时溥、朱温为都统。

其次，反映了唐廷对于蔡州地区的旧有担心。

在倪彬对秦宗权"降巢""僭号"的研究中，通过利用《吴承泌墓志》《李令崇墓志》对中和五年（885）所设"许蔡通和使"[④]（"许蔡通和慰谕使"[⑤]）、"副之"的记载，认为对秦宗权的讨伐，牵涉到唐廷内部宦官之间的权力争夺问题，即杨氏宦官主张招抚秦宗权，秦宗权的"降巢""僭号"也并无确凿根据，唯因杨氏在杨复光去世后在唐廷为田令孜所排挤而失势，方造成唐廷全力围剿。[⑥] 这固然不错，但笔者认为，唐廷

---

① 石云涛:《肃、代之际行营统帅幕府》，氏著《唐代幕府制度研究》，第169—196页。

② 石云涛:《安史之乱以后的行营统帅幕府》，氏著《唐代幕府制度研究》，第200—203页。

③ 胡耀飞:《唐末镇压黄巢行营考》，未刊稿。

④ 李应坤:《唐故南内留后使承奉郎行内侍省内仆局令上柱国赐绯鱼袋陇西李府君墓志铭并序》，周绍良、赵超主编《唐代墓志汇编》光化〇〇一，上海古籍出版社1992年版，第2537页。

⑤ 裴庭裕:《大唐故内枢密使特进左领军卫上将军知内侍省事上柱国濮阳郡开国侯食邑一千户食实封一百户吴公墓志并序》，《唐代墓志汇编》乾宁〇〇五，第2533页。倪彬误作"许蔡通和□"，见倪彬《秦宗权"降巢""僭号"事考论》。

⑥ 倪彬:《秦宗权"降巢""僭号"事考论》。关于杨氏家族，亦可参见杜文玉师《唐代权阉杨氏家族考》，韩金科主编《1998法门寺唐文化国际学术讨论会论文集》，陕西人民出版社2000年版，第370—377页。

对蔡州秦宗权的围剿，从设置行营招讨使到设置行营都统的进一步升级，也与唐廷自晚唐以来对淮西地区的戒备心理有关。

　　翻阅史籍，可知唐德宗时期，淮西节度使李希烈在经过一系列军事扩张之后，于兴元元年（784）僭号称帝，"国号大楚，改元武成，置百官"①。李希烈被部下杀害后不久，淮西又进入吴氏家族的割据时期，虽没有称帝之举，但唐廷一直视之为心腹大患。元和年间淮西被平定之后，藩镇被取消，削弱了产生割据势力的可能。然而，当秦宗权自称蔡州刺史，重新崛起于蔡州时，似又唤回了唐廷的记忆，自然不会让秦宗权的势力再次增长。就此而言，即便是秦宗权能够得到权阉杨氏家族的维护，也无法摆脱被消灭的命运。所谓秦宗权"僭称帝号"，可能是唐廷鉴于李希烈故事而以讹传讹，信以为真。②

　　最后，为朱温扩张地盘提供了很好的机遇。

　　通过以上可知秦宗权覆亡之必然性，但唐廷所设行营中，又以朱温出力最多，与秦宗权之间的战役最多，则又取决于另一因素。即秦宗权处于唐末这一大背景之下，不可避免会与黄巢败亡之后发展起来的其他地方势力的扩张相冲突。当时直接威胁蔡州的便是许州鹿晏弘，其原因除了忠武军本身军力强盛外，还在于蔡州在晚唐时期有几十年的时间处于治所在许州的忠武军藩镇治下，故争夺藩镇治所是对于秦宗权来说能够证明其实力，又能取得更多领地的一个契机。因此，秦宗权叛乱后的大部分时间攻占的目标就是许州，唐廷也因此而派遣许蔡通和使进行调停。值得注意的是，吴承泌、李令崇的墓志中，皆以"中和五年"系时，而中和五年三月改元光启，则真正的中和五年当在正月、二月，即中和五年正月、二月，大致为唐廷派遣许蔡通和使（许蔡通和慰谕使）的时间。倪彬亦引《资治通鉴》"春正月戊午，下诏招抚之。己卯，车驾发成都"③，证唐廷确曾对秦宗权下诏招谕秦宗权。④《李令崇墓志》中有"师劳蔡水，跸驻龟城"之语，龟城即成都，则可进一步确证，此诏或即由吴承泌、李令崇送往蔡州秦宗权处。遗憾的是，调停并未成功，此后秦宗权的动向，已

---

① 《资治通鉴》卷二二九，唐德宗兴元元年正月条，第 7393 页。
② 诚然，如杨文春博士来函指出，秦宗权在其他地方也会被唐廷抑制，但淮西地区特殊的"前科"，会使唐廷更为重视这一行为，乃至夸大其程度，以备不虞。
③ 《资治通鉴》卷二五六，唐僖宗光启元年正月条，第 8319 页。
④ 倪彬：《秦宗权"降巢""僭号"事考论》。

经完全不受唐廷所控制，秦宗权周围的藩镇，更进一步以此为契机，假借行营组织，积极扩张自己的势力。唐末蔡州行营统帅从招讨使升级为都统，正是在这一背景下发生的。

通过前文对唐末蔡州行营组织结构和战役的整理可以看到，唐末蔡州行营的主体组成部分是朱温的军队。虽然在边孝村之役中，得到了援军，但一直坚持到最后围攻蔡州城的，依然是朱温的军队。而在第一阶段名义上的四面都统时溥，则似乎一次都没有派兵，反而与朱温之间交战不断，并最终被朱温夺取了蔡州行营四面都统的职位。根据梁太济的分析，中和三年（883）七月至文德元年（888）九月为朱温势力发展四个阶段中的第一个阶段，主要特点即击溃了秦宗权势力。① 可见，唐末蔡州行营完全沦为了朱温的扩张工具。

结　语

唐末黄巢败亡之后，位于蔡州的奉国军节度使秦宗权逐渐被唐廷和藩镇视为足以与黄巢相比的叛乱势力，这有唐廷对李希烈、吴氏家族心有余悸的因素。在宦官斗争的形势下，唐廷虽曾派遣宦官调停，依然未能取得圆满结果。于是，唐廷在以河阳节度使诸葛爽为东南面招讨使的基础上，进一步任命感化军节度使时溥为蔡州四面行营都统，宣武军节度使朱温则为西北面行营都统。然而，由于时溥未能认真履行职责，朱温尚处于势力发展阶段，故而在此第一阶段未见成效。于是到了第二阶段，唐廷以朱温取代时溥的都统之职，经过大小数战，在边孝村之役中，由朱温和天平、泰宁等藩镇合力，扭转了战争局势，使得朱温所借助的唐末蔡州行营完全成为了朱温扩张自己势力的平台。

当然，并不是说因为朱温借助了蔡州行营这一平台进行了自身的扩张，就说唐末蔡州行营组织并无本身的功劳。就行营本身而言，它是一种军队组织形式，是具有针对性的平叛战争中，围剿一方在进行对被围剿者的战争中，所采取的扩大兵源，协调作战的措施。诚然，在唐末蔡州行营中，似乎并未见到其他藩镇兵的身影，特别是第二阶段，朱温完全排除了

---

① 梁太济：《朱全忠势力发展的四个阶段》，《春史卞麟锡教授还历记念唐史论丛》，韩国唐史论丛编纂委员会1995年版，第107—109页。

时溥的势力。但朱温依然保留了行营组织，这使得他能够从容征调邻近被他征服以及畏惧他的藩镇军队与资源，从而在唐廷的名义下，扩展自己在这一地区的政治和军事影响力。就此而言，唐末蔡州行营亦非徒有其名。由此，也可以感受到行营组织在唐末所发生的变化，从完全取决于唐廷的军事协调组织，慢慢走向受地方藩镇支配的军事扩张组织。

附记：本文最初宣读于中华历史与传统文化学术论坛，东北大学秦皇岛分校，2014 年 6 月 28 日。会上承蒙李文才先生、张卫东师兄肯定，会后又蒙杨文春、倪彬二兄指正，谨此致谢！

域外汉学研究

关于前近代"中华帝国"构造的笔记

——北魏与元、辽及汉代的比较

［日］川本芳昭 撰

（日本九州大学）

齐海娟（东北大学秦皇岛分校）、卫　丽（西北农林科技大学）译

绪　论

　　笔者此前曾发表过几篇与北魏史相关的论文，都是以北魏初期实行的部族离散制度以及体现北魏前期国家特色的内朝制度为出发点的研究①。这些研究有何关联，在其后归纳整理出版的文章中有所体现②。最近发表的一篇题为《北魏内朝再论》的文章，在学界近年研究的基础上，对这一问题进行了重新论述③。

　　笔者此前的研究认为以内朝制度为首的北魏诸制度及其变迁，与北魏前后时代或周边诸国的制度及变迁具有相似之处，这一观点首次系统地被提出是在题为《四、五世纪的中国和古代朝鲜、日本》的论文中。④ 之后还考察了北魏前后的王朝以及周边诸国的类似制度及其变迁等问题。不

---

　　① 参阅《北魏太祖の部落解散と高祖の部族解散—所謂部族解散の理解をめぐって》，《佐賀大学教養部研究紀要》十四卷，1982 年；《北魏の内朝》，《東洋史論集》六号，1977 年。皆收录于川本芳昭《魏晋南北朝時代の民族問題》，汲古书院 1998 年版。

　　② 前揭川本芳昭《魏晋南北朝時代の民族問題》。

　　③ 参见川本芳昭《北魏内朝再論》，《東洋史研究》七十卷二号，2011 年。

　　④ 《四、五世紀の中国と古代朝鮮・日本》，收录于《新版　古代の日本》第二卷，角川书店 1992 年版。

过，由于涉及上述问题的还有后世的元代等征服王朝、作为汉族王朝的汉代，以及古代日本等，范围较广，因而上述考察尚不充分。本文在上述认识的基础上，旨在从前近代中华帝国的构造角度出发对此问题进行进一步探讨。

笔者目前主要从事有关“中华帝国”构造的比较史研究，这项研究，如题目所示，旨在探讨前近代“中华帝国”的构造究竟为何的相关问题：

a. 元代的 Käsig（怯薛）与北魏的内朝，都是非汉民族国家存在于皇帝身边的“亲信集团”，两者之间的这种共同点具有怎样的历史意义？

b. 中国历史上见于非汉民族国家由皇帝的亲信集团构成的 Käsig（怯薛）（元）、内朝（北魏）组织，与之前由汉民族建立的汉朝的内朝组织之间存在相似性，它们之间的关系是怎样的呢？

c. 古代日本国家体制的变迁和北魏国家体制的变迁之间也存在着相似性，这具有怎样的历史意义？

d. 通过对上述问题的考察，从分析内朝组织存在的理由出发，试图探讨中国历史上几度出现内朝现象的原因，进而尽可能地探索前近代“中华帝国”的实质。

该研究如前所述，发端于笔者目前主要的研究领域之一——魏晋南北朝时代北魏王朝存在的内朝制度。北魏时代的这一组织最初是在王权发展过程中，将追随拓跋部的各部首领的子弟作为“人质”，置于拓跋部，听其差遣，进而使之侧近化。后来这一组织又扩大至保护皇帝的宿卫军以及担任国政要职的官僚队伍之中。内朝制度的一个重要特征就在于大部分成员是以鲜卑族为中心的北方民族，换言之，内朝是鲜卑族统治中国的中枢机构。

在此之后，笔者在《中国史上的诸民族》一书中提及，在中国史上，北方民族建国时也有类似于北魏内朝制度的例子[①]。例如，元代的 Käsig（怯薛）制的重要特征之一就是其大部分成员都是非汉民族。《元史》卷九九《兵志二》中，对元代的宿卫制有所叙述：

> 凡怯薛长之子孙，或由天子所亲信，或由宰相所荐举，或以其次
> 序所当为，即袭其职，以掌环卫。虽其官卑勿论也，及年劳既久，则

---

① 《中国史のなかの諸民族》，日本山川出版社 2004 年版。

遂擢为一品官。而四怯薛之长，天子或又命大臣以总之，然不常设也。其它预怯薛之职而居禁近者，分冠服、弓矢、食饮、文史、车马、庐帐、府库、医药、卜祝之事，悉世守之。虽以才能受任，使服官政，贵盛之极，然一日归至内庭，则执其事如故，至于子孙无改，非甚亲信，不得预也。其怯薛执事之名：则主弓矢、鹰隼之事者，曰火儿赤、昔宝赤、怯怜赤。书写圣旨，曰扎里赤。为天子主文史者，曰必阇赤。亲烹饪以奉上饮食者，曰博尔赤。侍上带刀及弓矢者，曰云都赤、阔端赤。司阍者，曰八剌哈赤。掌酒者，曰答剌赤。典车马者，曰兀剌赤、莫伦赤。掌内府尚供衣服者，曰速古儿赤。牧骆驼者，曰帖麦赤。牧羊者，曰火你赤。捕盗者，曰忽剌罕赤。奏乐者，曰虎儿赤。又名忠勇之士，曰霸都鲁。勇敢无敌之士，曰拔突。其名类盖不一，然皆天子左右服劳侍从执事之人，其分番更直，亦如四怯薛之制，而领于怯薛之长。

在《南齐书》卷五七《魏虏传》中也可见将原词用汉字书写的关于北魏内朝官的记述：

> 国中呼内左右为"直真"，外左右为"乌矮真"，曹局文书吏为"比德真"，檐衣人为"朴大真"，带仗人为"胡洛真"，通事人为"乞万真"，守门人为"可薄真"……

其中可明确做出判断的是比德真［即元代 Käsig（怯薛）官必阇赤］和胡洛真［即元代 Käsig（怯薛）官火儿赤］。

关于这一问题的具体论证见于笔者之前发表的文章，[①] 此处不再赘述。那么，如何看待北魏与元之间存在的约八百年的历史？笔者认为首先研究处于两个朝代之间的契丹、辽代的国家体制具有重要意义。这是因为作为辽前身的契丹是与北魏同时代的北方民族，且是史书所载的与建立北

---

① 参阅川本芳昭《北魏内朝再論》等。

魏的鲜卑有密切关系的民族①，除此之外，如果辽与北魏存在同样的国家体制，那么，北魏、辽、元之间相贯相通的共通性便显而易见［据杉山清彦先生的研究，清代也存在与元代相同的 Käsig（怯薛）制度］②。因此，笔者在指出这几点的同时也有专稿考察过北魏与辽之间的关联③，不过，这些文章还主要停留于对辽正统性的探求上。另外，笔者起初思考这一问题时，正值日本的辽代史研究继岛田正郎先生的研究之后，处于缓慢发展的时期。且岛田正郎先生的研究，对于笔者所关注的北魏史的皇帝侧近官或宿卫官的研究不够充分，于是将二者进行比较之事暂且搁浅④。为此，本文首次就此问题进行探讨。

在汉代史的研究中，对由皇帝的侧近官构成的内朝制度的研究十分兴盛⑤。关于汉代的内朝制度笔者曾有所论述："在对汉代内朝制度的研究中，大多数人认为其形成是在汉武帝时期。笔者并不反对这一见解，也不反对汉武帝时期发生的变革即将内朝改为中朝的观点⑥。这一变革确实存

---

① 例如，《新唐书》卷二一九《契丹传》所述："契丹、本东胡种。其先为匈奴所破、保鲜卑山。魏青龙中，部酋比能稍桀骜，为幽州刺史王雄所杀。众遂微，逃潢水之南、黄龙之北。至元魏，自号曰契丹。"关于契丹与鲜卑的关系，进一步参阅拙稿《遼金における正統観をめぐって—北魏の場合との比較—》，《史渊》一四七辑，2010 年 3 月。

② 参阅杉山清彦《ヌルハチ時代のヒヤ制》，《東洋史研究》六二—一，2003 年。据该论文，ヒヤ与蒙古语中的 kiy-a 同义，入关后，翻译成侍卫。另外，近卫军除ヒヤ以外还有バヤラ，バヤラ是从士兵中选拔的精兵，后来翻译成护军。ヒヤ作为最受信赖的人（朋友、随从）成为侧近的核心，其职责为近侍、宫殿警备、可汗使者、出兵、参与国务等。而且其来源为家仆、从归顺首领的子弟、部下中选拔的勇士，一族的重臣子弟（主体是后三者），具有作为人质的要素。

③ 参阅前揭拙稿《遼金における正統観をめぐって—北魏の場合との比較—》。

④ 参阅岛田正郎《遼朝官制の研究》，创文社 1978 年版；《遼朝史の研究》，创文社 1979年版。

⑤ 参阅西嶋定生《武帝の死——塩鉄論の政治的背景》，《中国古代国家と東アジア世界》，东京大学出版会 1983 年版；冨田健之《前漢武帝期以降における政治構造の一考察——所謂内朝の理解をめぐって—》，《九州大学東洋史論集》九号，1981 年；《内朝と外朝——漢代政治構造の基礎的考察—》，《新潟大学教育学部紀要　人文·社会科学編》二七—二，1986 年；好並隆司《前漢政治史研究》，研文出版社 2004 年版；米田健志《前漢後期における中朝と尚書—皇帝の日常政務との関連から—》，《東洋史研究》六四—二，2005 年。福永善隆《漢代における尚書と内朝》，《東洋史研究》七一—二，东洋史研究会 2012 年版等。

⑥ 在《汉书》卷七七《刘辅传》中记载着曹魏人孟康对《汉书》中"中朝"一词的注释："曰，中朝即内朝。大司马、左右前后将军、侍中、常侍、散骑、诸吏为中朝。丞相以下，至六百石为外朝。"本文以下的考察仿照惯例，即使汉代也使用内朝用语。

在，但是，如果与北魏一样，将内朝作为皇帝的侧近官来理解的话①，便没有必要将其形成归于武帝时期。换言之，如果将其作为侍官的总称，在某种程度上也可以认为内朝在武帝之前就已存在。"

值得注意的是在武帝之前的汉廷，郎官即已存在。汉代史专家杉村伸二先生对西汉郎官进行过总结论述：

> 战国时期的郎官是皇帝的护卫官，除此之外无任何特别职责。但是进入汉代，郎官不仅要侍奉、护卫君侧，还有其他很多职能。并且在与皇帝构筑个人信赖关系的基础上，担任卫尉、中尉、郡国的守相等以皇帝为中心的同心圆防卫体系的职位。这也可以说是将郎官的性质由"天子的宿卫"扩大至"汉的宿卫"的国家性质。但是，武帝以后，重新设立了与皇帝更近的加官官僚们成为了侍卫，武帝死后，由加官官僚和外戚构成的内朝开始作为皇帝的辅佐机构发挥职能。另外，由于察举制度的调整、军事专职的新设等原因，汉初的郎官在统治机构内部的重要性转移给这些官职，郎官自身则失去了重要性……②

郎官虽然绝大多数是通过"任子制度"而得到任用，不过从职责上来讲，汉代郎官是与北魏内朝武官三郎具有相同性质的皇帝侧近官③。另外，如果把内朝看作是皇帝侧近官的总称，那么很有可能是因为北魏与汉的名称不同，而本质相同。汉代的郎官大多选拔自创业功臣的子弟。然而，由于不同于任子制度的察举制的建立，孝廉人数增加，侵夺郎官职务，郎官虽是皇帝的侍官也只是与孝廉这样的近侍官等同罢了，而其空缺

---

① 前揭拙稿《北魏の内朝》第51页中这样阐述："这是内朝一词的定义，表明将内朝作为后宫诸官（尤其指宦官。女后临朝理政时也包括侍官，此时的侍官不是宦官而是武官）来把握的看法。但笔者想依据当时的用法将其看作侍官的总称。在此笔者想略述下将内朝认作侍官总称的经过……内朝可能包括后宫的宦官等，但后宫诸官不等于内朝。可以说内朝使用于比此更广的意义上……"等。

② 参阅杉村伸二《漢初の郎官》，《史泉》九十四号，2001 年，第 26—27 页。另补，关于郎官，除参阅后揭增渊龙夫的论文外，还可参阅严耕望的《秦汉郎吏制度考》，《"中央研究院"历史语言研究所集刊》二十三上，1951 年。

③ 关于三郎参阅前揭拙稿《北魏の内朝》及《北魏内朝再論》。《北魏内朝再論》中，笔者指出其发音与元代 Käsig（怯薛）官之一的 koruČi（箭筒士）相同。

则被新设立的侍中等官职填补。从这一点来讲，北魏的内朝官与汉的郎官虽在民族、时代上有所差异，但多选拔自创业功臣子弟这一点则可以说是相同的。

北魏的内朝、元的 Käsig（怯薛）在本质上都是保护皇帝的宿卫武官，这与之前引用的杉村先生所指出的汉的郎官是宿卫官的观点相呼应。也就是说，笔者认为如果将内朝作为侧近官集团来理解的话，则内朝从西汉之初既已存在，武帝以后的内朝可以理解为已发生了质的改变，且武帝之前的内朝与北魏的内朝、元的 Käsig（怯薛）虽存在民族构成为汉族或非汉族的差异，但在与帝权的关系上却极其相似。[①]

因此，本文将在上述 a 课题的基础上，考察汉武帝以前内朝的真实状态以及与北魏内朝的同质性问题。上述 a、b、c、d 课题在前揭拙文《北魏内朝再论》中已有一些私见。本文旨在探究未能充分考察的辽的国家体制问题以及汉与北魏在国家体制上所具有的相似性及其历史意义。

值得一提的是，笔者在研究鲜卑建国之后的北魏历史发展时曾指出，北魏建国以前的代国时期的部落联盟体制，在建国后解体为以八部制为基础的使王权得以集中的"部"制，实现了国家体制的变革[②]，并指出，这与史上著名的孝文帝所创始的均田制作为中国王朝化的一环使其发生了根本性改变一样具有重要意义。北魏的内朝存在于国家处于"部"制阶段的上层机构的顶点，后因孝文帝的改革被废止[③]，这是北魏以全面摆脱鲜卑王朝一直存在的氏族、部族体制为目标而进行的改革。

另一方面，在古代日本，通过将以氏姓 udi kabane 为基础的族制秩序编入律令制，完成了古代国家的建设。这个国家也可以被纳入"中华"范畴。例如，在《续日本纪》卷四〇"桓武天皇延历九年（790）五月庚午"有如下记载：

> 陆奥国言……已去浊俗，更钦清化。志同内民，风仰慕华土。

---

① 参阅前揭拙稿《北魏内朝再論》。

② 参阅拙稿《北朝国家論》，《岩波讲座世界历史》九卷，1999 年。

③ 参阅前揭拙稿《北魏の内朝》，《東洋史論集》六号，1977 年，收录于拙著《魏晋南北朝時代の民族問題》，1998 年。

地处内陆的国家京都，被冠以"华土"之名，是受人景仰之地。《日本后纪》卷五"延历一六年（797）二月己巳"中也如下记载：

> 遂使仁被渤海之北，貊种归心，威振日河之东，毛狄屏息。化前代之未化，臣往帝之不臣。

日本成为虾夷等希望归化的中华之地。由此既已说明北魏史的发展与古代日本历史的发展具有相似之处[1]。

立足于这一观点，比较古代日本（倭国）与北魏，以及西汉与元代，这些都是标榜为所谓的"中华"的王朝，这一问题可与历史上所谓的中华王朝的本质问题相关联。另外，作为上述课题的核心，与为何会产生这种相似性，以及其在东亚历史的发展中具有怎样的历史意义等问题也有一定关系。以上几点与上述课题 c、d 相关，但本文旨在一方面思考课题 c、d，一方面想进一步考察上述课题 a、b 的问题。

一　北魏与辽的比较

如序言所述，笔者十分关注与北魏史相关的契丹、辽的研究。但如前所说，日本关于辽代史的研究在近期年轻学者的研究出现以前，主要是岛田正郎[2]、爱宕松男[3]两位先生的研究，长期以来，其他领域的学者在研究与辽代相关的问题时，也主要以这两位学者的研究为依据，尤其是岛田先生的研究。

在这种情况下，近几年笔者有幸参加了在大阪举行的辽金西夏史研究会，并有机会听到此研究会领导者及研究者森安孝夫先生的发言，其内容为由森安先生代为保管的东京大学纷争期的某篇毕业论文无处发表之事。该论文内容与笔者长期以来思考的问题不谋而合，于是，笔者便向自己所属大学的研究杂志提出刊载申请。该论文作者为加藤修弘，题为《辽朝

---

① 参阅前揭拙稿《四、五世紀の中国と古代朝鮮・日本》及《北魏内朝再論》。

② 参阅岛田正郎《遼朝官制の研究》，創文社 1978 年版；《辽朝史研究》，創文社 1979 年版。

③ 参阅爱宕松男《契丹古代史の研究》，《東洋史研究叢刊》，東洋史研究会 1959 年版。

北面的统治机构——以著帐官与节度使为中心》（遼朝北面の支配機構について——著帳官と節度使を中心に—），于 2013 年 3 月作为《九州大学东洋史论集》四十一号的特别撰稿论文被刊载。关于论文内容以及刊载始末，森安先生在《九州大学东洋史论集》四十一号中，简明扼要地作了介绍。由于本文与加藤先生的论考相关，且涉及本文内容的定位，因此即便引用稍显冗长，也想在此赘述全文。全文如下：

　　本论文是昭和四十一年（1966），由加藤修弘向东京大学文学部提交的毕业论文，距今已有四十五年。东京大学东洋史学科的教授对其寄予了厚望，不仅是因为它是四百字的稿纸共一百七十页的大作，而且其远超毕业论文的高水平令人震惊。顺便说一下担当评审的七位教授（含外聘）按照年龄依次为：周藤吉之、田川孝三、山本达郎、榎一雄、西嶋定生、護雅夫、山崎利男。

　　但加藤先生就读东京大学研究生院人文科学研究系硕士课程（东洋史学专业）时，发生了"东大斗争"即所谓的"东大纷争"，置身于"全共斗"中的加藤先生最终离开了东京大学。其理由用他本人的话说就是一方面"在大学斗争中，显现出的从事学术研究的主体的贫弱令其感到绝望"，另一方面"在全共斗运动中不想放弃丝毫对新学问的感觉"。之后，加藤先生在以定时制高中为首的多所学校任高中历史教师，同时，从事与战后补偿运动相关的工作，特别是从事有关在对中国的性暴力中受害妇女的支援和调查活动。

　　"东大斗争"时，我正在驹场校区就读于教养系，升入本乡校区的文学系后，虽与加藤学长同属于东洋史专业，但从未一起上过榎一雄、護雅夫两位教授关于北—中亚史的课程或研讨会。不过，当时有个"亚洲文化研究会"，凡是对北亚、中亚、西亚感兴趣的，无论是本科生、研究生还是年轻教师均可以参加，我和加藤学长便是在那里相识的。倡导以"国家权力与宗教"为共同主题的亚洲文化研究会的机关杂志《亚洲文化研究》，在我参加此会之前的创刊之初，发行到第三期就停刊了。加藤先生关于契丹史的两篇论文在此得到发表，题目分别为"契丹君长权的历史考察"（创刊号，一九六八，三十一—五十一页）与"契丹社会统治权的产生"（第二号，一九六九，五—十九页）。这两篇论文都是与其毕业论文相关的内容，但并非毕业论文,是对毕业论文未能论及部分的补充,因此,如果不阅读原毕业论文,便很难理解。可如此重要的毕业论文,仅仅发表了前半部分很短的摘要。题为《游牧君长权力论——辽代著帐官制的历史意义》(创刊号,十四—十五页)。我一直苦于只能阅读到《亚洲文化研究》中的两篇,而无法掌握论文的整体,对我来说它就像是一篇"梦幻般的论文"。

后来,因奇妙的缘分,记不清从何时起,离开大学的加藤学长和他的伴侣,以及比我还早参加"亚洲文化研究会"的我的妻子,加上我,四人成为了很好的朋友。加藤学长将那篇"梦幻般的毕业论文"交由我代其保管,并叮嘱可以任由我处理。后来,我成为一名大学教师,每有机会,我都会让学生阅读此文,且为了学术界的发展,期盼有朝一日能够发表,并积极寻找着刊行之处。

步入二十一世纪,我接受了撰写辽、西夏史研究入门的请求,在向契丹史学者武田和哉先生征求意见时,因商讨加藤先生毕业论文的应用问题,将论文交予武田先生。武田先生不但鼓励我完成将要放弃的夙愿,还提出论文出版时会给予我帮助。尽管如此,直至在大阪大学退休我仍未如愿。正当此时,一次偶然机会,我被邀请在大阪举行的辽金西夏史研究会第 11 届大会上发言,言及这篇"梦幻般的毕业论文",九州大学川本芳昭教授提议愿意商讨出版事宜,对此鄙人不胜感激。

在事先得到加藤先生的同意之后,我一边与武田先生商谈、与川本教授取得联络,一边安排具体的操作日程,并在九州大学将手稿输入电脑。武田先生在关西契丹史研究小组"辽史读书会"有志之士的帮助下共同撰写完成了"补注"部分,另外,通过研究会内部商讨决定由武田先生撰写"题解"。至此,最终使论文得以发表。

从这篇论文以及发表在《亚洲文化研究》的三篇论文中可以看到加藤先生受其恩师護雅夫的影响较深。護雅夫教授的学术功绩颇丰,这三篇论文的着眼点在于,为了理解向内陆亚洲扩张的游牧民族国家的国家结构而关注 Nökör 这一概念,并对游牧君长权的渊源——萨满进行关注。特别是相当于该论文前半部的第一篇所论述的"著帐官",正是与 Nökör 这一概念或制度相对应的研究。我之所以对此论文给予高度评价,又积极促成出版之事的理由也正在于此。当然,本论文的后半部分即第二篇对于契丹史的研究来说也是很重要的，其意义在武田先生撰写的"题解"中有所谈及。我想强调的是第一篇将契丹的"著帐官"推定为蒙古帝国草创期的 Nökör 这一论断的学术价值。

据加藤先生在《亚洲文化研究》中刊载的两篇论文可知，耶律阿保机的权力是父家长性质的君主权力。耶律阿保机以家产性质的臣下集团为后盾，首先抑制自己所属的部或氏族的势力，而后统一其他契丹各部及各氏族，他所依靠的政治力量就是在具有家产性质的臣下集团基础上建立起来的"心腹集团"。调整后的"心腹集团"发展成为"著帐官制"，就是将各部及氏族中有实力的家族的子弟纳入国家，对完善以契丹皇帝为中心的家长式的君臣关系的制度发挥了重要作用。

在本论文的第一篇中，加藤先生指出，十世纪耶律阿保机建立的契丹帝国（辽朝）的国家构造或统治机构的核心就是"著帐官制"，其起源可追溯至建国者阿保机所建立的"心腹集团"，并将"心腹集团"与"著帐官制"的本质与我们共同的恩师护雅夫先生年轻时发表的有关成吉思汗的 Nökör 进行了对比。

当然，虽说是很出色的研究成果，但因在此发表的论文毕竟为本科生阶段所写，不可避免地存有论证不足之处。事实上，在作为第一篇的总结的第七章"与蒙古帝国 Nökör 之比较"的文末，这样写道："以上，通过将初期蒙古帝国的 Nökör 的存在方式与辽的著帐形态进行比较，发现二者之间有惊人的相似性。故认为二者基于同为北方游牧民族的固有传统，可以说本质上是完全相同的。"在此段论述的旁边，东京大学的某位教授作了"言之过急"的批注。然而，我的评价恰好相反，我认为本论文的最大价值恰恰就在于此。它对于今后中欧亚史的研究来说，无疑可作为必然的先行研究。另一方面，加藤先生本人或许并没有注意到，在其开始撰写论文的两年前，岛田正郎先生关于著帐官、御帐官的论文已经发表（见武田先生的"题解"）。当时东大东洋史系的毕业论文完全依靠学生自己，要求本科生周密详细地写出先行研究稍有些苛刻，但没有注意到已经发表的论文，毕竟仍是一个缺憾。因发表此论文者不是当事人，而是与岛田先生的论文进行比较后仍觉其学术价值毫无逊色的鄙人，因而若有责任，都应由鄙人承担。希望我的这一论断能通过武田先生的"题解"得到进一步阐释。

十九世纪末以来，虽然中欧亚历史研究一直致力于游牧国家兴亡的探讨，但是"国家"概念最初的界定，是从农耕城市文明世界国家的变迁、国家成立的要素，以及国家构造的角度出发来定义的，因此，无法满足上述条件的游牧国家在世界史的研究中往往容易被忽视。在西欧的近代国家论与马克思主义唯物史观兴盛的时代，以与之相异的观点重新构筑中欧历史是极其困难的事情。不过，如今的世界形势和学术研究状况都已焕然一新。今后，对于包括"著帐官"在内的 Nökör 历史学概念，以及与此为表里关系的"Käsig（怯薛）"概念或制度的研究，及进而对游牧国家的本质问题的探究等，都应具有更加宽阔的学术视野。最近很受关注的文物发掘工作让我深有其感。今后，作为与契丹的"著帐官"、蒙古的 Nökör 或 Käsig "怯薛"的对比，比如，北魏的"中散""直后/直后真""直真/直寝""乌矮真""比德真""可薄真""胡洛真""乞万真"等，北齐、隋的"直后" "直寝"、隋唐的"库真（也有误写成库直，那么元为库直真?）""驱咥真（也有误写为驱咥直）/屈咥真"、突厥·维吾尔的"窟合真/枯合振/胡腾振＝库合真＝クルカプチン"和"シャダピット・タルカン・ブイルク"、以安史之乱势力为首的粟特各集团的"柘羯/赭羯"和"曳落河"、伊斯兰各国的"シャカル""グラーム""マムルーク"、奥斯曼帝国的"カプクル"、大清帝国的"グチュ""ヒヤ"等均应受此影响。

由于 Nökör 与 Käsig（怯薛）之间的差异的重要性，故鄙人在同为護雅夫门下的志茂硕敏先生的见解的基础上，发表一下自己的看法。Nökör，蒙古的原义是"朋友、同僚"，服侍成吉思汗的人，即蒙古草创期的 Nökör 就是从属于主人的"心腹下属、御家人"。因而，由此定义出发而被普遍化的历史学概念中的 Nökör，在成为国家君主的主人夺取政权以前，是与主人共同生活，并负责其衣食住等日常生活的家产性质的臣下集团，在发生军事行动时是保护主人的近卫集团，建国后，则成为听命于君主，辅佐其军事、国政辅佐集团。即在夺取政权之前，Nökör 只限于主人的心腹部下及其子孙来担当，因而也可以说它是无需扩大的相当于谱代地位的家臣。而 Käsig（怯薛）在夺权之前大致与 Nökör 一致，而夺权之后，将新的附属集团的君长约半数的子弟作为人质编入宫廷，施以训练、教育之后被任用为军人及高级官员。因此，从理论上来看，队伍扩大了很多。也就是说，Käsig（怯薛）包含着 Nökör，Käsig（怯薛）长官均是 Nökör 出身。只是需要注意的是，其职务相当于蒙古时期波斯语史料中出现的 "nawkar"（Nökör 的谐音），与 Käsig（怯薛）或チャカル相混淆，而与 "心腹部下、御家人" 的意思相比，更普遍使用的是 "寄命于主人的食客" 或 "随从、仆人、男仆" 等称呼。

该论文不仅考察了跨越时代和地域而发展起来的中欧亚游牧国家，还考察了曾经所谓 "征服王朝" 的 "中欧亚型国家"，以及处于领先地位的北朝、北魏、隋唐等 "拓跋国家" 的国家机构，这对于今后的研究是不可或缺的。在古汉语中用 "亲信" "侍卫" "宿卫" "近侍" "内侍" 等来表示这种心腹集团和近卫军，另外，在汉语、伊斯兰语史料，甚至希腊拉丁语史料中可见其奴隶性质的低微身份，但实际上值得注意的是，侍于君侧的人不都是历史概念中的 Nökör 或 Käsig（怯薛）的意思。对于北魏内朝持有同样观点的川本芳昭教授，已经从事了三十多年的研究，在这个意义上，在川本教授的帮助下使论文得以发表便绝不是偶然。

以上是森安先生在加藤先生的论文刊行时的叙述。虽稍显冗长，但因本文与加藤先生的论文相关，并涉及本文的定位，故特此作以说明。

此外，给加藤修弘先生的论文增加补注，且执 "题解" 之劳的武田和哉先生与森安先生同样对加藤先生关于心腹集团的考察十分关注，且指出了其与斡鲁朵之间的联系："（加藤先生）在分析著帐官制的起源与沿革时指出 '这也许是辽朝朝官之始。心腹集团的性质是……担任太祖身边护卫或宿卫之职，是真正的 "心腹"。这个心腹集团后来直接隶属于太祖，在军事上也发挥了重要作用。因而，斡鲁朵起源于心腹集团已成定论，但与此同时我认为它也是著帐的由来'……对于与心腹集团具有相似性且被广大的蒙古帝国延续并发挥重要作用的 '斡鲁朵'……在制度的研究中也是值得关注的。"①

加藤先生还认为："奚人中有势力者的子弟年轻时首先加入皇帝直属

---

① 参阅武田和哉 "题解"，第 94 页。

的著帐，侍于左右，即便是比奚人子弟地位低下者，在适当的时机也会被举荐成为护卫等，以此来建立与皇帝之间的私人关系。如此，皇帝虽是异族出身，也拥有了私人官僚预备军。皇帝还从中挑选适当人选治理奚族。除此之外，将有实力的子弟编入自己的著帐之下，又可使之成为极为重要的人质。"武田先生认为这些论断抓住了著帐官制的本质。[1]

以上诸点在《魏书》卷一百一十三《官氏志》中有所记载：

> 建国二年，初置左右近侍之职，无常员，或至百数，侍直禁中，传宣诏命。皆取诸部大人及豪族良家子弟仪貌端严，机辩才干者应选。

这是关于拓跋北魏内朝起源的代国时代，侍于皇帝身边的侧近官设置方面的史料，非常值得关注。[2] 也就是说，如上所述，北魏内朝起源于拓拔部的部落联盟时代，当时从编入部落联盟的拓跋部以外的诸部选拔左右近侍，这一点与前面提到的契丹以外的奚人成为著帐官是同一情况，也就是说，其原理同为随着组织的扩大，将外部势力编入，使之成为内部势力。笔者曾指出，北魏从建国前的漠北时代至建国后，新入籍的人或者集团（新人）与当时原有的国家构成者（旧人）之间存在严格的对立关系，尽管如此，经过一定的时间，新人则变为旧人，成为国家的组成成员，这是一种强有力的国家结构。且这种国家结构在北魏同时代的东亚诸国中也存在，因而称之为"新人·旧人结构"[3]。

武田先生还写道："（加藤先生）在最后一段试图与后代的蒙古帝国的 Nökör 进行对比。引用護雅夫的研究……一方面梳理蒙古帝国初期主从关系的形态，一方面比较辽的著帐成员组成从百官子弟进而成为无户籍人员这一奇异的特征与 Nökör 从对等关系至隶属关系包含诸多多样性的成立

---

① 参阅武和哉"题解"，第 95 页。

② 《元朝秘史》卷七中可见关于成吉思汗时期任命千户长、百户长的记载："其护卫时、于千百户并自身内子弟有技能身材好者充之。"《魏书·官氏志》中也有类似记载："建国二年，初置左右近侍之职，无常员，或至百数，侍直禁中，传宣诏命。皆取诸部大人及豪族良家子弟仪貌端严，机辩才干者应选。"

③ 参阅前揭拙著《魏晋南北朝时代の民族問題》，第 349—352 页。

情况，以此判明这绝非北族中的特例。"① 北魏的内朝官也是如此，其构成成员也包括身份低微者。

这些观点如实体现了辽朝著帐官制与北魏内朝、元 Käsig（怯薛）为同源的制度。以上这些看法在加藤先生的论文中随处可见。这很值得如笔者一样从事北魏史研究的学者的关注。在同论文中还有如下论述："这个心腹集团后来直接隶属于太祖，在军事上也发挥了重要作用。因而，斡鲁朵起源于心腹集团已成定论，但与此同时我认为它也是著帐的由来。即心腹集团的职责应该记入《百官志·北面御帐官》中，但在《辽史》中有这样的记载'辽之先世、未有城郭·沟池·宫室之固、毡车为营、硬寨为宫、御帐之官不得不谨。出于贵戚为侍卫、着帐为近侍、北南部族为护卫、武臣为宿卫、亲军为禁卫、百官番宿为宿直。'（《辽史》卷四十五《百官志·北面御帐官》）由此可见，侍卫、近侍、护卫、宿卫、禁卫、宿直都相当于官卫的守卫，职能无本质上的差异。太祖设置的心腹集团，即将以上所有官职均包含在其职务中，因而这也是著帐官的起源。此后斡鲁朵虽由隶属民组成，但有趣的是太祖设置心腹集团时挑选诸部二千余强壮之士加入其中，由于后来组成斡鲁朵的大部分人是外藩的俘虏、进献的生口、惯犯，与诸部强壮之士比较稍感性质有所不同。虽说著帐郎君院的官员大多由横帐、国舅帐担任，但是也向突吕不、楮特等契丹诸部出身者、甚至奚人广开门户，如此不免感觉诸部强壮之士的选拔与著帐郎君院的性质息息相关。总而言之，始于此时期的心腹集团由于不久完成了制度化，分化为斡鲁朵、御帐官、著帐官。"②

北魏的情况，在上述《魏书·官氏志》诸部大人子弟的记述以及太祖道武帝天赐四年（407）五月的条文中可见侍官的设置。条文如下：

> 增置侍官，侍直左右，出内诏命，取八国良家，代郡、上谷、广宁、雁门四郡民中年长有器望者充之。

内朝由此渐渐扩充。另外，笔者曾经考察过北魏的宿卫，引用了《官氏志》登国元年（386）的记载：

---

① 参阅武田和哉"题解"，第96页。
② 参阅加藤《辽朝北面的统治机构》，第30页。

是年，置都统长，又置幢将及外朝大人官。其都统长，领殿内之兵，直王官；幢将员六人，主三郎卫士直宿禁中者。自侍中已下，中散已上，皆统之外朝大人，无常员。

阐述了北魏初期的宿卫中，有由都统长率领驻守王宫的殿内宿卫和由幢将率领驻守皇宫的三郎（コルチ）·卫士等组成的宿卫，二者各自独立存在①。关于三郎即是コルチ之前就已论述过②。可以说上述辽的宿卫状况对于考察北魏宿卫的情况具有深远意义。

加藤先生关于岛田正郎先生对辽代的理解作了如下叙述："在此首先岛田正郎先生的'（辽朝的）各部族成员未必是由血缘关系缔结而成的关系，统率者不过是与成员毫无血缘关系的国家官吏。换言之，氏族制被打破，契丹人因被包含在部族制度之内，而成为辽国的国民。即作为行政上、军事上的单位，成为本质上与汉族王朝的州县制度完全相同的地方行政制度……'这是岛田先生的结论。但是我不得不怀疑能否如此断定？在部族中如果是由被征服民族的奚部、宫分人和俘虏构成的部，易被认为在产生时国家权力已对其进行了全面制约。可是，契丹自古以来的传统部族'完全'解体，成为辽朝'国民'的结论还须谨慎而行。"③ 如前所述，笔者曾考察过北魏的部族解散问题，当时，学术界对于北魏部族解散的研究，通常的认识是由于部族解散而导致存在于胡族社会的部族·氏族全面解体消亡，或是几近完全解体，只能看见少许残余。但是笔者认为这样的想法没有充分表明部族解散的实态。其原因笼统来说就是北亚社会的部族或氏族集团是在拥有共同始祖的前提下缔结而成的血缘或地缘集团（鲜卑也不例外），因此，这种集团仅仅依靠道武帝自上而下的部族解散改革在短期内实现解散是难以想象的，悠久的传统培育出的部民间的关系也不是那么容易消失的。实际上即便在道武帝进行部族解散之后，体现部民关系的史料依然存在。总之，如我曾经强调过的，这些方面都体现了对

① 参阅拙稿《北魏高祖の漢化政策についての一考察——北族社会の変質との関係から見た一》，《東洋学報》六二一三·四，1981年，前揭拙著《魏晋南北朝時代の民族問題》二编四章收录。

② 参阅前揭拙稿《北魏内朝再論》，第18页。

③ 参阅加藤《辽朝北面的统治机构》，第48—49页。

一直以来部族解散问题进行重新探讨的必要性①。即笔者之前对北魏史研究持有的怀疑与加藤先生的疑虑不谋而合。

加藤先生将此想法进行了进一步论述："我认为，'世官制'的存在是对统治下的游牧部族掌权者在权力上妥协的产物。著帐官制就是一种将权力阶层与帝国有机结合的手段。辽著帐官的特色是扩大太祖心腹集团这个极具家产制性质的组织，发挥着为部族掌权者子弟敞开提拔之门的作用。"另一方面，"在辽朝统治下的游牧部族社会，世官之家是作为恩惠而被赐予掌权者的。且其子弟年轻时可入著帐侍奉于君侧，共同生活。著帐官分为著帐户司和著帐郎君院，前者由著帐郎君担其职，现在所说的世官之家的子弟被安排到著帐郎君院。他们通过成为皇帝的'心腹'，与皇帝缔结私人关系，成为后来形成辽朝统治机构的官僚预备军，或担当起连接辽朝中央与被统治部族社会之间桥梁的角色。他们中的大多数人会回到自己出身的部族任职，但对他们来说，与皇帝的私人关系所产生的纽带意识，也就是作为皇帝直属的意识却是十分重要的。正是这些人，一面保持与皇帝间的家产制关系，一面拥有与部族民的近族关系，这种游刃有余的统治形式是支撑起辽朝游牧社会的权力基础"。再者，"可以认为由于他们被委任为著帐官，需要先脱离部族成为皇帝的直属。但是，这只能是期望，实际上使之完全断绝与自己出身部族的关系是很难的。我觉得说出这样的话本身就证明了这一点。除此之外，（史料中未明确记载）可以充分肯定著帐官还具有人质的意义。兼具对官吏的恩惠和将地方有势力者作为人质的两面性的机关便是著帐官"。②加藤先生在辽部族制存续的基础上，关注以辽帝为家长组织的具有家产性质的国家体制。

在该论文的结论中，对辽代的部族制作了如下论述："在辽代的契丹人社会，由原来的氏族共同体式的血缘关系结成的部族已不复存在。但绝非是因为辽朝通过中央集权使部族解体，在游牧民族契丹人的经济发展史中，已经产生这种变化。换言之，游牧社会的构成单位比之前小了很多，整个部族已无法通过一个纽带进行连接。但是部族尚未完全丧失传统地缘集团性质，在部族内部，有实力的一族或一家掌握着部族的领导权。处于

① 参阅前揭拙稿《北魏太祖の部落解散と高祖の部族解散——所謂部族解散の理解をめぐって》，前揭拙著《魏晋南北朝の民族問題》一編四章收载。

② 参阅加藤《辽朝北面的统治机构》，第41—43页。

这一历史阶段的辽朝社会得以勃兴，朝廷方面绝没有想从根本上改变这种部族状态。辽朝采取的态度为妥协政策，即部族统治的最高责任者为节度使，虽是中央任命的官吏，但实际权力绝达不到掌控整个部族的程度，倒不如说多数情况下是对部族中有势力者施以的恩惠性称号。辽朝归根结底看似具有能削弱部族内部弱小集团的决策权，但另一方面，对部族内部的有势力者却始终实行妥协政策，其表现即为'世官制'。通过任命部族内部有势力的家系为'世官家'，期待他们拥护中央集权。但是，仅仅通过世官制将其完全集中于中央是很困难的。因此，在妥协的同时，也具有恩惠的意思，意欲通过强有力的中央权力使部族中有势力者与皇帝建立起个人关系，这就是著帐官制的目的。辽的著帐以北方游牧民族历史中存在的'Nökör'为起源，本具有与君主间拟制的家族关系，以此为纽带成为了君主的心腹集团。不久，随着帝国的发展，需要扩大统治，对被统治的部族也通过这种拟制的家族关系式的纽带来维系，它成为将部族纳入以皇帝为中心的家产制性质的统治之中的积极手段。以此为目的并将其制度化的形式就是著帐官制。如上所述，我认为，辽朝北面的统治机构是以北方民族固有的传统的主从关系为基础进行的持续而独立的发展。"①

　　笔者曾对以北魏前期国家的八部制根据的国家进行过简要论述："北魏初年代皇帝道武帝建国后，强制旗下诸部族聚居于以都城平城（今山西省大同）为中心的畿内外地区，以将诸部族长对部民的统率权收归国家为目的实行了改革，与一直以来的五胡政权相比，极大地强化了帝权。这样一来，被强制聚居的大部分鲜卑诸族按东西南北等方位重组为八个'部'。史书中被称为八部或八国的诸部后来成为北魏国军中的中坚力量，成为华北统一的原动力。"不过，八部后来减少为六部、四部，从数量的减少来看，八部制随着时代的推移被形式化。但是在北魏第六代皇帝孝文帝迁都洛阳之前，还能够确认六部的存在（《魏书·高闾传》）。笔者并不完全否定八部制本身随着时代变迁而带来的形式化问题，只是感到全面走出形式化是在孝文帝迁都洛阳以前的背景下进行的，此时的北魏具有极为浓厚的非汉族国家性质。笔者认为，八部制是漠北时代以来，拓跋鲜卑部落联盟具有的部族制的一种归结形态，北魏前期，以八部制为基础建立的

---

①　参阅加藤《辽朝北面的统治机构》，第 76—77 页。

国家集权的'部'体制国家是存在的。以下是笔者认为的理由。（以下略）"①将这一认识与上述加藤先生的想法作一比较，发现二者之间存在难以仅仅用类似来表达的结构上的相似，其最终的结论与我对北魏部族制的看法一致，这对考察部族制度的存在方式或者北魏内朝的存在状态极富启发。

另外，加藤先生认为心腹集团"随着帝国的发展，需要扩大统治，将被统治部族也通过拟制家族为纽带进行维系。它成为将其纳入以皇帝为中心的家产制性质的统治之中的积极手段"，一方面指出了家产性质的国家体制的性质，另一方面对護雅夫先生的论断进行了总结。"護雅夫先生在其论文'Nökör考'中论述道，在蒙古部族社会中作为传统而存在的Nökör这一特殊的人际关系，不久便向发展中的蒙古帝国的统治机构蔓延。如下所述，蒙古帝国初期建立的主从关系有以下三种类型：①相互协作型的Nökör；②首先自愿成为首领的Nökör，而后结成主从关系；③作为首领（君主）的'家奴''私奴'或送给首领作弟弟、孩子后成为Nökör。通过主从关系相对势力关系的变化，①型很快成为②型，另外，③型中Nökör对主君的关系是极富隶属性的。護雅夫先生进一步论述道，符拉丛米尔佐夫在《蒙古社会制度史》中，将主君对Nökör的关系看作是依据契约的对等人格关系，護雅夫先生批判了将这种关系与中世纪欧洲的封建关系等同视之的观点，认为要充分认识到无论主从关系的成立情况是怎样的，Nökör均作为主君（首领）的'隶属民'而存在，①、②型最终也会成为③型。现实中Nökör的工作就是军事上的侍奉，特别是作为近卫军，与主君共同生活，从事家中杂役的工作。这种主从关系都以家长—家属的恩惠—恭顺、强权—屈从，以及双方利害一致这三点为纽带。Nökör在成吉思汗勃兴期形成了手足关系的家臣团，见证了蒙古帝国的形成。"

護雅夫先生对这一时期情况这样描述：成吉思汗初次即位之时，虽说蒙古部族已经统一，但汗位的权力还极其微弱。那是因为推举他的游牧首领们并未丧失平等性和独立性，并常常从内部制约汗权。支撑这些首领们独立性的就是他们对家产性质的臣下（Nökör）所具有的保护及支配权。然而，成吉思汗意图将统治权由自己家产性质统治中的重要人事机构、管理组织，扩大到本不属于自己"家"组织的，具有独立家产的首领之中。

---

① 参阅拙稿《北朝国家論》，《岩波講座　世界歴史9中華の分裂と再生》，第191页。

而且取得了成功，成为强大的君主、帝王，建立了成吉思汗王国。以上为将此与先前论述的辽朝进行比较，可以注意到二者有较大的相似之处。辽的著帐成员组成从百官子弟至无户籍人员这一奇异的特征与 Nökör 从对等关系至隶属关系包含诸多多样性的成立情况，以此得以判明这绝非北族中的特例……以上为護雅夫先生的论述。将初期蒙古帝国的 Nökör 的存在状态与辽著帐的情况作一比较后发现二者之间惊人的相似。笔者认为，二者均是依据北方游牧民族的固有传统而形成的，可以说二者本质上是完全相同的[①]。比较 Nökör 与著帐，指出其同质性，从而关注其中可见的家长式的，家产性质的关系问题。

北魏从漠北时代拓跋部的部落联盟国家，随着入华而转变为以八部制为基础的"部"体制国家，随后约一百年迎来了孝文帝改革。通过改革，北魏实现了中国王朝化，并完成了向律令国家的转变。可以说，以上所谈的有关辽朝的家长式、家产制性质的国家问题对北魏史研究者来说也是一个非常重大问题，如前述《魏书》卷一百一十三《官氏志》中所载："建国二年，初置左右近侍之职，无常员，或至百数，侍直禁中，传宣诏命。皆取诸部大人及豪族良家子弟仪貌端严，机辩才干者应选。"以及同卷太祖道武帝天赐四年（407）五月的史料记载："增置侍官，侍直左右，出内诏命，取八国良家，代郡、上谷、广宁、雁门四郡民中年长有器望者充之。"由此可以了解"诸部大人及豪族良家的子弟仪貌端严，机辩才干者"，"八国良家，代郡、上谷、广宁、雁门四郡民中年长器望者充之"与辽、元家长性质的统治体制下的 Nökör 具有同样的性质。

二　和汉代的比较

北魏时代被认为存在像ケシク或著帐官那样的组织，在鲜卑语中如何表达不详。那么与《魏书》中"内朝"[②] 一词具有怎样的关联性和意义呢？关于这一问题，笔者认为三国魏的"内朝"一词，可能对《魏书》

---

① 参阅加藤《辽朝北面的统治机构》，第 45—46 页。

② 《魏书》卷三十五《崔浩传》中记载："泰常元年，司马德宗将刘裕伐姚泓，舟师自淮泗入清，欲泝河西上，假道于国。诏群臣议之……又议之内朝，咸同外计。太宗将从之。"同书卷一八一《礼志四》："天赐二年夏四月，复祀天于西郊，……帝立青门内近南坛西，内朝臣皆位于帝北，外朝臣及大人咸位于青门之外。"

的作者魏收或国史编纂者产生了影响，具体阐述如下：

　　论及北魏前期的官制，一般的假说都认为，从汉代以来官制中出现的"三郎"一词，对其具有根本性的影响。笔者认为这样的假说也未必不可能。原因是，《魏书》卷二四《崔玄白（宏）传》中，有关于北魏初相关官制的记载："太祖曾引玄白讲汉书，至娄敬说汉祖欲以鲁元公主妻匈奴，善之，嗟叹者良久。是以诸公主皆釐降于宾附之国。朝臣子弟，虽名族美彦，不得尚焉。"像这样公主降嫁①或者弑杀太子生母②的事例，都是北魏有意识地实行的广为人知的汉代的制度。③《汉书》卷七七《刘辅传》记载了与《汉书》"中朝"一词有关的曹魏时人孟康的注解："曰：中朝即内朝。大司马、左右前后将军、侍中、常侍、散骑、诸吏为中朝。丞相以下、至六百石为外朝。"不过，关于汉代的中朝或内朝，正如广为人知的那样，目前仍存在着各种不同的意见。④

　　上述北魏与倭国的比较，虽说两者在民族、地域等方面存在着不同，但两国的发展在历史时代上有重叠的时期。所以，也可能有学者认为是通过文化传播等活动产生了该种类似性。不过，正因为时代、民族都不同，这种如笔者一样只关注其类似性的想法，可能会被认为是荒唐的。但是，笔者认为这也不完全是不着边际的假想。那是因为把《汉书》中朝称为内朝的人是曹魏时代的孟康，而关于《魏书》中内朝的记载，也可以认为是史料记载者或《魏书》纂写者魏收基于其中某种共通点而做的记录。⑤

　　也就是说，笔者认为北魏的内朝与汉的内朝，虽然在民族、时代上存

---

　　①　关于公主下嫁的近几年成果有，藤野月子《漢唐間における和蕃公主の降嫁について》，《史学雑誌》一一七一七，2008 年，收录于同氏著《王昭君から文成公主へ—中国古代の国際結婚》，九州大学出版会，人文学丛书一，2012 年。

　　②　参阅《魏书》卷三《太宗纪中》记载："初，帝母刘贵人赐死。太祖告帝曰：昔汉武帝将立其子而杀其母，不令妇人后与国政，使外家为乱。汝当继统，故吾远仿汉武，为长久之计。帝素纯孝，哀泣不能自胜，太祖怒之。"另参阅《廿二史札记》卷一四"保太后"条。

　　③　比较汉与北魏公主下嫁的实态有很大差异，对此参阅藤野前揭论文。

　　④　参阅前揭有关"内朝"的注释。

　　⑤　参阅前揭拙稿《北魏内朝再論》，第19—20 页。

在不同，但其本质有共通之处。在先前发表的论文中，对产生这种类似性的原因做过如下阐述：

　　如增渊先生所指出的：虽然贵族高官的子弟被作为人质，同时也被作为帝王亲信的的做法具有相当悠久的历史，但是受春秋战国的时代变迁而产生的汉代的"郎官"可以说也受其影响。一方面，北魏前期的内朝可认为存在于鲜卑族占据着以皇帝为中心的律令国家中枢之时。[①] 考虑到两者的族制秩序中都出现有近侍官的话，北魏的内朝与倭国有近卫性质的随从或人官的相似性，从某种意义上来说也是理所当然的。另外，以皇帝为中心的高度发达的中国王朝的中枢中，可以说古代基于氏族制理论而建立的集团（蒙古、满族、鲜卑）一直占据统治地位，因此，可以认为这是元代和清代产生与北魏内朝相似的组织的原因。

　　在本文（《北魏内朝再论》）开头，从国家论的立场出发，提出了如何看待拓跋鲜卑的"部"体制国家这一课题，通过上述考察，所谓"部"体制国家，其核心是由拟制的或实体的族制秩序进行大的规范，呈现了初期国家、前期国家应有面貌的国家。其本质是以军事力量为背景，支配高度发达的中国官僚机构和社会，并拥有征服王朝姿态的国家。[②]

　　本节在上述理解的基础上，引用前揭增渊龙夫的论说的同时，意图进一步深入讨论上述观点。

---

　　① 增渊龙夫在《新版　中国古代の社会と国家》（岩波书店 1996 年版，第 230—231 页）中论述："一般说来，以宫中宿卫为己任的诸郎，在西汉时期同时奉事于其他九卿诸署是极平常之事……张安世'因父之职为郎，因善书之，奉事于尚书'（《汉书·张汤传》），后汉初期冯勤'被除，为郎中，奉事于尚书'（《后汉书·冯勤传》）就是其显著的例子……这意味着如下之事：即西汉时期，以天子的宿卫为要务的光禄勋所辖三署之郎同时奉事少府所属尚书署，偶尔从事尚书署工作以证事实，这些未经细化的郎的职务，进入东汉以后逐渐制度化，奉事于尚书的光禄郎脱离光禄勋的管辖，被定职为少府所辖的尚书郎，黄门郎的产生与此相同。"虽然通过孝文帝的改革，北魏前期的内朝被废止了，但在此之前内朝的发展过程与西汉郎官职能的变化极其相似。也就是内朝诸官，特别是中散、给事、给事中等诸官的职能的变化也表明了两者的相似性。参阅前揭拙稿《北魏の内朝》。

　　② 参阅前揭拙稿《北魏内朝再論》，第 22—23 页。

增渊先生曾对侯外庐先生的观点进行过探讨。侯先生在与以奴隶制为特点的古典古代的对比中，着重讨论中国古代社会固有的构造问题，将两者形式上的相似用城市国家这一概念来概括。同时，将本质上的差异，集中于古代中国固有的历史条件下氏族制所产生的强大制约——这一观点上。在此基础上，增渊先生对侯先生所认为的氏族制的顽固残留在春秋战国的转换期中分解，中国由此进入封建社会这一观点表示异议，认为侯先生的观点无法说明秦汉帝国成立的过程。同时，在其前后的历史发展过程中，如何看待秦汉帝国的历史特点与其成立过程？此课题被认为是增渊先生研究的终极目标。另外，如何看待先秦时代由于氏族共同体的分解而产生的由不同家族和个人构建起来的新社会关系，以及所形成的新社会秩序等产物，与在氏族共同体的分解过程中产生的新的国家权力的关系？这也是一个重大课题①。增渊先生还着眼于当时氏族秩序崩坏过程中基于仁侠之风习所产生的新的人情关之风习所产生的新的结合关系，并提出了为何由此在实际的历史发展中家长制能够取得统治权力这一本质性的问题②。

另外，西嶋定生先生提出，从刘邦举兵时游民们最初的官名中涓、舍人等字面意思上，可以看出是家内奴隶制下的支配关系。增渊先生对此表示怀疑，认为即使能确认刘邦支配的这些游民是处在所谓"拟制家族"的隶属关系中，在把这种 patriarchal（直接引用增渊先生的原文，以下同）的隶属关系称为普遍意义上的"家内奴隶制"，并将其作为同一意义的概念进行接受之前，若关注其关系的本质，深究举兵之前刘邦与每个游民的具体关系的话，就会发现在这样的隶属关系中存在固有的精神，即任侠之风习，在这里也发挥着同样的作用，这一点是不可忽视的。此外，以沛地老者的指示，通过独掌县令所拥有的公权支配的大权，成为一股军事力量的刘邦集团，其中的核心干部与刘邦息息相关并从属于刘邦，他们与刘邦的关系本质上无任何变化。如亡命亭长、游民之首的刘邦举兵后称沛公一样，他们被授予仿照战国以来权门贵族私属的中涓、舍人等官职，并有炫耀其新获权势的行为。楚怀王为攻占秦都，听从侍从老将们对比起剽悍狡猾的项羽而更为"宽大长者"的刘邦的一致的推荐，因而舍弃项羽，派遣刘邦等事，在《史记·高祖本纪》中都有记载。指出至少在《史记》

---

① 参阅增渊龙夫《新版　中国古代の社会と国家》，第14—24页。
② 同上书，第24—28页。

的书写体例中，他们是任侠意识的高度保持者，包含了所谓的"豪侠"的意思，也注意到刘邦集团所具有的任侠性质①。

　　换言之，增渊先生认为在刘邦集团的扩大过程中，在当时任侠的环境中形成的 patriarchal 集团的性质，仍然没有发生根本的改变。在此基础上，刘邦通过对隶属于他的游民进行封邑、加官的行为，实现了从 patri-archal 的支配形态到 patrimonial 支配形态的转变。这个 patrimonial 的支配形态是为防止集团内部因经济分立而产生的人际关系疏远的措施。同时为了实现削弱"封建"诸侯势力和加强中央集权和直辖地支配的目标而大力实行新的直属官僚群的任用，以及郡县制这一官僚行政制度的实行。此时的新官僚群在刘邦的管辖下得以组织化的原因，已不是任侠观念本身的纽带作用，而是如韩非子所说，就像秦通过父权式的机构实现统治一样，任侠已变成君主专权下统辖一切的法治纽带②。

　　在增渊先生的论说中，对汉代郎官的研究关乎其立论的根本。这是因为，汉代官僚制是从君主身边的内臣（家臣群）发展分化而形成的，是其核心所在。它的初始形态是战国时代侍于君主或贵族近侧作为庶子掌管杂役等的家臣。所谓庶子，是服侍于战国时代诸国君主、贵族高官的家臣，对内负责日常侍奉和夜晚的守卫，主君外出时作为私人随从跟随并负责其护卫。

　　增渊先生提出"基于任侠风习的人际关系"这一概念。这是从春秋末期出现的新的能代表这一时期历史特点的人际关系，也是在因氏族秩序崩溃而形成的一个个家长制家族周围出现的使每一个人再次产生联系的新的人情关系。"任侠的人际关系"的内在意义并不意味着在所谓"游侠"这一类特定的社会阶层中才能看见的特定人际关系，而是关乎社会各阶层，作为各个社会集团的人际纽带而发挥着极大作用。一方面，这种新的民间秩序，在氏族制秩序崩坏的过程中产生，同时，在政治构造方面，逐渐促进了凭借法与术治国的新的集权官僚制国家的产生。也可以说，原先的氏族制国家被取代，新的政治秩序——集权的郡县制国家秩序的诞生。

　　增渊先生将在氏族制秩序没落时期产生的两种新秩序的关联性作为研

---

① 参阅增渊龙夫《新版　中国古代の社会と国家》，第 93—100 页。

② 同上书，第 100—101 页。

究课题①。根据他对刘邦集团的研究，总结出从内部支撑 patriarchal 支配秩序存续的是基于内部任侠风习的人际关系，其对外支配形式是，以作为沛公的刘邦为统帅，向下是中涓、舍人等官职的官位秩序。这种秩序如前所述，是刘邦对战国以来贵族官僚家中存在的官位的模仿。其中通过战国官僚们的主从关系以及由极端私人化的人情来维系的任侠的纽带作用不可忽视②。

增渊先生在此认识的基础上，发表了与西嶋定生先生和守屋美都雄先生都不同的论说。西嶋定生先生认为刘邦集团的本质是家内奴隶制，守屋美都雄先生则重视刘邦集团中的私人化的人际关系，对其中的父家长制持否定态度。

在入关中称汉王时，沛公帐下被授予中涓、舍人官职，且从一开始就追随他的人当中，很多人都得到了"郎""郎吏"等相关职位的晋升。众所周知，汉代成为"郎官"有任子、訾选和作为其他选举方式的孝廉三种方法。另外，如上所述，相比于任子制，孝廉等选举方式的制度化确实对汉代官僚制度带来了巨大的变革。但是，终究没有逃出全汉的郎选这一大前提。总之，西汉时期，宿卫宫中的诸郎官，比同时代九卿诸属中的给事要多得多，这些未经细化的郎官的职务，在进入东汉以后逐渐制度化，奉事于尚书的光禄郎脱离光禄勋的管辖，被定职为少府所辖的尚书郎。黄门郎的产生与此相同③。

如上所述，笔者在将此魏官制与汉代官制的变迁进行比较的同时，阐述了以下观点："北魏前期的内朝虽然通过孝文帝的改革而被废止了，但在此之前内朝的发展过程与西汉郎官职能的变化极其相似。也就是说，内朝诸官，特别是中散、给事、给事中等诸曹的职能的变化也表明了两者的相似性。"④ 汉代的郎官与北魏的内朝官，两者都作为皇帝近侍官，从最初的皇帝身边担任护卫的武官开始，逐渐发展，随着王权的扩大而拥有了文官的性质，甚至被派遣为各种行政官吏，职掌也进一步分化、扩大，从这些方面来看，汉代的郎官与北魏的内朝官是有共同之处的。

---

① 参阅增渊龙夫《新版 中国古代の社会と国家》，第 225—226 页。

② 同上书，第 226 页。

③ 参阅严耕望《秦汉郎吏制度考》（《"中央研究院"历史语言研究所集刊》二三上，1951年，增渊龙夫《新版 中国古代の社会と国家》第二编第一章"战国官僚制的最初特征"等。

④ 参阅前揭拙稿《北魏内朝再論》，第 21 页。

　　增渊先生关于汉代郎官进行了总结归纳，阐述了以下观点："我们应当注意以下两点：第一，郎官是宿卫宫闱，同时大部分也供职于宫中诸署，作为侍卫随从的宫廷官吏。它与外朝、郡国的各行政官署的官僚在本质上不同，是天子近从的家臣。但是同时，大部分的行政官僚以及地位显赫的高级官僚都是出身于具有家臣性质的郎。这种具有家臣性质的行政官员，体现了汉代，特别是西汉官僚制的不可忽视的重要特点。"① 在此基础之上，增渊先生提出了与西嶋先生的论说所不同的观点。即，郎官虽说是官僚，更是天子近侍的家臣。他们与从事管理民众、土地的外朝官员不在一个职能体系中。从这一事实可以发现上述郎官与中涓、舍人的对应关系并不是奴隶的对应关系。氏族制秩序崩溃的过程中产生且相信自己才能的下层的士阶层，在氏族制秩序的分解过程中同样也被不断壮大的家长制集团所吸收。在新秩序的形成过程中，也形成了战国时代重要的历史特点。这些下层新兴的士阶层的生活习惯与生活理念融入到新的家长制的支配意志下，并被组织化的过程中，虽说仍然是家长制，但也展现出了极富特点并且多样的实际支配关系②。随着沛公称汉王，再称皇帝，无论是他的集团干部们从中涓、舍人到郎官再到汉帝国的高级官僚的晋升，还是将他们团结在刘邦周围的内部纽带的重心从"德"向"术"的转变过程，增渊先生认为这两者都可以在从氏族制秩序中发展起来的家长制的集团统治向官僚制家产国家发展的春秋末期到秦帝国这一时期的时代大潮流中被充分接受。③

　　思索以上增渊先生对春秋战国秦汉变迁的论述，如果从北魏史研究的角度来看待刘邦集团、汉代郎官、汉代官僚制的发展的话，应当如何来理解北魏的官僚制呢？北魏，从拓跋力微的始创期，经过北魏前身的代国时代以拓跋部为中心的部落联盟时期，最终建立北魏。在此过程中，北魏逐渐改变以氏族、部族制为中心的国家体制，确立了以八部制为中心的"部"体制国家。最终从统一华北开始显现出统一全中国的倾向，而孝文帝通过改革舍弃了"部"体制国家，完成了向以律令制为基础并实现中国化的中华帝国的转变。

---

① 参阅增渊龙夫《新版　中国古代の社会と国家》，第232页。
② 同上书，第241—244页。
③ 同上书，第264页。

　　如前一节所述，在谈到蒙古、契丹的时候，自然而然会联想到漠北时代以拓跋部为中心的势力成员之间也有类似于蒙古 Nökör 的存在。但是，随着王权的扩大，就有必要在帝王身边设立左右近侍官，因而出现了与先前不同的以家长权为中心的新的国家体制。最终，它孕育出了超越之前氏族制的八部制。与之前相比，进入了王权更加强化的时代。但仍然必须经过与氏族制有渊源的"部"体制国家的时期，而且北魏在孝文帝改革之前，很难说已完全摆脱了氏族制的影响。内朝的存在就清楚地说明了这一事实。

　　汉代郎官的存在状态从其起源、职能、发展等方面来讲，与北魏内朝变迁的相似之处在于经过氏族制的崩溃而分解出现了权力、王权，可以说两者在国家形成史上具有相似性。只是，以汉代郎官为中心的国家体制中并没有氏族制的影响。虽然汉代的郎官与春秋战国时期氏族制解体时产生的新的家长权力有渊源关系，但是郎官本身与氏族制并无关系。从这一点看，可以说如增渊先生所说的那种凭借任侠精神建立起的各种关系与北魏的内朝并不相同。

　　综上所述，汉代郎官是经历了春秋战国秦汉这一漫长的过程而产生的，北魏的内朝是氏族、部族尚未完全消失的历史阶段中出现的产物，两者之间可以说有着巨大差别。但是，如果站在更高的普遍化的角度，即以父家长权力为基础建立的家产制国家的过程来看，相似性的产生便是理所当然的了。另外，如前所讲，在北魏，仍有可以体现汉代制度特色的公主下嫁、弑太子生母等事例，或有设置三郎的行为，甚至从北魏的国号"魏"这一名称上也可以认为有汉代的意识。① 笔者认为今后有必要从这些方面比较汉与北魏的关系。

附：川本芳昭履历

　　川本芳昭（かわもとよしあき Kawamoto Yoshiaki），出生于 1950 年 8 月 31 日，1995 年博士毕业于日本九州岛大学研究生院文学研究科，现为日本九州大学研究生院人文科学研究院历史学部、东洋史学讲座教授。担任九州大学副校长，附属图书馆馆长，文书馆馆长。

---

　　①　关于此问题参阅佐藤贤《もうひとつの漢魏交替——北魏道武帝における『魏』号制定問題をめぐって一》，東方学会《東方学》第一一三辑，2007 年。

工作履历：

1980.4—1981.3　九州大学　文学部　东洋史学科　助手

1981.4—1991.9　佐贺大学　教养部　助教授（历史学教室·东洋史学）

1991.4—1999.3　九州大学　文学部　东洋史学科　助教授

1999.4—2000.3　九州大学　文学部　东洋史学科　教授

2000 年 4 月至今　九州大学　研究生院人文科学研究院　教授

2001.4—2003.3　九州大学　研究生院人文科学研究院·人文科学府·文学部　评议员

2003.4—2005.3　九州大学　研究生院人文科学研究院院长·人文科学府长·文学部部长

2009 年 4 月至今　九州大学副校长　附属图书馆馆长，文书馆馆长

研究方向：

古代·中世东亚政治史、民族问题、国际关系

主要学术职务：

1998 年至今　东洋史研究会（京都大学）评议员

1999 年至今　中国史学会　评议员（会长为斯波义信）

1998～2000　唐代史研究会　干事

1999～2003　魏晋南北朝史研究会　干事

2003～2005　魏晋南北朝史研究会　监查委员

1998 年至今　九州大学文学部东洋史研究会　代表

2006.9～2011.9　魏晋南北朝史研究会副会长

2006.12～　中日历史共同研究委员日方委员（日本国外务省）

代表性成果：

川本芳昭，魏晋南北朝時代の民族問題，汲古書院，1998.12.

川本芳昭，中華の崩壊と拡大，講談社，2005.2.

川本芳昭、田中良之，東アジア古代国家論，すいれん社，2006.4.

北岡伸一、川本芳昭等，日中歴史共同研究第一期報告書（外務省刊），外務省，2010.1.

新史料整理与研究

近代以来宋代新材料发现述议

——以纸质文献为中心

孙继民

（河北省社会科学院）

近代以来发现的缀有宋代年号及宋代的纸质文书，比较集中的主要包括敦煌文献、黑水城文献、《宋人佚简》及浙江省武义县南宋古墓的徐谓礼文书；此外在山西省灵石、隰县、太原，江苏省金坛还发现有零星的宋代文书。

一　关于敦煌文献中的宋代文书

近代以来考古发现最早的一批文书应为 1900 年发现的敦煌文书中的宋代文书。据《敦煌社会经济文献真迹释录》统计，缀有宋代年号的文书，第一辑 1 件，第二辑 14 件，第三辑 8 件，第四辑 50 件，第五辑 5 件，全部加起来 78 件。具体收录情况如下。

第一辑 1 件：《宋太平兴国七年（982）二月立社条》。

第二辑 14 件，分别为：《宋开宝八年（975）三月一日郑醜挞出卖宅舍地基与沈都和契（抄）》《宋太平兴国七年（982）吕住盈、阿鸾兄弟典卖土地契约（稿）》《宋太平兴国七年（982）吕住盈、阿鸾兄弟租卖宅舍地基契（稿）》《宋太平兴国九年（984）马保定卖宅舍地基契（抄）》《宋淳化二年（991）韩愿定卖妮子契》《宋乾德二年（964）史氾三立嗣文书》《宋太平兴国八年（983）养女契（稿）》《宋乾德六年（968）九月释门法律庆深牒》《宋雍熙二年（985）牒（稿）》《宋雍熙二

年（985）六月慈惠乡百姓张再通牒（稿）》《宋雍熙五年（988）十一月
神沙乡百姓吴保住牒》《宋雍熙二年（985）正月一日百姓邓永兴户状二
件》《宋端拱三年（990）沙州邓守仁等户状（附断片三）》《宋至道元年
（995）正月沙州曹妙令等户状》。

　　第三辑 8 件，分别为：《宋开宝七年（974）正月归义军节度使曹元
忠施入回向疏》《宋开宝七年（974）二月归义军节度使曹元忠施入回向
疏》《宋开宝八年（975）正月归义军节度使曹延恭施入回向疏》《宋开
宝八年（975）二月归义军节度使曹延恭施入回向疏》《宋端拱二年
（989）三月归义军节度使曹延禄设斋施捨回向疏》《宋淳化二年（991）
四月廿八日回施疏》《宋至道元二年（995—996）王汉子等陈谢司徒娘子
布施麦牒》《宋太平兴国六年（981）正月一日某寺招提司祚会应在人上
欠》。

　　第四辑 50 件，分别为：《宋太平兴国九年（984）十月邓家财礼目》
《宋太平兴国六年（981）圣光寺阇梨尼修善等请戒慈等充寺职牒并判辞》
《乾德二年（964）五月十四日沙州三界寺授李憨儿八关斋戒牒》《乾德二
年（964）五月廿三日沙州三界寺授张氏五戒牒》《乾德二年（964）五月
十五日沙州三界寺授唐衣菩提法八关斋戒牒》《乾德二年（964）九月十
四日沙州三界寺授张氏五戒牒》《乾德二年（964）九月十五日沙州三界
寺授娘子张氏五戒牒》《乾德三年（965）正月十五日沙州三界寺授女弟
子张氏五戒牒》《乾德三年（965）正月十五日沙州三界寺授李憨儿五戒
牒》《乾德三年（965）正月廿八日沙州三界寺授菩提最最千佛大戒牒》
《乾德三年（965）正月廿八日沙州三界寺授小娘子张是谁八关斋戒牒》
《乙丑年（965）九月沙州三界寺授李氏五戒牒》《乾德四年（966）正月
十五日沙州三界寺授李憨儿八关斋戒牒》《乾德四年（966）正月十五日
沙州三界寺授菩提最五戒牒》《太平兴国七年（982）正月八日沙州三界
寺授惠意程氏八戒牒》《太平兴国七年（982）正月八日沙州三界寺授惠
弘八戒牒》《太平兴国七年（982）五月十五日沙州三界寺授邓惠集八戒
牒》《太平兴国八年（983）正月八日沙州三界寺授李憨儿八戒牒》《太
平兴国八年（983）正月八日沙州三界寺授李信住八戒牒》《太平兴国八
年（983）正月八日沙州三界寺授李胜住八戒牒》《太平兴国八年？（983）
正月十五日沙州三界寺授李胜住八戒牒》《太平兴国九年（984）正月八
日三界寺授八戒牒》《太平兴国九年（984）正月十五日沙州三界寺授邓

住奴八戒牒》《太平兴国九年（984）正月十五日沙州三界寺授程氏惠意八戒牒》《太平兴国九年（984）正月廿八日沙州三界寺授程惠意八戒牒》《太平兴国九年（984）沙州三界寺授住奴八戒牒》《太平兴国某年沙州三界寺授李憨儿八戒牒》《雍熙二年（985）五月十四日沙州三界寺授惠意程氏八戒牒》《雍熙二年（985）五月十五日沙州三界寺授法满张氏八戒牒》《雍熙二年（985）五月十五日沙州三界寺授法清八戒牒》《雍熙四年（987）沙州三界寺授惠圆菩萨戒牒》《雍熙四年（987）五月沙州三界寺授智惠花菩萨戒牒》《雍熙四年（987）五月廿六日沙州灵图寺授清净意菩萨戒牒》《建隆二年（961）二月归义军节度使曹请宾头卢颇罗堕上座疏》《宋乾德六年（968）归义军节度使敦煌王曹元忠疏》《宋乾德六年戊辰岁（968）社官阴德等请镔头炉波罗堕上座疏》《宋开宝八年（975）十月请宾头炉波罗上座疏》《己巳年（969）八月廿三日宋慈顺谨请三界寺张僧政等为故男押衙小祥追念设供疏》《太平兴国四年（979）七月皇太子庆济大师请僧政等为男太子中祥追念疏》《雍熙三年（986）阴存礼请三界寺都僧录等为亡考七七追念设供疏》《雍熙三年（986）十月曹延瑞请释门四部大众疏》《淳化三年（992）八月陈守定请陈僧正等为故都押衙七七追念设供疏》《宋淳化三年（992）八月内亲从都头陈守定请宾头卢颇罗堕上座疏》《淳化四年（993）五月曹长千请翟僧正等为后槽大祥追荐设供疏》《宋至道二年（996）三月索定迁改补充节度押衙牒》《宋淳化二年（991）十一月八日归义军节度使帖》《太平兴国四年（979）四月权归义军节度兵马留后曹延禄牒》《宋咸平五年（1002）五月十五日曹宗寿夫妇施经题记》《宋开宝五年（972）十二月右衙都知兵马使丁守勋牒》《宋开宝六年（973）三月右衙都知兵马使丁守勋牒》《宋开宝六年（973）三月右衙都知兵马使丁守勋牒》《宋太平兴国六年（981）十月都头安再胜都衙赵再成等牒》《辛巳年（981）八月三日衙前子弟州司及翻头等留残祇衙人数》。

第五辑5件，分别为：《宋开宝三年（970）八月节度押衙知司书手马文斌牒》《宋开宝四年（971）五月一日内亲从都头知瓜州衙推氾愿长等状》《宋太平兴国某年内亲从都头某某牒》《宋太平兴国三年（978）四月都僧统钢惠等上太保状》《宋至道元年（995）往西天取经僧道猷等状》。

对敦煌文书中宋代年号文书的认识，需要注意两点，第一，以上所列主要是依据《敦煌社会经济文献真迹释录》一书而来，并非敦煌文书中所有带宋代年号文书的全部，如该书名称所示，主要是"社会经济"方面的文书。第二，这些文书虽然缀有宋代年号，但与人们理解的一般意义上的宋代文书有所区别。我们知道，敦煌文书出于莫高窟藏经洞，时代范围自公元 5 世纪至 11 世纪，对应的朝代自十六国时期至北宋初期，但北宋初期敦煌地区处于割据性地方政权沙州归义军统治之下，沙州归义军政权所使用的北宋年号是奉行中原王朝正朔的体现。因此，敦煌文书北宋年号文书所反映的制度内涵并非真正的宋代制度，从这个意义上说，这些文书并非真正的宋代文书，它与黑水城所出土《宋代西北边境军政文书》等宋代军政机构和人员所撰拟的文书有着本质的区别。这一点尤其需要注意。

二　关于黑水城文献中的宋代文书

黑水城文献最早为俄国探险家科兹洛夫于 1908—1909 年在今内蒙古额济纳旗黑水城遗址发现，之后英国探险家斯坦因、瑞典探险家斯文·赫定和中国北京大学徐炳昶教授共同担任团长的"西北科学考察团"以及内蒙古自治区文物考古研究所、阿拉善盟文物工作站都曾前去进行考古发掘。黑水城出土文献以收藏国别而言有俄藏、英藏和中国藏三大部分。其中，宋代文献主要集中于俄藏部分。俄藏黑水城文献现存于俄罗斯科学院东方文献研究所，据统计共有 8000 多个编号，其中大部分为西夏文，约占 90%，其余为汉文、回鹘文、藏文、波斯文文献。汉文部分现已全部由上海古籍出版社出版，收录入《俄藏黑水城文献》第 1—6 册。据白滨先生《〈俄藏黑水城文献〉中的宋代文献》①一文介绍，《俄藏黑水城文献》前 6 册所收宋代文献，按其内容可分为佛教文献及非佛教文献两个部分。

佛教文献总计 42 个编号，其中佛经共 25 个编号，分别为：TK149《金刚般若经钞第五》，TK152《佛说天地八阳神咒经》，TK154、TK155、TK156、TK167、TK168、TK169、TK170、TK175、TK177《妙法莲华经观世音菩萨门品第二十五》，TK171《佛说观世音经》，TK176《佛说阿弥陀

---

① 收入张其凡、范立舟主编《宋代历史文化研究（续编）》，人民出版社 2003 年版。

经》、TK178、TK181《金刚半般若波罗蜜经》，TK185《大方广佛华严经梵行品》，TK274《佛说长阿含经第四分世记经阿须伦品第六》，TK276《般若灯论释观圣谛品第二十四》，TK279《大般若波罗蜜多经》，TK309《中阿含经王相应品说本经第二》，B62《大方广佛华严经》，ф229ф241①《大般若波罗蜜多经卷第一百九十二》，Ф335《供养偈》，Ф337《佛说竺兰陀心文经》，Дχ1447《金光明最胜王经善生王品第二十一》；经论共10个编号，分别为：TK132《慈觉禅师劝化集》，TK133《真州长芦了和尚劫外录》，TK134《通理大师立志铭性海解脱三制律》，TK186《注清凉心要》，TK218《密教仪轨》，TK252《新集藏经音义随函录》，TK253《瑜珈师地论三十二》，TK254《中华传心地禅门师资承袭图》（一说为西夏刻本），TK153 B60②《建置曼弩罗真言集》，ИHB. No. 4270《大随求陀罗尼》；版画共7个编号，分别为：TK265《增一阿含经》版画，TK272《佛书残片》，TK273《杂阿含经卷第三十四》题签，TK275《护法神主》版画，TK277《护法神版画》，TK278《佛经版画》，Ф308A《护法天王像》。

非佛教文献共计22个编号，其中道家文献3个编号，分别为：TK6《吕观文进庄子义》、TK97《南华真经》和TK151《太上洞玄灵宝天尊说救苦经》；韵书2个编号，分别为：TK5《平水韵》和TK7《广韵》；史书3个编号，分别为：TK290《新唐书·奸臣传下》、TK291《策论》和TK315《汉书·陈万年附陈咸传》；历书及其他共14个编号，分别为：TK269、 TK297、 иHB. NO. 5229、 иHB. NO. 5285、 иHB. NO. 5306、иHB. NO. 5469、иHB. NO. 8117《历书》（一说为西夏印本），иHB. NO. 2546《历书》，X37《绍圣元年历书》，TK298《信函残片》，TK318《古籍残片》，TK319《官员加级录》，B63《端拱二年（989）智坚等往西天取菩萨戒记》，ИHB. No. 211、213《宋西北边境军政文书》。

对于白滨先生所认定的《俄藏黑水城文献》中的这64件宋代文献，我们需要注意以下几个问题：首先，学术界关于TK254《中华传心地禅门师资承袭图》以及TK269、TK297、иHB. NO. 5229、иHB. NO. 5285、иHB. NO. 5306、иHB. NO. 5469、иHB. NO. 8117等《历书》的断代还存在

---

① 此处《俄藏黑水城文献》作一个编号处理。

② 同上。

争议，部分学者认为其应为西夏文献；其次，白滨先生认为 TK319《官员加级录》为宋刻本，但据刘广瑞《俄藏黑水城文献〈官员加级录〉年代再证》① 一文考证，其应为清道光元年（1797）时宪书残页，并非宋代文献；最后，这 64 件文献并非黑水城出土的全部宋代文献，《斯坦因第三次中亚考古所获汉文文献（非佛经部分）》中所收录英藏黑水城文献中也有两件宋代文献，一件英藏 Or. 8212/1243（KK. Ⅱ. 0244. axxv）号文书，虞万里先生《斯坦因黑城所获单疏本春秋正义残叶考释与复原》② 一文指出其应为宋刻本单疏本《春秋正义》残页；一件为英藏 Or. 8212/849 背［K. K. Ⅱ. 0238（k）］号文书，荣新江先生《俄藏〈景德传灯录〉非敦煌写本辨》③ 一文指出俄藏 Φ229 241 号文书为同一写本裂出，故其也是宋写本。另外，府宪展先生《敦煌文献辨疑录》一文还指出收录于《俄藏敦煌文献》第 4 册第 205—209 页的 φ181 号文书《1. 太平兴国六年法进于澄净师受戒文 2. 法苑珠林舍利义摘抄》应为混入俄藏敦煌文献中的黑水城所出宋代佛教文献。由此可知，黑水城出土的确定为宋代文献的共计 58 个编号，疑似宋代文献 8 个编号。

黑水城所出宋代文献相对于其他考古发现的宋代文献而言，具有以下两个特点：一是内容丰富，既有佛教、道教等宗教文献，又有历书、古籍、军政公文等世俗文献；二是物质形态多样，其余考古发现的宋代纸质文献均为写本，而黑水城所出宋代文献既有写本，也有刻本，尤其是还有部分活字印本；装帧形式上既有卷轴装，也有蝴蝶装。在所有黑水城所出宋代文献中，史料价值最大、学者关注最多的当属《宋西北边境军政文书》。

据孟列夫、蒋维崧和白滨等先生撰写的《俄藏黑水城文献》第 6 册后附的《叙录》介绍，编号为 инв. No. 211 213 的《宋西北边境军政文书》共有 109 页，每页约高 29.5cm，宽 37.5cm，原系长短不一的卷轴装或单页文书，为西夏所得后裁成统一尺寸，并利用纸背刻印西夏文《文海宝韵》（见《俄藏黑水城文献》第 7 册）。入藏俄罗斯后，又被按《文海宝韵》的页码顺序装订成册（其中偶有错简）。现在文书图版及《叙

---

① 姜锡东主编：《宋史研究论丛》（第十辑），河北大学出版社 2009 年版。
② 收于《瑜枋斋学术论集》，江苏古籍出版社 2001 年版。
③ 收于《段文杰敦煌研究五十年纪念文集》，世界图书出版公司 1996 年版。

录》的排序即依据这一装订成册的顺序。在 109 页文书中，有的文书一页就是一件内容完整或独立的文书，有的则是两页或两页以上文书才构成一件内容完整或独立的文书。孟列夫《黑城出土汉文遗书叙录》一书将 109 页文书缀合整理成了 81 件独立文书，而根据笔者统计，文书的件数应该是 74 件，而非 81 件。当然，造成这样文书件数差别的原因主要是由于笔者与孟列夫对多页文书构成一件文书的认定不同，相信以后随着文书研究的深入，有关不同页文书构成一件文书的认识还会继续深化，对这批宋代文书件数的认识肯定还会提出新的观点。

《宋西北边境军政文书》的主要内容是宋代鄜延路地区军政活动的原始记录和档案，其形成年代，绝大多数可以明确，一小部分根据相关内容也可以推知，个别文书年代无法断定。全部已知年代的文书在时间上的分布是北宋徽宗政和八年（1118）、宣和七年（1125），钦宗靖康元年（1126）、靖康二年（1127），南宋高宗建炎元年（1127）、建炎二年（1128）和伪齐刘豫阜昌二年（1131），共四个皇帝（包括伪齐刘豫）五个年号六个年度（其中靖康二年和建炎元年系同一年度）。《宋西北边境军政文书》的价值是多方面的，但最主要的一点是提供了许多史籍所不见的新资料，正如孟列夫汉文版《黑城出土汉文遗书叙录·导言》所指出的："大大填补了迄今已知的历史资料，并使其更为详尽。"孟列夫所说的"填补了迄今已知的历史数据"，实际说的就是这些数据的补史价值。笔者以为，这些补史价值至少可以从以下几个方面说明。

第一，补充了两宋之际政治军事活动的许多具体和细节材料。例如文书第 49 页是一件北宋政和八年（1118）尚书吏部员外郎张动草拟的有关保安军德靖寨军人赵德诚拟补承节郎的奏状抄件。文书中不仅出现有尚书吏部员外郎张动的名字，还有徽宗时期权臣蔡京，朝中大臣太宰郑居中、少宰余深、尚书左丞王黼、吏部尚书许光疑、给事中王靓、门下侍郎薛昂等人的签名。这件文书尽管不是原件，但保存了原件的内容和形式，反映了宋徽宗政和年间荫补制度的特点和宋代荫补官员的一般拟官过程，反映了门下省有关拟补承节郎的审批过程，证实史籍所载门下省对尚书省报送公文的审批过程确实存在并被严格执行，特别是还反映了宋徽宗时期确切地说政和年间公文运转流程的特点，即权臣蔡京"总治三省"凌驾于中书省、尚书省和门下省之上，作为"公相"而在文书中列名于尚书省和门下省官员之前，是直接反映宋朝荫补官员公文运转流程的第一手信息，具有很高的史料价值。

第二，补充了两宋之际陕西战场宋军一些军事建置的新材料。例如《宋西北边境军政文书》中有多件"策应环庆路军马"下发的文书，从文书内容看，"策应环庆路军马"是靖康元年（1126）西夏进攻环庆路宋军时由鄜延路经略安抚使司组织的。文书第92页是一件"统制司"下发的文书，文书表明这个统制司由鄜延路经略安抚使司下统诸将组成，实际上应该就是"策应环庆路军马"的异称。这里的"统制司"和"策应环庆路军马"均不见于史籍。又如文书中还有四页有关"御前会合军马入援所"字样的文书，而御前会合军马入援所这一机构在史籍中非常罕见，只见于宋人周必大《文忠集》卷二十九《京西北路制置安抚使孙公昭远行状》，称靖康元年（1126）"永兴路安抚使范致虚自称御前会合军马勤王入援所，号召诸路之师"。文书不仅证实了范致虚所设机构的正式名称为"御前会合军马入援所"，而且记录了该机构指令的许多具体内容，反映了这一机构运转的的实态，非常难能可贵。

第三，补充了宋代陕西驻军涉及司法活动的新材料。例如《宋西北边境军政文书》中存在一系列围绕一桩从官仓盗窃粮食的案件产生的文书，包括审讯记录、监禁人的生活费报销单、说明书、民事判决书、监禁案卷和刑事判决书，等等，对于研究宋代司法制度、司法实践、军队仓储制度、军人请粮制度，尤其是涉及军人的司法管辖、司法审讯调查的过程和司法文书的形式，其意义和价值不言而喻。

第四，补充了反映宋代军人日常生活和管理诸方面的新材料。例如《宋西北边境军政文书》中存在兵士改姓申状，家属代为申请衣赐申状，报告乡贯、三代、年甲的文书，等等，对于研究宋代军人日常生活和管理有着极为重要的史料价值。

第五，补充了宋代文书制度的许多重要资料。史籍有关宋代文书制度的记载非常丰富，但传世的实物文书却很有限，《宋西北边境军政文书》的可贵之处就是它作为第一手资料的实物文献而保留了宋代公文的大量原始信息，为我们研究宋代公文制度提供了可靠的资料，杨倩描《俄藏黑水城宋代军政文书与宋史研究——以鄜延路为中心》就认为与唐史研究相比文书制度是宋史研究一个薄弱环节，"这些文书最具价值的部分是它提供的文书形式"①。

当然，以上有关《宋西北边境军政文书》的价值只是略加阐述，像文书所透露的两宋之际陕西战场形势的信息、宋军基层编制、汉蕃兵役制度、吏胥制度、文书的签押制度，等等，都值得研究。

从 2005 年开始，笔者就有意识地培养指导研究生以《宋西北边境军政文书》为研究对象来撰写学位论文，其中陈瑞青、张春兰、陈艳三人分别完成了三篇硕士学位论文，题目分别是《俄藏黑水城宋代文献所见文书制度初探》《俄藏黑水城宋代"御前会合军马入援所"相关文书研究》和《俄藏黑水城文献宋保安军金汤城文书诸问题研究》。2009 年，笔者对《宋西北边境军政文书》进行了全部整理录文，并对其中的错简进行了缀合复原，还汇集了之前笔者及笔者指导的研究生关于这批文书的研究论文，出版了《俄藏黑水城所出〈宋西北边境军政文书〉整理与研究》一书②。2011 年陈瑞青再次以《黑水城所出〈宋西北边境军政文书〉研究》为题，完成了博士学位论文。2012 年 3 月笔者出版《俄藏黑水城汉文非佛教文献整理与研究》③ 一书，研究编当中也收录了部分 2009 年之后笔者及同事关于《宋西北边境军政文书》的研究论文。

三 关于《宋人佚简》

《宋人佚简》系拆自上海博物馆藏公文纸印本宋刊龙舒本《王文公文集》。《王文公文集》即王安石文集，公文纸印本则属于古籍刻印本的一种特殊形态，专指宋元明时期利用官府废弃公文档册账簿和私人书启等写本旧纸纸背印刷的古籍。龙舒本《王文公文集》共一百卷，现存残本两部：一部现藏日本东京宫内省的图书寮，存卷一至卷七〇，共七十卷，"为空白新纸所印"④；一部原藏清代内阁大库，"光绪年间流出，入私家之手"⑤，今藏上海博物馆，纸背为宋人书简及公牍，属公文纸印本，共

---

① 《河北学刊》2007 年 4 期。

② 孙继民：《俄藏黑水城所出〈宋西北边境军政文书〉整理与研究》，中华书局 2009 年版。

③ 孙继民：《俄藏黑水城汉文非佛教文献整理与研究》，北京师范大学出版社 2012 年版。

④ 上海市文物管理委员会、上海博物馆编：《宋人佚简》第五卷《编后记》，上海古籍出版社 1990 年版。

⑤ 《宋人佚简》第五卷《编后记》。

存七十四卷九百余纸，"计总目卷一至二、正文卷一至三、卷八至十六、卷二十一至三十六、卷四十八至六十、卷七十至一百"①。

宋代公文纸印本现存不过十余种，尤其珍稀，上海博物馆藏宋刊龙舒本《王文公文集》即为其中之一。此刊本正面为王安石文集，背面除一百五十余纸空白页外，其余皆为南宋时期舒州废旧的公文档册和舒州知府向沟等官员文人的书启，计达七百八十余纸②，人称"两者均系稀世之品，可誉为'国宝'"。1990年上海古籍出版社以《宋人佚简》为名将上述舒州公文档册和向沟等人书启影印出版，分装为五卷，成为宋刊公文纸印本中唯一整理出版的大宗宋代原始文献，其"内容之丰富和可贵，无异打开了一座宋代文化遗藏的宝库"③。

按照内容不同，《宋人佚简》被编者分为两个部分：前四卷为"佚简"，第五卷为"公牍"。"佚简"部分为宋人之间书信往来，涉及六十余人，计三百一十余通。诸人中见于《宋史》者有洪适、黄祖舜、叶义问、张运等，见于其他记载者二十余人。其中有名宦、将士、文人、学者等，内容涉及友谊存问、官场交际等，间及公务处理。④ "公牍"部分为绍兴末至隆兴初舒州官府公文，共五十余件（其中五件残页），一百一十七纸，涉及州院、签厅、判厅、司理院、使院、作院、兵马司、甲仗库、秤斗务、在城税务、在城酒务、天庆观、兴化禅院等官衙官务和寺观，这些官府公文就是本书整理和研究的对象。其中，与酒务相关的占据一半之多，计有舒州在城酒税务、衙西酒店、许公镇酒库须知册申状各一件，舒州在城酒务造酒则例、衙西店卖酒收趁则例、公使酒库一岁约计收支钱物账各一件，在城酒务日状自绍兴三十二年（1162）十二月十五日至隆兴元年（1163）正月初七日二十余件。

《宋人佚简》史料丰富，涉及政治、经济、军事以及宋代书仪和公文程式等，是十分珍贵的实物文献。就其价值而言，可大概归纳为以下几个方面。

---

① 《宋人佚简》第五卷《编后记》。按《编后记》称卷数是"七十二卷"，但据其所列各卷数量应是74卷而非72卷，所称"七十二卷"可能是不包括"总目卷一至二"。

② 经核对，第一卷150张图版，第二卷180张图版，第三卷165张图版，第四卷174张图版，第五卷117张图版，总共786张图版。

③ 《宋人佚简》第五卷《编后记》。

④ 《宋人佚简·序》。

第一，佚简部分保留了宋代官员庆吊往来的第一手资料。例如前四卷"佚简"部分所收书简大部分都是向沟到任之后，下属官员的庆贺书信。另外，还有部分礼物往来、请托书信，这对于研究宋代官员之间的日常往来极为重要。

第二，对研究宋代书启格式变化提供了大批新资料。例如"佚简"部分存在多幅宋代广泛使用的三幅启。三幅启唐末开始盛行，多用于礼书庆贺。从形式上来看为三幅启事，但内容上三幅却只述一事，是致书人对受书人以表敬重的用法。三幅一并呈送，第一幅交代事由，二、三幅无实质内容，多为祝颂之词。"佚简"部分中一些书启为三幅启，但其中某些却发生了变化，即第一幅不变，二、三幅合为一幅，如查籥书简第八通、洪适书简第二通、陈之渊书简第一通等。

第三，公牍部分保留了不少南宋时期地方官府机构设置和行政管理制度方面的资料。例如第五卷"公牍"部分共收公牍50余件，其中除了酒务酒帐20余件外，其他全部是舒州或其他地方官府下属各部门的文书，涉及的部门包括：州院、甲仗库、秤斗务、物料库、在城酒税务、作院、粮料院、衙西酒店、许公镇酒场、在城税务、转运司、签厅、判厅经总制司、桐城县务、司理院、怀宁县、兵马司、使院、无为军、望江县等。上述出现的官衙名，大部分属于舒州下属的各个部门和各个单位，只有转运司和舒州无为军都巡检使不属于或不全属于舒州的下属单位和部门。这些属于同一地方政府下属各部门文书的存在，为我们研究南宋地方机构设置问题提供了难得的第一手资料。另外，在舒州或其他地方官府下属各部门的文书中存有15件须知册申状，则对南宋地方行政管理制度有所反映。

第四，补充了许多宋代财政、税收政策的新材料。例如第五卷"公牍"部分仅"酒帐"文书就有20多件，这些文书不仅为我们提供了宋代会计簿账的实物，而且提供了州一级企业——在城酒务的部门会计报告的实物。"酒帐"文书作为宋代会计报告体系中的末端和一个基层单位所提供的第一手实用资料，对于研究宋代官办企业以致整个宋代的会计制度和会计文书的形制，其意义不言而喻。再如，宋代在财政上的分配，采取了分隶制度，"即州、军一些项目的赋入按比例直接分隶本路转运、提刑、提举等司，或各项专款专用，特设专门账籍，与本州军别项赋入分开管理"，第五卷"公牍"部分所收"酒务收支日状"中课利钱的记录形式则充分体现分隶制的特点。酒务课利钱分成六部分，即系省钱、经总制钱、移用等钱、常平司钱、本州头子钱和本务日支雇夫作匠物料钱。除标明课利钱的分隶细目，收支日状还反映出酒课上解各个专库的情况，如系省钱赴军资库，经总制钱、移用钱赴通判衙，常平司钱赴常平库，本州头子钱赴州公使库等。

第五，补充了南宋初年江淮地区宋军一些军事战备状况的细节材料。例如《转运司人吏范岳庐州巢县要造寨屋等情申闻状》文书，《宋人佚简》序言中已经指出其与宋金符离之战有关，反映了南宋在战前的战备状况，确切点说，体现的是南宋在江淮地区积极备战的情况。南宋江淮都督府成立后，积极筹备北伐，南宋政府主要在沿淮一线布防，淮南西路正处于宋金战争的前线，文书中人员的往来调动，主要发生在淮南西路范围内。在淮南西路中，南宋军队重点的防御地是在巢县，这与巢县的战略地位不无关系，而《申闻状》公牍恰恰能反映出这种态势，使史实得以印证，并提供了人员往来、准备寨屋等许多史籍缺载的细节内容。

此外，宋人佚简在书法艺术上也颇具审美价值。

虽然《宋人佚简》价值巨大，但是该书出版后，国内外学者虽间或涉猎，但总体上看研究者寥寥，这同文献丰富的史料价值极不相称。就笔者所知，相关研究论文主要有夏玉琛《评南宋向沟和钟世明手札》①、《试析南宋的几种书信程式及其它》②，光煦《〈宋人佚简〉作者初探》③，冀淑英《宋龙舒本郡斋刻公文纸印本〈王文公文集〉》④，马德鸿、胡光《龙舒本〈王文公文集〉考》⑤，郑重《〈王文公文集〉和〈宋王安石书楞严经旨要卷〉的回归》⑥，李伟国《绍兴末隆兴初舒州酒务公文研究（之一）》等。涉及引用或旁及该书材料的则有李华瑞《宋代酒的生产和征榷》、胡小鹏《中国手工业经济通史·宋元卷》、杨倩描《南宋宗教史》等书和高聪明《论南宋财政岁入及其与北宋岁入之差异》等文。其中李伟国《绍兴末隆兴初舒州酒务公文研究（之一）》一文是对第五卷公牍文

---

① 收于马承源主编《上海博物馆藏宝录》，上海文艺出版社 1989 年版，第 197—198 页。
② 《上海博物馆集刊》1990 年第 5 期。
③ 同上。
④ 收于冀淑英《冀淑英文集》，北京图书馆出版社 2005 年版。
⑤ 马德鸿、胡光《龙舒本〈王文公文集〉考》，《新世纪图书馆》2005 年第 1 期。
⑥ 收于《谢稚柳传》，东方出版中心 1999 年版。

书内容进行深入研究的专文，介绍了《宋人佚简》的史料价值，重点研究了宋代官酒务监官和酒匠杂役的工食钱问题，并通过分析《宋人佚简》第五卷所收录的若干件酒务日状的结构进而探讨了宋代官酒务的经济核算方式，堪称《宋人佚简·公牍》专题研究的开山之作。

鉴于《宋人佚简》的研究长期处于低迷状态，专门研究少之又少，笔者自 21 世纪初以来在以主要精力从事俄藏黑水城文献研究的同时，也开始分出一部分精力关注《宋人佚简》的内容，并尝试进行文书的内容解读。2005 年以来，笔者开始有意识、有计划地指导研究生对《宋人佚简》进行整理与研究，试图打开缺口找到切入点，从中发现研究选题；并设想在若干年内每年有一位研究生选择《宋人佚简》作为硕士论文题目，以此积累形成系列研究，最终汇集为全部文献的录文整理与研究专著。现在，经过几年的努力，以上目标尽管尚未全部实现，但对《宋人佚简》公牍部分的整理已经完成多时，并先后指导五位研究生分别完成了以《宋人佚简》为研究对象的系列硕士论文：一是 2007 届魏琳的《〈宋人佚简〉所收舒州酒务公文整理与研究》，该文对《宋人佚简》的酒务公文进行了整理，纠正拼合了若干件文书错简，并对酒务公文程式、学术价值加以剖析；二是 2007 届陈静的《〈宋人佚简〉研读零拾》，对舒州的沿革和《舒州无为军都巡检使刘德收籴划一申禀状》等问题进行了相关考释；三是 2009 届邱茜的《〈宋人佚简〉所见宋代酒课分隶制度》，通过《宋人佚简》的酒务文书对宋代的酒课分隶制度进行了系统研究；四是 2010 届邹蓓蓓的《〈宋人佚简〉若干书简的整理与研究》，对《宋人佚简》前四卷佚简部分的若干件文书的错简进行了复原研究和内容考释；五是 2012 届毛永娟的《〈宋人佚简〉若干问题研究》，对前四卷中佚简部分向沟、周彦、查龠和张运四人的数通书简中存在的错简问题，进行了重新连缀和复原，并对第五卷所收三件"则例"文书及宋代商税制度等问题进行了研究。另外，陈瑞青虽然没有将《宋人佚简》作为硕士论文题目，但也在互联网上发布了《〈宋人佚简·申闻状〉与宋孝宗北伐》一文，对《宋人佚简》第五卷收录的一件名为《转运司人吏范岳庐州巢县要造寨屋等情申闻状》的文书展开深入剖析，认为该文书反映了宋金符离之战，涉及南宋在战前积极备战状况等，颇具史料价值。

其间，笔者还与魏琳先后联名发表了两篇有关《宋人佚简》酒务文书整理的文章，一是《〈宋人佚简·舒州在城酒务造酒则例〉的错简及其复原》①；二是《〈宋人佚简·在城酒务酒帐〉的错简及其复原》②。与张重艳发表了《宋〈庆元条法事类·州县场务收支历〉考释》③，将《庆元条法事类》中《州县场务收支历》与《宋人佚简》中舒州酒务文书比较进行研究。此外，还与魏琳合作发表了《宋代酒务会计报告文书的确认及其意义——〈宋人佚简〉舒州酒务文书考释之一》一文④，对《宋人佚简》酒务公文的确认意义给予充分肯定。

目前学界关于《宋人佚简》除了研究相对薄弱以外，对其内容进行古籍整理的成果相对更少。《宋人佚简》出版后，至今没有一部完整的录校本，只有《全宋文》⑤对前四卷的部分书简有过校录，但不知何故对"佚简"部分只是择录，并未全部收录。且《全宋文》中所收录书简对原编者编排错误造成的错简问题也都并未指出。对"公牍"部分（即第五卷）则基本未予收录，只收录一件。有鉴于此，笔者于2011年与魏琳合著出版《南宋舒州公牍佚简整理与研究》一书⑥，对第五卷公牍部分进行了整理校录，并对其中的错简进行了缀合复原，同时该书中还收录了之前笔者及笔者指导的研究生所撰部分研究论文。2013年魏琳申请到国家社科基金青年项目"古籍公文纸印本《王文公文集》纸背文书整理与研究"，目前该项目已经完成了对《宋人佚简》前四卷"佚简"部分的整理校录，并对错简进行了缀合复原。

四　关于南宋徐谓礼文书

徐谓礼文书是2005年春被一伙盗墓贼于浙江省武义县南宋徐谓礼夫妇合葬墓中盗掘而出，2012年案件侦破，全部徐谓礼文书被追回，现收藏于武义县博物馆。2012年10月包伟民、郑嘉励对其整理

---

①　《出土文献研究》2007年第八辑。

②　《文史》2007年第二辑。

③　《文史》2008年第一辑。

④　《中国经济史研究》2009年第1期。

⑤　曾枣庄、刘琳主编：《全宋文》，上海辞书出版社2006年版。

⑥　上海古籍出版社2011年版。

校录，出版了《武义南宋徐谓礼文书》一书①。该书前半部分为文书图版，后半部分为文书录文，之后还附有徐谓礼墓址及文书追回的相关情况。

据《武义南宋徐谓礼文书·前言》介绍，同墓出土的《徐谓礼圹志》残文中记载，徐谓礼为徐邦宪幼子，生于宋宁宗嘉泰二年（1202），卒于宋理宗宝祐二年（1254），享年53岁。据录白告身、敕黄及印纸的各自第一则公文，可知徐谓礼于嘉定十四年（1221）五月被拟注监临安府粮料院，入仕为官。此后，从后一年的五月二十三日因进宝敕恩转官承务郎起，徐谓礼一生共转官十二次，生平最高官阶为朝散大夫。追回的徐谓礼文书共计15卷，含三种文书类型，即告身2卷、敕黄1卷，印纸12卷，完整记录了徐谓礼从嘉定十四年（1221）起至淳祐十二年（1252）三十多年间的仕宦经历。其中以印纸内容最为丰富，共计转官十则，保状三十三则，到任、交割、解任、帮放请给等十六则，考课十九则，服阙从吉一则，合计八十则。据盗墓贼供称，出土时，文书共包成两札，即告身与敕黄包成一札，外封纸上题"录白敕黄"；印纸包场一札，外封纸上题"录白印纸"。文书高度大致在36cm，长度则各卷不一。

另外，包伟民先生还在前言中对徐谓礼文书的内容及学术价值进行了介绍。包伟民先生称徐谓礼文书的基本内容，包含告身十道，敕黄十一道，其中一道系误录于告身卷帙之末的残文，以及印纸批书八十则。文书的学术价值包先生则主要从以下两个部分进行阐述。

第一，徐谓礼文书对研究宋代文书制度及制敕、批书程序有着重要价值。包先生以《绍定二年七月二十六日转宣义郎告》和《嘉定十五年五月二十三日授承奉郎告》对北宋神宗元丰改制后的制度，中书省取旨，门下省复奏，尚书省执行。南宋时期三省合一，取旨与复奏这两个程序，在文书的形式上却仍分别存在以及南宋三省合一造成的告身文书形成程序不是特别严谨等现象进行了探讨。另外，包先生还以《嘉定十四年五月日拟注监临安府粮料院》为例对南宋批书的格式及程序问题进行了讨论。

---

① 中华书局2012年版。

　　第二，徐谓礼文书在包括朝旨形成与颁布的各种机制，官员管理，诸如选拔、任命、监察、考核、保荐，乃至俸禄等各方面，都提供了传世文献所未见的历史信息。包先生指出关于官员选拔制度，这批文书中大量的保状所提供的信息极为珍贵。无论是关于科举制度（漕试、省试、国子生，等等），还是关于吏部试、任子保举，许多记载都是前所未见，不可多得。同时这批文书还记录了徐谓礼任州县地方官时的考课功绩，大量关于地方的赋税制度，涉及南宋后期地方财政的许多重要方面。例如徐谓礼出知建康府溧阳县的几则考课批书，详细记载了溧阳县端平元年（1234）夏秋两税及常平租课的数据，若与周应合《景定建康志》卷四〇、四一《田赋志》所载略作比较，即可见所谓两宋时期税额凝固化的现象的存在，使我们得以进一步分析影响这一历史现象的种种因素。当然，徐谓礼文书为宋代赋税史乃至经济史研究所提供的新资料，还有不少。

　　除此之外，包先生还指出文书所传递的不少信息，并不总是那么明显直观，需要研究者细心体会，才能觉察。例如关于南宋时期的造纸工艺、防腐技术等方面，也向我们提出了重要的研究课题。

　　目前学界关于徐谓礼文书的研究，主要就是 2013 年 4 月 20—21 日，中国人民大学历史学院、中国人民大学唐宋史研究中心主办的"徐谓礼文书与宋代政务运行研究学术研讨会"所征集的会议论文。此次会议共收集到论文 16 篇，分别是：郑嘉励《从南宋徐谓礼墓到吕祖谦家族墓地》、小林隆道《宋代告身的原件和录白》、刘江《〈武义南宋徐谓礼文书〉中"录白告身"的类型考释》、张祎《徐谓礼〈淳祐七年十月四日转朝请郎告〉考释》、王杨梅《徐谓礼告身文书形式探析》、陈文龙《从徐谓礼文书看南宋告身和敕黄制度》、曹杰《宋代授官文书的给付对象与范围》、刘后滨《宋代政务文书中"三省制"程式的特点及其意义》、虞云国《〈武义南宋徐谓礼文书〉中的押字》、余蔚《南宋后期东南军需供应与两淮浙西发运司》、杨芹《从〈徐谓礼告身〉等文书再看宋代外制授官及相关政治体制》、李全德《从〈武义南宋徐谓礼文书〉看南宋时的给舍封驳——兼论录白告身第八道的复原》、王刚《宋代印纸的概念和流转程序》、魏峰《宋代印纸批书试论》、王宇《武义南宋徐谓礼文书与南宋地方行政管理制度的再认识》、胡坤《从入仕到初任满替——以对〈武义南宋徐谓礼文书〉所载相关文书的考察为中心》、周佳《南宋基层文官履历文书考释——以浙江武义县南宋徐谓礼墓出土文书为例》。

五 关于零星发现的宋代文书

（一）山西灵石发现的宋代文书

该文书为 1966 年山西灵石县农民于绵山采药时发现，藏于石缝铜罐之中，共五件。丁明夷《灵石县发现的宋代抗金档》一文[①]首先对五件文书录文、介绍，并配发照片。据丁文介绍：第一件长 58cm，宽 42cm，白麻纸，墨书，为鄜延路经略安抚使札子，落款年月上钤朱文方印："鄜延路经略安抚使印。"陈振《有关宋代抗金义军将领李宋臣的史料及其他》一文[②]考订出末行官员花押为鄜延路经略安抚使王庶的签押；第二件长30cm，宽 24cm，白麻纸，墨书，为两宋之交人武仪书信；第三件长57cm，宽 37cm，白麻纸，墨书，为南宋初某人付李实书信，根据同出其他四件文书，时间应在建炎二年（1128）；第四件长 53cm，宽 33cm，白麻纸，墨书，为都统制河东路军马安抚使司札子，落款年月上钤朱文印："灵石县尉朱记"；第五件长 60cm，宽 44cm，白麻纸，刻版印刷，中间有部分关于具体人名和事迹，系墨书填写，为河东陕西路经制使司札子，落款年月上钤朱文印："重使朱记"，文书背面有毛笔墨书"李实"二字。为便于读者了解，现按照丁明夷文将文书内容释录如下，文书定名则为笔者按照敦煌吐鲁番文书整理规范所拟。

第一件：《南宋建炎二年（1128 年）正月初八日鄜延路经略安抚使付李实札子为借补武校尉事》。

    1. 鄜延路经略安抚使：

    2. 契勘河东路都统制李武功有招集到

    3. 收复河东故地人兵甚众，内结义首领

    4. 及可以倚仗人，委见忠义，不负

    5. 朝廷。李实，今借补武校尉，须专指挥。

    6. 右札付李实。准此。

    7. 建炎二年正月初八日

---

① 《文物》1972 年第 4 期。

② 《文物》1973 年第 11 期。

第二件：《南宋建炎二年（1128 年）八月初九日武仪书信》。

1. ［仪］传士［示］（？）

2. 提辖李（？）家小翁，自别不奉尊颜，每日官身

3. 不易。仪今时失却步数，苦难无辞，专托

4. 提［辖］密切向李（？）都统处细意说之。且回护仪为

5. 自来本头项下将官，怕有损害仪生灵，仪

6. 不委的实，却且救拽照管。出家里来

7. 时，甚是多贺，仪忠［终］身不忘。如箭子到，

8. 密切与机宜评议。仪今时不辩好弱，恐

9. 失却是［事］体，且望提辖在心挂意，体探是

10. 实，却回报一字，不及一一。为幸不宣。

11. 再传士［示］（？）提辖良亲。

12. 建炎二年八月初九日　　武仪

第三件：《南宋建炎二年（1128 年）某月十二日付保义郎李实书》。

1. 付：与你此处铸同［铜］印，如干到件，立便赍送前去也。

2. 保义郎李实。今交到来人将带河南

3. 宣抚使司官箚一道前去，如到，用心收执。

4. 我今见在西山下寨聚集到诸统制、

5. 统领、将佐、兵卒等三千四百有余之人，

6. 今更行勾追人马，如大军人数足，火急

7. 前去也。今再永附你：且先把我老小递

8. 托出，甚事［是］好也。我如此处先加于你

9. 统领官职位，且事用心救出，将带前来。

10. 我见今欲代［带］将人马前去，共［恐］怕坏了我

11. 老小，且共将官李岳同共理会此事，

12. 方表你忠孝也。我如到日，尽事韦家首

13. 下国贼之人，尽皆斩尽杀绝，方事报仇。

14. 应干自家山前人尽皆加官资。子［仔］细

15. 听之，更不并多言。切祷切祷。
16. 十二日亲笔遣。

第四件：《南宋建炎二年（1128 年）八月二十四日都统制河东路军马安抚使司付李实札为补转成忠郎事》。

1. 都统河东路军马安抚使司：
2. 先准　经制　殿撰使司备奉
3. 圣旨指挥：招集义兵，收复河东州
4. 县。今据忠翊郎统领武仪状申保
5. 明，有保义郎李实，破高壁店
6. 北贼大砦，见阵杀获头一级。当司
7. 契勘，本人委有心力，合宜
8. 补转成忠郎，须至给箚者。
9. 右箚付李实。准此。
10. 建炎二年八月二十四日给
11. 武□都统河东军马差遣安抚使李

第五件：《南宋建炎二年（1128 年）九月初四日河东陕西路经制使司付李实札为借补成忠郎事》。

1. 河东陕西路经制使司：甲子　论字号
2. 契勘金贼侵犯中原，恣为焚掠，河东
3. 士庶首被其害，披发左衽，勉强从俗。
4. 怀忿蓄怨，累年未发。今据右武大夫、都统制
5. 河东军马李宋臣，仗义自奋，纠率民兵，掩杀
6. 贼众，收复陷没州县。内成忠郎李实，累与金
7. 贼斗敌有劳，检准
8. 尚书省札子备奉
9. 圣旨：依申。请到画一
10. 指挥，许不拘常制，便宜行事。今将李
11. 实借补成忠郎，须至札付者。

12. 右札付李实。准此。

13. 建炎二年九月初四日

（二）山西隰县发现的宋代文书

《文物》1959 年 12 期第 65 页《吕梁县发现宋代牒文》称："1958 年 8 月间，吕梁县文化馆收到龙神沟群众交来被称为'圣旨'的宋代牒文两件。"笔者曾与吕梁市文博部门联系，均不知有宋代牒文，亦不知吕梁市有龙神沟村，后来了解吕梁市历史沿革，得知 1958 年 6 月 27 日隰县与大宁合并为隰宁县。同年又与蒲县、永和、石楼合并组建吕梁县。1961 年复改隰县至今。因此在隰县境内查到有龙神沟村，位于隰县之南，属城南乡建置。因此也知宋代牒文当出自龙神沟村附近的古庙。

据上文介绍，牒文原藏于一个古庙中，后来怕遗失收回家中，历代相传保藏起来的。"现在在党的领导下，人民当家作主，政府有保藏文物的政策法令，再不怕遭到遗失和损坏了，所以献交给政府保存研究。两件牒文内容，一见是封职的，一件是关于赐庙额的"，兹介绍如下：

第一：《封顺民侯牒文》，全长 568cm，宽 28cm，边宽 1.2cm。两头的边子，左宽 27.5cm、右宽 14cm，绢质，黄色，蓝边，两头有卷轴，现存文字 35 行。2013 年 11 月 1 日笔者在山西博物院校对原件之后，将文书释录如下：

1. 庙□□□ 夜

2. 方庙食□久献

3. 彰休，应加惠□

4. 元，雨赐若时，□

5. 旱不作，□封侯

6. 爵，仍锡美名，□

7. 对恩光，益介繁祉。

8. 可特封顺民侯。

9. 大观四年十二月二日（钤朱印四枚）

10. 中书令阙

11. 尚书右仆射兼中书侍郎臣商英□□

12. 中书侍郎臣刘 $\boxed{\text{正}}$

13. 中书舍人臣宇文粹中 $\boxed{\text{行}}$

14. 奉

15. 敕如右，牒到奉行。

16. 大观四年十二月三日（钤朱印四枚）

17. 侍中阙

18. 尚书左仆射兼门下侍郎执中

19. 门下侍郎居厚

20. 给事中涣之

21. 十二月四日戌时都事韩保和

22. 左司 $\boxed{\text{员外}}$ 郎陈 $\boxed{\text{遇}}$ 符吏

23. 尚书令阙

24. 尚书左仆射执中

25. 尚书右仆射商英

26. 尚书左丞蒙

27. 尚书右丞洵仁□

28. 吏部尚书拯

29. 吏部侍郎祐

30. 告顺民侯。奉

31. 敕如右，符到奉行。（钤朱印三十一枚）

32. 　　　　　　　　　　主事段子威

33. 郎中元佐　　　　　　令史陈仲修

34. 　　　　　　　　　　书令史张应

35. 大观四年十二月八日□（钤朱印四枚）

第二：《赐庙额牒文》，全长 160cm，宽 42.5cm，边宽 1.5cm，两头边宽 22.6cm，绫质，黄色，蓝边，两头都有卷轴。经笔者校对，文字如下：

1. $\boxed{}$ （一行墨印，上端有四五字）

2. 礼部状 准 者 省 府 □ □□□□□□

3. 州南十里□□山谷□□□□□ 湫 龙神大寺□

4. 无不应 验 ， 乞 赐特□□□□□明是实，寻下太常□

5. 祥到检，准令节文，诸神□□□到首先赐额，令来□

6. 龙神，依条令赐庙额，□□□□济庙， 乞 详 酌施

行□□□□□

7. 依太常寺额□□□□□

8. 牒：奉

9. 敕：宜赐丰济庙为额， 牒

10. 至准

11. 敕， 故 牒 。

12. 崇宁二年七月十六日□

13. 右正议大夫守右丞吴（墨印）

14. 通议大夫守左丞张（墨印）

15. 左银青光禄大夫 守 左仆射（墨印）

（三）山西博物院所藏宋代文书

山西博物院（原山西省博物馆）中除收藏有上文两件山西隰县所出宋代文书外，另收藏有宋代文书三件，均收录于《山西省博物馆馆藏文物精华》一书第 292 页。其中第一件题为《员外郎闵惟庆封牒宋》，纵31.1cm，横 103.1cm，1961 年由山西省太原市征集。用笺纸书写，四边印有双线边框，框内印有龙形图案，右上角印"文书院制"，左上角印"御书局"，敕文行书，27 行，后署"大中祥符九年（1016）四月十五日"，上钤"御书之宝"篆书方形朱印，为宋真宗皇帝敕员外郎闵惟庆的封牒；第二件题为《员外郎闵从周封牒宋》，纵 31.6cm，横 65.7cm，1961 年由山西省太原市征集。用笺纸书写，四边印有双线框，双边框内印有龙形图案，右上角印"文书院制"，左上角印"御书局"，敕文行书十四行，首句为"敕朝散大夫都官郎中闵从周"，后署"皇祐五年

（1053）八月初一日下，年款"。上钤"御书之宝"篆书方形朱印，为宋仁宗皇帝敕都官郎中闵从周的封牒；第三件题为《员外郎闵师文封牒宋》，纵31.2cm，横65.9cm，1961年由山西省太原市征集。用笺纸书写，四边印有双线框，框内印有龙形图案，右上角印"文书院制"，左上角印"御书局"，敕文为行书十行，后署"政和元年（1111）三月十三日下，年款"，上钤"御书之宝"篆书方形朱印，为宋徽宗皇帝通判闵师文封牒。书中第一件文书照片模糊，文字不能释读，现将其余两件释录如下：

第二件：《员外郎闵从周封牒》

1. 敕朝散大夫都官郎中
2. 闵从周
3. 敕：都官郎中闵从周，京都
4. 隆王业之基，廉事公司；郎
5. 中佐尚书之政，顾地曹之攸
6. 职，实国计之所关。匪简求
7. 谨慎，记怀多任，以尔操持罔
8. 懈，久而益勤，贤声茂着，褒
9. 宠宜嘉。特进尔阶朝散
10. 大夫，锡之
11. 敕命，尔惟钦戒。
12. 奉
13. 敕如右，牒到奉行。
14. 皇祐五年八月初一日下（钤"御书之宝"篆书方形朱印）

第三件：《员外郎闵师文封牒》

1. 敕承直郎闵安厚（草）、通
2. 判闵师文
3. 敕：通判闵师文才出士
4. 类，学冠儒林。莅政清
5. 勤，化已行於郡邑；理
6. 刑详慎，罪不及于无辜。

7. 今特摄超转朝奉大

8. 夫、赐紫金鱼袋。奉

9. 敕如右，牒到奉行。

10. 政和元年三月十三日下（钤"御书之宝"篆书方形朱印）

（四）江苏金坛发现的宋代文书

本文书为 1975 年 7 月出土于江苏金坛南宋墓中，为手卷形式。出土时置于尸旁，楠木卷轴，外裹素文绫。牒文、素纹绫各不相连，依次卷裹在木轴上，保存完整，字迹清晰。牒文材质为黄褐色素纹绢，长114.5cm，宽32cm，文字为墨书，小楷行书或寸楷行书。文字共26行，满行42字。牒文为抄件，无印章，但有10处用朱书标以"印"字。牒文的情况见于肖梦龙《金坛南宋周瑀墓发掘简报》[①] 一文，录文见于焦绿《略谈宋墓出土的补中太学生牒》[②] 和吴芳《中国最早的大学文凭——周瑀太学生牒》[③]，但未标点。另外，朱瑞熙还作《再谈宋墓出土的太学生牒》[④] 一文对其进行了研究。现将文书拟题、迻录、标点如下。

《南宋淳祐五年（1245 年）八月国子监牒为补充周瑀太学生事》

1. 行在国子监：羽字号

2. 准淳祐四年八月　日

3. 敕：礼部状："据国子监申检：'准绍兴十三年十二月十一日

4. 敕节文，补试中选学生依仿嘉祐、治平间给画旨赞词绫纸奉

5. 圣旨：依。本监今开具淳祐四年补中太学生、国学生郑宜等二百八十七名申部，乞申明

6. 朝廷指挥行下所属，给降素白绫纸二百八十七道付监，从例书填，给牒施行。'本部所据国子监申到事理，伏乞

7. 朝廷指挥施行。伏候

8. 指挥。"八月八日奉

---

① 《考古学报》1977 年第 7 期。

② 《文物》1977 年第 1 期。

③ 《中国文物报》2007 年 7 月 4 日第 6 版。

④ 《考古》1979 年第 3 期。

9. 圣旨："依礼部所申施行"。须至给牒者。

10. 学生周瑀，本贯镇江府金坛县三洞乡碧鸾里。父为户。曾祖者，故，不仕。祖济，故，迪

11. 功郎，平江府嘉定县主簿。父拱，登仕郎，习《礼记》，淳祐四年补中，当年年二十三。

12. 牒周瑀：成均材之囿也。

13. 言艺其苗，言撷其秀。既

14. 曰撷之，曷不艺之？士之入

15. 于斯，出于斯，有硕其用

16. 者，相踵也。庸非

17. 国家养士之仁乎？有养

18. 士之仁，有自养之仁，清

19. 省母［毋］怠。准

20. 敕给牒补充太学

21. 生，故牒。

22. 淳祐五年八月日牒

23. 胥佐魏澄（押）　　胥长吴世荣（押）

24. 奉议郎丞姚（押）

25. 朝请大夫司业兼国史院编修官实录院检讨官陈（押）

26. 祭酒　阙

近代以来，与殷周甲骨文献、战国秦汉西晋简牍文献、十六国至唐五代敦煌文书、黑水城西夏文献、明清内阁大库档案文献等大批量新材料屡屡出土或面世不同，反映宋代这个号称古代经济文化臻于极盛的王朝的重大考古新材料，尤其是纸质文献发现最少。但是，相对于其他文献而言，宋代考古发现的纸质文献有其独特之处，主要可以归纳为两点：第一，从物质形态上说，黑水城所出的宋代文献填补了近代发现新材料体系中有关版本方面的某些残缺环节，从而丰富了新发现古代文献载体及其版本和装帧形式的种类构成，并使之形成了比较完整的系列。在殷虚甲骨、汉晋简牍、敦煌文书、黑水城文献和内阁大库档案等近代五大新材料体系中，殷虚甲骨文献的载体是龟甲和兽骨，汉晋简牍文献的载体是竹木板条，这两种载体都属于硬质材料；敦煌文书、黑水城文献和内阁大库档案的载体都

是纸张，属于软质材料，因此，单就文献载体的质料而言，殷虚甲骨、汉晋简牍、敦煌文书和内阁大库档案已经具备了各种软硬质的书写材料，黑水城宋代文献在这一点上并没有提供新的内容。但是，在文献的形成方式、版本形式和装帧形式方面，黑水城宋代文献贡献良多。例如文献的形成方式和版本形式，殷虚甲骨文的形成方式是锲刻，汉晋简牍的形成方式是在竹木板条上书写，敦煌文书和内阁大库档案绝大部分或大部分是手写本，极少或很少是刻本印本，尤其是敦煌文书，其具有特点的代表性形式是在纸上书写的写本。黑水城宋代文献的特点则是印本，虽然它也包含有相当数量的写本，而且是最具价值的部分，但它与其他四大新材料相比较而具有的独特之点就是印本数量较多，且有木刻印本、活字印本等。第二，宋代文献内容类型较为丰富。殷虚甲骨、汉晋简牍、内阁大库档案从其内容而言，均为世俗文书、官文书，敦煌文献中既有世俗文书、官文书也有宗教文书，但其均集中于西北一地。而宋代考古发现的纸质文书，空间范围上涵盖了西北、黄土高原、江南等多地，时间范围上则涵盖了北宋、两宋之际及南宋等，内容上既有世俗文书，也有官方公文，还有佛教、道教等宗教文书，内容极为丰富多样。总体看来，考古发现的宋代文书虽数量较少，但是其价值却不容忽视。

西晋上计簿书复原与
相关历史研究

——以湖南郴州苏仙桥出土晋简为中心

孔祥军

（扬州大学社会发展学院）*

　　20 世纪以来，全国各地陆续出土了大量珍贵简牍帛书，为推动古代历史文化研究不断前进提供了重要资料。然而，利用出土文献进行研究，必须借助于高质量的简牍释文，而要做好释文工作，除了需要精通古文字之外，更为重要的是能够对相关简牍文献性质作出科学判断，从而合理的进行排序编联。纵观一个多世纪以来的简牍发掘历史，考古发掘出的简牍虽然大都出现在某个较为集中的区域内，但因为年代久远、环境侵蚀、人为破坏等因素，往往在出土时呈较为散乱无序的状态，若是不能解决整理对象究竟是什么文献的问题，那么即使将释文较为精准的一一罗列出来，也是一盘散沙，极大地妨碍了学界充分利用其进行学术研究，在某种程度上也会影响对部分漫漶不清简文的释读。笔者即以湖南郴州苏仙桥晋简作为探讨对象，尝试通过判断其文献性质展开相关研究。

　　2003 年 12 月，湖南郴州市文物考古队在郴州市苏仙桥建设工地发现汉代至宋元时期古井十一口（编号 J1—11），在 J4 底部清理出三国吴简

---

　　* 本文为扬州大学新世纪人才工程项目资助成果。

140 枚（含残简）①，2004 年 2 月又于 J10 出土西晋木简 909 枚（含残简）②。西晋为魏晋南北朝时期的短暂统一王朝，传世文献除正史《晋书》有较为集中的记载外，其他相关史料极少③，而自 20 世纪以来除了楼兰文书当中有部分西晋资料外，陆续出土的晋简总和只有十多枚④，所以这批晋简无疑具有极高的文献价值，惜乎相关资料迄今为止未能全部公布。2009 年 12 月，《湖南考古辑刊》第八集刊发了《湖南郴州苏仙桥遗址发掘报告》（下简称《报告》）一文，披露了部分简文⑤。《报告》撰写者称这批晋简"内容为西晋桂阳郡郡府文书档案"，如此说固然不错，但太过笼统，不够具体。笔者在反复阅读简文的基础上，认为苏仙桥出土晋简有一部分应当是西晋桂阳郡郡府保存的"上计阶簿"的存档副本⑥，暂名其为"西晋桂阳郡上计阶簿"。

一　苏仙桥部分晋简的文献性质

为了方便讨论，笔者先将部分晋简释文做一番重新排序工作⑦，随后

①　此批吴简资料已经全部公布，相关图片发布于《出土文献研究》第七辑（上海古籍出版社 2005 年版）卷首，同书所刊《湖南郴州苏仙桥 J4 三国吴简》一文发表了相关释文，出土吴简数据为此文公布数字。

②　此处出土晋简数据为《湖南郴州苏仙桥遗址发掘报告》公布数字，该文收入《湖南考古辑刊》第八集，岳麓书社 2009 年版。《光明日报》2004 年 3 月 3 日刊文《700 多枚简牍补正西晋历史》披露苏仙桥晋简七捆共计 700 枚，《湖南郴州苏仙桥 J4 三国吴简》一文则说 J10 出土西晋木简 940 多枚。

③　今人有晋史辑佚书两种：乔治忠《众家编年体晋史》（天津古籍出版社 1989 年版）、杨朝明《九家旧晋书辑本》（中州古籍出版社 1991 年版）。

④　参看李均明、何双全《散见简牍合辑》，文物出版社 1990 年版。此外，2002 年 6 月甘肃玉门花海 M24 棺木板里侧发现《晋律注》纸文书，亦为西晋时期重要出土文献，但相关释文迄今为止未见公布，可看曹旅宁、张俊民《玉门花海所出〈晋律注〉初步研究》，《法学研究》2010 年第 4 期。

⑤　《报告》将苏仙桥晋简分为四组，披露了 1—1 至 1—80 晋简释文以及 2、3、4 组的部分晋简释文；所附图版部分披露了 1—1 至 1—33、1—35 至 1—44、1—46 至 1—51 的照片。

⑥　据笔者细加甄别，《报告》中所提供的第一、第二组晋简释文大部分属于"西晋桂阳郡上计阶簿"，其中有几条晋简释文以及第三、第四组晋简释文似乎属于"祠先农"内容，因越出本文讨论范围，笔者拟另外著文详细探讨。又，戴卫红《从湖南省郴州苏仙桥遗址 J10 出土的晋简看西晋上计制度》（收入《中国社会科学院历史研究所学刊（第八集）》）一文，也认为此批晋简是西晋惠帝时期桂阳郡年终上计的计阶簿，所作判断与笔者不谋而合，此文亦可一并参看。

⑦　释文和简号均据《报告》，而具体各简释文文序的排列则依据《报告》图版微有调整。

予以说明：

晋简：1—73 大安二年七月癸酉朔廿日壬辰桂阳大守臣君

1—66 丞臣滕预顿首死罪上

1—67 尚书臣君顿首顿首死罪死罪谨案文

1—54 书①谨表

1—68 桂阳郡上城邑户口田租绵绢贾布计阶上书

1—70 付御史台大尉司徒司空府江州治所谨副言

1—71 城邑户口田租乡亭邮驿米谷绵绢贾布

1—72 上左民曹吏部属臣潘兴邓叹区鉴黄勉黄厚

2—57 伏遣上计掾赍谨上臣君诚惶

2—144 诚恐顿首顿首死罪死罪上

1—69 尚书

1—80 督田主簿李政

如此进行排列主要是参考了甘肃甘谷汉简、敦煌悬泉汉简、居延新简以及汉代碑铭，下文将分三个部分分别加以说明：

第一部分：

晋简：1—73、1—66、1—67、1—54。

甘谷汉简：

1A 延熹元年十二月壬申朔十二日甲申宗正臣柜丞臣敬顿首死罪上

尚书臣柜顿首死罪死罪谨案文书永寿三年三月十六日蜀郡大守稙书言乙酉

（正面）②

---

① 《报告》晋简1—54释文作"曹谨表"，疑误，似当作"书谨表"，详见正文考述。

② 此据张学正《甘谷汉简考释》著录，收入《汉简研究文集》，甘肃人民出版社1984年版，第87页。原简图片见该书彩版部分。

樊毅碑:

光和二年十二月庚午朔十三日壬午弘农大守臣

毅顿首死罪上

尚书臣毅顿首顿首死罪死罪谨案文书臣以去元①

晋简: 1—73 大安二年七月癸酉朔廿日壬辰桂阳大守臣君

1—66 丞臣滕预顿首死罪上

1—67 尚书臣君顿首顿首死罪死罪谨案文

1—54 书谨表

上列甘谷汉简与樊毅碑的行文格式极为相近，延熹、光和分别为东汉桓帝、灵帝的年号，时间相差不大，反映出当时公文体的基本面貌。这对恢复苏仙桥晋简编联次序起到了重要的范本作用，对照此前二者的风格，笔者对晋简做出了如上排序。其相似之处，大抵可以分为四点内容，①是有关时间的，都是先列年号、几年、几月；再列本月起始日即朔日的干支，"壬申"是东汉延熹元年十二月朔日的干支，"庚午"是东汉光和二年十二月朔日的干支，"癸酉"是西晋太安二年七月朔日的干支；随后则列呈文的具体时间，"甲申"是十二月十二日，"壬午"是十二月十三日，"壬辰"是七月二十日。②在详列具体时间之后，交代呈文主体即执事官员，甘谷汉简书"宗正臣柜丞臣敬"，《续汉书·百官志》载："宗正，卿一人，中二千石……丞一人，比千石"②，比照甘谷汉简长官宗正、副官丞前后相承然后再书"顿首死罪上"的格式；晋简 1—73 既书"桂阳太守臣君"，其后应该紧接简 1—66 "丞臣滕预顿首死罪上"，因为西晋郡级政区的长官为太守，副官为郡丞。《宋书·百官志》载："秦灭诸侯，随以其地为郡，置守、丞、尉各一人。守治民，丞佐之……晋、江左皆谓之丞……晋成帝咸康七年，又省诸郡丞。"③ 又北宋本《通典》卷三十三《职官十五》："郡丞，秦置之，以佐守。汉因而不改，晋成帝咸康七年，

① 此据洪适《隶释》卷三《樊毅复华下民租田口算碑》著录，《四部丛刊三编》影印明万历本，下文所引《隶释》皆据此本，不再——注明。

② （西晋）司马彪：《续汉书志》，刘昭补注，收入范晔《后汉书》，中华书局 1965 年版，第 3589 页。

③ （梁）沈约：《宋书》，中华书局 1974 年版，第 1257 页。

省诸郡丞。宋文帝元嘉四年复置。"① 据此，传世文献明确记载了西晋有郡丞，为郡守之佐，可与晋简相证。晋简1—66"丞臣滕预"即为桂阳郡郡丞滕预，《报告》撰写者认为"时任郡守是滕君"，而根据《报告》所提供的释文，却找不到此说的依据，笔者揣测《报告》撰写者没有弄清楚苏仙桥晋简的文献性质和行文格式，而将简1—73出现的"桂阳太守"与此简"丞滕预"相联系，从而得出了错误的结论。晋简桂阳郡丞书名，而太守不书名，这是因为上计工作由郡丞具体负责，而太守只是具衔而已，所以署官而不书名。这在出土文献中也能找到相应证明，《居延新简·永始三年诏书》云：

丞相方进御史臣光昧死言：

……

臣光奉职无状顿＝首＝死＝罪臣方进臣光前对问上计弘农太守丞立 ⧄

郡国九谷最少可豫稍为调给立辅既言民所疾苦可以便安 ⧄

弘农太守丞立山阳行太守事湖陵口口上口 ⧄

……

制可

永始三年七月戊申朔戊辰口 ⧄

（74E·J·F16：1—16）②

此处弘农太守郡丞立作为弘农郡上计代表接受了丞相、御史大夫的相关询问，非常明显自西汉成帝时起郡丞或即有分管上计工作之职能，故此处桂阳郡丞书名。③呈文对象为尚书。此尚书，为"录尚书"，荣衔，《续汉书·百官志》载："每帝初即位，辄置太傅录尚书事，薨，辄

① （唐）杜佑：《通典》，上海人民出版社2008年影印日本宫内厅书陵部藏北宋本，第二册，第259页。

② 甘肃省文物考古研究所编：《居延新简释粹》，薛英群、何双全、李永良注，兰州大学出版社1988年版，第102—103页。《居延新简：甲渠候官》，中华书局1994年版，未收入此简。

省。"① 又,《晋书·百官志》载:"后汉章帝以太傅赵憙、太尉牟融并录尚书事,尚书有录名,盖自憙、融始,亦西京领尚书之任,犹唐虞大麓之职也。和帝时大尉邓彪为太傅,录尚书事,位上公,在三公上,汉制遂以为常,每少帝立则置太傅录尚书事,犹古冢宰总己之义,薨,辄罢之。自魏晋以后,亦公卿权重者为之。"② 正因录尚书为朝廷重臣,故汉简、汉碑于"上尚书"之后率加"臣某顿首死罪死罪",所以晋简1—66之后必然紧接晋简1—67。④进入正题。甘谷汉简、樊毅碑文皆以"谨按文书"作为进入正题的过渡用辞,故而可以推断晋简1—67"谨案文"三字之后,下一简的简文首字必然是"书",才能与前简相衔接从而合为"谨案文书"四字。此种固定表达,除了上文所引甘谷汉简、樊毅碑文可证外,疏勒河汉简、楼兰晋简均是如此书写:

疏勒河汉简:

　　　　汉亭吏逮进言谨按文书居贫粮食常有
　　　　玄乏近日陈櫈自问求乞近假归增益粮食今 (903)③

楼兰晋简:
　　　　从掾位赵辩言谨案文书城南牧宿以去六月十八日得水天适盛
　　　　(L. A. Ⅱ. v. 2—沙木 750)④

《报告》晋简1—54 释文作"曹谨表",此"曹"与繁体"書"字形相近,疑为误释,《报告》未曾披露此简图版,无从核对,但从上下文意分析,此字必误。"谨表"领起的一系列内容,都是"谨案文书"所指对象⑤,这正是本节第二部分所要探讨的问题。

---

　　① 《后汉书》,中华书局1965年版,第3556页。

　　② 《晋书》,中华书局1974年版,第730页。

　　③ 林梅村、李均民:《疏勒河流域出土汉简》,文物出版社1984年版,第91页。

　　④ 侯灿、杨代欣:《楼兰汉文简纸文书集成》,天地出版社1999年版,第313页。整理者据赵辩任职情况考定此简年代在西晋晋武帝泰始五年至泰始七年之间。

　　⑤ 《楼兰汉文简纸文书集成》所录 L. A. Ⅲ. i—沙木 817 号文书:"八日谨案文书令受敕",整理者认为"谨案文书"以下为呈报事由,甚是,第343页。

第二部分：

晋简 1—68、1—70、1—71、1—72、2—57。

笔者认为"谨表"领起的内容应当由以下几支晋简组成：
晋简：

1—68 桂阳郡上城邑户口田租绵绢贾布计阶上书
1—70 付御史台大尉司徒司空府江州治所谨副言
1—71 城邑户口田租乡亭邮驿米谷绵绢贾布
1—72 上左民曹吏部属臣潘兴邓叹区鉴黄勉黄厚
2—57 伏遣上计掾赍谨上臣君诚惶

晋简组 1—68 "桂阳郡上城邑户口田租绵绢贾布计阶上书"、1—70 "付御史台大尉司徒司空府江州治所谨副言"组成一段，是"谨表"的第一点内容，此点可以借助悬泉汉简加以理解：

悬泉汉简：
甘露三年十一月辛巳朔乙巳敦煌大守千秋长史奉憙丞破胡谓过所县河津遣助府佐杨永视事上甘露三年计最丞相御史府乘用马一匹当舍传舍从者如律令十一月丙辰车（Ⅱ0213②：139）[1]

悬泉汉简中提到敦煌郡长官派出府佐向中央政府呈上本郡本年计最簿书，而晋简"1—68""1—70"连缀之后的内容正好与前者相匹配。首先，悬泉汉简之"丞相府"与晋简之1—70"太尉府、司徒府、司空府"具有前后相承的关系。据《汉书》卷十九上《百官公卿表上》："相国、丞相，皆秦官，金印紫绶，掌丞天子助理万机。"[2] 西汉丞相助理万机，无所不统，则天下上计毕集于丞相府，为理所当然之事。晋初不置丞相，

---

① 张俊民：《敦煌悬泉置出土汉简所见人名综述（一）》，《陇右文博》2006年第2期，披露该枚汉简释文。《敦煌悬泉汉简释粹》，上海古籍出版社2001年版，未予收入。
② 《汉书》，中华书局1962年版，第724页。

《晋书·职官志》云："丞相、相国，并秦官也。晋受魏禅，并不置。自惠帝之后，省置无恒。为之者，赵王伦、梁王肜、成都王颖、南阳王保、王敦王导之徒，皆非复寻常人臣之职。"① 据此，惠帝时丞相为权臣之职，非经制常设之官。而汉代丞相之执掌权分诸公也，《晋书·职官志》云："太尉、司徒、司空，并古官也。自汉历魏，置以为三公。及晋受命，迄江左，其官相承不替"②，又《宋书·百官志》："太尉，一人，自上安下曰尉，掌兵事……司徒，一人，掌民事……司空，一人，掌水土事"③，天下郡府上计阶簿与兵事、民事、水土事莫不攸关，汉晋简文之对应关系显而易见。其次，悬泉汉简之"御史府"与晋简之1—70"御史台"具有前后相承的关系。北宋本《通典》卷二十四《职官六》"御史台"条云："御史之名周官有之……至秦汉为纠察之任，所居之署，汉谓之御史府，亦谓之御史大夫寺。"④ 又《汉书》卷十九上《百官公卿表上》："御史大夫，秦官，位上卿，银印青绶，掌副丞相。有两丞，秩千石。一曰中丞，在殿中兰台，掌图籍秘书，外督部刺史。"⑤ 则悬泉汉简府佐上计所呈之官署为御史府，所呈具体官员为御史中丞，殆因御史中丞掌天下图籍，上计簿书包含极为丰富的各郡诸县资料自当属于其入藏之范围。《晋书·职官志》载："御史中丞，本秦官也。秦时御史大夫有二丞：其一御史丞，其一为中丞。中丞外督部刺史，内领侍御史，受公卿奏事、举劾按章。汉因之……（汉哀帝元寿二年）中丞出外为御史台主，历汉东京至晋因其制，以中丞为台主。"⑥ 据此，西晋御史台之前身即汉代之御史府，西晋御史台主之前身即汉代之御史中丞，其执掌事务当有承袭，今苏仙桥晋简从实物记载的角度证明了西晋御史台确实有收集天下上计阶簿的职能，弥补了传世文献记载之不足。与悬泉汉简不同的是，晋简1—70所载上计对象还有江州治所，这一新增入的呈交机构，与时代背景甚相契合。西汉汉武帝时在全国范围内普设诸州，然而此时之州为监察区，其长官为

---

① 《晋书》，第 724 页。
② 同上书，第 725 页。
③ 《宋书》，第 1218—1219 页。
④ 《通典》，第二册，第 77 页。
⑤ 《汉书》，第 725 页。
⑥ 《晋书》，第 738 页。

刺史乃以六条监察所辖区域内各郡太守，不领庶政，故非政区①。州级政区的真正建立当始于汉末，其长官为州牧，据《后汉书》卷七十五《刘焉传》："时灵帝政化衰缺，四方兵寇，（刘）焉以为刺史威轻，既不能禁，且用非其人，辄增暴乱，乃建议改置牧伯，镇安方夏，清选重臣，以居其任……出（刘）焉为监军使者，领益州牧，太仆黄琬为豫州牧，宗正刘虞为幽州牧，皆以本秩居职。州任之重，自此而始。"②此后州制逐渐趋于稳定，从而最终形成了三国时期州、郡、县三级制政区。关于江州行政区划方面的问题，下文将详细讨论，此处不赘。作为新成立的最高级地方行政区，州府理应掌握所辖各郡诸县的详细情况，上计阶簿于州府治所正反映了这一历史情况，可补传世文献记载之阙。需要特别给予关注的是，晋简1—68明确说明了"计阶上书"的具体内容包括了城邑、户口、田租、绵绢贾布等类别，这在传世文献中从未有直接记载。《晋书》卷四十二《王浑传》载："（惠帝）帝尝访（王）浑元会问郡国计吏方俗之宜，浑奏曰：'陛下钦明圣哲……旧三朝元会前计吏诣轩下，侍中读诏，计吏跪受，臣以诏文相承已久，无他新声，非陛下留心方国之意也。可令中书指宣明诏，问方土异同，贤才秀异，风俗好尚，农桑本务，刑狱得无冤滥，守长得无侵虐……'"③据此，则上计郡吏有元会问答之制，其所涉内容包含甚广，但文献记载含混不清。今天通过苏仙桥晋简"计阶簿书"可以详细了解具体内容，属于首次发现，对于魏晋南北朝史以乃至古代经济史研究而言，可谓弥足珍贵，此点将在本文第三部分结合相关晋简释文展开详细讨论。

晋简"1—70"在"江州治所"之后又附三字"谨副言"，这一用辞在出土文献中可谓仅见，而《晋书》卷八十七《李玄盛传》中的一段记载，却能对理解其真实含义有所启发：

（李玄盛）又以前表未报，复遣沙门法泉间行奉表，曰："江山悠隔，朝宗无阶，延首云极，翘企遐方。伏惟陛下应期践位，景福自

① 西汉刺史制度异常复杂，民国时顾颉刚、谭其骧反复讨论而未有定说（详《长水集》，人民出版社1987年版，所收《讨论两汉州制致顾颉刚先生书》），今人辛德勇《两汉州制新考》（《文史》2007年第1期）一文以为直至汉武帝元封五年方确立十三州刺史监察区，分别为：凉、益、荆、扬、青、豫、兖、徐、幽、并、冀十一州，交阯、朔方二刺史，合十三部。

② 《后汉书》，第2431页。

③ 《晋书》，第1204页。

天。臣去乙巳岁顺从群议，假统方城，时遣舍人黄始奉表通诚，遥途崄旷，未知达不？吴凉悬邈，蜂虿充衢，方珍贡使，无由展御，谨副写前章，或希简达。臣以其岁进师酒泉……①

西凉割据势力李暠奉表中所谓"谨副写前章"云云，是指在此本奉表中再次抄录去年派舍人黄始所奉未报之前表，照此，晋简"谨副言"后是再次重复的内容，恰好晋简1—71基本上重复了晋简1—68的内容，只是增加了乡亭邮驿米榖等几项内容。而又"谨副言"这些内容给谁呢？晋简1—72正好回答了这一疑问，对象正是"左民曹吏部属臣潘兴邓叹区鉴黄厚"。《晋书·职官志》"列曹尚书"条载："太康中有吏部、殿中及五兵、田曹、度支、左民为六曹尚书，又无驾部、三公、客曹。惠帝世又有右民尚书，止于六曹，不知此时省何曹也。"② 据此，郡府所呈上计簿书除了上文所述之太尉府、司徒府、司空府、御史台、江州治所外，还需将更为翔实的簿书上报到六曹尚书当中的左民曹尚书和吏部曹尚书，晋简1—72甚至将两曹尚书分管接受上计簿书工作属臣的具体姓名详列出来，可见桂阳郡郡府长官对待上计工作之慎重。北宋本《大唐六典》卷三《户部尚书》载："汉成帝置尚书五人，其三曰民曹，主吏人上书事。后汉以民曹兼主缮修功作，魏置左民尚书，晋初省之，太康中又置，惠帝时有左民尚书，东晋及宋、齐并置，梁、陈置左户尚书，并掌户籍兼知工官之事。后魏、北齐有度支尚书，亦左民、左户③之任也。"④ 据此，左民尚书乃掌户籍之事也，晋简"上计簿书"第二大项即为户口，其上左民曹尚书正与《唐六典》记载相契合。此左民尚书至梁陈又改名为左户尚书，亦有此职。据《通典》卷二十三《职官五》"户部尚书"条载"北齐度支统度支、仓部、左户"下杜佑有一小注："左户，掌天下计帐、户口"⑤，此注文虽然是说北齐时代的情况，但后魏、北齐之制度似有参考

---

① 《晋书》，第2263页。

② 同上书，第731页。

③ "左民、左户"原作"左民右户"，《唐六典》（中华书局1992年点校本）整理者陈仲夫据宋人孙逢吉《职官分纪》所引《唐六典》原文以为当作"左民左户"，第85页，从之。

④ （唐）李林甫等：《大唐六典》，中华书局1983年版，《古逸丛书三编》影印北京大学图书馆藏南宋绍兴四年刊本。

⑤ 《通典》，第二册，第66页。

南朝之可能性①，北齐左户掌天下计帐之职即为南朝左户尚书掌民籍之职，所以说上文关于晋简排序的推断是有文献依据的。反过来看，苏仙桥晋简的出土也为学界深入探讨魏晋南北朝职官制度的相关问题提供了重要线索。需要注意的是，地方郡府向左民尚书和吏部尚书提交的"上计阶簿"副本，其义项内容要比向"御史台大尉司徒司空府江州治所"提交的"上计阶簿"丰富得多，而且根据对《报告》披露晋简简文的细致梳理，其中包括了不少有关"乡亭邮驿米谷"的内容，所以可以肯定，苏仙桥晋简"西晋桂阳郡上计阶簿"，应当即为上呈两曹尚书的版本。

"谨表"的最后部分，是有关具体上计人员的内容。悬泉汉简中郡府派出的是府佐呈上"甘露三年计最"，据晋简 2—57 桂阳郡则是派出上计掾呈上"计阶上书"，这与传世文献记载恰好可以互证，宋本《金石录》卷二《晋护羌校尉彭祈碑》云彭祈曾任西郡太守"以太康十年三月癸酉薨"，《晋彭祈碑阴》题名者有"有故孝廉、计掾、计吏"②，又《宋书·百官志》载："汉制：岁遣上计掾、吏各一人，条上郡国众事，谓之阶簿，至今行之。"③ 自汉以来，郡府每年都要派遣属吏进行上计工作，晋简中的"上计掾"正是《晋彭祈碑阴》《宋书·百官志》中的"计掾""上计掾"。上计制度由来已久，除了传世文献中有零星记载外④，在《睡虎地秦简》《居延汉简》《悬泉汉简》中都有所涉及⑤，然而往往语焉不详，1993 年，江苏连云港东海县尹湾村六号墓出土了一批西汉简牍，其中有一方题名为《集簿》的木牍，记载了东海郡行政建置、吏员设置、

①　对此，陈寅恪曾有一段精辟见解，其云："隋唐之制度虽极广博纷复，然究析其因素，不出三源：一曰（北）魏、（北）齐……所谓（北）魏、（北）齐之源者，凡江左承袭汉、魏、西晋之礼乐政刑典章文物，自东晋至南齐其间所发展变迁，而为北魏孝文帝及其子孙模仿采用，传至北齐成一大结集者是也。"《隋唐制度渊源略论稿·叙论》，生活·读书·新知三联书店 2001 年版，第 3 页。

②　赵明诚：《金石录》，中华书局 1983 年版，《古逸丛书三编》影印北京图书馆藏宋本。

③　《宋书》，第 1258 页。中华本原文作"汉制岁遣上计掾吏各一人，条上郡国众事，谓之阶薄，至今行之"，标点不甚清楚，今据文意改之。

④　对于先秦至两汉上计制度的历史研究，可以参看徐心希《"上计制度"的历史考察》，《福建师范大学学报》（社会科学版）1992 年第 6 期。

⑤　可分别参看陈直《秦汉爵制亭长上计吏三通考》，《西北大学学报》1979 年第 3 期；杨兴龙《从睡虎地秦简看秦国的上计制度》，《重庆工学院学报》（社会科学版）2008 年第 8 期。《居延汉简》中亦有七月上计的记载，参看李振宏《居延汉简与汉代社会》"上计考课制度"一节，中华书局 2003 年版，第 18—20 页。

户口、垦田和钱谷出入等方面的年度统计数字，有学者认为这是"我国迄今首次发现的郡国向朝廷呈报的上计簿"①，然而在《集簿》的具体文字中没有一处提及有关"上计"的内容，所以笔者认为虽然尹湾木牍《集簿》与上计簿书存在着一定的关系，然而它到底是不是正式版本的"上计簿"，还需要深入研究。然而，苏仙桥晋简却明确记载了桂阳郡郡府上计的时间、主体、对象、内容、上计工作执行者等义项，所以笔者认为这正是桂阳郡郡府保存的"上计阶簿"的存档副本，这一发现大大丰富了学界对于古代上计制度具体情况的认识，具有极为重要的历史文献价值。关于苏仙桥晋简实为"上计阶簿"的认定判断，在下文的相关阐述中还可以得到更为清晰的证明。

第三部分：

晋简 2—144、1—69、1—80。

樊毅碑：

行尽力奉宣诏书思惟惠利增异复上臣毅诚惶诚
恐顿首顿首死罪死罪上
尚书
掾臣条属臣淮书佐臣谋

晋简：2—57 伏遣上计掾巫谨上臣君诚惶
2—144 诚恐顿首顿首死罪死罪上
1—69 尚书
1—80 督田主簿李政

晋简 2—57 以"臣君诚惶"结尾，晋简 2—144 以"诚恐"开头，两者显而易见当前后衔接以合为"诚惶诚恐"之文，楼兰文书中就有这样

---

① 谢桂华：《尹湾汉墓所见东海郡行政文书考述（上）》，《尹湾汉墓简牍综论》，科学出版社 1999 年版，第 30 页。

的写法："诚惶诚恐顿首顿首。"①"顿首顿首死罪死罪上"的对象是"尚书"，并且为表崇敬需要另简书写，即晋简1—69，这一格式与樊毅碑结尾处是完全一致的。樊毅碑最末一行记录了弘农太守樊毅的掾臣、属臣、书佐，此三人或为此碑文的审查定稿人，故署名于文末。据《晋书·职官志》："郡置太守……又置主簿"②，又《通典》卷三十二《职官十四》："主簿一人，录门下众事，省署文书，汉制也。"③晋简1—80"督田主簿李政"，疑此李政正为本郡"上计阶簿"的审稿人，故署名末尾。

经过上文的详细梳理，"西晋桂阳郡上计阶簿"的开头部分被大致复原了出来，基本义项大备，行文首尾完具，由此可窥见西晋此类簿书的基本样式。与此同时，苏仙桥部分晋简的文献性质也因之而豁然明朗，这为重排其他简文，探讨簿书内容，充分利用其进行学术研究扫清了障碍。

紧随开头部分之后的简文，应当就是晋简1—71所提到诸项具体内容，这将在本文第三部分详细探讨，这些都是郡国上报中央的相关内容。此外，计吏归来时还带回一些中央政府颁赐郡国的诏书文件，苏仙桥部分晋简便保存了此类信息。为了方便讨论，笔者在此先迻录一段《隋书·礼仪志四》中的文字：

> 后齐正日，侍中宣诏慰劳州郡国使。诏牍长一尺三寸，广一尺，雌黄涂饰，上写诏书三。计会日，侍中依仪劳郡国计吏，问刺史太守安不，及谷价麦苗善恶，人间疾苦。又班五条诏书于诸州郡国使人，写以诏牍一枚，长二尺五寸，广一尺三寸，亦以雌黄涂饰，上写诏书。正会日，依仪宣示使人，归以告刺史二千石。一曰，政在正身，在爱人，去残贼，择良吏，正决狱，平徭赋。二曰，人生在勤，勤则不匮，其效率田桑，无或烦扰。三曰，六极之人，务加宽养，必使生有以自救，没有以自给。四曰，长吏华浮，奉客以求小誉，逐末舍

---

① 郭峰：《斯坦因第三次中亚探险所获楼兰汉文文书残片未经马斯伯乐刊布部分》所录一一六号"晋残信启文"，《楼兰汉文简纸文书集成》，第627页。

② 《晋书》，第746页。

③ 《通典》，第二册，第245页。

本，政之所疾，宜谨察之。五日，人事意气，干乱奉公，外内涸淆，纲纪不设，所宜纠劾。①

《通典》卷七十《礼三十·嘉十五》"元正冬至受朝贺"条小注所录与此同，《报告》中有几支晋简内容与之极为相似：

> 晋简：3—6 诏书民生在勤勤则不遗游业惰农鲜不为
> 　　　3—4 誉舍本要末政之所疾所宜谨察
> 　　　1—15 诏书人事意气干乱奉公外内涸浊纲纪不
> 　　　1—13 设隋（惰）容 之甚 所 宜勿怠

《隋志》所录北齐五条诏书之二云："人生在勤，勤则不匮"，晋简3—6则云"诏书民生在勤勤则不遗"，改民为人似为避讳之笔；五条诏书之四云："长吏华浮，奉客以求小誉，逐末舍本，政之所疾，宜谨察之"，晋简3—4则云"誉舍本要末政之所疾所宜谨察"，二者语词几乎一致，可知推知，此简之前必有一简云"诏书长吏华浮奉客以求小"；五条诏书之五云："人事意气，干乱奉公，外内涸淆，纲纪不设，所宜纠劾"，晋简1—15、1—13可缀合为一条："诏书人事意气干乱奉公外内涸浊纲纪不设隋（惰）容 之甚 所 宜勿怠"，二者语词也几乎一致。二者之间如此相似，北齐此制或可溯源于晋制也。《隋志》明言此五条诏书为侍中颁赐郡国文书，而由计吏携归，上述四则晋简既与五条诏书内容相似，则其性质也应为中央颁赐郡国之诏书，而携归者应自然当为上计郡吏，这一点同样在苏仙桥晋简中可以找到证明：

> 晋简：1—19 大安二年六月十日计吏持还并诸侯田②帛 羡 支相连
> 　　　　在内

此处计吏所持还之物，正为中央所赐之诏书，即《隋志》所谓"归

---

① 《隋书》，中华书局1973年版，第183—184页。
② "田"，《报告》释文作"由"，今据《报告》图版改。

以告刺史二千石"者也。另外晋简1—19据《报告》所附图版为一木楬，上端两册有楔口，今人研究以为器物楬以细长形、楬首两侧刻缺口系绳者居多①，与晋楬形制正合。而木楬的作用据《周礼·秋官·蜡氏》郑玄引郑司农云："楬，欲令其识取之，今时楬橥也"，今人认为楬是用于标明物品或文书的数量及名称等并置于该物品或文书上的标签②，则晋简1—19正为桂阳郡计吏于大安二年六月带回诏书等文件上的标签，而晋简3—6、3—4、1—15、1—13则是诏书文件。由此，可进一步证明，苏仙桥晋简与桂阳郡上计工作有着无法割断的联系。需要特别说明的是，这一部分诏书文件是计吏于大安二年携归桂阳郡的，但是上文所述"上计簿书"的文献年代却非此年，下文将先对"西晋桂阳郡上计阶簿"的大致年代做一番考察。

二　"西晋桂阳郡上计阶簿"的年代

苏仙桥部分晋简的文献性质既已明了，随后的重要工作便是考察其相应年代，这也是充分利用这份资料的前提条件之一。"西晋桂阳郡上计阶簿"的开头即晋简1—70，便明确记录了"大安二年七月癸酉朔廿日壬辰"这一时间信息，然而"西晋桂阳郡上计阶簿"是否一定就是太安二年，还需要利用苏仙桥晋简的其他内容进一步探讨，这在某种意义上也是考察上文对其文献性质判断是否准确的重要依据。笔者拟从两个角度进行探讨。

第一，政区建置的角度。

苏仙桥晋简保持了极为丰富的政区研究资料，对此，本文在第三部分将详细讨论。在此仅利用其中部分简文为判断"西晋桂阳郡上计阶簿"的基本年代提供依据。

《报告》中有三支晋简提到"江州"，今迻录于下：

---

① 李均明：《封检题署考略》，《文物》1990年第10期。
② 骈宇骞、段书安：《二十世纪出土简帛综述》，文物出版社2006年版，第366页。

治便城周匝一里十五步高一丈五尺

在郡北去郡

晋简：1—1 便令谈隆　　一百廿里北去江州一千四百八十里

去京城三千五百一十

里领员吏一百六十一人卒十三人

治晋宁城周匝一里二百卌步高一丈

五尺在郡东去

1—2 晋宁令周系郡一百卅里去江州一千七百卅里去

京城三千七百里领

员吏一百廿五人卒十二人

1—70 付御史台大尉司徒司空府江州治所谨副言

西晋时期以"江州"命名者有二：一为州级政区江州，一为梁州巴郡所辖之江州县。简 1—1、简 1—2 分别记录了便县、晋宁县至江州的距离，若简文之江州为县，则仅仅记载两县之间的距离不知其用意何在，而根据整支简记载来看，明显具有一定的格式，即先记载由本县至本郡治所的距离，然后是本县至本州治所的距离，最后是本县至京城的距离，这正是"西晋桂阳郡上计阶簿"中城邑一项的内容，所以此处之江州只能是州级政区意义上之江州，而非指巴郡江州县。

三国时期无江州，据《宋书·州郡志》："江州刺史，晋惠帝元康元年，分扬州之豫章、鄱阳、庐陵、临川、南康、建安、晋安，荆州之武昌、桂阳、安成十郡为江州。初治豫章，成帝咸康六年，移治寻阳。"① 又《晋书·地理志》云："惠帝元康元年，有司奏，荆、扬二州疆土广远，统理尤难，于是割扬州之豫章、鄱阳、庐陵、临川、南康、建安、晋安，荆州之武昌、桂阳、安成，合十郡，因江水之名而置江州。"② 又《晋书》卷四《惠帝纪》："（元康元年）秋七月，分扬州、荆州十郡为江州。"③ 则惠帝元康元年七月置江州，领豫章、鄱阳、庐陵、临川、南康、

① 《宋书》，第 1086 页。
② 《晋书》，第 462—463 页。
③ 同上书，第 91 页。

建安、晋安、武昌、桂阳、安成十郡，且其治所为豫章郡之豫章县。苏仙桥晋简既有江州之文，则其年代必在晋惠帝元康元年七月后。

晋简1—68提到"桂阳郡"，简1—70有"桂阳太守"字样、苏仙桥吴简简60有"桂阳桂阳祠桂阳阳"字样①，则出土地为西晋桂阳郡当无疑。桂阳郡，汉高帝五年后分长沙置②，三国时属孙吴荆州③，太康元年晋武帝平吴，桂阳郡仍属荆州，元康元年七月割属江州。又据《宋书·州郡志》："湘州刺史，晋怀帝永嘉元年，分荆州之长沙、衡阳、湘东、邵陵、零陵、营阳、建昌，江州之桂阳八郡立，治临湘。"④《晋书》卷五《孝怀帝纪》："（永嘉元年八月）分荆州、江州八郡为湘州。"⑤ 则永嘉元年八月桂阳郡移属湘州，上文讨论苏仙桥晋简所见州级政区为江州，则此批晋简下限年代当在永嘉元年八月前。

综合而言，苏仙桥晋简的年代应当在西晋惠帝元康元年七月后至永嘉元年八月前的时段内，太安二年恰好处在这个时期。

第二，户调简文的角度。

《报告》中著录了一组记载户调内容的晋简，笔者将其重排，誊录于下：

> 晋简：1—65 四年五年六年七年八年九年永康元
> 2—363 年永宁元年二年户调绵绢贾
> 1—24 定余三万九千四百廿八匹六寸二分半
> 1—31 其出一百六十四匹依丙寅诏书雇募市银贾
> 1—44 今年户调绵⑥绢贾布一万七千六百七十三匹别收责

---

① 见《湖南郴州苏仙桥J4三国吴简》。

② 周振鹤：《汉书地理志汇释》，安徽教育出版社2006年版，第283页。

③ 详参孔祥军《三国政区地理研究》第三章第二节"荆州沿革"，花木兰文化出版社2012年版。

④ 《宋书》，第1129页。

⑤ 《晋书》，第117页。

⑥ 《报告》释文作"户调锦绢"，今细察《报告》所附晋简1—44图片，"锦"确作"绵"，而晋简1—68、1—71、2—363皆作"绵绢"，可知释文作"锦"误。

　　笔者认为这组晋简前后相承关系十分明显，应当是"西晋桂阳郡上计阶簿"中"绵绢贾布"一项的内容。简文中共出现两个年号：永康、永宁，而晋惠帝时期所用十个年号中，唯有元康有九年，所以晋简1—65所谓"四年五年六年七年八年九年"应属元康时期，此前应该有一支晋简简文包括"元康元年二年三年"字样，但《报告》中未见。元康、永康、永宁、太安正好为晋惠帝时期四个连续使用的年号，且晋简释文也历数元康四年至永宁二年，永宁二年十二月改元太安，翌年春正月即为太安二年，太安元年存在时间极短，所以晋简2—363永宁二年之后所接晋简1—44所谓"今年"当指太安二年，这正与"西晋桂阳郡上计阶簿"第一简1—70所记"太安二年"相合。

　　综合以上研究，"西晋桂阳郡上计阶簿"的文献年代应当就是太安二年，不过需要注意的是"上计阶簿"中的某些内容可能越出这一年代，如上文所引户调简，但大抵属于惠帝时期是没有问题的。与此同时，笔者以为：不能武断的认定苏仙桥晋简已披露部分以及《报告》中未披露的晋简，大凡涉及相关内容的简文都属于同样一份太安二年的"桂阳郡上计阶簿"。因为可据材料实在太少，还存在着其他可能性，所以为了审慎起见，笔者使用"西晋桂阳郡上计阶簿"来命名而不加"太安二年"四字。

三　"西晋桂阳郡上计阶簿"的内容

　　《报告》在总结苏仙桥J10出土晋简时用13个类别进行概括，其中有11个部分实际上属于"桂阳郡上计阶簿"的相关内容，现在根据晋简1—71"城邑户口田租乡亭邮驿米谷绵绢贾布"，分五项对"西晋桂阳郡上计阶簿"的具体内容进行研究。

（一）城邑

　　据《报告》披露的晋简释文，城邑此项内也大致可分为几个小的类别，这些类别之间的次序如何，类别内别的次序如何，都无法确定，笔者在斟酌权衡之后，将所有属于城邑此项的晋简按照不同小类进行了大致排列，然后再逐一进行说明，此后各项均照此办法处理，不再重复说明。

1. 辖县治所与吏员：

治便城周匝一里十五步高一丈五尺

在郡北去郡

晋简：1—1 便令谈隆　　一百廿里北去江州一千四百八十里

去京城三千五百一十里领

员吏一百六十一人卒十三人

治晋宁城周匝一里二百卅步高一丈

五尺在郡东去

1—2 晋宁令周系　　郡一百卅里去江州一千七百卅里去

京城三千七百里领

员吏一百廿五人卒十二人

对照尹湾木牍《集簿》的格式，在城邑这个部分，应该先有一段总述，交代本郡下辖几县、本郡治所及其相关信息，但是《报告》释文中未见此类晋简。就晋简彩图来看，简 1—1、1—2 别具一格，明显属于一类较为特殊的简文，所以被《报告》撰写者排在第一组第一简、第二简的位置。此两简均先用大字书写县名和县令姓名，然后于简绳编联之处以下部分，分三行小字细书本县治所情况以及吏员人数。按照通常逻辑来说，还应有相同格式的几支晋简，他们都隶属于桂阳郡，这一点相信会在全部释文公布之后，得以证明。就此两只晋简而言，从历史地理学角度来看，可谓是弥足珍贵。除了著录格式特殊之外，其所包含的相关信息是十分丰富的。

（1）县治所在。历代正史地理志和现存唐宋地理志往往仅关注州治、郡治，在表述时通常只说某州某郡治某县，几乎不会说治某县某城，实际上古代县境很大，治某县只能是治于某县某城，晋简 1—1、1—2 明确记载便县治便城、晋宁县治晋宁城，这为我们了解当时县治情况提供了重要的参考。此外，晋简还记录了便城、晋宁城的大小，类似信息仅在敦煌残卷中有相似记载，斯〇三六七号《唐光启元年书写沙州伊州地志残卷》

云："鄯善城，周回一千六百卅步"①，可以说苏仙桥晋简是目前已知最早关于县城大小的记录。同样这也是关于县城城高的最早记录，传世文献对古城城高的记载，最早见于《水经注》卷三十四，"（秭归）县城东北，依山即坂，周回二里，高一丈五尺，南临大江，古老相传谓之刘备城，盖备征吴所筑也"②。秭归，两汉均置县，此为刘备在秭归县城东北新筑之城，非县城。其城高亦为一丈五尺，又《六朝事迹编类》卷三"吴固城"条载："《图经》：在溧水县西南九十里高一丈五尺"③，又《九章算经》卷五《商功》云："今有方堢壔，方一丈六尺，高一丈五尺，问积几何？"魏刘徽注云："堢者，堢城也。"④ 则"一丈五尺"或为魏晋地方城邑城墙高度的通制。宋本《大唐六典》卷7"郎中员外郎"条小注云："（开皇）三年三月移入新都焉，名曰大兴城。东西十八里一百一十五步，南北十五里一百七十五步，墙高一丈八尺。"又宋本《太平御览》卷一八三引韦述《西京新记》云："东京，俗曰洛阳城，城高一丈八尺"⑤，韦述唐开元之际撰《两京新记》⑥，则隋唐之际都城城墙高度为一丈八尺，与"一丈五尺"者不同，殆因等级有殊以示区别也。

（2）县治位置。古人早有绘制地图的传统，但是流传到今天的古代地图不仅数量极少，而且时代靠后，当代学者在努力尝试复原古代地图的时候，往往缺乏相关资料，特别是当时的记载⑦。晋简1—1、1—2采用参照法，以郡治即郴县为定点，然后标明其相较于郡治的方位，并说明距郡治所之距离，标识了其大体位置。这种表示方法，无论在出土文献还是传世典籍中都是前所未见的，现存最早较为完整的地理总志唐《元和郡

---

① 释文、图片皆见唐耕耦、陆宏基《敦煌社会经济文献真迹释录》第一辑，书目文献出版社1986年版，第39页。

② 杨守敬、熊会贞：《水经注疏》，江苏古籍出版社1989年版，第2836页。

③ 张敦颐：《六朝事迹编类》，上海古籍出版社1995年版，第43页。

④ 《九章筹经》，文物出版社1980年影印上海图书馆藏南宋嘉定六年本。据《晋书·律历志》："魏陈留王景元四年，刘徽注《九章·商功》云……"第491页。故刘徽为魏晋之际人，其注《九章筹经》当在魏末。

⑤ 李昉：《太平御览》，《四部丛刊三编》影印日本静嘉堂藏南宋刊本。

⑥ 张国淦：《中国古方志考》，中华书局1962年版，第154—155页。

⑦ 众所周知，当今最为通行的历史地图，是由谭其骧主编的八册本《中国历史地图集》，该图集是在杨守敬《历代舆地图》的基础上修改编订而成，在前几册的县治定点方面主要是参考了郦道元《水经注》保存的信息以及《嘉庆重修一统志》的相关记载，若是文献乏考，则只有付之阙如。

县图志》中就保留了这一样式，该书卷二十九江南道郴州"资兴县"条云："中下。西至州一百二十里。本汉郴县地，后汉于此置汉宁县，吴改曰阳安，晋改为晋宁。至隋省，开皇十一年又置改为晋兴。贞观废，咸亨三年又置，改为资兴。"① 唐代之资兴县即承西晋晋宁县而来，所以晋简1—2 说"在郡东"，《志》云"西至州"，当时资兴县属郴州，郴州治所仍为郴县，所以方位正合。晋简 1—1 又说"去郡一百卅里"，《志》云"西至州一百二十里"，距离稍有变化，这主要是其经历了两次废置，县治或许有所迁移而造成的。

（3）县治去州治、京城之距离。从目前的传世资料来看，最早记录县治去京城距离的文献是西晋司马彪《续汉书·郡国志》，其桂阳郡条记录了郡治郴县"在雒阳南三千九百里"②，而据晋简便县"去京城三千五百一十"、晋宁县"去京城三千七百里"，西晋京城仍是洛阳，则便县、晋宁、郴县去洛阳之距离的差距在百里之间，颇与实际情况相合。据《晋书》卷八十二《司马彪传》："司马彪，字绍统，高阳王睦之长子也。出后宣帝弟敏，少笃学不倦，然好色薄行，为睦所责，故不得为嗣，虽名出继，实废之也，彪由此不交人事而专精学习，故得博览群籍，终其缀集之务。初拜骑都尉，泰始中为秘书郎，转丞。注《庄子》，作《九州春秋》……彪乃讨论众书，缀其所闻，起于世祖，终于孝献，编年二百，录世十二，通综上下，旁贯庶事，为纪、志、传凡八十篇，号曰《续汉书》。"③ 则司马彪撰写《续汉书》当在西晋初年。又刘昭《后汉书注补志序》云："司马《续书》总为八志，律历之篇仍乎洪、邕所构，车服之本即依董、蔡所立，仪祀得于往志，百官就乎故簿，并籍据前修，以济一家者也。"④ 刘昭没有直接点明司马彪撰写《郡国志》的依据，但刘昭补注《续汉书》八志的中郡国、百官恰好为最末两志，所以"百官就乎故簿"一句似乎涵盖了郡国，司马彪深居京城，独坐高堂，何能总揽天下郡国合为一篇？唯有"就乎故簿"，此故簿的资料来源或许正是天下郡府上计阶簿，甚至是司马彪直接取材于此，也并非没有可能，总之，苏仙桥

---

① （唐）李吉甫：《元和郡县图志》，中华书局 1983 年版，第 708 页。

② 《续汉书志》，第 3483 页。

③ 《晋书》，第 2141—2142 页。

④ 《后汉书》中华书局本第十二册卷末附录二。

晋简1—1、1—2为探讨《续汉书·郡国志》的史源提供了重要线索。传世文献中最早记录县治去州治距离的是《宋书·州郡志》，其湘州桂阳郡条记录了郡治郴县"去州水一千四"①，其州治在长沙郡临湘县，而晋简便县"去江州一千四百八十里"、晋宁县"去江州一千七百卅里"，其时江州治所在豫章郡豫章县，虽然二者在距离远近和交通方式等问题上没有具体可比性，但苏仙桥晋简至少在时间上将此种记载样式的出现年限提前了一百多年。

（4）县令吏员。县令为县级政区的地方长官，《汉书·百官公卿表》载："县令、长，皆秦官，掌治其县。万户以上为令。"② 晋亦有令长之分，然其标准去汉远矣，《北堂书钞》卷78"县令"条引《晋令》云："县千户以上，州郡治五百以上，皆为令；不满此，为长也。"③ 据此，便县、晋宁皆为千户以上之县也。对于县令属吏《晋书·职官志》有一段记载："户不满三百以下，职吏十八人，散吏四人；三百以下，职吏二十八人，散吏六人；五百以上，职吏四十人，散吏八人；千以上，职吏五十三人，散吏十二人；千五百以上，职吏六十八人，散吏一十八人；三千已上，职吏八十八人，散吏二十六人。"④ 而据晋简，便县员吏"一百六十一人"，晋宁县员吏"一百廿五人"，均超过了《晋志》最高限额一百一十四人，这是否能够说明两县户数均在三千以上，还有待研究。

除了上文所述四点外，晋简1—1、1—2还具有重要的政区研究价值。首先，可以借其确定桂阳郡治所。《元和郡县图志》卷二十九江南道郴州条载："本汉长沙国地，汉分长沙南境立桂阳郡，理郴县。"⑤ 又《太平寰宇记》卷一一七江南西道郴州条："（桂阳郡）后汉光武四年移理耒阳，后复还郴。"⑥ 出土发掘地郴州市即古郴县所在，既然文献记载桂阳郡治所曾一度移至耒阳⑦，何时复还郴县，未见记载，西晋惠帝时桂阳郡治所

① 《宋书》，第1130页。

② 《汉书》，第742页。

③ （唐）虞世南：《北堂书钞》，中国书店1989年影印南海孔氏校本，第285页。

④ 《晋书》，第746页。

⑤ 《元和郡县图志》，第706页。

⑥ 《太平寰宇记》，中华书局2007年版，第2359页。

⑦ 《报告》撰写者说："由汉至晋，（桂阳郡）所辖县有增减变化，郡名和治所维持不变"，显误。

是否仍为郴县则需要进行一番考察。据简1—1便县"在郡北去郡一百二十里"，又简1—2晋宁县"在郡东去郡一百卅里"，综合这两组信息，桂阳郡治所当在便县南、晋宁县西的交叉范围内，且距离二县治所几乎是等距的，今检《中国历史地图集·西晋图组·荆州图幅》①（下简称西晋荆州地图）在此范围内唯有郴县，郴县治所地望恰恰符合上述条件，而耒阳县则在便县北、晋宁县西北之处，明显不合简文，所以可以肯定惠帝元康元年后桂阳郡治所在郴县。其次，可以纠正文献误载。《元和郡县图志》卷二十九江南道郴州"高亭县"条云："中下。南至州九十里。本汉便县，晋省，陈复置，至隋省入郴县。"②而《太平寰宇记》卷一一七江南西道郴州"高亭县"条："北九十里，四乡。本汉便县地，……晋初省，陈复置。"③《元和志》云便县"晋省"，到了《寰宇记》就变成了便县"晋初省"，而《晋书·地理志》桂阳郡有便县，据笔者研究《晋书·地理志》所载政区的标准年代为太康四年④，则西晋太康四年便县仍未省。今又据晋简可知，西晋惠帝时桂阳郡仍有便县，《舆地广记》卷二十六荆湖南路郴州"永兴县"条云："汉便县，属桂阳郡，东汉、吴、晋因之，宋省焉"⑤，是也，则便县至南朝宋方省，故《元和志》《寰宇记》皆误。

　　2. 县境四至：

　　　　晋简：1—22 县东界去县卅里从界到郴县呈乡献⑥酒官卅里
　　　　　　　2—313 县南界去县七十五里从界到郴县五十里
　　　　　　　2—350 县西北梧界去县一百卅三里从界到耒阳县历亭十二里
　　　　　　　1—37 到耒阳六十二里
　　　　　　　1—9 县东界去县八十里到临武县五十里

　　《报告》所录苏仙桥晋简释文中有五条是关于城邑县境四至内容的，

---

①　谭其骧：《中国历史地图集》第三册，地图出版社1982年版，第53—54页。

②　《元和郡县图志》，第709页。

③　《太平寰宇记》，第2362页。

④　孔祥军：《〈晋书·地理志〉政区断代考》，《书品》2007年第3期。

⑤　《舆地广记》，四川大学出版社2003年版，第757页。

⑥　《报告》晋简1—22释文漏录此字，今据图版补释。

其中有四支晋简可以编联成一组，现拟就此稍加阐述。晋简2—350提到"县西北梧界去县一百卅三里从界到耒阳县历亭十二里"，结合西晋荆州地图可知桂阳郡内唯有便县在耒阳县东南方向，从西北方向与耒阳县接壤，所以晋简2—350中所谓"县"毫无疑问是指便县，与此同时，便县又在地理位置上符合晋简1—22、2—313中主语"县"的相关记载，在东、南两个方向上与郴县接壤。此外，根据晋简1—9"县东界去县八十里到临武县五十里"这一写法，晋简2—350、1—37可以合为一句"县西北梧界去县一百卅三里从界到耒阳县历亭十二里到耒阳六十二里"，所以，晋简1—22、2—313、2—350、1—37可以合为一组，都是描述便县县治到县界的距离，以及县界与临县处所的距离。自先秦以来，对于县境政区幅员的记载至为稀见，《汉书·百官公卿表》也只是稍微提及，"县大率方百里，其民稠则减，稀则旷，乡、亭亦如之，皆秦制也"[1]，现代学者甚至认为"元代以前，每一县级政权幅员的大小在历史文献中是没有具体记载的，到了明代以后，在一些地方志中有些县才有幅员大小的记载"[2]。苏仙桥晋简的出土，彻底的改变了这一认识，可谓极为珍贵，亟须深入研究，本文仅就所见简析之。根据上引晋简，我们可以了解到，西晋时期是通过记录县境四界与县城治所之间的距离来表达其幅员的。便县县治到东界四十里，到南界七十五里，到西北界一百四十三里，可见其县境并不规则，"大率方百里"之说，实不可信。后世地志往往于郡级政区描述其所谓四至，或承此而来。如敦煌残卷伯二六九一号《七沙州城土镜》："四至：东西（至）瓜州三百一十九里，西至石城一千五百八十里，西北至西州一千三百八十里。"[3] 又如《元和郡县图志》卷二十九江南道郴州条："州境：东西五百里。南北三百二十三里。"[4] 这组晋简，不仅仅是叙述了县境四至，而且还记录了县界与临县处所特别是县治的距离，这实际上在另一侧面，又反映出临县县境情况，如据晋简2—313可知郴县县治距离南界五十里，据晋简1—37可知耒阳县县治距离东南界六十里。此外，晋简2—11记载了便县东界与郴县呈乡献酒官的距离，据《水经

---

① 《汉书》，第742页。

② 周振鹤：《中国行政区划通史·总论》第四章第二节，复旦大学出版社2009年版，第67页。

③ 释文、图片皆见《敦煌社会经济文献真迹释录》，第43页。

④ 《元和郡县图志》，第707页。

注》卷三十九记载："（郴）县有渌水，出县东侠公山，西北流而南，屈注于耒，谓之程乡溪，郡置酒官，酝于山下，名曰程酒，献同酃也。"杨守敬云："《元和志》引《吴录》呈乡出酒。《初学记》二十六引《荆州记》，桂阳一郡，程乡有酒官。"① 在传世文献中之程乡酒官当即晋简所载之"呈乡献酒官"，程乡似当作呈乡。又其具体方位又可据晋简推断在便县正东、郴县东北方，杨守敬《水经注图》南十三西二图、南十四西二图所绘程乡溪位置正合晋简所载②。从晋简1—9内容来看，其所谓县当指南平县，因为西晋桂阳郡唯有南平县在临武县西方，又据其释文可知南平县县治东至县界八十里，临武县县治西至县界五十里。笔者相信，在全部苏仙桥晋简释文公布后，有望将桂阳郡所属各县县境四至道里全部恢复，这将成为研究中古时期县级政区地理的核心资料。

3. 诸县建置沿革：

> 晋简：1—79 郴县汉时所立为长沙林县汉元始六年太岁在丙寅
> 　　　 1—78 改为郴县

从各种与地方历史相关的传世文献来看，几乎都会涉及政区建置沿革的问题，苏仙桥晋简1—79、1—78就专门讨论了郴县的建置沿革，然而此短短一句话却有许多令人难以理解的疑问存在。据晋简1—79，郴县为西汉所置，始置名为林县，属长沙国。然而遍检各种传世文献，都从未见到长沙国林县的记载，宋本《史记》卷七《项羽本纪》载："（项羽）乃使使徙义帝长沙郴县"注引如淳曰："郴，音綝"③，据颜师古《汉书叙例》："如淳，冯翊人，魏陈郡丞"④，则如淳于曹魏时所见确作"郴"，如果《史记》原作"林"，"郴"字为后人追改，如淳就没有必要注音了，故司马迁所见亦当作"郴"，项羽时已有郴县，为何晋简说是"汉时所立"？又《汉书·地理志》所录县级政区的标准年代为汉成帝元延绥和

---

① 《水经注疏》，第3211页。

② 杨守敬：《水经注图》，中华书局2009年影印光绪三十一年本，第502、524页。

③ 《史记》，浙江古籍出版社1998年版《百衲本二十五史》影印南宋黄善夫本，第1册，第35页。

④ 《汉书》，第5页。

之际①，其桂阳郡首县著录为郴，则西汉后叶仍作"郴"；宋本《说文解字》卷六下："㮛，桂阳县，从邑林声"②，则东汉时也作"郴"。然而，晋简明确记载郴县其时作林县，这可以视作是对传世文献的一种颠覆。晋简又说此林县至元始六年改为郴县，元始为汉成帝年号，然而有五年无六年，六年已为王莽摄政孺子居摄元年，各种传世、出土文献中也找不到"元始六年"，则此为首见也。笔者认为在没有公布全部苏仙桥晋简释文及照片之前，不能因为其与文献记载存在着各种矛盾就轻易将之否定。

4. 县氏公廨：

晋简：2—68 耒阳便晋宁临武南平县氏五所

1—41 故右尉解一所废

1—61 无居人

1—5 都乡解在城里

2—181 故进山乡银屯署废无居人

此组晋简是有关政府办事机构的，因为简文残缺，仅就《报告》释文所见稍加阐述。晋简 2—68 所谓"氏"即"邸"，《汉书》卷 4《文帝纪》"太尉勃乃跪上天子玺，代王谢曰：'至邸而议之。'"颜师古注云："郡国朝宿之舍，在京师者率名邸。邸，至也，言所归至也"③，又《百官公卿表》"郡邸长丞"颜师古注云："主诸郡之邸在京师者也"④，据此，汉代天下诸郡及诸侯王国皆于京师有邸，相当于今天的驻京办事处。笔者认为晋简 2—68 所谓"县氏"，正是诸县在郡治郴县县城内的办事处，《晋书·地理志》桂阳郡领县六：郴、耒阳、便、临武、晋宁、南平⑤，而晋简所列五县正是除去郴县之外桂阳郡所领各县，郴县治所与郡治同在郴城自无须设立县氏，此外五县皆在郴城设立办事处，所以此简似应缀于郴县诸简内，说明有县氏五所也。若此推断不误，则苏仙桥晋简又可补西晋地方行政制度史料之阙也。

---

① 周振鹤：《西汉政区地理·引论》，人民出版社 1987 年版，第 23 页。

② （东汉）许慎：《说文解字》，《续古逸丛书》影印静嘉堂藏宋本。

③ 《汉书》，第 107—108 页。

④ 《汉书》，第 730 页。

⑤ 《晋书》，第 457 页。

晋简1—41"解"字，《报告》释文作"觮"，而对照图版此字写作"觮"，《敦煌俗字典》收录此字并释作"解"①。此解即廨，《康熙字典·酉集上·角部》"解"字条云："又与廨同。《玉篇》署也。《商子·垦令篇》高其解舍。《左思·吴都赋》解署棋布。"则廨为公署之意，《水经注》卷三十九："赣水又北迳南昌左尉廨西"，此"左尉"与晋简"右尉"合为县府两尉，此制文献有征，《晋书·职官志》云："洛阳县置六部尉，江左以后，建康亦置六部尉。余大县置二人，次县、小县各一人。"② 又《续汉书·百官志》："尉，大县二人，小县一人"刘昭注引应劭《汉官》："大县，丞、左右尉，所谓命卿三人；小县，一尉、一丞，命卿二人。"③ 据此，晋简1—41右尉廨所在之县，当为大县，然而释文残缺，无法考实。与此相仿，晋简1—5所谓"都乡解"，也是县府公署，清人认为"东京人封都乡侯者甚多，都乡者近郭之乡，班在乡侯之上"④，正因为是近郭之乡，故其廨"在城里"就容易理解了。敦煌《寿昌县地境》残卷记载："（寿昌县）西北去州一百二十里，公廨一百九十五"⑤，此公廨之性质与晋简"都乡廨""右尉廨"性质相似，同为公署，则一县之公廨众多，晋简唯见此二例也。晋简2—181所记亦为公署，故附于此组。

5. 山川故迹物产资源：

　　晋简：2—198 和溪原出县和山
　　　　　2—200 桐梁溪原出县翁原山
　　　　　2—224 遄溪原出县阳山
　　　　　2—225 浦溪原出县阳山
　　　　　2—228 汉故长沙大守胡滕墓石虎石柱石碑
　　　　　2—242 汉故平舆令张喜墓石庙

---

① 黄征：《敦煌俗字典》，上海教育出版社2005年版，第197页。
② 《晋书》，第747页。中华本原文点作："洛阳县置六部尉。江左以后，建康亦置六部尉，余大县置二人，次县、小县各一人"，语义含混，今厘正之。
③ 《续汉书志》，《后汉书》，第3623页。
④ （清）卢弼：《三国志集解·魏志》卷五《后妃传》："初太后弟（卞）秉以功封都乡侯"条下引钱大昕语，中华书局1982年排印本，第176页。
⑤ 王仲荦：《敦煌石室地志残卷考释》，上海古籍出版社1993年版，第184页。

2—264 汉故郡察孝廉刘尚墓石碑

2—155 土地生菜葩葳蕸蘻落蓬莫蘘獩蕈蒨

2—153 蒤蕨蒀艾蓉薢菓蒡荇蔗茼蕶

2—156 土地生木松杨楮枼黄薪椒楠梓椶板榽柒枹

2—159 土地生草木中药者穷穷乌头术虎杖莉薲

2—154 土地生黄连药常调送自别为薄

2—261 土地生魚龟鳖鲵鳞鲠鲤 鲦 魦黄鲲鳜鳢

2—209 鲇鲤水生之属

2—180 土地生熊虎豹犺蛇（虵）蜈蚣蟾（蠢）能毒害人
陆生之属

2—183 土地养畜牛马羊猪犬鹅鸡鸭

2—162 羊兔羊猲蝺獴狶獐犴鳞陆生①之属

2—193 鸠旱鹃鶒黄雀鹰鹊□野鸭鸤鹆

2—234 进山未垯银坊罡一所土中有沙石可烧铸为银

2—240 大垯罡一所进山银坊罡一所土中有沙石烧铸为银

　　自班固创设《汉书·地理志》始，就有记录山川故迹物产资源的传统，笔者故将此类晋简编入城邑部分。第一小类晋简所述山川信息，传世文献中均无记载，所以无法考知其所属何县。第二小类晋简，胡腾墓在"耒阳县南六十里"②，胡腾似即胡滕，则其在耒阳。又《水经注》卷二十一云："按《桂阳先贤画赞》临武张熹，字季智，为平舆令"杨守敬按："《书钞》作张喜，喜、熹通。《汉志》闻喜，刘宽碑阴凡六见，俱作熹。《续汉志》安熹，晋、魏等《志》俱作喜，可证。"③张喜既为临武人，则其墓或当在临武。刘尚墓史料无征，故其属县乏考。第三小类晋简主要记录了桂阳郡境内的物产资源，其中特别值得注意的是，晋简2—154云"土地生黄连药常调送自别为薄"，所谓"自别为薄"，意味有单独一份目录记录常调物品，与此簿无关，据此可知，此类确属某簿，实即

————————

　　① 《报告》释文作"陆主之属"，对照晋简2—180"陆生之属"，可知此处显误，当作"陆生之属"。

　　② 《大明一统志》，卷64"衡州府"条，台北文海出版社1965年影印本，第4000页。

　　③ 《水经注疏》，第1785—1786页。

笔者所推测的"桂阳郡上计阶簿"。

上文按照不同类别讨论了苏仙桥晋简"上计阶簿"城邑部分的内容,需要特别强调的是笔者是按照以类相从的思路排定此组晋简,但是还有一种可能即原册是按照一县一县的顺序,在每一县内分别著录上述内容,因为晋简1—77云"右耒阳县",似乎是在叙述完耒阳县基本内容之后,说明右简即上述内容是关于耒阳县的。情况到底如何,还有待于苏仙桥晋简的全部公布。

(二)户口

这组晋简是《报告》中披露简数最多的一种,其中很多内容,从未见于传世文献,这里也分别简述之。

1. 户口总数:

晋简:2—60 领户九千七百五十六口三万二千二百四

此简应当是户口部分的首简,其所著录的户口数,笔者以为乃是桂阳郡太安二年的情况,《晋书·地理志》载桂阳郡的户数是一万一千三百[1],而《晋志》政区的标准年代是太康四年,其所载户数的标准年代应该与此相差不大,当为西晋全盛时之情况,而惠帝元康元年之后贾后乱朝、八王纷争,国无宁日,户口有所损耗是可以理解的[2]。另外,如此众多的户数绝不可能属于某县数据,所以可以断定当为桂阳郡之户口情况。郑樵《通志·艺文略》第四《地里》著录有《元康六年户口簿记》三卷[3],此《簿计》编纂的原始依据应当就是各地郡府每年呈交的"上计阶簿",户口皆俱,而唐初史臣在编撰《晋书·地理志》时仅仅录其户数,删去口数,使得一直以来研究者无从获知西晋郡级政区的口数情况[4],此组晋简的出土彻底改变了这一现状,为学界深入探讨西晋户口问题提供了基础资料。

---

① 《晋书》,第457页。

② 此后,五胡乱华,天下大乱,永嘉南渡后至南朝宋初大明八年时,桂阳郡虽仍领六县,而其户数则锐减至二千二百一十九,口数则为二万二千一百九十二。(《宋书·州郡志》)

③ (宋)郑樵:《〈通志〉二十略》,中华书局1995年版,第1576页。

④ 葛剑雄:《中国人口史》第一卷《总论、先秦至南北朝时期》(复旦大学出版社2002年版)第八章"魏晋南北朝人口数量",根本没有涉及西晋各州诸郡的口数问题,盖因史料阙乏之故。

2. 丁口总数：

> 晋简：1—12 其一千七百九十六人家一丁
> 　　　 1—46 三人家四丁
> 　　　 1—28 一人家五丁
> 　　　 1—35 定丁男一千九百八十九军将州郡县吏民士卒家丁
> 　　　 1—21 凡丁男二千六百七
> 　　　 1—51 口二千一百九十八①丁女
> 　　　 2—351 口卅七丁奴

西晋实行户调制，户数是政府征税的基本依据，丁口总数也是重要指标，所以笔者将此组晋简排在户口简之后。据晋简丁口可分为三个大类：丁男、丁女、丁奴，丁男内中又分为作为自由民身份的丁男和作为家丁身份的丁男两种，前者又分家有一丁、家有四丁、家有五丁等情况，也许还有家有二丁、三丁的情况，因为晋简 1—12、1—46、1—28 丁男共 1813 人，与晋简定丁男 1989 人，相差 176 人，这些差额应该就是家有二丁、三丁的丁男数。三类丁口共 6831 人，占本郡人口总数的 21％。

3. 其他人口：

这组晋简的内容异常复杂，笔者拟再分为几类进行探讨：

（1）老小人口。《晋书·食货志》明确记载了西晋太康元年老小之制："及平吴之后……又制户调之式……男女年十六已上至六十为正丁，十五已下至十三、六十一已上至六十五为次丁，十二已下六十六已上为老小，不事。"② 此制规定了六十五岁以上男女为老，十二岁以下男女为小，均无须承担赋税。苏仙桥晋简有四支记录了老男、老女、小女人口情况：

> 晋简：1—11 其口二百六十二老男
> 　　　 2—33 口二百卅八年六十一以上六十五以还老男

---

① 《报告》释文作"九十六"，今细核本简图片，当为"九十八"。
② 《晋书》，第790页。

2—352 口二百九十二老女

1—57 口三千六小女

晋简 2—33 明确记载了在本郡 262 名老男中，有 248 人年龄在六十一至六十五岁之间，则至迟到晋惠帝太安二年时武帝太康老小之制已经变更，六十岁以上即为老，而此时多少岁以下为小，则不得而知。此类晋简理应包含小男内容，很有可能在未披露部分中可以找到相应记载。

（2）癃病人口。有四支晋简专门记录了癃疾男女的情况：

晋简：1—60 口七百六微癃男

　　　2—46 口三百九十四微癃男

　　　1—36 口一百卅笃癃①男

　　　2—71 口七百卅三笃癃女

《史记》卷六十九《平原君列传》："臣不幸有罢癃之病"条裴骃《集解》引徐广曰："癃音隆，癃病也。"司马贞《索隐》云："罢音皮，癃音吕宫反，罢癃，背疾，言腰曲而背癃高也。"② 据此，则所谓微癃为轻度驼背，笃癃为重度驼背，此类人口单列似乎都有蠲免赋税的待遇。据北宋本《通典》卷七《食货七》载："开元二十五年户令云：诸户主皆以家长为之，户内有课口者为课户，无课口者为不课户，诸视流内九品以上官及男年二十以上③，老男、废疾、妻妾、部曲、客女、奴婢皆为不课户。"④ 唐开元时废疾不课，可与此组晋简相比照也。

（3）各色人口。苏仙桥户口简中还有一批内容驳杂的晋简，笔者将之合为一组如下：

晋简：1—23 口八南昌度支木工

---

① 《报告》晋简 1—36 释文写作"癃"，今对照图片当作"癃"，其他类似晋简因无图片对照，暂依《报告》释文作"癃"。晋简 1—60、2—46 皆载微癃男口数，疑其中一简应作微癃女，方合此组微癃男女、笃癃男女的著录格式。

② 《史记》，第 203—204 页。

③ 点校本《通典》校勘记云：此"上"当作"下"，中华书局 1988 年版，第 165 页。

④ 北宋本《通典》，第一册，第 256 页。

2—118 口廿三酒工

1—25 口廿二捕虎工

2—138 口五十捕虎工

2—143 口卅四医工

1—39 口一十四郡县医工

2—146 口一千七百卅八采银夫

1—34 口八冶民

2—145 口一锻工在洛

1—56 口卅六尉健民邮亭津民

1—29 口四郡内徒

2—353 口一郡内徒

2—354 口二武昌徒

1—59 口一十一衣食客

1—50 口十七郡县员卒

1—76 口七被甲午诏书赐署王官子弟

2—124 口九十七南戍武吏

1—63 口一威远士

这组晋简中反映了桂阳郡户口成分非常多样复杂，这些名目繁多的各色人口，在西晋其他地区应该也有存在，为今天研究者了解当时社会层面的种种情况提供了线索。而且这组晋简当中的一些特殊身份人员与其他晋简反映的情况有着紧密联系，如据晋简2—156"土地生木松杨楮柒黄薪椒楠梓楪板樜枲枹"，则桂阳郡木种资源丰富，又据晋简1—23有隶属南昌度支的木工来此地伐木；又如晋简2—180"土地生熊虎豹狙蛇蜈蚣蟮能毒害人陆生之属"，由于当地虎害猖獗，郡府甚至专门成立了捕虎小组，晋简1—25、2—138所记捕虎工就反映了这一情况；又据晋简"2—234进山未圻银坊罡一所土中有沙石可烧铸为银"，则当地产银，故晋简2—146、1—34、2—145分别记录了采银、冶炼、锻造各道工序工人的人数；又据晋简1—22郴县呈乡有献酒馆，而晋简2—118则记录了当时有职业酒工23人。地方政府在"上计阶簿"中不厌其烦地详细记录这些特殊人群的人数，笔者大胆推测可能是与其因从事某种工作或因为某种身份而得以免除国家赋税或劳役有着很大联系。

4. 生死情况：

　　　晋简：2—86 一岁死五百二人其

　　　　　　二百五十六人男　　廿五人奴

　　　　　　一百九十五人女　　廿六人婢

　　　　　2—35 率计五十五人死一人余奇五十九人

　　　　　1—38 率计七人生一人余奇一千廿七人

　　　有三支晋简记载了一组生死人口数据，笔者认为这应当是"桂阳郡上计阶簿"户口类的最末一项内容，简文主要是分为生死两个部分，晋简 2—86、2—35 详细记录了一岁中本郡死亡人口总数，并详列其中男女奴婢各色人数，最终在此基础上计算出死亡人口占人口总数的比例，这种记录方法在以往的历史文献中是从未出现的。晋简 1—38 只记录了出生人口比例，按照上述样式，应该有一支晋简专门记录出生人口的总数，以及各色人数。根据晋简 2—86、2—35 所载数据，我们可以计算出当时的人口基数是 27669 人，减去晋简 1—38 所载余数 1727 人，再除以比例 7，得出一岁出生人数为 3806 人，所有这些数据应该是去年一岁中的情况。用出生人口 3806 人减去死亡人口 502 人为 3304 人，再加上人口基数得出今年人口总数应为 30973 人，与晋简 2—60 所载 32204 人相差 1231 人，这大概与外来人口流入等其他人口增长因素有关。这组晋简是目前所知唯一一份关于古代郡级政区年出生死亡人口数据的文献，对研究古人人口问题提供了全新资料。在"上计阶簿"中如此细致地著录这些数据，反映出西晋政府对于人口问题的重视。

（三）田租

　　　这组晋简包含了大量田制租赋方面的信息，在很大程度上弥补了传世文献的不足，廓清了此前研究者对此的种种猜测，具有极为重要的研究价值。笔者依据晋简内容，将其分为两组分别进行讨论。首先，是关于郡级政区田亩的内容：

　　　晋简：1—64 领堤封水陆田十七万一千三百五十七顷五十亩

　　　　　　2—174 十四万四千廿顷六十五亩不任垦

2—403 其五千九百七十九顷卅五亩任垦

1—43 出限外水陆田五百八顷三备不应收租

1—49 八十顷新 开 限外田

2—173 其卅九顷五十七备半限外水田

1—33 七十顷廿三备半绐田

1—42 六十一顷卅九备半绐田

1—52 七十四顷八十六亩麻田

2—192 七十六顷一十亩粟田

　　尹湾木牍《集簿》在记录东海郡所领田亩数时写到"提封五十一万二千九十二顷八十五亩二□……人如前"①，晋简 1—64 格式与之相仿记录了桂阳郡水陆田的田亩总数，所以将之定位首简，晋简 2—174、2—403 则分别记录了其中任垦和不任垦的数目。据《晋书·食货志》："男子一人占田七十亩，女子三十亩。其外丁男课田五十亩，丁女二十亩，次丁男半之，女则不课。"② 又据晋简 1—35、1—21、1—51 其时桂阳郡有丁男 4596 人，丁女 2198 人，按照占田制，共应占田三千八百七十六顷六十亩，在任垦亩数的范围之类，其中应课田为二千七百三十七顷六十亩。晋简 1—43、1—49、2—173 记载了限外田田亩情况，限外田制，文献乏考，长沙走马楼吴简《嘉禾吏民田家莂》将民田分为两大类：二年常限田和余力田，吴简整理者认为："余力田，大概是田家'行有余力'而自行开垦的荒地"③，笔者认为晋简所谓限外田或许即为常限外田的意思，在某种意义上也许与吴简所谓余力田有相通之处，据晋简 1—43 这类限外田无须收租，而吴简余力熟田需要缴纳一定的田租，这是二者的区别所在。另外，此组晋简还记录了种植其他作物的田亩情况。其次，是县级政区田亩租赋的内容：

　　晋简：1—53 县领水田八百一十八顷一亩六十步

　　　　　2—387 今年应田租者八百四顷五十六亩六十步定入租谷

---

① 《尹湾汉墓简牍》，中华书局 1997 年版，第 77 页。

② 《晋书》，第 790 页。

③ 《长沙走马楼三国吴简·嘉禾吏民田家莂》，文物出版社 1999 年版，第 71 页。

三万二

1—30 千一百八十二斛五斗依丁亥诏书稻矿一斛

1—20 入米四斗五升合为米一万四千四百八十二斛

1—32 一斗二升五合别收责输付耒阳氏阁

2—406 十万六千五百六十八斛七斗一升五合四勺三撮

　　《报告》中有几支晋简涉及田租问题，笔者发现其有着紧密的内在联系，遂将之缀合为一组，加以讨论。有学者研究，秦汉田制：每亩宽一步，长二百四十步①，又《晋书》卷四十七《傅玄传》云："古以步百为亩，今以二百四十步为一亩"②，又北宋本《通典》卷二《田制下》："大唐开元二十五年令：田广一步、长二百四十步为亩，百亩为顷"③，又据天一阁藏宋天圣令《田令》第二十一："诸田广一步、长二百四十步为亩，亩百为顷"④，则自先秦至唐宋皆承此制，相沿未替，故晋简所谓"六十步"当为四分之一亩。根据晋简 2—387、1—30，可知该县征收田租的田亩基数是 80456.25 亩，一共征收谷物为 32182.5 斛，借此可以推算出当时的租额恰好就是每亩四斗，分毫不差。这是目前所知关于西晋田租租额最精确的材料，传世文献相关记载仅见宋本《初学记》卷二十七《绢第九》所引《晋故事》："凡民丁课田夫五十亩，收租四斛，绢三匹，绵三斤。"⑤ 这里"收租四斛"的田亩基数不明，一般认为就是五十亩的租额，那么每亩租额则为八升，与晋简所记每亩四斗相差五倍，从正常理解的角度来看，即使西晋租额有先后变化，这么大的差距也是不太可能

　　① 详参孔祥军《秦简牍所载农田形制与管理研究》，《南京农业大学学报（社会科学版）》2009 第 1 期。

　　② 《晋书》，第 1321 页。

　　③ 《通典》，第 1 册，第 166 页。

　　④ 《天一阁藏明钞本天圣令校证》，中华书局 2006 版，第 253 页。

　　⑤ 徐坚：《初学记》，台北艺文印书馆 1979 年影印南宋绍兴十七年余十三郎宅刻本。点校本《初学记·点校说明》（中华书局 1962 年版）云："（明嘉靖）安氏所据的残宋本是否真宋刻，还是个疑问，因为后来各藏书家从没有见过宋本。"然而据王鸣盛《尚书后案》卷三"三江既入"条云："《初学》引称为郑元孔安国注，殊不可解。予据绍兴四年东阳麻沙刘朝宗宅刻，有右修职郎建阳县丞福堂刘本序，虽宋版下品，究胜俗刻，当无误。但徐坚不通经，称引舛误不足怪，而其为此节之注，则无可疑。"（《清经解》，凤凰出版社 2005 年影印本，第 3235 页）王氏明谓有此南宋刊本，点校者云"后来各藏书家从没有见过宋本"，可谓失于检寻，武断甚矣。此本虽与王氏所云非同书，然天壤间确有宋本，王鸣盛不吾欺也。

的，笔者大胆推测"收租四斛"之"斛"应为"斗"之讹，收租四斗是指每亩租额，与前文"夫五十亩"没有关系，这样借助晋简我们不但了解到西晋租额，而且厘正了文献讹误，为进一步深入研究西晋经济问题提供了可靠的资料。晋简2—406记录了一组数据，前后简文不明，笔者怀疑是桂阳郡一岁田租总额，若用每亩四斗的租额进行换算，得出其纳租田数大致为两千六百六十四顷二十一亩，与上文计算出桂阳郡丁男、丁女应课田数二千七百三十七顷六十亩，相差七十三顷三十九亩，误差不算很大①，基本上可以与文献相关记载相印证。有学者认为，西晋征收租粟是以户为单位②，或以丁为单位③，而根据苏仙桥晋简西晋租粟乃是随田收取，与户、丁皆无关，前述看法无疑都是错误的。

（四）乡亭邮驿

这部分内容十分庞杂，简数理应很多，然而《报告》所披露部分简文残缺严重，这对重新编联缀合带了很大难度，笔者尝试合为一列如下：

晋简：1—26 都邮南到谷驿廿五里吏黄明士三人主

　　　2—374 谷驿南到故松泊邮十五里废无居人

　　　2—166 松泊邮南到德阳亭廿五里吏区浦民二人主

　　　1—40 德阳亭南到郴界十里

　　　1—55 都邮北到故佳邮十里废无居人

　　　1—74 挛德亭到故佳邮六里废无居人今置迷桥驿

　　　1—4 迁度亭西到故长连邮廿五里废无居人

　　　1—6 长连邮西到深浦亭十五里不在正路依已卯诏书省

　　　1—75 长听驿北到故万年亭二里吏区 宽 民二人主

　　　1—27 万年亭北到湘东利阳县界十五里

① 可能有各种原因造成应收数与实收数之间的差额，如收缴不及时、各种蠲免政策，等等。唐长孺认为占田只是空洞的准许人民有权占有法令上所规定的田亩，至于占到占不到那是另外一个问题，《西晋田制试释》收入《魏晋南北朝史论丛》，河北教育出版社2000年版，第47页。从苏仙桥晋简所记载内容来看，晋惠帝太安时期桂阳郡丁口还是基本上按照法令占有了田亩，并非形式上的允许占有而已。

② 梁方仲：《中国历代户口、田地、田赋统计》，上海人民出版社1980年版，第470页。

③ 唐长孺：《西晋田制试释》，《魏晋南北朝史论丛》，第54页。

2—44　南界水道督邮传去县二百里南到水界六十里

2—359　洛泉邮西北到松亭十五里不在正路依己卯诏书省

2—384　和邮到两桥驿一百廿里吏李频士四人主

2—386　故谷亭一所废无居人

1—7　采村

1—45　桐村

1—47　罗州村

1—48　止渚村

1—62　廉村

　　晋简 1—26、2—374、2—166、1—40 是唯一可以连缀为一组的简文，据此可知，时人在描述乡亭邮驿时是诸项并举的，从都邮→谷驿→松泊邮→德阳亭→县界，而不是从邮至邮，从驿至驿，从亭至亭，这与传世文献相关记载可以互证。《续汉志·舆服志上》载："驿马三十里一置"，刘昭注云："东晋犹有邮驿共置，承受傍郡文书。有邮有驿，行传以相付。县置屋二区。有承驿吏，皆条所受书，每月言上州郡。《风俗通》曰：今吏邮书掾、府督邮，职掌此。"[①] 则邮驿之设意在传递文书也。从地理位置来看，这组晋简叙述了郴县正北地区的情况，应当是便县县内的乡亭邮驿系统，所以笔者认为在"上计阶簿"中是按照县别的顺序逐一记录本县内的乡亭邮驿情况。又据上引《续汉志》邮、驿似乎均有专门人员值守，晋简 1—26 记录谷驿有"吏黄明士三人主"、晋简 2—384 记录两桥驿有"吏李频士四人主"，或许即是张昭所谓"承驿吏"。而诸邮则未见相关记载，这或许与晋简所载所至诸邮恰好均"废无人居"有关，另外，"不在正路"之亭也会"依己卯诏书省"。此外，晋简 2—166 记录德阳亭有"吏区浦民二人主"、晋简 2—166 记录万年亭有"吏区宽民二人主"，未见设立亭长之文，据《晋书·职官志》县府属吏唯有都亭长[②]，现代学者认为都亭长为城内之亭长[③]，则西晋时已不专设亭长之职，此与晋简所见相合。

---

①　《续汉书志》《后汉书》，第 3652 页。

②　《晋书》，第 746 页。

③　陈直：《秦汉爵制亭长上计吏三通考》，《西北大学学报》1997 年第 3 期。

除了上述问题，苏仙桥晋简还为研究邮驿乡亭间隔距离提供了重要资料。据张家山汉简《二年律令·行书律》简264云："十里置一邮。南郡江水以南，至索南水，廿里一邮。"① 此十里、廿里置一邮之说。又据《续汉书·百官志》"亭有亭长"条刘昭补注云："《汉官仪》曰：'……设十里一亭，亭长、亭候；五里一邮，邮间相去二里半……'"② 此十里置一亭、五里置一邮之说。而据晋简都邮至松泊邮四十里，都邮至故佳邮十里，迁度亭到深浦亭四十里，与汉制各说均不同，而且就设邮距离来说，一为四十里，一为十里，似乎没有一定之制，而是因地而设，随需而置。

此外，还有五支晋简记录了不同村名，为最基层的聚落单位。

（五）绵绢贾布

西晋实行户调赋税制，《晋书·食货志》载："及平吴之后……又制户调之式：丁男之户，岁输绢三匹，绵三斤，女及次丁男为户者半输。"③ 这是关于西晋户调制的唯一文献记载，苏仙桥晋简的出土进一步丰富了我们对此问题的认识。

> 晋简：1—65 四年五年六年七年八年九年永康元
> 　　　2—363 年永宁元年二年户调绵绢贾
> 　　　1—24 定余三万九千四百廿八匹六寸二分半
> 　　　1—31 其出一百六十四匹依丙寅诏书雇募市银贾
> 　　　1—44 今年户调绵绢贾布一万七千六百七十三匹别收责

据此诸简可知，桂阳郡是将所收绵、绢二项赋税转买成布匹进行库藏，因为现有资料不足，无法获知当时绵、绢、布的大致价格，所以也就无法准确计算出户数与调额之间的比率和关系了。除了每年向中央政府输送一定额度的布匹外，郡府还有相当数量的布匹库存，用于地方政府的各种开支，相关数据都有详细记录，作为重要内容写入"上计阶簿"。

---

① 《张家山汉墓竹简》，文物出版社 2001 年版，第 169 页。
② 《续汉书志》《后汉书》，第 3624 页。
③ 《晋书》，第 790 页。

上文分为五个部分对苏仙桥晋简所见城邑、户口、田租、乡亭邮驿、绵绢贾布等诸项内容进行了初步复原和研究，试问什么样的文书档案能够在简文数量不算大的前提下统摄这么庞杂丰富的内容，所以说笔者认为苏仙桥部分晋简为"西晋桂阳郡上计阶簿"的存档副本，是完全有理由和根据的。

附谢：本文从获知苏仙桥晋简相关信息，到撰写完成，均受到复旦大学史地所孟刚见的提示和鼓励，在此文发表之际，谨致以衷心的感谢！

徽州宗族名贤争夺与冲突研究

——以婺源"二胡争祀"案为中心

冯剑辉

（黄山学院）

徽州是中国传统宗族社会最为典型的地区之一，明清时期名门望族所在皆有。判断一个宗族是否属于名门望族有许多条件，宗族祖先名贤辈出往往是一项非常重要的条件。明代弘治年间，休宁著名文学家程敏政纂修《新安程氏统宗世谱》时，在序言中以极长的篇幅回顾了程氏宗族从西周晚期至明代早期长达 2000 余年的辉煌历史，列举了程伯休父、程婴、程普、程元谭、程颐、程颢等多位大名鼎鼎的宗族祖先，尽管其中一些人与徽州程氏的族属关系并不牢靠，却丝毫没有影响到程敏政笔端洋溢的强烈自豪感①。虽然很多宗族在家谱里赞美狄青不攀附狄仁杰、鄐夷郭崇韬妄祖郭子仪，强调本族家谱渊源可靠，但实际上攀附名贤的现象在许多宗族中依然严重存在。同姓而不同宗的强宗大族如果都声称是某一名贤的后裔，而又无法找到为双方公认的家谱世系，往往会产生矛盾。此类矛盾形诸笔墨后，产生了家谱中的考辨文献，而徽州家谱中谱辨、谱考数量之多，已经成为了一种值得注意的宗族文化现象。

本文考察的重点是婺源两大胡氏宗族围绕乡贤胡方平与胡一桂父子的族属问题而展开的长期争夺。胡方平父子是宋元时期新安理学重要代表人物，而婺源胡氏则向分清华常侍与考川明经两大派，也都是徽州著名大族，两族自唐末就已经分开而互不统属，但在明代却都声称胡方平父子为

---

① （明）程敏政：《新安程氏统宗世谱》序，明成化十八年（1482）刻本，上海图书馆藏。

本族所出，并为此爆发了严重冲突，直至对簿公堂。双方各有凭恃，却又都缺乏过硬证据，从晚明至清初缠讼百余年，过程相当曲折。攀附以至争夺名贤，在家谱中屡见不鲜，但如此缠讼的却着实少见，因此，分析此一个案，对深入了解徽州宗族文化的特点具有典型意义。

一　二胡争祀案的背景：婺源清华常侍胡氏、考川明经胡氏与胡方平父子

1. 婺源清华常侍胡氏与考川明经胡氏的由来

婺源胡氏的两大派——清华常侍派与考川明经派——均称始祖于唐末迁徽州，但来源各有不同，以下按明代嘉靖年间《新安名族志》所载，对两族唐末的来历做一简介。

清华常侍胡氏自称出于安定胡氏，唐末胡瞳迁歙县黄墩，其子胡学再迁婺源清华：

> 清华，在邑北六十里。唐开元古县治也，出安定郡之永昌公后，至汉有曰广者，为时名臣，称"天下中庸"。历传曰瞳者，宦寓宣徽，家于新安黄墩，生子学，字真翁，号东山，咸通九年登郑从谠榜进士，僖宗朝讨巢寇有功，历官宣歙节度讨击使、银青光禄大夫、检校国子祭酒兼殿中侍御史、散骑常侍，光启三年诏加御史中丞，由黄墩徙居清华，生子八人：曰延简、延升、延厚、延晖、延稀、延乐、延鲁、延照，世家于此。①

考川明经胡氏则自称祖先出于李唐皇室，由婺源人胡三收留，为避朱温之难改为胡姓，迁至婺源考水（即考川）：

> 考水，在邑北三十里。其先出陇西李唐宗室之后。朱温篡位，诸王播迁，曰昌翼者逃于婺源，就考水胡氏以居，遂从其姓。同光乙酉，

---

① （明）戴廷明、程尚宽：《新安名族志》前卷，明嘉靖三十年（1551）刻本，安徽省图书馆藏。

以明经登第，义不仕，子孙世以经学传，乡人习称"明经胡氏"。①

常侍胡与明经胡在徽州六县都有迁派，迁居在外地的后裔也很多，同为徽州大族。两派的家谱纂修记录都可上溯到宋代，存世的家谱则基本是明代中期以后的。

2. 胡方平、胡一桂父子其人其事

胡方平、胡一桂父子是载入正史的徽州乡贤，《元史·胡一桂》传称：

> 胡一桂字庭芳，徽州婺源人。父方平。一桂生而颖悟，好读书，尤精于《易》。初，饶州德兴沈贵宝，受《易》于董梦程，梦程受朱熹之《易》于黄榦，而一桂之父方平及从贵宝、梦程学，尝著《易学启蒙通释》。一桂之学，出于方平，得朱熹氏源委之正。
>
> 宋景定甲子，一桂年十八，遂领乡荐，试礼部不第，退而讲学，远近师之，号双湖先生。所著书有《周易本义附录纂疏》《本义启蒙翼传》《朱子诗传附录纂疏》《十七史纂》，并行于世。②

可见，胡方平、胡一桂学术渊源出于朱熹嫡派，均为新安理学的著名学者，精于《易学》。胡一桂著述尤多，影响很大，明初修《元史》将他列入了《儒学传》中，永乐年间修《周易大全》以胡一桂著述为蓝本之一，清乾隆年间纂修的《四库全书总目提要》中易类目录提要中也多次引用胡一桂之说。明弘治年间，婺源县政府在县治东馆驿故址为胡一桂建双湖先生祠，进行专祭，并正式列入祀典。③ 嘉靖年间，胡方平、胡一桂都列入婺源县乡贤祠祭祀④，清代进一步列入徽州府乡贤祠⑤。

徽州编纂的各类志书中对胡方平父子的记载比《元史》详细得多。明代弘治年间，程敏政编纂的《新安文献志》中有汪幼凤所撰胡方平父子的传记：

---

① （明）戴廷明、程尚宽：《新安名族志》前卷。

② （明）宋濂：《元史》卷一百八十九《胡一桂传》，中华书局2000年版，第2888—2889页。

③ （明）汪舜民：《徽州府志》卷五《祀典》，明弘治十五年（1502）刻本，中国国家图书馆藏。

④ （明）何东序：《徽州府志》卷十《祀典》，明嘉靖四十五年（1569）刻本，安徽省图书馆藏。

⑤ （明）马步蟾：《徽州府志》卷三《营建志》，清道光七年（1827）刻本，安徽省图书馆藏。

胡玉斋方平，婺源人。曾伯祖昴，政和间由辟雍第，尝与朱韦斋有同邑同年之好。曾祖溢，绍兴初复继世科，因伯氏交于韦斋，获闻河洛之论，而朱子则世好也。方平早受易于介轩董梦程，继师毅斋沈贵瑶，沈实介轩上游，而介轩乃盘涧从子，得其家传者，盘涧受易于朱子之门最久。方平研精易旨，沉潜反复二十余年，尝因文公《易本义》及《启蒙》注《通释》一书，又《外易》四卷，考象求卦，明数推占。又有《易余问记》……

长子一桂，字庭芳，生而颖悟，好读书，尤精于易。景定甲子，年十八，领乡荐，试礼部，不第，退而讲学，得朱氏源委之正。尝入闽博访诸名士，以求文公绪论。建安熊禾去非方读书武夷山中，与之上下议论。归则裒集诸家之说，疏朱子之言为《易本义附录纂疏》《本义启蒙翼传》……一桂又为《诗传附录纂疏》《十七史纂》《人伦事鉴》《历代编年》诸书，并行于世。一桂居之前有二小湖，自号"双湖居士"，远近师之，号"双湖先生"。①

按，汪幼凤曾在元至正末年主笔纂修婺源县志，他是元代晚期人，上距胡一桂父子为时不远，由于各类传世文献包括家谱在内，尚没有发现胡方平父子的行状、墓志之类更为详细的传记资料，所以汪幼凤此传是研究胡方平父子生平最重要的资料。

3. 关于胡方平父子族属的早期记载

胡一桂去世之后，后裔迅速衰落②，以至其父子虽载入正史，却未见其行状、墓志。无论是常侍胡氏抑或明经胡氏的家谱，对其事迹的记载皆未超过汪幼凤的叙述，故确定其族属有相当多的困难。

---

① （明）程敏政：《新安文献志》卷七十，明弘治十年（1497）刻本，中国国家图书馆藏。

② 按，明正德年间，程曈编辑《新安学系录》，称胡方平"名允，字方平，一号潜斋，见诸翰墨、全书可考也。县志、史传皆逸其名，《易经大全·先儒姓氏》乃两出之"。（参见程曈《新安学系录》卷十，《四库全书存目丛书》史部第90册）。今检阅明永乐年间所编《周易传义大全·先儒姓氏》（文渊阁《四库全书》第28册），确有"玉斋胡氏方平"与"潜斋胡氏允"。虽然程曈所见胡方平墨迹今日不能得见，其说应有所据，则婺源县志胡方平传中，名号尚有阙疑之处。汪幼凤修县志时距胡一桂去世并不太远，竟已无从得知，则胡方平后裔之衰微，可以想见，或者竟至绝传，亦未可知。

对于祖先的来历，胡一桂在《致谢枋得书》中曾简略谈及其家世，《新安文献志》记载如下：

> 二月六日，新安学生前乡贡进士胡一桂，谨熏沐裁书，百拜献于提刑殿讲迭山先生阁下：……某安定微宗，古歙士族，五六岁而读父书，十八而登名天府。①

胡一桂并没有详细谈及祖先源流，书中"安定""古歙"之称，都是约略之词，难以凭此认定其族属。

不过，同为宋末元初的考川人胡次焱曾撰有《论始祖》、《论姓氏》等专文，认为考川胡氏应当以胡三为义祖，以胡昌翼为始祖。胡三虽系出安定，但胡昌翼本是李姓，后冒胡姓，故考川胡氏"当以明经别其氏"②，以示与安定胡氏的区别。因此明经胡氏的家谱称："明经胡氏要皆以考水为宗，称明经者，别于安定胡氏也。"③ 胡一桂既自以为系出安定胡氏，则他属于明经胡氏的可能性确实较小。

虽然胡方平父子本人的传世文献中难以寻找到其族属所出的确切证据，但从其他文献中仍然可以做大致的推测。《新安文献志》卷首《先贤事略》称"胡玉斋方平，婺源梅田人"④。弘治《徽州府志》载胡方平父子，也都称其为婺源梅田人，⑤ 则胡方平父子属于婺源梅田胡氏。对梅田胡氏的来历，元代陈栎所纂《新安大族志》在"婺源大族胡氏"条中有如下记载：

> 清华派，邑北六十五里，永定郡王永昌公后迁此。
> 梅田派，邑南六十里，出清华派常侍后。
> 考水派，邑北三十里，先世陇西李唐宗室之后，朱温篡位，诸王

---

① （明）程敏政：《新安文献志》卷十。

② （明）胡次焱：《梅岩文集》卷五，文渊阁《四库全书》第1188册，台湾商务印书馆1985年版。

③ （明）胡陆秀：《考川明经胡氏宗谱》序，清道光九年（1829）刻本，黄山学院图书馆藏。

④ （明）程敏政：《新安文献志·先贤事略》。

⑤ （明）汪舜民：《徽州府志》卷七《人物志》。

奔徙，有曰翼者逃于考水，就胡氏以居，遂从胡姓。①

结合上述诸志所载，胡方平父子属于清华常侍胡氏迁梅田支的后裔。

陈栎与胡一桂为同时代人，同为新安理学宿儒，过从甚密，陈栎文集中载有两人来往书信多通。陈栎所撰胡一桂祭文中称：

> 我侍先生，自岁丁酉。迩年以来，罕得聚首。泰山北斗，心常仰悬。自京南归，书问屡传。近者秋孟，先生赐访。留仅七日，莫淹归鞅。期以秋季，为我再来。许一月留，方赋归哉。仅辱遗赐，一经堂记。匆匆奉答，尚邀再至。十月下旬，董君走伻。报公捐馆，临没寄声。欲托以孙，来我家塾。②

据此，陈栎从大德元年（丁酉，1297）与胡一桂订交，至其去世，双方交往二十余年。陈栎奉胡一桂为泰山北斗，胡一桂对陈栎也很尊重，临终时更将其孙托付于陈栎。以双方交往之深，陈栎对胡一桂家族情况必定有所了解，他在《新安大族志》中称梅田胡氏出于清华常侍派必有所据。正因为如此，明代嘉靖年间的《新安名族志》沿袭了陈栎之说，对婺源梅田胡氏记载如下：

> 梅田，在邑南六十里。出清华常侍公后，至宋六世曰铉，曰铨，登元丰进士。七世曰昂，政和间由辟雍第官至太常。八世曰益，绍兴初分路省元。十一世曰方平，字师鲁，号玉斋，习《易》，得朱子正传，著《易通释》等书。十二世曰一桂，字廷芳，号双湖，颖悟好学，景定中，十八魁乡，举进士，因胡元入主，退而讲学，尤精于《易》，远近师之，居尝衷集诸家之锐，疏朱子之言，篇《易本义纂》《十七史纂》《启蒙易传》，又著《诗传附录纂类》《人伦事鉴历代编年》等书行世。③

---

① （明）陈栎：《新安大族志》上卷，清康熙六年（1667）程以通补校刻本，安徽省图书馆藏。

② （明）陈栎：《定宇集》卷十四，文渊阁《四库全书》第1205册。

③ （明）戴廷明、程尚宽：《新安名族志》前卷，明嘉靖三十年（1551）刻本。

《新安名族志》的这段记载，是综合《新安大族志》、《新安文献志》与《婺源县志》而成的。但是其中提到胡方平祖上胡铉、胡铨、胡昂、胡益等人科举仕宦事迹，则是新增的内容。

总之，胡方平父子的族属问题，虽然在他们本人的传世文献中找不到明确的记载，但出于常侍胡氏是流传较早也较有根据的说法。不过，此问题后来却引发了长期的争论和缠讼。

二　明代晚期至清代早期的婺源"二胡争祀"案

1."二胡争祀"案的爆发

胡方平父子的族属之争，是从明代中期开始的。天顺年间，明经胡氏宗族因其祖上胡次焱、胡炳文弘扬程朱理学有功，"诏裔孙二人奉祀，礼部给有勘合"①。奉祀裔孙称为奉祀生，由官府发给衣巾，主持专祠祭祀，成为具有一定社会地位的儒学缙绅。在这之后，明经胡氏中逐渐出现了胡方平父子也是明经派的声音，更有族人自称为胡一桂后裔。正德五年（1510），明经胡氏族人将胡一桂遗文搜集成编，刊刻《双湖先生文集》，汪玄锡为之作序称：

> 我婺考川明经胡氏时有名儒七人，学业实崇，著作亦广，并以贤
> 称，名垂不朽。内有名一桂字廷芳号双湖者，幼慕紫阳，登科不仕，
> 入闽访究，遂得真传。②

此序称胡方平父子属明经胡氏名儒行列，已然埋下了二胡相争的种子。

万历十二年（1584），明经胡氏重修明经书院，请婺源籍御史藩士藻作记，再次称胡方平父子属于明经胡氏：

> 吾乡推毂世家，首考川胡。其鼻祖昌翼公，以唐太子存一线于民
> 间，举后唐明经，义不仕，玩易讲道，故称明经胡氏，以别族也。世

---

① （明）胡陆秀：《考川明经胡氏宗谱》非宗冒祀判断详文。

② （明）胡一桂：《双湖先生文集》序，《续修四库全书》第1322册，上海古籍出版社2002年版。

有贤者若司业、若玉斋、若孝善、若梅岩、若双湖、若石邱，而云峰先生以易显。①

此序中所列诸名贤中，司业为胡伸，玉斋为胡方平，孝善为胡斗元，梅岩为胡次焱，双湖为胡一桂，石邱为胡默，云峰为胡炳文，合称为明经胡氏"七贤"。

明经胡氏上述举动都是公开的，但尚未触犯到常侍胡氏的实际利益，加以常侍胡氏中自称为胡方平后裔的支系长期衰微，因此没有引起常侍胡氏的足够注意和重视。但是，万历四十年（1612），明经胡氏中的胡锦鳌、胡士贤等自称为胡方平嫡系后裔，上呈官府，援引胡次焱、胡炳文之例，要求承认其为胡方平、胡一桂后裔，发给衣巾，主持祭祀，而常侍胡氏认为这纯属本派应得权益，双方矛盾迅速激化。为争夺奉祀生资格，两大宗族爆发了长期的诉讼，持续上百年。

2. 明代晚期的诉讼

常侍胡氏家谱中保存了明代万历和崇祯年间的诉讼资料。万历四十年（1612），胡锦鳌援例要求奉祀衣巾之后，常侍胡氏中自称为胡方平后裔的胡明、胡圣、胡应贤等散布揭帖，揭露胡锦鳌"非族冒祖、胧拐衣巾"，并向徽州府学和婺源县提出控诉。常侍胡氏在控诉中指责胡锦鳌称胡方平为明经后裔有"十怪诞"之处，而胡方平为常侍后裔则有"十明征"，其主要内容可概括如下：

《新安名族志》明确记载梅田派出自常侍胡氏，与明经胡氏风马牛不相及；

景泰年间和嘉靖年间常侍胡氏家谱明载胡方平父子，世系清晰；

胡一桂葬在庚师坞，其金业一直在常侍胡氏后裔税户下，有鱼鳞册可查；

弘治年间，县城内胡一桂祠被烧毁，由常侍胡氏生员出面呈请官府，并捐银重建，有案卷可查；

徽州府县志从未提及胡方平父子出自明经胡氏；

明经书院有过多次兴修，在潘士藻之前，应邀为其撰记的有泰定年间吴澄、成化年间程敏政，只提及胡次焱与胡炳文，而从未提及胡方平与胡

---

① （明）胡陆秀：《考川明经胡氏宗谱》卷首。

一桂；

胡一桂名声远高于胡炳文，《元史》中胡炳文是附在胡一桂传内提及，但正德年间以前，明经胡氏曾多次刊刻过胡炳文的文集，却从未刻过胡一桂的著作；

景泰、成化、正德年间，礼部和地方官府为胡炳文建祠的公文中，从未提及过胡一桂；

正德年间以后，明经胡氏文献中提及胡方平、胡一桂之处，都是蓄意编造的。①

常侍胡氏在诉讼中还指控胡锦鳌、胡士贤等人窃取奉祀资格后，转卖图利，为打击真正的胡方平后裔胡明等人，狡计百出，乃至拦路抢劫、谋害人命：

> 讵非族考川无耻生员胡昌奇魑魅其心，鬼蜮其迹，徒冒我祖，认是伊祖，呈请云峰，魆插双湖，令人莫觉。始以混名胡锦鳌顶作嫡裔具申，微蒙学院老爷准查，即以锦鳌名转卖林村胡学武，得银三十余两，概邑通知。使果考川应得衣巾，肯以囊中物弃而卑之林村乎？夫嫡裔难容转徙，衣巾岂可贩卖？此而可为，孰不可为？亦以学武巨赀万计，久睨青衿，昌奇利学武之贿赂，欺明等之单弱，故以他家之物任由播弄如儿戏也。诈取虽然入手，虚谎终不慊心。四月三日，赂程仁寿，将银二十两、丝绸二端就身买谱。身适村外犁田，卑词求恳，身知非族，峻拒不与。五月十七日，瞰身往德兴买稻，道经太白司，胡昌奇统胡士贤等多人截路拦身，索谱不得，殴夺包裹衣服雨伞等物，当身喊投许巡司，理谕得脱，董光明等证。身不得已，具告县主冯爷。知亏，半月不诉，计买邻棍，于七月十三日黑夜，统凶三十余人擒绑叔鯀，独胡周抬归，认族搪塞，周不肯从，禁锢三月，不食愆死，冤恨弥天。复广布粪金，拴买城东双湖祠地，希冀冒混，胡秋惊知，不从。既而结搆无赖，复又窃窥遗像，盗之灭迹，赖胡应元等奉之私室，严密防守，计无复之。只得捏造伪谱，又即梅田遍访胡姓，计抵寻买蔡庸奴仆男胡详，诈称梅田，以饰前非。吁！亦狡矣。不知

---

① （明）胡士兰：《清华胡氏九公宗谱》卷六双湖公梅田嫡裔胡明、胡圣、胡应贤等揭帖，清道光二十七年（1847）木活字本，上海图书馆藏。

祥既嫡胤，则庚师坞之丘墓、城东之祠与学堂园之旧址，祥何不踞业
注册而供输也？昌奇等何不先以胡祥赴告，而计掳叔周，致死非命，
酿此惨祸也？盖今日之胡祥是，则前日之申请非，若锦鳌者，岂得以
林村之异派而冒胡祥之衣巾乎？此何说之辞？险匿虽工，鄙丑
毕露。①

　　这段文字中描述的明经胡氏为争夺奉祀生资格而采取的种种卑鄙手
段，其行迹之恶劣，令人震惊。尽管这只是常侍胡氏的一面之词，尚无其
他旁证，但至少说明了当时双方缠讼的剧烈程度。从常侍胡氏称胡锦鳌居
然转卖衣巾图利，可以看出，在万历年间的诉讼中，明经胡氏还是占了上
风。万历四十三年（1615），余懋孳（婺源进士、礼科给事中）为明经胡
氏所刻胡一桂文集撰写序言，称："皇明万历壬子岁，予内氏淑兄仲子锦
鳌与其族之正派英俊，以三先生先贤名目具呈学台，援例恳求奉祀，蒙严
查核，至乙卯岁准给衣巾二名，内侄锦鳌亦与其列。"② 胡士贤后来也取
得了奉祀衣巾，崇祯七年（1634），他在《双湖先生行实》后撰有按语一
篇，称胡方平在梅田建有玩易斋，斋前有桂树一株，故以一桂为儿子命
名。三百多年来，玩易斋遭兵燹无存，桂树亦久已朽废，不料万历三十五
年（1607）桂树根边发出一新枝，不久明经胡氏即获得胡方平父子奉祀
生二名，"文运之兴，有由然矣，查先生生于大宋淳祐丁未，桂今发于大
明万历丁未，生发相符，循环运转，族之后胤当必有应运而起者"③，语
气中颇为志得意满。但是，不久之后，官司逆转，常侍胡氏占了上风。
　　崇祯十三年（1640）三月，常侍胡氏生员胡之瑞等多人，向徽州府
学和婺源县控告胡锦鳌捏造假冒，骗取奉祀，所列举理由与万历年间基
本，并公举"梅田嫡派"胡法舜袭祀，其诉讼请求得到了徽州府学和婺
源县的支持。六月，徽州府学和婺源县剥夺胡锦鳌袭祀资格，并批准胡法
舜袭祀，其批文称：

　　　　看得先贤胡氏若双湖、云峰，二派分宗，盖其先世本唐曰胡瞳

①　（明）胡士兰：《清华胡氏九公宗谱》卷六双湖公梅田嫡裔胡明、胡圣、胡应贤等揭帖。
②　（明）胡一桂：《双湖先生文集》序。
③　（明）胡一桂：《双湖先生文集》双湖先生行实按语。

者，生子长曰珍，再传昌翼，居考川，以明经登第，义不仕，称明经公，而元儒炳文号云峰者其裔也；次曰学，唐咸通进士，官散骑常侍，以讨黄巢贼有功，封新安郡男，故称常侍勋贤，居清华，至八世孙溢迁梅田，而宋儒玉斋、双湖父子二名贤，其裔也。是知云峰宗明经而双湖宗勋贤，各异其祖，而均为理学儒宗，此梅田之有双湖而考川之有云峰也。国朝崇祀郡邑乡贤，其子孙各世其祖，而考川裔独蒙奉祀之荣，梅田子孙迄无一焉，此金宗师学台所以允法舜之请也。盖胡法舜为梅田派，以奉祀双湖。金学台昔莅婺已久，必有洞悉其分系者，故既准胡象贤、胡光祖分祀云峰诸贤，而复准胡法舜等奉祀双湖，为两得其平，彼云峰之子孙若锦鳌又何恨无缘？①

明代晚期的"二胡争祀"案，历经曲折，明经胡氏在万历年间占据上风，而常侍胡氏在崇祯年间扭转了局势，但这并不是最后的结局。

3. 清代早期的诉讼

清康熙年间，胡法舜一支失传，与其同族的胡璠呈请袭嗣，明经胡氏则由多位生员出面，控告胡璠"非宗篡冒"，"二胡争祀"案波澜再起。康熙五十四年（1715）十一月，婺源县令蒋国祚作出判决，称清华胡氏家谱有关胡方平父子的记载前遮后掩，矛盾之处极多，主要包括：

明经胡氏以唐末胡三公为义祖，而常侍胡氏谱内胡三公则是南宋时期人，绝非同一人，常侍胡氏不得因此称明经胡氏出于常侍胡氏；

明经派胡梅焱曾为胡方平《易启蒙通释》撰有跋文，称胡方平为"宗家"，显见两人系属同宗，常侍胡氏家谱既然有胡方平父子，为何没有胡梅焱、胡炳文？此弃彼取，用意何在？

常侍胡氏家谱中有墓志、行状、像赞多篇，其中包括很多无名之辈，为何鼎鼎大名的胡方平父子却连一篇都没有？

胡溢是梅田胡氏始迁祖，徽州府县志皆记载胡溢字于谦，而常侍胡氏家谱则称胡溢字知止，与府县志所载不合，且家谱中有后人篡改痕迹；

府县志称胡溢为考水人，登绍兴二年壬子张九成榜进士，而清华谱称胡溢生绍兴二年壬子，中甲戌博学科进士，与府县志不合；

以世系而论，明经胡氏家谱载铨生溢，溢生龄，龄生杰，杰生方平，

---

① （明）胡士兰：《清华胡氏九公宗谱》卷六县主批文。

方平生一桂，胡溢为胡一桂高祖；常侍胡氏家谱溢生进，进生方平，方平
生一桂，胡溢为胡一桂曾祖；而汪幼凤所撰传记明称胡溢是胡一桂高祖，
足见明经胡氏家谱可靠，而常侍胡氏家谱记载纯属杜撰。①

蒋国祚在判决中逐一罗列常侍胡氏家谱中的诸种矛盾后，指出："此
案自明迄今，所争者只一祀生耳。因祀生而砌双湖入谱，因双湖而及胡
溢、三公，其他皆所不顾也。今为一一查出，使百年之疑窦一旦剖明，历
世之讼根一旦拔去，清华即人百其喙，亦难复置一词矣。"② 明经胡氏不
但取得胡方平父子奉祀生资格，而且获准将判决勒石刻碑，树立在婺源县
儒学乡贤祠门口，"永清两派之源，以息混争，以垂永久"③。

明经胡氏大获全胜的同时，对常侍胡氏也做出了一定的让步，不要求
剥夺胡璠的衣顶：

> 至胡璠衣顶，并恳宪慈俯念清华之七贤主鬯无人，曲赐衿全，免
> 其褫革，使奉本祖蒸尝。一转移间，则两家十四贤之灵不均妥乎？④

这样一来，胡璠虽然没有取得胡方平父子的奉祀资格，却成为"清
华七贤"的奉祀生，仍旧可以跻身于儒绅行列，也就没有必要再花费巨
大代价层层上诉了。此后，常侍胡氏确未再兴讼端，长达百余年的"二
胡争祀"案，最终以对明经胡氏有利的结果而宣告结束。

三　冲突的持续：围绕地方志记载的斗争

1. 关于"二胡争祀"案的文献剖析

"二胡争祀"案，经由婺源县的判决，最终分出了胜负，明经胡氏获
得了奉祀生资格。但是官府的判决没有也不可能解决矛盾冲突的根本问
题：胡方平父子究竟系属何族？

由于胡方平父子本人并没有留下足以说明其族属来源的可靠文献，在

---

① （明）胡陆秀：《考川明经胡氏宗谱》非宗冒祀判断详文。
② 同上。
③ 同上。
④ 同上。

诉讼中双方引以为据的文献，除了《新安名族志》外，还有其他一些明经胡氏与常侍胡氏的家传文献。如明经胡氏列举的胡次焱称胡方平为"宗家"的跋文，其原文为："宗家耆英有以玉斋自号者，名方平，于予为老友，其子双湖于予为益友。"① 详析其意，此处之"宗家"并不能作为双方同属明经胡氏的铁证。因为，在诉讼中，常侍胡氏家谱中也有胡一桂为清华胡道存所撰的文章，称其为"宗人"，甚至还有一篇胡一桂在大德元年（1297）所撰的常侍胡氏谱序。蒋国祚在判决中将"宗家"作为同出一族的证明，而视"宗人"为泛泛之称，这样的解释，并不能令人信服。

　　诉讼中还涉及另一个问题，明经胡氏祖上三公究竟是否系出常侍胡氏？尽管明经胡氏独修的家谱中一般回避这一点，但确实有相当多的家谱中认为三公是常侍胡氏，如清乾隆二十七年（1762），歙县胡宝瑔（时任河南巡抚）聚合若干常侍胡氏与明经胡氏支派统修的《胡氏家乘》，称胡瞳生七子，第七子胡学为清华常侍胡氏始迁祖，而第六子胡珍生胡瓒玑，瓒玑排行第三，即三公，则三公实为胡学之侄。三公养昌翼为义子，是为明经胡氏，后世奉三公为"义祖"②。既然明经胡氏"义祖"三公出于常侍胡氏，则两派之间含混而互称"宗家"或"宗人"，也不能说完全无据。更何况常侍胡氏所争的是胡方平父子是胡学后裔，而非三公出于常侍派，更从未涉及胡次焱、胡炳文，蒋国祚以明经胡氏并非出于常侍胡氏作为判决根据之一，可谓无的放矢。

　　对常侍胡氏来说，真正的缺陷在于胡方平父子的世系问题，常侍派家谱中的世系较汪幼凤所记世系缺少一代，这是硬伤，也是致命伤，因此今传常侍派家谱中关于胡方平父子世系确实有不可靠的地方。不过，家谱中的记载不可靠，并非常侍胡氏所独有。蒋国祚称常侍胡氏家谱中没有胡方平父子的详细传记资料，但明经胡氏家谱中同样没有相应的资料。而明经胡氏家谱与《新安大族志》《新安名族志》之间存在明显的矛盾，在康熙年间的判决中却完全没有提到。

　　总的来说，在双方文献依据都存在缺陷的情况下，蒋国祚判决的主旨是仔细寻找常侍胡氏家谱中的各种缺陷，而置明经胡氏家谱中的同类问题

---

① （明）程敏政：《新安文献志》卷七。

② （明）胡宝瑔：《胡氏统修家谱》序，清乾隆二十七年（1762）刻本，黄山学院图书馆藏。

于不顾，不能不说是相当偏颇的。因此，这个判决作出之后，常侍胡氏虽未再度兴讼，却一直耿耿于怀，在家谱中大发不平之鸣：

> 先贤双湖公者，常侍公十一世孙也。公之曾讳溢者，自清华迁居梅田，遂为梅田派。父子俱以儒科著述有功圣学，与紫阳道脉相承，殁祀乡贤，葬梅田深字号庚师坞，本支胡太户全税供纳，城东地字号馆驿前建有双湖专祠，志载常侍后裔建本支胡文奎户供纳。历代谱牒册籍郡县三志炳若日星，与考川明经之胡风马牛不相及。先朝崇祀乡贤，凡先贤嫡派子孙给衣巾奉祀，时考川胡锦鳌等窥公梅田子孙伶仃，冒认玉斋、双湖二公为其祖，胧呈学宪金（讳兰沐），犀鉴批驳。后本族生员胡之瑞等公举梅田双湖公嫡派胡法舜，呈请沐准给衣巾奉祀。不意本朝梅田支裔衰微，而与公同祖者又散处四方，至康熙年间，有胡璠呈请嗣袭，讵考川胡天秩等遂乘间与璠一人讦争奉祀，捏以故宦潘雪松撰《七贤祠记》并先朝伪札，胧朦蒋县主，赚砌石碑，以伏冒祖根。①

常侍胡氏要恢复真相，明经胡氏则要确保胜果，双方围绕宗族历史的冲突不但没有消除，反而长期化了，而地方志则成了双方争夺的新焦点。

2. 冲突的持续：围绕方志记载的斗争

除了家谱之外，各类地方志尤其是《徽州府志》和《婺源县志》中的记载也是诉讼中的重要依据。随着冲突的持续，地方志中与"二胡争祀"案有关的各位胡氏祖先的记载，受到了双方的高度重视，并成了双方展开争夺的新战场。

依据元末汪幼凤所撰传记，胡方平祖上有胡昂、胡溢两位进士，这两人在各类文献中有时又作胡昂、胡益。据《新安名族志》，则还有胡铉、胡铨两位先祖，也都是进士。关于胡方平的这些先祖，成书于南宋淳熙年间的《新安志》进士题名记载如下：

> 政和二年（1112）莫俦榜，胡铨，婺源；

---

① （明）胡国华：《金川胡氏宗谱》双湖公支属辨证，民国二十一年（1932）木活字本，黄山学院图书馆藏。

政和八年（1118）王嘉榜，胡昂；

绍兴二年（1132）张九成榜，胡溢，婺源，承议郎。①

上述记载中，胡昂未列出属于何县，胡铨、胡溢未列出属婺源何地。至于《新安名族志》中提到元丰年间有进士胡铉、胡铨，《新安志》所列元丰年间进士并无其人，唯元丰二年（1079）有婺源进士胡安节，元丰五年（1082）有婺源进士胡铉，未列出婺源何地，姓名与《新安名族志》所载显有出入。弘治十五年（1502）汪舜民所纂《徽州府志》、嘉靖四十五年（1569）何东序所纂《徽州府志》，完全承袭了《新安志》的上述记载，一字未改。弘治《徽州府志》载有胡一桂祠宇："双湖胡先生祠，在县治东馆驿故址，弘治中建。"② 嘉靖《徽州府志》与之完全相同。

上述记载，在康熙三十三年（1694）蒋灿纂修的《婺源县志》中发生了明显变化，在历代科第中，胡铉、胡昂、胡铨、胡溢都注明是考川人，胡铨下注明是胡铉之弟，胡溢下注明字于谦③，而双湖胡先生祠下加注"常侍后裔建"④。这些记载上的变化，显然是明经胡氏与常侍胡氏各自努力争取来的结果。康熙三十八年（1699），赵吉士纂修的《徽州府志》中，胡铉、胡铨、胡溢记载与《婺源县志》同，而胡昂则注明是歙县城东人⑤，至于双湖祠下则没有"常侍后裔建"字样。从这些变化来看，总的形势对明经胡氏是有利的。

乾隆十九年（1754），婺源再修县志，当时蒋国祚判决已经生效，明经胡氏乘胜追击，将县志中与胡一桂族属有关的文献悉数按本派要求修改，与常侍胡氏再度发生冲突。据常侍胡氏家谱记载：

乾隆甲戌纂修邑志，考川恃胡天泽在局，遂埋奸将双湖祠下原镌

---

① （明）罗愿：《新安志》卷八《进士题名》，清康熙四十六年（1707）刻本，黄山学院图书馆藏。

② （明）汪舜民：《徽州府志》卷五《祀典》。

③ （明）蒋灿：《婺源县志》卷三《科第》，清康熙三十三年（1694）刻本，中国国家图书馆藏。

④ （明）蒋灿：《婺源县志》卷三《祀典》。

⑤ （明）赵吉士：《徽州府志》卷九《科第》，清康熙三十八年（1699）刻本，中国国家图书馆藏。

"常侍后裔建"五字擅行铲削。赖祖宗有灵，众派知觉，具呈县主俞公，复照旧志详载。不料天泽等欺身众派无人在局，于志书告竣时，又捏故宦潘雪松撰《明经书院记》内砌入玉斋、双湖二公名讳，私附于纪述门类，以埋冒认根线。迨后志散，众派检阅始觉，殊令人发指。今因续修宗谱，恐后人不知其详，谨将考川私纂之由，并从前梅田支裔辨证揭帖暨金学宪批呈、周学师金参，悉载于谱末，以便后之君子览焉。①

显然，在这场围绕县志记载而展开的斗争中，明经胡氏也占据了上风，而常侍胡氏只能将此事载诸家谱，寄望于后人了。

结　论

名贤是宗族确立望族地位的重要资源，攀附名贤是家谱中的常见现象，但是如同婺源"二胡争祀"案那样缠讼百年的，还是相当罕见的，对研究徽州宗族文化具有特殊意义。这个案件会延续这样长的时间，是因为奉祀生资格具有真正的实际利益，而非单纯的关乎宗族声望而已，更因为涉及本案的两大宗族均为徽州望族，既各有凭恃又都缺乏过硬的证据，因此诉讼过程久拖不决，一波三折。康熙年间蒋国祚的判决在宣告明经胡氏最终获胜的同时，也在一定程度上照顾到了常侍胡氏利益，从而避免了讼案再起。但是，民间的自我认同和家谱纂修却不可能因官府的判决而终止，两大宗族在家谱中均以胡方平父子为本派宗族史上的重要名贤，在这个根本问题上都不存在让步的可能，因此，不但双方的不同记载都完整载入了家谱之中，而且还围绕地方志中的有关记载爆发了新的冲突。

从这个案件中还可以看出徽州宗族围绕名贤争夺而发生的诉讼案件的一些基本特点：

第一，族内精英人物的参与是诉讼能否成功的重要条件。在本案中两大宗族均有多名生员卷入，生员作为地方精英，对地方事务有相当的影响力，崇祯年间常侍胡氏扭转局势、康熙年间明经胡氏最终获胜，均是在本族生员全力参与下方取得成功的。

---

① （明）胡国华：《金川胡氏宗谱》双湖公支属辨证。

　　第二，家谱和地方志的记载是诉讼中的重要依据，但在双方记载有冲突的情况下，最终的判决与官府自身的倾向密切相关，而不完全取决于哪一方的证据更为可靠。

　　第三，家谱中常见的文献篡改现象，既是兴讼的原因，也是兴讼的结果。某些宗族为了使争取在诉讼中的有利地位，常常会将历史文献篡改得面目全非。以"二胡争祀"案为例，前述胡一桂致谢枋得书中自述家世的简略文字，在两派文献中都遭到了严重篡改。常侍胡氏文献作：

　　　　一桂安定微宗，古歙士族，盖自始祖银青公恢复唐室，而后六世祖安节彭年接武元丰之第，而高伯祖天矜、天麟，政和间由辟雍第太常，与吏部朱韦斋先生有同邑同年之好。高祖溢，字知止，绍兴初分路省元，中博学科，复收高第。诗书之传、道德之脉，三百年于此矣。一桂五六岁而读父书，十二三而能文，十八而登名于天府。①

明经胡氏文献作：

　　　　某安定微宗，古歙士族，盖自鼻祖明经公昌翼以唐昭宗嫡子遇朱温之难，而寄姓于胡，同光乙酉叨中明经，尚义不仕，聚徒讲道，南唐职方舒雅、集贤院学士吕文仲、谢泌皆师其门。至八世两伯祖铉、铨接武元丰之第，而高伯祖昂政和间由辟雍第太常，与吏部朱韦斋先生有同邑同年之好。高祖溢，绍兴初分路省元，复收世科，诗书之传、道德之脉，三百年于此矣。某五六岁而读父书，十二三而能文，十八而登名天府。②

　　面对这两段被改得面目全非的文字，初次见识时可能会如坠雾里，如果没有《新安文献志》中保存的早期文本，甚至无从寻觅其更改痕迹。然而，相对于两大宗族围绕本案展开的旷日持久的斗争而言，此种文献篡改则是完全可以预料的题中应有之义了。

---

　　① （明）胡大成：《清华东园胡氏勋贤总谱》卷八，民国五年（1916）木活字本，上海图书馆藏。
　　② （明）胡一桂：《双湖先生文集》卷十。

秦皇岛耀华玻璃厂建厂初期的生产经营

刘建萍

（中共秦皇岛市委政法委员会）

20 世纪 20 年代，周学熙在秦皇岛创办了耀华玻璃厂，引进世界最先进的平板玻璃制造技术，使中国玻璃制造业一步就居于亚洲最前列。其在专利技术的引进、吸收、最终为己掌握方面，在近代民族工业发展史上很有代表性。中国当时虽然国势低弱，但仍有一批民族企业家，他们具有长期与外方资本代理人打交道的经验，本着民族情感和敬业精神，在中外合资企业中为中方股东争取较多权益，成功引进世界一流技术。

耀华玻璃厂作为中比合办企业，其管理层中的中方代表不仅引进先进的弗克法机器制造玻璃技术，弥补当时国内玻璃制造业空白，改变民族玻璃工业全部采用手工吹制法的的状况，也借此扭转国内玻璃市场主要依赖国外进口的局面，并将这一品牌推出国门，成为世界知名产品。弗克法技术的专利权经"辗转承购"，才得以在中国建立玻璃公司，组织生产，并逐渐盈利，这在当时就很引人注目。参与此项事业的股东们自己对此评价很高。如耀华发起人李树德曾致农工商部函称，耀华的开办使国内"玻璃事业得以别开生面，殊于挽回利权不无裨补"。① 耀华股东言敦源在参观过秦皇岛玻璃工厂之后称"公司各处其设备之完整，出品之精良，技术之细密均极满意"，并根据其数十年的经验认为与耀徐玻璃公司、山东博山玻璃公司和北京农商部组织的京师玻璃厂相比，耀华是"中国唯一最良好之制造玻璃公司"。② 这绝不是自夸，而是历史事实。

---

① 耀档：02—1—0005，李树德复农工商部函。
② 耀档：02—4—0086，言敦源来函，1926 年 8 月 12 日。

（一）耀华投产运营

1922 年 3 月 7 日，由秦皇岛码头至工厂铺设的铁路专用线及工厂建筑工程陆续开工，工期计划一年半。一号窑在建设施工过程中，因第一次直奉战争波及秦皇岛，工程一度停顿，工期由一年半拖延到两年零五个月，于 1924 年 8 月 15 日竣工投产。①

1924 年 8 月 15 日耀华开炉，9 月 15 日开始制造玻璃。但是，由于第二次直奉战争的波及，工厂被迫于 10 月 22 日减火净池，停止生产。战争使铁路交通受阻，工厂直至年底未能开工。该年仅生产 40 天，其所产的玻璃成本也远高于售价，故本年营业结果共损失大洋二十万零七千八百七十七元零八分。② 玻璃运销内地，所征厘金、航运等税数目过大，也影响产品的销售。《远东资本商务报》就曾登录新闻称：耀华"在内地及通商口岸销货一节困难殊多，盖各处主管关厅对该公司所销货物征收子口厘金甚苛故也。"③ 特别是由于比利时法郎贬值，外洋玻璃商人就借机降价抵制耀华产品，"年底外洋入口玻璃售价遂一变而为年初之半"。④ 在耀华玻璃未上市前，每箱玻璃售价 10—11 元，耀华玻璃上市后，以每箱 5.8 元左右出售。⑤ 这无疑给新生的耀华公司带来巨大的困难。

（二）专利权的维护

耀华以重金购买的弗克机器制造玻璃法在当时世界范围内还属于新事物，并未完全被接受，还面临与人工吹制法的激烈竞争。1924 年，万国弗克机器制造玻璃公司联合会通告秦皇岛玻璃公司称：由国际联盟提倡的万国劳工会议将于 6 月 15 日在日内瓦举行。法国政府将在会上提出议案主张世界各玻璃厂凡用池炉者每星期均应停工 24 小时。法国玻璃业都使

---

① 耀华玻璃厂厂志编纂委员会编：《耀华玻璃厂厂志》，中国建筑材料工业出版社 1991 年版，第 37 页。

② 耀档：02—3—0057，耀华机器制造玻璃股份有限公司损益总表（截至民国十三年十二月三十一日.）。

③ 耀档：02—3—0066，抄录远东资本商务报新闻。

④ 耀档：02—3—0049，耀华机器制造玻璃股份有限公司董事部招告书（截至民国十三年十二月三十一日）。

⑤ 耀华玻璃厂厂志编纂委员会编：《耀华玻璃厂厂志》，中国建筑材料工业出版社 1991 年版，第 126 页。

用传统人工吹制法。其提出此种禁令议案主要为使世界各玻璃工厂不能利用弗克机器制造法。因此法是连续吹制玻璃，每周停工 24 小时不仅增加生产成本，亦无法体现机制玻璃在生产数量和质量上的优势。如若该种禁令一经通过，刚刚建好的耀华玻璃工厂将无法正常生产，损失惨重。为抵制日内瓦万国劳工会议对应用弗克法各玻璃工厂提出的禁令议案，保障应用该法各工厂的共同利益，发起成立万国弗克机器制造玻璃公司联合会。①

1924 年 6 月 14 日，开滦总办杨嘉立②致电耀华玻璃公司秘书处，转呈秦皇岛玻璃公司关于万国劳工会议及万国弗克机器制造玻璃公司联合会电函。杨嘉立认为以上消息虽然刚刚获得，但阻止通过此禁令仍然为时未晚。他希望公司能够呈请中国政府将公司意见备案，如有可能，还可以请政府令其驻日内瓦代表在会中转达耀华公司对该法案的抗议。耀华总董李伯芝立即动用各种关系，以求得民国政府的帮助和支持。李总董首先致电外交部顾维钧总长，简明阐述公司对上述法国提案的抗议，希望其能电令驻日内瓦代表坚决反对，以期打消此议案。此外，他还致电交通部吴秋舫总长称该议案将使公司出货前途渺茫，希望其能代为致电顾总长转达公司意见。③ 7 月 10 日，顾维钧复函称已嘱我国驻日内瓦代表肖继荣"相机应付"。④

在万国劳工会议上，万国弗克机器制造玻璃公司联合会对法国所提禁令提出反对议案，指陈该提议对应用弗克法玻璃工厂的负面影响，不利于平板玻璃制造领域的技术进步。中国代表肖继荣也代为转达了耀华玻璃公司对此议案的抗议。经过多方努力，该项禁令未经通过。

（三）在竞争中求生存

1. 国内玻璃企业的创办

1925 年，工厂生产开始转入正常，但市场竞争更趋激烈。耀华在玻璃销售上除了要应对来自比利时、日本等进口玻璃的价格压迫，还需面对

---

①　耀档：02—3—0060，万国弗克机器制造玻璃公司会社通告函。

②　杨嘉立在瓦尔德·那森任开滦总理时担任开滦总办，后接任开滦总理一职，并代表比利时股东方担任耀华协董。

③　耀档：02—3—0049，李伯芝致顾少川总长函，致吴秋舫总长函。

④　耀档：02—2—0045，顾维钧致李伯芝先生函。

来自国内各玻璃厂的挑战。

自耀华玻璃厂开办以来，所出玻璃成色较好，产量也远高于人工吹制玻璃。虽然开办初期由于市场低靡，以及和比利时玻璃的激烈竞争，营业状况并不理想。但它已经使人们看到机器制造玻璃法的优越性。1925 年，《远东资本商务报》就登载"自耀华玻璃公司在天津开办以来，国内华人、日人皆从事创办同样之工厂"。

南满铁路公司与日本亚沙海玻璃公司联合创办昌光玻璃公司，工厂设在大连夏家沟。据《远东资本商务报》称，其总部在东京，资本额为三百万日元，计划年出产玻璃三十万箱。该厂制造玻璃主要原料硅沙和耀华一样来自朝鲜和威海卫，煤炭和焦炭等燃料来自抚顺，其他像火碱等原料则由日本进口，销售工作由密苏里西贸易公司代为办理。在 1925 年 2 月 2 日的《秦务时报》则称该厂资本额二百二十万日元，年出货十五万箱。上述记载的资本额和出货量有所差异，但在此比利时法郎汇兑低靡，其平面玻璃几乎操纵了整个世界市场的时候，在大连新建这一机器制造玻璃厂对耀华的影响是不言而喻的。①

1925 年 4 月 30 日，比例时罗遮来函：张中正赴比利时弗克玻璃公司。他请弗克的董事经理德拉口佛勒利带其参观丹瑞米工厂，希望考察机器制造窗用玻璃的方法。德拉口佛勒利征求耀华总事务所的意见。据称，张中正家人在江苏开有一旧式玻璃厂，他本人也曾在休瓦西勒梅玻璃公司和薄尔港机制玻璃公司服务，其割玻璃手艺极为完善。张考察弗克机制平面玻璃方法，想了解详细内容，领取执照在江苏其旧有工厂基础上建设机制玻璃厂。弗克公司明确向张中正表示如果想在华利用弗克法制造玻璃除与"耀华商量外别无他法"。但耀华董事会考虑到防止"秘法内容"外泄问题，拒绝了张的要求。耀华以重金购买弗克法在华专有权，就是要保证耀华产品在中国市场上的长期权益。"如未执有专权，不得购买弗克机器，亦不得擅领机图，且不经执有制法及机图之人协助建立工厂费用既大，危险亦复不小。"② 张中正最终也只得放弃。从理论上讲，适当的专利保护是保证专利持有人收回巨额成本的必要措施，但此种做法在某种程度上带有技术封锁及技术垄断意味，也会造成该领域技术进步缓慢。

---

① 耀档：02—3—0066，远东资本商务报新闻，秦务时报新闻。

② 耀档：02—3—0077，复开滦商张中正事函稿。

1925 年 5 月，开滦公司在天津销售处的福克纳报告称，山东明晶公司由于产品低劣、数量又少，于 1924 年停产。1925 年，明晶公司在天津建立工厂，手工制造窗用玻璃以及电灯玻璃附件。该公司已向开滦华北经理处订购火砖及煤炭。经福克纳探查得知，该工厂已经雇用两名俄国技师主持工程，并聘请华新唐厂前任经理李志森为经理，仍然采用手工制造，预计每日出货一百箱。① 明晶公司在出货数量上远逊于耀华，其质量亦不能和耀华媲美，但天津市场在耀华销售网上占有重要地位。明晶公司在此设厂，在一定程度上仍会影响耀华产品的销售。

2. 达成合销协议，划分远东玻璃市场

由于国内战争、激烈的市场竞争以及耀华公司本身面临的资金等问题，一直到 1926 年，耀华始终处于亏损状态。面对各方面的压力，开滦矿务局总理杨嘉立曾建议将公司售与亚沙海玻璃公司。耀华董事会根据秦皇岛玻璃公司总理贾梯尔的提议，认为出售和停办工厂两事"尚非其时"。耀华出售工厂所获款项除清理各种欠款外"不足支配股东"，即使工厂暂停工作，对于公司经济状况也"并无补救"，因此拒绝了该项提议。耀华董事会认为如果公司能得到比利时国出口商的协助，可与亚沙海玻璃公司磋商在远东各市场上联合销售玻璃，操纵市价，避免竞价销售，两败俱伤。② 此后，杨嘉立曾多次与昌光玻璃公司磋商，希望与之以及其他远东玻璃制造商达成一种临时协议，以保证利益均沾"即使远东各供货者成立大规模之合同，吾人亦可随时取消或修改之"。③

在此之前，即 1925 年 11 月 22 日，秦皇岛玻璃公司曾致开滦总理杨嘉立函，转达比利时工厂联合会希望通过耀华公司驻比利时经理处与耀华商议订立合同，划分中国市场范围，统一规定玻璃市场价格。其提出秦皇岛、天津、北平及华北一带，应划为耀华市场。耀华可以根据该地区所需产品之多寡销售，每年大约七万五千箱。在此区域内，其他加入合同的公司并无销售权利。耀华所生产的其余七万五千箱玻璃可以在南方各处推销。南方区域内每年可销售三十二万箱玻璃，比利时各工厂可按照其订货数量在此区域内推销玻璃。加入合同的各工厂不得直接向购货者批核售

---

① 耀档：02—3—0063，明晶公司记事录。

② 耀档：02—4—0082，照译开滦杨嘉立君十五年十月十一日至雅多君电文。

③ 耀档：02—5—0104，照译杨嘉立君致昌光玻璃公司函。

价，此代销权应由分配售货的经理人在议决售价以后执行，"售价均需划一并需渐次增加"。①

　　但杨嘉立认为，如果不与日本和海防远东玻璃工厂（越南玻璃工厂）② 合作，"必难有济"。其认为此事关系公司政策，必须经董事部讨论才能定夺。11 月 30 日，公司董事部开会讨论此事，认为现在不适宜与比利时玻璃制造商订立合销四等玻璃合同。一方面，推销四等玻璃无利可图，应该仿效其他各厂，主要从事制造二、三等玻璃。如果耀华只注重推销四等玻璃，则除一切应有费用外，再考虑到酬金，几乎无余利可言。并且，耀华究竟应该推销多少四等玻璃并没有确切数目。另外，在中国市场上推销四等玻璃，与其他"敌厂"相比，耀华还稍占优势。由此，耀华建立合销协议的主要目的并不是为在中国市场上推销四等玻璃。为在市场上站住脚跟必须学习日本玻璃工厂，以及海防和大连工厂，重视制造高等玻璃，四等玻璃只作为附庸产品。另一方面，远东四等玻璃供求数目也需考虑。以 1926 年为参考，从供货上看日本一百三十万箱，大连昌光玻璃工厂二十万箱（1926 年 1 月起开始工作），海防玻璃厂七万五千箱（1925年 12 月起开始工作），耀华十五万箱，总计一百七十二万五千箱。同一年，日本和高丽需货一百二十万箱，华北十万箱，上海二十万箱，长江一带十万箱，香港及南方各埠五万箱，共计一百六十五万箱。由此市场统计数字看，比利时玻璃并不是耀华唯一的竞争对象。耀华要想操纵玻璃市场价格还必须要考虑到日本、海防和大连昌光玻璃产品。根据市场售价调查，耀华与日本玻璃厂相比，只在奉天一地稍占优势，在天津和上海价格都略高于日本产品。从各方面考虑，耀华对于远东各玻璃制造厂和比利时玻璃厂应取"同等观望，不宜偏重"。其如只与比利时制造商订立协议，"共维高价，而置远东各厂不问"，只能使"各市悉为远东各厂所有"。而且杨嘉立认为，远东市场上的玻璃产品本身已经供过于求，再允许比利时玻璃进入，必然引起激烈竞争。因此，耀华不宜单独与比商订立合同。根据耀华董事部意见，公司将详细调查市场行情，"以期乘机与远东及比国诸制造家共订协约"。其认为此事只能等到"调查情形较确，敌货竞争较

---

① 耀档：耀华玻璃厂志，第 126 页。
② 海防远东玻璃工厂位于越南海防市，海防市是越南第三大城市。

严"后，该项计划才能成功。① 比利时玻璃制造商只是凭借法郎汇兑低廉，才得以在中国市场站稳。一旦法郎回升，其产品在中国市场就失去竞争力，仅凭低价销售终不是长久之计。在中国及远东市场，能与耀华长期抗衡的实际是日本玻璃制造商，特别是在中国开办的日本昌光玻璃厂。耀华若想要操纵远东玻璃价格必须与之达成协议。该项董事会决议由杨嘉立转达致秦皇岛玻璃公司董事会。12 月 31 日，罗遮复函称此事"当听尊处裁酌"。②

经多次磋商，1926 年 12 月 7 日，开滦代总理那少森代表耀华玻璃公司，与昌光玻璃公司订立临时协议。根据协议，1927 年在中国市场上供货比例为，耀华是 1927 年制货的全数，昌光玻璃公司为出货的全数减除日本市场应摊的十万箱，比利时玻璃具体数目则经与比利时制造商磋商后再定。双方协议海防和日本产玻璃，尽量不使其进入中国市场，在中国玻璃市场的具体定价细则由中日双方共同协定。在日本市场上，昌光负责劝说日本工厂，允许耀华 1927 年在日本市场上销售其单厚玻璃四万箱，重量在三克以上的玻璃一万箱；并且三克以上玻璃和单厚玻璃可以互换，此五万箱玻璃由亚沙海玻璃公司承销，或由双方推举第三者承销，亚沙海公司负责清付货款和运输事宜。1927 年内如果日本市场所需数量超过二百万箱，由昌光公司增加其销售额，耀华不得提出抗议。为酬报日本工厂的让步，由耀华和昌光共同劝告比利时商人在日本每年销货量不得超过八万箱（此数系欧战后的平均数，但不包括 1923 年大地震后两年）。日本进口玻璃应由亚沙海玻璃公司承销，或由亚沙海玻璃公司和比利时工厂共同选定代理人承销。如果中国和日本求货的实际数目在预算数目之下时，所有提议办法另行商讨。

双方为便利其他有关系工厂共同遵守协议，还订立预备计划：耀华负责担任与比利时玻璃制造商的协商，但须提前与昌光玻璃公司商议；由昌光玻璃公司负责对日本方面的磋商。此外，耀华还负责与海防远东玻璃公司协商，使其仅在本市和暹罗两处推销，不向中国销货。耀华、昌光应随时相互知照其磋商进行的程度。昌光公司也同意耀华致比利时玻璃制造商的信函。并且在中日协议末尾注明亚沙海公司（根据上文昌光玻璃厂为

---

① 耀档：02—5—0110，译开滦总理杨嘉立致秦皇岛玻璃公司函。
② 耀档：02—5—0110，译比国秦皇岛玻璃公司复函，1925 年 12 月 31 日。

日本亚沙海玻璃公司在中国的分厂）将在近几年内会利用弗克玻璃制造法建设工厂。①

不可否认，该项协议束缚了耀华在日本市场的发展。但据此协议，亚沙海玻璃公司业已取得弗克法的使用权。因此，即使没有该协议的限制，耀华玻璃在日本市场也会逐渐处于劣势地位，最终将退出日本市场。如此看，耀华与其丢弃本来就不占太多优势的日本市场，不如借该项协议，扩大其在中国市场占有率，基本排除日本本土玻璃对中国的进口，为其在中国市场站稳脚跟奠定基础。此协议保证耀华及昌光相对友好的协作关系，避免在激烈的市场竞争中两败俱伤。该项协议有效期一年。

根据与昌光的合同，开滦总理杨嘉立致电比利时秦皇岛玻璃公司称：已与昌光和亚沙海玻璃公司订立协议，在远东合销玻璃。耀华虽与海防远东玻璃公司尚未商订，但其每年出产玻璃七万五千箱，仅为耀华生产量的1/3强，对市场影响相对较小，拟向其提议在印度支那和暹罗两处推销，如有余货可向东印度群岛推售。据估计，1927 年远东（主要是中国和日本）需货量为二百三十五万箱，其中，日本一百九十万箱，中国四十五万箱。除海防以外远东各处的出货量为亚沙海玻璃公司一百五十万箱，日美玻璃公司二十万箱，昌光玻璃公司三十万箱，耀华十八万箱，共计出产二百二十三万箱。如此，供应缺口仅十二万箱。而比利时的四等玻璃在中国和日本非常有竞争力，使得耀华不得不竭力制造二、三等玻璃，以求打开美洲、太平洋沿岸以及澳洲一带市场。因此，耀华希望秦皇岛玻璃公司董事利用其在比利时玻璃制造业中的地位与其他比利时玻璃制造商协商，使其同意在日本市场上的玻璃销售量不超过十二万箱（该数已经超过耀华与昌光最初协议的1/2，表明昌光有所让步），并且由亚沙海玻璃公司承销或由双方共同选定代理人承销，以期使中、日、比三方达成合销协议。②

秦皇岛玻璃公司于 12 月 27 日复电称，将尽力与比利时玻璃商磋商组织远东销售玻璃团体。其称：目前比利时各机制玻璃工厂亦准备联合包销玻璃核定市价，与之磋商应不会有太大的困难；此外，其还会尽量与各手工制造玻璃工厂磋商；但对于比利时玻璃在远东销售量仅限制在十二万箱

---

① 耀档：02—5—0110，照译开滦与昌光所订临时协约。

② 耀档：02—5—0110，照译开滦杨嘉立君致比京秦皇岛玻璃公司秘书函。

一事，认为数量减少过多，恐怕各工厂不能同意。

1927 年 1 月 29 日，秦皇岛玻璃公司来函，认为杨嘉立及耀华玻璃公司来函所述事情不易办理。第一，12 家旧式吹制玻璃工厂，每月出货十六万箱，其中四万箱，主要是面向中国和日本市场的"中日级玻璃"（即四等玻璃）。其为销售存货以及避免因停产导致的工潮，多是亏本出售。这些工厂主要依靠出口商人推销高等玻璃，而出口商人又通过竞争，趁机压价，使得市价有时竟低于成本价格，对于供过于求的"中日级玻璃"更是如此。这些工厂也曾订立协议，以期分配订货，核定市价，但由于本身缺乏实际合同和信用以及出口商人为了谋求利益，无法采取一致行动而失败。第二，使用弗克机制玻璃的工厂也为 12 家，机器共计一百二十架，每月出货二十四万箱，其中 5%（大约一万两千箱）为"中日级玻璃"。此类工厂除正常生产成本外还需支付酬金，所以不愿亏本推销任何等级玻璃。因此，这些工厂比较容易达成合销协议，以掌握支配售货，规定市价的权利。秦皇岛玻璃公司也易与此种合销集团达成协议。第三，李伯欧温玻璃工厂采用自治政策，与其他工厂联系较少，出货品种比例类似于弗克工厂，宁可复熔玻璃也不愿亏本出售。虽然该厂每月出产"中日级玻璃"数目并不确定，但据估计不少于六千箱。根据此种情况，应可以与其订立合同，以求在远东市场以高价获取厚利。第四，比利时的出口商人众多，现在筹划的远东合销合同将夺去他们中间人的地位，剥夺其应得利益，必然会遭到联合反对。总之，现在交涉最大障碍：一为比利时每年生产的六十多万箱"中日级玻璃"；另一个即必须考虑到比利时出口商人的地位和利益。[①]

经过各主要玻璃厂反复磋商，耀华与昌光及比利时玻璃工厂联合会分别签订了三方都同意的临时协议，划分各个玻璃公司在中国、日本、东南亚地区销售玻璃的范围、数量，商定了统一的玻璃价格。这些协议有效期一年。该项协议为耀华提供机遇。就在这一年，耀华利用此项合同的庇护，在中国市场站稳脚跟，转危为安，实现扭亏为盈，为进一步发展奠定基础。

---

① 　耀档：02—5—0110，译比京秦皇岛玻璃公司来函，1937 年 1 月 29 日。

3. 经济效益

耀华为生存发展，不仅努力改善外部经营环境，从自身出发，也努力争取多项措施，极力维持。如工厂通过适当减少外国在华工作人员，与酬金团协商减少专利酬金，提高工人割玻璃技艺以减少破损等多种方法降低产品成本，提高产品质量；加强售后服务工作，薄利或无利竞销。

在开拓市场期间，工厂盈利甚少。1925 年，公司生产玻璃 16 万标准箱。此时，国际上法郎跌价，玻璃市价亦随之而落。国内政局不稳，销路狭窄，不易开辟新市场，使得存货甚巨，求购新货者甚少。然而，因为公司玻璃成色好，"售货渐次增加"，1 月份仅售 2000 箱，而 10 月份已增至 2 万箱。除各项开支外，公司获利两万七千六百二十三元零四分。查上届亏损洋二十万元有余，兹将此项净利悉数发补上年亏损，计仍亏洋十八万零二百五十四元零四分。① 直到 1927 年后，公司经济状况开始好转，盈利增加。这为扩大生产逐步积累了资金。

表 1 1925—1932 年每标准箱成本售价及生产销售利润②

年份 项目	1925	1926	1927	1928	1929	1930	1931	1932
成本（元）	5.25	5.12	4.77	4.5	4.25	4.62	5.29	5.21
售价（元）	5.81—6.08	5.60—6.2	5.2	6.9	7.25	8.9—11.5	10.5	9.8—10.2
生产量 （万标准箱）	16.0	15.7	19.6	22.7	25.2	24.4	27.3	23.5
售货量 （万标准箱）		19.21	21.76	19.42	23.53	24.31	27.86	23.36
利润（万元）	2.76	—3.50	20.93	34.10	34.93	51.03	80.24	57.18

注：1928 年不包括 7 月份营业报告。

---

① 耀档：02—3—0066，耀华董事部报告。
② 耀档：历年营业报告。

表 1 表明，在 1925—1930 年间，耀华公司的生产成本逐年下降，1931 年虽然大幅回升，但其售价也随之升高。所以，该年利润也创最高纪录。总之，公司自 1924 年正常生产以来，由于战争、与进口玻璃竞争削价等原因，加之付欠款利息等开支，至 1926 年还累计亏损 20.74 万元。但是，公司在 1927 年后生产量稳步提高，售价也有所回升。1927—1932 年平均年产量为 23.78 万箱，比 1925 年提高 48.6%；此间的平均售价（按最低标准计算）为 8.09 元，比 1925 年最低售价提高 39.2%；至 1932 年累计利润为 257.67 万元。

1928 年 10 月 30 日，公司第 46 次董监联席会议讨论扩充工厂兴建 2 号窑议案，次年 4 月 16 日，该议案在股东大会上通过。2 号窑工程由比利时工程师达尼罗夫进行设计，年生产能力为 20 万箱。经过 21 个月的施工，于 1932 年 12 月 22 日竣工点火投产。1933 年，耀华生产 36.9 万标准箱玻璃，销售 32.7 万箱，虽然售价有所降低，最高不过 9.5 元，最低仅有 8 元，仍获利润 59.15 万元。[①]

耀华建厂投产后，为了与外国玻璃争夺市场，采取各种措施。1931 年后，耀华玻璃在国内市场上站稳了脚跟，同时还推销到东南亚、日本等地。

表 2　　　　　　　　　　1933—1936 年国内玻璃销售比例[②]

年份	玻璃销售总量平方米	进口数平方米	耀华数平方米	耀华占（%）
1933	5725122	2295440	3429682	60
1934	5238510	1579770	3658810	75
1935	6172274	2184180	3988094	65
1936	5576910	1419840	4157070	75

①　耀华玻璃厂志编纂委员会编：《耀华玻璃厂厂志》，中国建筑材料工业出版社 1991 年版，第 37、86、153 页。

②　同上书，第 127 页。

表3　　　　　　　　1925—1936 年耀华出口玻璃统计① 　　　　　单位：标准箱

年份	1925	1926	1927	1928	1929	1930	1931	1932	1933	1934	1935	1936
南洋	2000	3307	3429	588	508	346	300	1800	4320	19862	11220	11298
国外	26	22824	48045	42596.5	8305.5	2040						

注：南洋主要是新加坡、印度尼西亚、小吕宋等地，国外主要是日本、美国等地。

1933—1936 年，耀华玻璃在国内市场所占比例在 60% 以上，在一定程度上抵制银圆外流，改善了当时中国对外贸易入超局面。

弗克法技术的引进是当时国内引进西方最先进生产技术并且成功的为数不多的例证之一。耀华的创办为中国玻璃工业开创了一个新局面，特别是 2 号窑建成后，使耀华玻璃成为中国在国际市场上的一个著名品牌。这有其客观原因。首先，滦州公司股东有较为雄厚的经济基础，为招募资金提供了一定的保障。此外，创办者就是滦州公司股东及高层管理人员，既有较丰富的与西方资本代理人打交道的经验，也有较成熟的企业管理能力。因此，他们在中外合资建设及管理中，争取了较多的权益，为企业的正常发展奠定了良好的基础。再者，该公司选址在交通便利的秦皇岛，有相对优越的经济环境，符合近代工业生产的科学规律，也是其日益发展的重要因素。这其中，中国民族资本家为维护国家权益的努力及科学求实的精神，是耀华之所以成为中国 20 世纪二三十年代工业领域亮点的最重要的原因。

耀华公司引进西方资本主义先进生产技术和成功开办表明，在半殖民地半封建社会的旧中国，民族资本的发展虽然曲折、艰辛，但却存在着多条道路。但是这也揭示了如下道理，即其在与外国资本、技术的接触、竞争中，在被压迫的同时，只要奋发自强，努力维护自身权益，遵循经济发展规律，是能够成功引进最先进生产技术，实现"洋为中用"的。不可否认，中国民族资产阶级由于资金的缺乏和认识上的局限性，最初引进的技术经常是二流的，有的甚至是被外国所淘汰的。而且，外国公司在对华直接投资的策略也使得我国民族资本获得有发展前景的先进技术比较困难，在外国资本主义入侵下中国生产力也无法获得发展。但是，随着中国

---

① 耀华玻璃厂志编纂委员会编：《耀华玻璃厂厂志》，中国建筑材料工业出版社 1991 年版，第 137 页。

民族资产阶级不断成熟，其在与外国竞争中越来越认识到引进先进技术的重要性，力争采用最新技术，并且注重培养中国自己的技术人员，提高企业自身人力资本水平，力图摆脱在技术上对外国资本的依赖。耀华作为这一时期从外国引进先进技术的例子是成功的。中国在引进新的玻璃技术时，的确付出了巨大代价，但却实实在在地由此而得到了相应的经济效益，这是中国民族资本成长壮大的标志，也是西方对华资本输出的必然结果。19世纪末20世纪初，技术开始成为一种资本，在西方资本主义对华输出过程中，不可避免地会被中国人掌握。耀华采用比利时的弗克法专利生产平板玻璃，是引进外国先进技术的成功事例。它是中国乃至亚洲第一次引进世界最先进的平板玻璃制造工艺，不仅使中国平板玻璃市场摆脱外国的控制，也使中国平板玻璃生产一步就跨入了世界一流水平。

云南马龙县新发村恭氏文书*

冯学伟

（沈阳师范大学法学院）

恭氏文书是笔者从网上收购而来的，共47件（其中残一件），年代最早者为乾隆五十九年（1794）萧凤彩卖水田文书，最晚者为民国二十二年（1933）晏富昌转当水田文约，时间跨度前后共140年。文书记载了新发村恭氏家族六代人的土地、房产流动情况，涉及活卖文书、义送文书、找价文约、杜断吐退文书、调换文约、转卖文书、共买文书、当田文书、借银文书、合同等多种文书类型，其中较为有特色的是光绪六年（1880）恭家坝、恭家桥、朱家湾、曹家营、新发村五村共垦出入水沟合同，是目前所见保留较少的民间公共事务合同。

此外，为方便利用，根据契约中的称谓、率同人等绘制恭氏家族七代人的人物关系如图1所示：

1. 乾隆五十九年（1794）萧凤彩卖水田文书

立卖水田文书人萧凤彩，系本营住人，为因己身年迈，又缺少费用，无处出办，情愿凭中立约，将祖遗己面下水田稻茬壹坵，座落东河，约亩陆分，东至应魁，南至冯朝纲田，西至李无贤田，北至恭起，四至开明。随田秧母升半，座落大路边紧北首壹截。今眼同中人立约议作时价钱壹拾伍千整，当日入手应用。其田自卖之后听凭钱主插梨耕种。于后有力之日，钱到取赎。二比不致刁难短少，如违甘罚无辞。此系二比明卖明买，并无利债折准，亦无逼迫等情。欲后有凭，立此卖契文约存照。

---

* 基金项目:沈阳师范大学博士科研启动基金项目《湖南朱氏文书的归户性研究》阶段性成果。

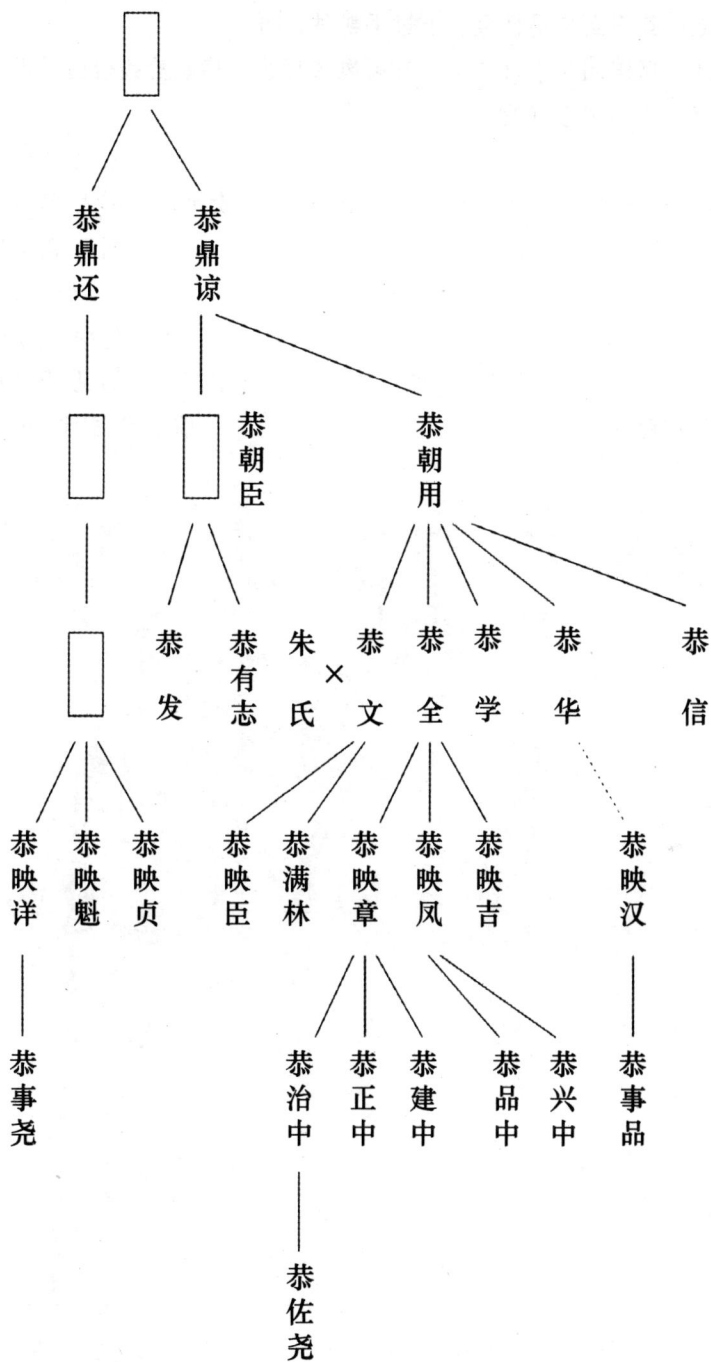

图1　恭氏文书人物关系

实记：其田卖与马怀金名下过手耕种，再照。

实计：嘉庆四年十月二十一日萧凤彩身故，将原价钱拾伍千折作银肆两，再照。代字田苞（押）

血侄 萧应魁 十

乾隆伍拾玖年二月十二日　　　　　　　　立卖水田文书人 萧凤彩 十

同侄 萧应珍 十

吴廷□（押）

凭中 吴自经 十

知见 冯朝柱 十

卖契存照　　　　　　　　　　　　　倩□代书 张于天（押）

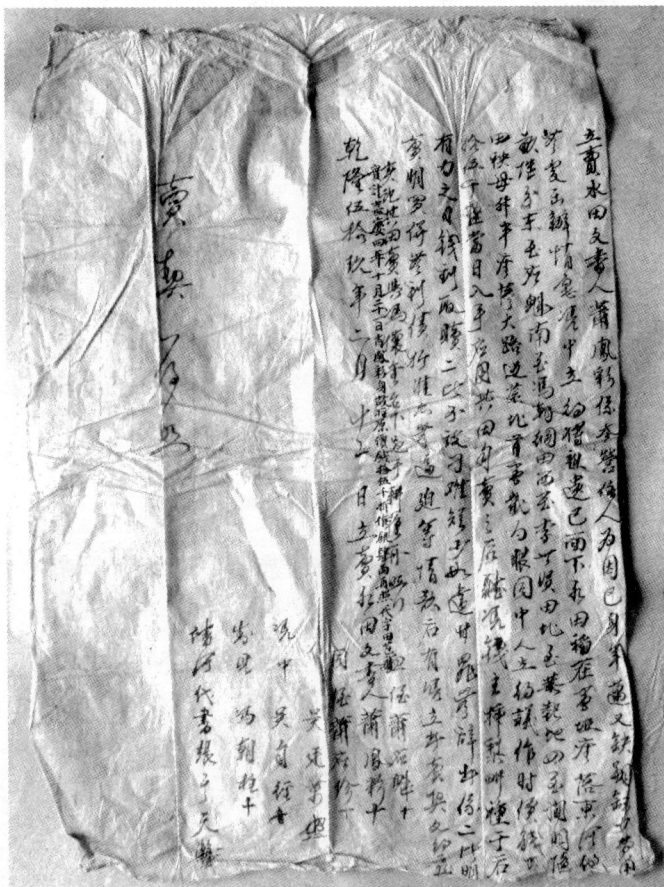

2. 嘉庆五年（1800）恭朝用同子卖荳田文约

立卖荳田水田文约人恭朝用，同子恭全、文、恭学、华、恭信，系恭家坝住，为因缺少资本银无出。情愿凭中立约，将祖遗面分下荳田二亩半，坐落大韩硐，东至恭唐田，南至恭德田，西至恭虞田，北至恭应祥田。又水田一亩，坐落大荒，东至恭德田，南至恭德田，西至恭虞田，北至伦田，四至开明。其田秧田坐落前家圩，布种伍升，随田钱粮卖主上纳。出卖与严家屯旧朱配龙名下答种平分。今三面言定，议作价纹银捌拾贰两整，当日入手应用，其银两相交明。此系二比情愿，明买明卖，并无私债准折，亦无逼迫等情。日后有力，银到取赎，二比不得刁难。恐后无凭，立此卖荳田水田文约存照。

	学	十
	文	十
同子 恭	华	十
	全	十
	信	十

嘉庆伍年正月二十日　　　　　　　　立卖荳田水田文约人 恭朝用　十

　　　　　　　　　　　　　　　　　　凭中　恭　唐（押）

卖契存照　　　　　　　　　　　　　　书笔　恭上青（押）

3. 嘉庆十一年（1806）罗文鉴卖麦地文书

立卖麦地文书人罗文鉴，系张官营住，为因缺少费用无，情愿凭中立约将祖遗面分下麦地壹块，座落小伍石，布种壹升，东至贾姓田，南至沟，西至贾姓田，北至邓有金地，四至开明。其地钱粮米二合半，付与卖主收执，与作九呈银贰两整，当日入手应用。出卖与本营邓有才名下，过手耕种。此系二比明买名卖，一无逼迫等情。日后无论年月远近，银到取赎，二比不得刁难。恐无凭，立此卖麦地文书存照。

实计：其田日后耕改成田，卖主补买主银二钱，在照。凭中　罗文儒

嘉庆十一年五月初六日　　　　　　　　立卖地文约人　罗文见

　　　　　　　　　　　　　　　　　　　知见　邓朝举

卖契存照　　　　　　　　　　　　　　　代字　冯朝聘（押）

4. 嘉庆十一年（1806）萧应魁弟兄三人找田价文约

立找田价文约人萧应魁^祥弟兄三人，同找孙本营住，为因缺少使用无
出^贞，情愿凭中立约。今因找到本营冯怀金名下纹银贰整，当日两相交明。
其有钱良、鋑田、四至基在愿契之内，不必令开。立找田价文约存照。

实计：直荣启赎，不得加找。再照。

嘉庆十一年十一月初六　　　　　　　立找田价文约人　萧应魁^{祥 十}
　　　　　　　　　　　　　　　　　　　　　　　　　　　　　　贞 十

　　　　　　　　　　　　　　　　　　　　　凭中　罗文儒　十

找约存照　　　　　　　　　　　　　　　　　代字　李世椿（押）

5. 嘉庆十四年（1809）恭应祥同子恭事尧永远杜断吐退文书

立永远杜断吐退文书人恭应祥，同子恭事尧，系恭鼎还之曾孙，为因
先年曾祖买到叔曾祖恭鼎谅名下水田肆亩，坐落桑树田，东至恭敏田，西
至恭发田，南至恭朝臣田，北至恭虞田，四至开明，随田秧田坐落小圩
子，布种叁升，四至不开，随田钱粮照册上纳，随田圩埂随田修筑。迄今
应祥无力耕种，一并凭中自愿吐退与叔曾祖鼎谅之曾孙恭应汉名下，子孙
永远为业。此系田还原主，议作原价银壹百壹拾两整。当日银契两相交
清，不必另立收付。自吐退之后，一退永退永吐，凡应祥亲族人等以及世
代子孙俱不得异言翻悔，亦不得声言过问。如违，倍罚白银壹百两、白米
拾市石。恐后无凭，立此杜断吐退文书存照。

实计：此田先年曾祖弟兄买卖，文契于乾隆陆拾年间被火毁完，迄今
故无原契，所以另立吐退再照。

嘉庆拾肆年拾壹月贰拾肆日　　立永远杜断吐退文书人　恭应祥（押）

　　　　　　　　　　　　　　　　　　　同子　恭事尧（押）

　　　　　　　　　　　　　　　从堂叔　恭　发　十

　　　　　　　　　　　　　　　　　　恭有志　十

　　　　　　　　　　　　　　　　　　恭　然

　　　　　　　　　　　　　　　　　　顺　十

　　　　　　　　　　　　　　凭族叔　恭　全　十

　　　　　　　　　　　　　　　　　　恭　虞（押）

　　　　　　　　　　　　　　凭中　恭起凡（押）

賈辅乾　十

恭应端　十

永远杜断吐退文书存照　　　　　　　　代字　恭元复（押）

6. 嘉庆二十一年（1816）冯士维卖秧田文约

立卖秧田文约人冯士维，系张官营住人，为因缺少费用，无出。情愿立约自己面下秧田壹坵，坐落兰树，布种陆升。四至开明，东至雷发高秧田，南至沟，西至冯士五秧田，北至沟，四至开明。议作价九呈银叁两整。卖与恭映章名下，过手耕种。此系明卖明买，并无逼迫等情。恐后无凭，立卖秧田文约存照。

嘉庆廿一年十月廿一日　　　　　　　立卖秧田文书人　冯士维　十

凭中　冯士彦　十

知见　恭华　十

雷之富　十

卖秧田存照　　　　　　　　　　　　代字　贾登高（押）

7. 嘉庆二十四年（1819）邓朝珠卖水田文约

立卖水田文约人邓朝珠，系张官营住人，为因母故，缺少费用，无出。情愿凭中立约将祖遗面分下水田乙亩，坐落摆于圩，东至圩埂，南至贾姓田，西至雷姓田，北至雷姓田，四至开明。秧田坐落中沟，布种乙升。其田钱粮照田上纳。与坐时价九呈银柒两整，当日入手应用。出卖与兴发村恭应章名下，过手耕种。此系明买名卖，并无私债准折，一无逼迫等情。日后有力，无论年月远近，银到田还，二比不得刁难。恐后无凭，立此卖水田文约存照。

同兄　邓朝柱　十

嘉庆二十四年三月初十日　　　　　立卖水田文约人　邓朝珠　十

同侄　有哇　十

同侄　官奉（押）

知见　冯士彦　十

雷之林　十

卖契存照　　　　　　　　　　　　　代字　冯朝聘（押）

（盖印：霑益州正堂陈照验免税）

8. 道光五年（1825）恭映臣、满林卖水田文书

立卖□□书人恭映臣、满林，系兴发住，为因年岁不顺，遗居于鲁□

坡。有祖遗水田六分七厘，坐落大荒田，四至不开，买主自知。钱银照册上纳。议作九呈银贰拾两正。出卖与家兄恭映章名下耕种，银两一并交清。自卖之后，不论年月远近，银到取赎，二比不得刁难。恐后无凭，立此卖约存照。

<table>
<tr><td></td><td>恭　学</td><td>十</td></tr>
<tr><td>同叔</td><td>恭　华</td><td>十</td></tr>
<tr><td></td><td>恭　信</td><td>十</td></tr>
<tr><td></td><td>恭映臣</td><td>十</td></tr>
<tr><td></td><td>满林</td><td>十</td></tr>
<tr><td>凭中</td><td>雷发高</td><td>十</td></tr>
<tr><td></td><td>雷发春</td><td>十</td></tr>
<tr><td>知见</td><td>贾□□</td><td>十</td></tr>
<tr><td></td><td>贾甫乾</td><td>十</td></tr>
</table>

道光五年正月十九日　立卖水田文书人

卖契存照　　　　　　　　　　　　　代字　恭映吉（押）

9. 道光五年（1825）朱氏同子恭映臣、满林自愿吐退楼房地基文书

立自愿吐退楼房地基文书人母朱氏同子恭映臣、满林，系恭家坝兴发村住人，为因年岁不顺，遗居鲁租坡住坐。有租房一路，今因卖与二叔之子堂兄恭映章、恭应吉兄弟二人名下住坐。东至三面言定，议作价九呈银叁拾叁两，外有大柜一个在内，当日银房两相交明。自退之后，亦退永退，子孙不得意言反悔。若有意言赎与外人居住，罚银拾两。恐口无凭，立此卖房子文约存照。

<table>
<tr><td></td><td>恭　华</td><td>十</td></tr>
<tr><td>叔</td><td>恭　信</td><td>十</td></tr>
<tr><td>同母</td><td>朱　氏</td><td>○</td></tr>
<tr><td>立卖房子地基文书人</td><td>恭映臣</td><td>十</td></tr>
<tr><td>同弟</td><td>满林</td><td>十</td></tr>
<tr><td>凭中人</td><td>雷发高</td><td>十</td></tr>
<tr><td></td><td>贾亮乾</td><td>十</td></tr>
<tr><td></td><td>贾甫乾</td><td>十</td></tr>
<tr><td>知见</td><td>代上朝</td><td>十</td></tr>
</table>

道光五年正月十九日

卖房子存照　　　　　　　　　　　　代字　贾显君（押）

10. 道光八年（1828）邓朝文找地价文约

立找地价文约人邓朝文，系张官营住，为因缺少钱粮，无出。情愿凭中立约，将自己祖遗下麦地二块，系是二处。一块坐落东河，又一块坐落沙汰。其地二处钱粮、四至、布种不必另开，俱在原契之内。当日找过，入手急用。自愿找到恭家坝恭华、恭俊弟兄三人名下九呈银伍钱整，自找之后，听其耕种。日后有力之日，银到地还，二比不得刁难短少。今恐人心不古，立此找麦地价银文约为据。

道光八年十二月初二日　　　　　　　　立找地价人　邓朝文　十

　　　　　　　　　　　　　　　　　　　凭　冯朝俊　十

　　　　　　　　　　　　　　　　　　　中　萧菱贵（押）

找麦地为据　　　　　　　　　　　　　　代字　吴有□（押）

11. 道光十一年（1831）邓朝柱找水田价银文约

立找水田价银文约人邓朝柱，系张官营住人，为因缺乏作喜事银，无出。情愿凭中立约找到兴发村恭映章名下九呈银陆两整，当日入手急用。自找之后，听凭银主耕种。其田钱粮四至坐落，俱在原契之内，不必另开。倘日后卖主俟有力之日，不论年月远近，过期银到取赎，二比不得刁难，无辞。恐后无凭，立此找约存照。

道光十一年十一月廿九日　　　　　　立找水田价文约人　邓朝柱　十

　　　　　　　　　　　　　　　　　　同侄子　有娃子　十

　　　　　　　　　　　　　　　　　　凭中　冯士成　十

找契为据　　　　　　　　　　　　　　代笔　吴荣华（押）

12. 道光十六年（1836）雷之辅仝侄友贵卖菜地树木文约

立卖菜地树木文约人雷之辅仝侄友贵，系移居恭家坝住，为因亏欠赊银，无出。情愿凭中立约将自己祖遗下菜地乙分，树木在内，座落老君沟，东至雷之元地，南至卖主田，西至恭映凤地，北至庄稞，四至开明，随地祖谷照册上纳。今凭中言明，议作价纹银壹两叁钱伍分整。自卖之后，不论年月远近，银到取赎，二比不得刁难。恐后无凭，立卖菜地树木文约存照。

实计树木内有糟树乙棵、柿花树乙棵，再照。

　　　　　　　　　　　　　　　　　　凭中　雷发德　十

　　　　　　　　　　　　　　　　　　　　　雷之国　十

道光十六年十月廿六日　　　　立卖菜地树木文约人　雷之辅　十

<table>
<tr><td></td><td></td><td>仝侄</td><td>友　贵</td><td>十</td></tr>
</table>

卖契存照　　　　　　　　　　　　　　　　　代字　恭士禧（押）

13. 道光十七年（1837）雷之文自愿掉换地基文约

立自愿掉换地基文约人雷之文，今因屋石地基零星，不便起盖。此地系是六角面下乙角，情愿掉换与恭映凤名下，作子孙世代起盖为业，此系乙换永换。凡地形、坐落、四至本主知之，不必另开。自掉换之后，凡吾子孙一应人等，俱不得异言翻悔，如违，执约之于官，以国典惩治。今恐无凭，立此掉换永远为据。

道光十七年九月初五日　　　　　　　　立掉换地基人　雷之文　十

　　　　　　　　　　　　　　　　　　凭　中　贾登高　十

　　　　　　　　　　　　　　　　　　　　　　堂　十

　　　　　　　　　　　　　　　　　　　　　雷之元　十

　　　　　　　　　　　　　　　　　　　　　甫　十

　　　　　　　　　　　　　　　　　　　　　雷发得　十

　　　　　　　　　　　　　　　知见　赛南阳（押）

合同炳据（半书右半）　　　　　　　　　　冯士选　十

换契炳据　　　　　　　　　　　　　　　　代字　吴荣华（押）

14. 道光十七年（1837）雷之富掉换地基文约

立掉换地基文约人雷之富［　　　　］星，不便起盖。此地系是六角面下乙角，眼同中证，自愿掉换与恭映凤名下，以作世代为业，其四到、坐落本主知之，不必重开。自掉换之后，日后永不得声言半字，如违，执约付官理论，凭官究治，无辞。欲后有凭，立此掉换存照。

合同存照（半书右半）

　　　　　　　　　　　　　　　　　　同男　雷开泰　十

道光十七年九月初五日　　　　　　　　立掉换地基人　雷之富　十

　　　　　　　　　　　　　　　　　　凭中　贾登高　十

　　　　　　　　　　　　　　　　　　　　　堂　十

　　　　　　　　　　　　　　　知见　雷发得　十

　　　　　　　　　　　　　　　　　　　　　雷之元　十

　　　　　　　　　　　　　　　　　　　　　甫　十

　　　　　　　　　　　　　　　　　　　　　冯士选　十

生　赛南阳（押）

代字　吴荣华（押）

掉换为据

15. 道光十七年（1837）贾登高等永远义送庄棵地基文约

立自愿永远义送庄棵地基文约人贾登高堂乙角、雷发得乙角、雷之元甫乙角、恭爨本主乙角，共作四角，住居兴发村，今因原初结买到冯姓庄棵地乙形，业已请尾税据，地则三姓人等均分，四角系属起盖柱立。近因屋后所遗乙点之地，三姓人等□分，不足成用。情愿将地基三角，东至□姓地，南至本主地，北至登科住基，西至本主房脚，四至开清，凭中立写送约，永远义送与恭映凤名下作世代住居起盖为业。当日相送，受过恭姓鞍马衣服。自义送之后，凡吾雷贾二姓永不声言翻悔，如违，甘罚无辞，罚白银□千。今恐无凭，立此送字为据。

　　实计：其庄棵地基系恭映章、凤弟兄同卖，再照。

　　　吴荣后批，再照

道光十七年九月初五日

雷发得　十

立义送地基人　贾登高（押）

堂（押）

雷之元　十

甫　十

凭中　冯士选　十

知见　生　赛南阳（押）

代字　吴荣华（押）

义送契据

16. 道光十九年（1839）冯氏同伯伯李先贵、弟李旺金转卖山田文书

立转卖山田文书人冯氏同伯伯李先贵、弟李旺金二人，为因先荣身故，又母亲身故，与冯氏丈夫棺木银两无处出办。情愿将自己面分下祖遗山田壹坵，坐落小污石，东至李姓田，南至沟，西至吴朝科田，北至吴荣华田，四至开明。随田秧田坐落门首，东至贾安乾秧田，南至李元秧田，西至萧成秧田，北至亦萧成秧田，四至开明，随田租谷壹升，付与头人收执，过手耕种。其银并无私债准折，亦无逼迫等情。今凭伯伯李先贵、弟李旺金二人说明，日后只准取赎，不得加找。日后族内人等不得异言，倘有异言，俱在先贵、旺金二人一面承当。恐后无凭，立此卖契存照。但有要加找，自任罚白米拾石，□银拾两入官修城，无辞。

实田米扗

<table>
<tr><td></td><td>同　伯伯　李先贵</td><td>十</td></tr>
<tr><td></td><td>弟　李旺金</td><td>十</td></tr>
<tr><td>道光十九年二月廿七日</td><td>立卖山田文约人　冯氏</td><td>〇</td></tr>
<tr><td></td><td>凭中　冯士选</td><td>十</td></tr>
<tr><td></td><td>冯士品</td><td>十</td></tr>
<tr><td></td><td>代字　赛升</td><td>（押）</td></tr>
</table>

17. 道光十九年（1839）雷之辅卖麦地文约

立卖麦地文约人雷之辅，系本村住人，为因缺乏费用，无出。情愿凭中立约，将祖遗面下麦地，系南首壹半，坐落住居南首。东至公地，南至沟，西至贾姓地，北至堂兄地，四至开明，随地谷租五升，递年上纳头人。今眼同亲族乡邻议作时价九呈银壹拾叁两整，出卖与本村恭映章名下，过手耕种。自卖之后，只许取赎，不许借故加找，如或借故加找，情愿干认倍罚银两拾两入官修城，无辞。恐口无凭，立此出卖麦地文约存照。

实计：有粘单壹纸付与买主收执，再照。

<table>
<tr><td></td><td>同母　何　氏</td><td>〇</td></tr>
<tr><td>道光十九年十一月初五日</td><td>立卖麦地文约人　雷之辅</td><td>十</td></tr>
<tr><td></td><td>同叔　雷发德</td><td>十</td></tr>
<tr><td></td><td>万</td><td>十</td></tr>
<tr><td></td><td>雷之元</td><td>十</td></tr>
<tr><td></td><td>恭云华</td><td>（押）</td></tr>
<tr><td></td><td>代从</td><td>十</td></tr>
<tr><td></td><td>凭中　张甫</td><td>（押）</td></tr>
<tr><td></td><td>恭庄</td><td>十</td></tr>
<tr><td></td><td>华</td><td>十</td></tr>
<tr><td>卖契存照</td><td>信</td><td>十</td></tr>
<tr><td></td><td>冯士美</td><td>十</td></tr>
<tr><td></td><td>显</td><td>十</td></tr>
<tr><td></td><td>雷裕泰</td><td>十</td></tr>
<tr><td></td><td>代字　恭裕厚</td><td>（押）</td></tr>
</table>

18. 道光二十一年（1841）恭映章、恭映凤共买庄棵合同

立出合同共买庄棵故立章程人恭映章凤弟兄名下，为因原日蒙雷贾恭三姓人等义送此地，况立契之日，映章街务骪延，原契内未书名字。复请中证言明，前后地基如对川头厂院，后日起盖，对前排老房六路，如对川头乙个半（？）。当日分定之后，如照界限。映章不得势强侵占映凤之地，映凤更不得□争映章之地，如违，执字鸣官，倍罚白银乙百修城，无辞。今恐无凭，立此合同存照。

实计：屋后东至映凤地埂，南至映凤川头，门前映章地基在北边，映凤在南边，再照。

道光二十一年二月廿七日　　　　立出合同同买庄棵人　恭映章　十

　　　　　　　　　　　　　　　　　　　　　　　　　　凤　　十

　　　　　　　　　　　　　　　　　　　　　　　冯士□

　　　　　　　　　　　　　　　　凭中　冯士选　十

　　　　　　　　　　　　　　知见　生　赛钟（押）

　　　　　　　　　　　　　　同叔　恭　信　十

　　　　　　　　　　　　　　　　　贾登科（押）

　　　　　　　　　　　　　　　　雷义泰　十

　　　　　　　　　　　　　　　恭映诰（押）

立二造同买庄棵合同为据

　　　　　　　　　　　　　　　　　　　代字　吴荣（押）

19. 道光二十二年（1842）恭映汉永远吐退豆田文约

立永远吐退豆田文约人恭应汉，系恭家坝住，为因缺用无出。情愿凭中立约，将自己面豆田肆亩，吐退与堂弟恭映璋名下子孙永远为业。其田产座落桑树田，东至恭事圣田，南至恭应田，西至戴君璋田，北至戴尚志田，四至开明，随田秧田座落小圩，布种肆升，随田条粮系霑益州照册上纳。随田圩埂东圩四丈，西圩贰丈，随田修筑。当日三面明议作补价纹银壹百肆拾两整，当日入手应用，银田两相交明。此系田还原主，二比心肝情愿，并无私债准折，亦无逼迫等情。自吐退之后，听其应璋子孙永远耕种为业，一退永退，一还永还。日后应汉子孙凡家门亲族人等，永不得异言翻悔，亦不得借故生端。若有此情，自认罚白银壹百两、白米拾石、站马二疋入官，修理城池、桥路，无辞。今恐人心不古，故立此永远吐退文约存照。

同叔　恭云华　十

同子　恭事品　十

道光二十二年□月二十三日　　　　立永远吐退文约人　恭应汉　十

恭应告　十

后残

20. 道光二十四年（1844）邓朝柱找水田文约

立找水田文约人邓朝柱，系张官营住人，为因侄子有娃子自幼抚养成人，完亲娶媳，在家不安本分，私走在外，程送遥远，缺少路费，无出。情愿凭中立约，先前将圩田出当与恭姓名下耕柱多年，恭已找过几纸，今向无奈，复向恭映章名下找九呈银贰两伍钱正，当日入手急用，以应燃眉。自找之后，任从耕种。以有坐落四至四形钱粮杂项，俱在原契之内，不必另开。倘□□，不论年月远近，有力之日，所有邓门红白喜事，只许取赎，永不得加找。如若再找，倍罚银二十两，执约甘罚无辞。今恐无凭，立此找约存照。

同侄　邓耀林　十

廷　十

道光二十四年二月十二日　　　　立找水田价人　邓朝柱　十

凭中　邓耀宗（押）

冯士贵　忠

找约为据　　　　　　　　　　　　　　代字　吴荣华

21. 道光二十四年（1844）李大毛、二毛弟兄二人找水田价文约

立找水田价文约人李大毛、二毛弟兄二人，系张官营住人，为因母亲身故，缺少棺木发送银两之资，无处出办。情愿凭中复向新发村恭映章告名下找老钱贰千整，当日找过，入手急用。所有坐落四至钱粮俱在原契之内，不必加开。自找之后，日后有力之，无论年月远近，银到取赎，二比不得刁难短少。恐后无凭，立找水田价文约存照。

同父　李先贵　十

道光二十四年冬月初十日　　　　立找水田价文约人　李大毛　十

二毛　十

李郁　十

凭叔　李万金　十

有承（押）

凭中　　王修（押）

张效　十

找契为据　　　　　　　　　　　　　　　　　　　代字　罗万（押）

22. 道光二十八年（1848）冯士选同子冯玉元自愿义送秧田文约

立自愿义送秧田永无异言翻悔文约人冯士选同子冯玉元父子二人，系同长孙金海，系张官营住人，今因新发村有姐丈恭映章，系属郎舅至亲，缺少秧母。今念亲情，我父孙子三人系合家眼同弟兄子侄一应人等，情愿凭中立约将己面下分得秧田乙坵，以作三角，押其一角与姐丈恭映章名下耕种，以为祖业。其田坐落小龙潭门前，东至买主秧田，南至大埂，西北二至送主田，四至开明载契。当日三面言定，眼同合家亲族，心甘情愿义送永送与新发村姐丈恭映章名下。彼日受过衣服乙套之资。自永送之后，但凡吾冯门以亲外族，已生未生，内外乙切人等，日后永不得向恭姓，子子孙孙再无异言翻悔、藉端番磕等情。倘日后恐有狡猾子孙若有声言等情，吾冯门自甘倍罚白银伍十两，白米伍十石入官修城。此系一送永送，吾冯门一口吐出，永不回赎，但有一言半句，自甘倍罚，无辞。今恐人心不古，口说无凭，立此自愿永送秧田文约为据。

实计：其秧田依皇粮京升壹升付与东寄四下单头收纳，再照。

同兄　　冯士彦　十

道光二十八年十二月二十日立自愿永远义送秧田文约人　冯士选　十

同子　　冯玉元　十

孙　　金海　十

义送秧田永远文约存照　　　　　　　　　　　　　代笔　吴荣（押）

23. 道光二十九年（1849）邓耀廷叠找水田价文约

立叠找水田价文约人邓耀廷，系张官营住人，为因叔父朝珠于嘉庆二十四年己面下水田一亩，座落摆□圩，所有四至钱粮杂项俱系原契在明。况此水田，朝珠业以乏嗣，朝住无子，接养一子耀林，朝柱之侄耀廷。朝柱于道光五年相恭映章名下找银三两，至十一年又找银六两。此田契足价满，理无可找，奈中人哀恳，于二十四年又找银二两五钱，立约永无加找，如违倍罚干罪无此。无如道光二十九年朝珠之侄耀廷出姓，生母身故，缺发棺木，哀请中人在三恳求，委曲苦告。此田价过于契，大干法纪。被中哀告，午夜千思，只得又找银二两二钱。今此田连原找一共五纸，共合九呈银二十两零柒钱整。自今找过，凡嗣后所有我邓门在生未生乙切人等，俱永不致复面恭应章即子孙再找。若有，日后任凭恭姓耕种管业。自找邓耀廷叠找以后，倘我邓门里亲外族，永远再不能加找，如违，凭恭姓投官理论，愿认藉端找取敲磕，按律办究无辞。万一违法不遵，定倍罚白银伍十两、白米十石入官修城。今恐无凭，立此叠找水田文约存照。

　　实计：取赎在后，只许取赎，在照。

冯士彦　十
凭中　吴荣（押）
吴文（押）

道光二十九年二月十九日　　　　　立找水田价文约人　邓耀廷（押）
同侄　邓维邦（押）
知见　生　张蔚（押）

亲笔存照

24. 咸丰四年（1854）王成得、王成财自愿出字

　　立自愿愧悔，永不得异言翻悔人王成得、王成财弟兄二人，系东路石（石剌）屯住，为因成得弟兄于本月二十七日被新发村恭映章以逼父卧骗、大伤伦常等情，一案报经乡约胡连升员下。今有隽旗营、周旗营先生李青、雷尊二人见其情惨，不忍坐视，从中排解劝息。王成得、成财自知情愧，愿出字据永不得异言翻悔。自出字之后，倘有借故翻悔等情，自认罚白银五十两、白米五十石入公修城。仍认逼父拼骗之罪无辞。恐口无凭，立此自愿出字为据。

父　王学礼　十
王成财　十

咸丰肆年十月二十九日　　立自愿出字永不得异言番悔人　王成得　十
凭　王朝贵　十
中　王桂林　十
凭约　胡连升　十

自愿出字永无翻悔为据　　　　　　　　　　　代字　张　甫（押）

25. 咸丰七年（1857）萧连成、萧连洪找水田价银文约

　　立找水田价银文约人萧连成、萧连洪弟兄二人，系张官营住人，为因父故，缺少发送银两，无处出办。情愿凭中立约找到兴发村恭宝林名下，找老钱壹千陆百文整，当日入手应用。自找之后，听凭银主耕种。其田座

落、四至、钱粮俱在原契之内，不必另开。日后有力，不论年月远近，银到取赎，二比不得刁难短少。恐后凭，立此找水田价银文约存照。

咸丰柒年柒月弍拾陆日　　　　　立找水田价银文约人　萧连成　十

　　　　　　　　　　　　　　　　　　　　　　　　　　　　　洪　十

　　　　　　　　　　　　　　　　　　　　　　　　　　　萧连科　十

　　　　　　　　　　　　　　　　　　　凭中　罗景照　十

　　　　　　　　　　　　　　　　　　　　　　　罗廷英　十

立找约为据　　　　　　　　　　　　　　　代字　冯　安（押）

26. 咸丰七年（1857）李先贵同子、侄永远永送山田文约

　　立永远异送吐退山田永无异言文约人李先贵同子、值子李云祥、李大二毛叔值四人，系张官营住人，为因有祖遗面下山田壹垙，先年出当与恭姓耕种，原契、找契数纸。又因本年饥谨，云祥父亲故，缺少安葬、棺木之银两，父子叔侄再三恳求、央请中人，凭中将田仍然永远异送吐退与新发村恭尊善名下子孙永远世守耕种管业。所有座落、钱粮、四至、秧田俱在老契之内，不必另立收付。当日眼同中人三面言定仪老钱贰千文整，当日交过，入手应用。钱契两相交明，并无私债准折，亦无逼迫等情。凡我李姓大小老幼内外亦应人等，永不得借故异言，若异言倍罚白银伍十两、白米伍十石入官，修理城池。今恐人心不古，立此永远永送山田文约存照。

　　　　　　　　　　　　　　　　　　　凭中　冯士显十

　　　　　　　　　　　　　　　　　　　　　吴天才（押）

咸丰柒年十月卅日　　　　　立永远永送山田文约人　李先贵　十

　　　　　　　　　　　　　　　　　同侄　李云祥　十

　　　　　　　　　　　　　　　　　同子　李二毛　十

　　　　　　　　　　　　　　　　　　　　　大毛　十

　　　　　　　　　　　　　　　　　　　肖连芳　十

永远送契　　　　　　　　　　　　　　　罗云端　十

文约为据　　　　　　　　　　　　　　　张行万　十

　　　　　　　　　　　　　　　代字　张　炻　（押）

27. 光绪六年（1880）恭家坝、恭家桥、朱家湾、曹家营、新发村五村共垦出入水沟合同

　　立出合同恭家坝桥、朱曹家湾营、新发村五村人等，为因屡受水害，

出入难行，合圩公议，心甘情愿新垦出入水沟，新建九家圩硒硐。合圩出银买好古滗，仍照旧规，递年栽种之时，水放归一，各形经管。各形下圩不得阻挡出水，上圩不得阻挡进水。至于出水之时，新沟古沟俱不得阻挡。若有一处阻挡，凭合圩鸣官执字理论。恐后无凭，立出合同文约存照。

实计：曹家营相让大硒硐，合圩公买水沟壹条，上至硒硐门首，下至周家滗止，放水之日，不得阻挡片漫，再照。

又计：□姨圩放水硒硐各照新沟，凡有上满下流，曹家营不得阻挡，再照。

吴肇（押）

曹任国　十　　恭思（押）

袁金奉（押）　　卢蔚　十

袁金榜　十　　代耀（押）

光绪六年四月　日　　立出合同文约人　袁金恩　十　　恭以忠（押）

袁正纲　十　　恭应芳　十

曹有体　十　　代琼轩（押）

刘文芳（押）　　代连发（押）

恭　见（押）　　贾育万　十

恭　克（押）　　雷晓亭（押）

恭宝元（押）

合同为据（半书左半）

今将新垦通濠数目、姓名，每丈领银壹钱叁分五厘列后：

计开：又每丈减粮壹厘再照。

上圩朱家湾式拾伍丈		代官明拾丈
硚上陆文	贾正应学式拾捌丈乙尺五寸	贾吉拾柒丈
唐家营玖丈	贾富拾九丈五尺	雷召宗式拾肆丈
五尺		
曹任国式丈三尺	贾正莫式丈六尺	恭士乾拾伍丈
五尺		
李三哇叁丈九尺	恭从受肆丈七尺	贾登成拾柒丈
朱瘦子伍丈五尺	恭士学伍丈六尺	代　服壹丈五尺
曹订国式拾三丈	恭顺林式丈	袁正庆九丈式尺

　　曹任国叁拾叁丈　　　　　恭士侯肆丈捌尺

　　代连英叁拾柒丈五尺　代□轩　　　　　　　　　　恭姓公沟共式拾
四丈三尺

　　雷　保九丈　　　　　　恭从明式丈捌尺

　　黄三甲拾伍丈　　　　　恭官科式丈三尺　　　　　代字　代耀
（押）

　　黄三甲又柒丈　　　　　代连及式丈三尺英式丈三尺

　　28. 光绪七年（1881）王桐朝当海麦地文约

　　立当海麦地文约人王桐朝，系张官营住，为因家中缺少使用，无处出
办。情愿将自己祖遗面分下海麦地乙块，坐落茨菓沟，东至本主地，南至
大埂，西至戴姓地，北至路，四至开明，随地钱粮肆分，布种陆升，今凭
三面言明，议作时价九呈银捌两整，出当与邓耀武名下，过手耕种，当日
银契两相交明。日后银到取赎，二比不得刁难，亦不论年月远近。钱粮付
于卖主收执上纳。恐口无凭，故立此当约为据。

　　光绪七年八月十三日　　　　　　　立当海麦地文约人　王桐朝　十

　　　　　　　　　　　　　　　　　同　　　王占元　十
　　　　　　　　　　　　　　　　　侄

　　当约为据　　　　　　　　　　　代字　王庆元（押）

　　29. 光绪十九年（1893）恭士标当水田文约

　　立当水田文约人恭士标，系恭家坝住，为因缺少替子完婚银两，无
出。自愿将祖遗面分下水田柒分伍厘，坐落赵家田，东至恭士闰田，南至
菜地，西至贾吉田，北至恭以中田，四至开明。随田钱粮照册上纳，随田
圩埂照田修筑。今凭三面言明，议作价九呈银拾叁两整，出当于兴发村恭
宝名下，过手耕种，当即银契两相交明。日后银到取赎，二比不得刁难。
恐后无凭，立当水田文约为据。

　　　　　　　　　　　　　　　　　　　　　　胞
　　　　　　　　　　　　　　　　凭中　　恭士闰
　　　　　　　　　　　　　　　　　　　兄

　　光绪拾玖年十一月初一日　　　　　立当水田文约人　恭士标
　　　　　　　　　　　　　　　　　　知见　恭士学

　　当契存照　　　　　　　　　　　代字　雷晓亭（押）

　　30. 光绪二十二年（1896）邓联云当麦地文约

　　立当麦地文约人邓联云，系东路张官营住，为因缺少使用，无处出

办。情愿凭中立约，将自己祖遗面下麦地壹块，座落三座坟面前，布种式升，东至邓姓地，南至大埂，西至邓姓地，北至路。又壹块，尖各地壹半，东至沟，南西二至邓姓地，北至水沟，四至开明，出卖与新发村杨联城名下，过手耕种。三面言明，议作时价纹银叁两整。随地钱粮局钱五十文，递年付与卖主上约完官。并无私债准折，亦无逼迫等情。自当之后，不论年月远近，银到取赎，二比不得刁难。恐后无凭，立此当契存照。

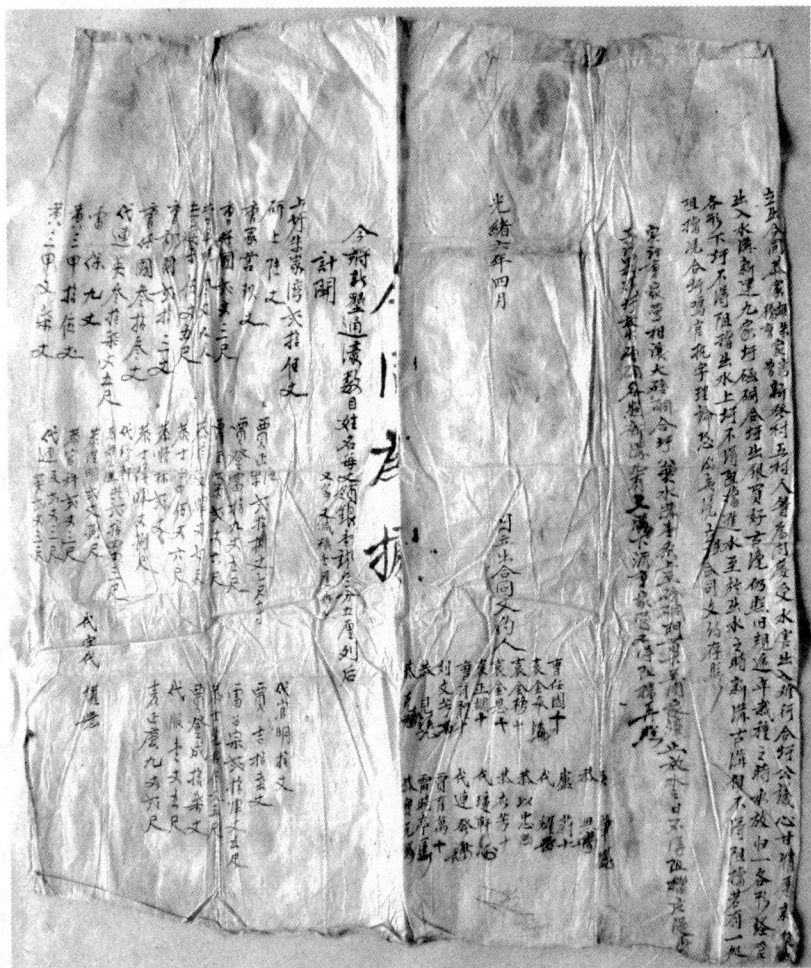

实计：添与字壹个，再照。

　　　　　　　　　　　　　　　　　　代字　邓文光（押）

凭叔　邓庆邦（押）

光绪二十二年五月二十二日　　　立当麦地文约人　邓连云（押）

知　恭毓中（押）

见　贾证棋　十

恭兴钟　十

31. 光绪二十二年（1896）邓耀武转当海麦地文约

立转当海麦地文约人邓耀武，系张官营住人，为因家下缺少使用，无处出办。情愿凭中立约将接买王姓海麦地壹块，坐落茨菓沟，东至本主地，南至大埂，西至代姓地，北至大路，四至开明，随地钱粮肆分，付与原主收执上纳完官，布种陆升。今凭中三面言明，议作转价纹银陆两伍钱整，出转当与新发村杨连成名下，过手耕种。自转当之后，只许王姓取赎，不与邓姓相干。当即银契眼全中证两相交明，并无私债准折，亦无逼迫等情。自转当之后，无论年月远近，王姓银到取赎，杨姓不准刁难。恐口无凭，立此转当文约存照。

实计：王姓取赎，仍照原契价执，再照。

再计：随代原契壹纸，再照。

凭胞弟　邓耀甲　十

光绪二十二年七月初八日　　　立转当海麦地文约人　邓耀武　十

转契为据　　　　　　　　　　　　　　　代字　邓加邦（押）

32. 光绪三十年（1904）恭建中、恭正中永远议送地基文约

立永远议送地基文约人恭建中、恭正中弟兄二人，系族内住，为因缺少费用，银两无处出办。情愿有祖遗地基壹块，坐落门首，东至滴水，南至族祖地基，西至贾姓滴水，北至亦贾姓住居，四至开明，其地基壹座三角，作价银拾伍两，每角合银伍两。恭建中、恭正中弟兄二人自己情愿议送与胞弟恭治中名下，永远世代子孙为业。日后恭治中子孙有力起盖之日，恭建中、恭正中弟兄二人子孙永不得异言翻悔。若有异言翻悔，甘认倍罚白银壹百两、白米拾石入官修城，无辞。恐口无凭，立此永远议送地基文约为据。

凭族祖　恭级三　十

恭群臣（押）

吴秀（押）

雷晓亭（押）

光绪叁拾年正月二十二日　　立永远议送地基文约人　恭

建中　十

正中　十

张向阳（押）

凭中人　杨联城（押）

贾　用（押）

恭增禄（押）

议送为据　　　　　　　　　　　　　　　　　代字　恭毓中（押）

33. 光绪三十三年（1907）恭从有出收付永无异言翻悔文约

立出收付永无异言翻悔文约人恭从有，系恭家坝住，为因妻故，次子尚幼，长子心雄难以抚持。恳求兴发村恭宝，系属姨夫，将次子代在家中抚持多年，积得谷子几斗，自放自收，并无瓜葛。稍有账项，宝翁在时，前后俱已接明，多年并无嫌言。今因二子不孝，衣食无着，借故生端，屡次哓哓朽。请凭乡老从中劝息，念在亲戚之情，恭志中仝子恭佐尧意外垂怜，挪米捌升、银叁两、布叁件。当即眼同中人俱已如数收清。自出收付之后，一清永清，凡我亲生二子永无异言翻悔。倘有异言翻悔，甘认倍罚白银廿两、白米式石入公修硚无辞。恐后无凭，立出收付永无异言翻悔为据。

光绪卅三年十二月初五日立出收付异言永无翻悔文约人　恭从有　十

凭中　代永庆（押）

贾正洪　十

凭牌长　杨连成（押）

代学鹏（押）

恭群臣（押）

贾　用（押）

收付为据　　　　　　　　　　　　　　　　　代字　雷晓亭（押）

34. 民国元年（1912）恭兴中、恭品中当水田文约

立当水田文约人恭兴中、恭品中弟兄二人，系移居黄泥河住，为因有祖遗下水田壹亩，隔居鸾远，难以经管。此田坐落施家圩，土名大低田，东至古姓田，南至曹姓田，西至戴姓田，北至袁姓田，四至开明，随田条粮照册上纳。今凭戚人街邻，在中言明，议作当价大花银肆拾元整。立约出当与曲靖新发村亲族堂兄恭治中仝子恭尧名下，过手耕种为业。当即价值，眼全领清，并无货利准折。自当之后，无论年月远近，银到取赎。彼

此不得异言。恐口无凭，故立此水田当约为据。

　　实计：恭佐尧经收恭家坝恭从纪租谷一并结算清楚，再照。

民国元年十二月十一日	立当水田文约人　恭	兴中（押）
		品中　十
	凭戚　陈佐弼（押）	
		陈佐良（押）
	凭中　刘安（押）	
		贾凤池（押）
当契存照	代字　陈正清（押）	

35. 民国二年（1913）恭家珍仝子恭懋材出限期字据

　　立出限期字据人恭家珍仝子恭懋材，为因与曲城倪希真旧交，往来之账，幸遇亲友凭中言明，一并结算，下欠倪姓花银叁拾伍元正。言定十日交清，以后不得再寻追讨。自愿央及本村贾选臣、杨钧璧二位躬持勿悮。恐口无凭，故立此限期字据存照。

	仝子　恭懋材（押）	
民国弍年正月二十日	立出限期字据人　恭家珍　十	
	凭中　贾选臣（押）	
	杨钧璧（押）	

限期存照

36. 民国三年（1914）戴云程永远掉换水田合同文约

　　立永远掉换水田文约人戴云程，系恭家坝住人，为因杜买贾姓水田壹亩五分，坐落贾家庄窠，东至恭万发秧田，南至恭协中田，西至贾尊田，北至河，四至开明，随田条粮，照田上纳。近因隔居弯远，不便耕种，幸有恭姓祖遗面下水田壹亩，坐落大荒田，与自己住居田产相连。今凭中证言明，彼此田工宽窄相抵，自愿外补恭姓花银叁拾伍元整，将此田永远掉换与新发村恭治中仝子恭佐尧名下，子孙世守为业。自出合同掉换之后，二比心甘意悦，凡我子孙一应人等，永不得异言翻悔，复称为己业。倘有此情，甘认倍罚，以作诱哄不义之罪。欲后有凭，故立此永远掉换水田合同文约为据。

　　实计：随田圩堤已送与恭从宗起盖房屋。又随田红契彼此言明，各收各执，日后不得执契异言，再照。

　　　　　　　　　　　　　　　　　　　　凭胞弟　戴学文（押）

戴学贤　十

民国三年三月初柒日　　　立永远掉换水田合同文约人　戴云程（押）

凭中　贾超（押）

杨钧璧（押）

戴荣庆　十

雷兆元　十

永远掉换水田合同存照（半书左半）　　　　　　代字　李正中（押）

37. 民国四年（1915）吴连宗当海麦地文约

立当海麦地文约人吴连宗，系张官营住人，为因缺少伯母棺木银两，无处出办。将自己祖遗下麦地乙块，坐落三座坟，东至地梗，南至和尚地，西至贾桐地，北至邓姓地，四至开明在契，随地钱粮叁分，照册尚纳，甲长完官。今凭中三面言明，一作当价大花银元陆元整，出当与新发村恭治中名下，过手为业。当即银契两相交清，并无私债准折，亦无逼迫等情。自当之后，无论年月远近，银到取赎，二比不得刁难。恐口无凭，立此当海麦地为据。

随待原契在照。

凭胞弟　吴连森　十

民国四年七月十五日　　　立当海麦地文约人　吴连宗（押）

知见　杨连成

当契为据　　　　　　　　　　　　　　代笔　吴星三（押）

38. 民国七年（1918）恭士绅合族人等当麦地文约

立当麦地文约人恭士绅、恭增禄、恭增祥、恭增福、恭执中、恭燮中、恭炳中、恭增祐合族人等，系亲族住，为因有五祖父遗下之麦地壹块，坐落小麦地，东、北二至水沟，南至雷吴二姓地，西至雷鸣春地，四至开明，随地租米半升。今凭合族中证言明，连地埂上之梨树，一切在内议作当价大花银伍元整，出当与族人恭佐尧弟兄二人名下耕管为业。自当之后，族中不得私自争论。俟合族培值祖营，有力之日，准其公仝取赎，银主不得刁难阻滞。欲后有凭，故立此当麦地文约为据。

恭增福　十

恭增禄（押）

恭增祥　十

民国七年正月二十四日　　　立当麦地文约人　恭士绅　十

恭执中（押）

恭燧中（押）

恭增祐　十

贾选臣（押）

恭华清　十

恭家庆（押）

邓兰亭（押）

冯星桥（押）

杨钧璧（押）

李敬齐（押）

凭乡老幼

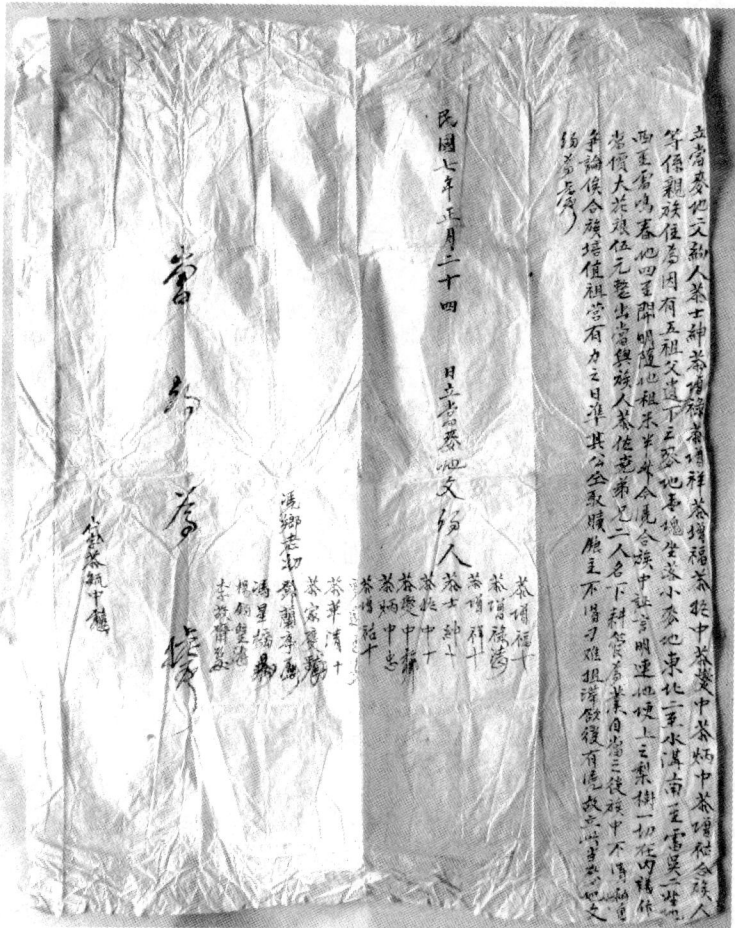

当约为据　　　　　　　　　　　　　　　代字　恭毓中（押）

39. 民国七年（1918）二月立上坟用账簿

民国七年二月二十二日立

上坟用账簿　清明记

民国柒年清明上坟费用列后：

计开：

出买肉叁拾伍斤亻亠仙，共合银贰元肆毛伍仙。

出买贾中祥蒜苔□，合银式角。

出买恭佐尧石炭六十斤，合银壹毛八仙。

又来酱半斤，合银伍仙。

恭佐尧赶鸡街子垫用银壹元叁角；又买酒八斤，共合银壹元柒毛。

出买佐尧小粉四两，合银二仙。

二十一晚至二十二晚共用吃米伍升，合银壹元式毛。

佐尧买盐，合银壹毛。

长元买盐，合银伍仙，系是贾中盐；又来酸菜，合同元四个。

又来辣子四两，合银式仙。

恭毓中来青油壹斤，合银壹毛三仙。

又来鸡蛋伍仙，将肉抵清。

恭增祐来荳角七斤，合银伍仙。

恭增禄垫买陈林小菜，同元三个。

出买杨大先生烟银壹毛，又烟银壹毛。

恭佐尧垫烟银伍毛。

出买贾用烟银叁毛。

出买恭佐尧粟炭十二斤，合银六仙伍。

又来盐，合银伍仙；廿三日用米壹升，加上坟米式合半，合银叁毛；又加米式合半，合银六仙。

恭佐尧垫烟叶，合银八仙。

恭士兴来坟标纸一百六十张，合银壹毛式仙。

出买恭增祥沙糖一，合同元二个。

出买恭增孔胡荽一两，合银伍仙；又来小粉四两，合银式仙。

出买陈林青菜，合同元四个。

以上共合花银捌元。

另计正月二十九日

在三百户营，恭佐尧付烟银三毛，又付邓兰亭垫烟花银壹元柒毛。

此日即付杨连城烟银壹毛。

又除恭增和垫烟银三毛。

此四柱共合银式元四毛。

以上共算合银拾元零四毛。

十月十一日上坟各项费用开列于后：

赶街子买粉丝乙斤，用银乙角。

打酒用花银乙毛；又黄萝圃蒜苗用花银九仙。

辣子条香用铜元十四个，合花银乙角乙仙。

又买烧纸乙斤，用花银乙角。

恭佐尧来盐式斤，合花银乙角。

又来酱乙斤，合花银乙角；又来干酸菜乙斤半，合银七仙。

又来青菜拾陆斤半，合银八仙。

恭增和来芋头乙斤，合花银八仙。

又来粟炭十斤，合花银八仙。

恭佐尧十一日垫洗猪、吃米、小菜、盐，共合花银式角。

恭增祥来肉叁拾肆斤，合花银叁元式角三仙。

恭佐尧来米陆斤半，合花银式元六角。

又石炭捌拾斤，合花银叁角式仙。

恭毓中来青油四两半毛　　恭增福来烧柴肆拾七斤一□，合银伍仙。

十三日算账

恭佐尧来米式合半，合银乙毛。

恭增福烟银式毛。

以上恭佐尧垫用吃账银捌元壹角四仙。

十月二十在

外加三月初十日恭佐尧

恭家桥禁山吃账用银六角　　佃算账用费花银式

三月初八日上坟用账

买黄豆腐合银伍仙　　蒜台三把，合银六仙。

称肉五斤，合银五角；鱼合银伍仙。

酱与盐合银四仙半，酒合银伍仙。

用米七合七勺五，合银六角一仙；炮张一千，合银一角。

纸斤半席纸，合银式角半；条香合银半角。

坟□纸，合银七仙；烧柴合银八仙。

烧柴与饷午零用，共合银壹角伍仙。

以上用银式元零叁仙三起，共合用银壹拾零七角七仙，以上恭佐尧之账一切算清。

民国八年三月初十日族中眼仝地方老幼实算明坟上公账银花银伍拾叁元陆角整，当面交与恭增福禄弟兄二人顶认承放。言定年利每元行息叁仙，至 明 年清明节本利如数清偿。

现点交代学文借去花银拾伍元，抵当一纸由伊弟兄二人执契经收。

又放出贾正学花银四元，言明至本年五月初十，本利亦由伊弟兄收管。

由恭燹中手现交花银拾肆元整

又有坟上公处卖得棺木一付，银式元捌角，于民国七年冬月二十恭增福借用，算在公账。总数亦除为收数。

以上现合上数叁拾伍元捌角，下不敷拾柒元捌角，由恭佐尧点交。

正月初十晚　　族中公存簿

后残

40. 民国七年吴连宗、吴连森永远义送麦地文约

立永远义送麦地文约人吴连宗、吴连森弟兄二人，系张官营，为因安葬伯母，缺少费用之资。情愿凭中立约，将伯母所遗下之地壹块，座落茨菓沟，东至坟茔，南截大埂，南至和尚地大埂，西至贾凤池，北至邓姓地，四至开明，随地条粮叁分，递年交与张官营甲长照册上纳。今三面言明，议作大花银拾捌元伍角整，出永远义送于兴发村住人恭治中名下耕种，世代子孙为业。当即银契两相交明，并无私债准折。自永远义送之后，凡我家门一应人等，永不得异言。如违，听凭银主执字鸣官，甘认套哄之罪，无辞。恐口无凭，故立此永远义送文约为据。

实计：随代王姓原契一纸，在照。

凭中　吕承宗（押）

叔吴照昌（押）

民国七年十二月初八日　　立永远义送麦地文约人　吴连宗　吴连森

凭村董　贾选臣（押）

李金斋（押）

永远义送为据　　　　　　　　　　代字　吴炽昌（押）

41. 民国七年（1918）尹弼汤借银文约

立借银文约人尹弼汤，系松林住人，为因家下使用无出，情愿请中立契，向本街王连海名下借大花银陆元正，借即入手应用。其银每元每月行息贰仙半，不得短少拖欠。自借之后，愿将管家沟麦地乙块，布种四升，东至禄姓麦地，南至小河，西至仇姓麦地，北至郑姓麦地，四至开明在契，听凭银主管守，以准本利之资。恐口无凭，立此借银文约为据。

民国七年十二月十六日　　　　　　立借银文约人　尹弼汤　十

凭中人　陈体国　十

借约存照　　　　　　　　　　　　代字　刘禧根（押）

42. 民国八年（1919）王乾元永远议送海麦地文约

立永远议送海麦地文约人王乾元，系张官营住，为因年岁饥荒，缺少正用银两，自愿将自己祖遗面下海麦地壹块，坐落茨菓沟，东至本主地，南至大埂，西戴姓地，北至上齐水沟，下齐贾姓地，四至开明，随地钱粮四分，递年付与王姓上纳完官。今凭中证言明，议作补结，送价大花银伍元整。立约永远议送与兴发村恭治中名下子孙世守为业，听凭银主投契请尾。二比明送明受，心甘意悦。自永远义送之后，一送永送，凡我亲族弟男子侄一应人等永不得异言翻悔，复称为己业。倘有此情，甘认倍罚白银伍拾两、白米拾石充入军需无辞。欲后有凭，故立此永远义送海麦地文约存照。

实计：随代老契一纸，在照。

仝子　王必昌十

民国八年四月二十八日　　　立永远义送海麦地文约人　王乾元　十

凭中　杨连城（押）

·贾　用（押）

知见　冯映□（押）

邓　芝

永远义送文约存照　　　　　　　　代字　张光智（押）

43. 民国十三年（1924）王登当麦地文约

立当麦地文约人王登，系松林住，为家下缺少使用，无处出办。情愿凭中立契，将自己祖遗麦地一块，布种苞谷一兜，坐落箐底下，东至王姓地，南至其河，西北二至银主地，四至开明在契。同中三面言明，议作时值当价大花银叁拾陆元整，出当与族侄王连海名下，过手耕种为业，当日银契两相交明，并无私债准折逼迫等情。自当之后，不拘年月远近，银到取赎，二比不得刁难短少。今恐人心不古，特立此当约为据。

民国十三年正月二十六日	立当麦地文约人　王登　十
当约	凭中人　王兰　十
为据	代字人　张献廷（押）

44. 民国十五年（1926）王连第、王连海当园地文契

立当园地文契人王连第、王连海，系松林本□住民，为因家下缺少使用，无处出办。情愿凭中立契，自愿将祖遗得分园地二□，系是三路，座落票园头，东至其路，南至王姓园子，西至其路，北至王姓园子，四至开明在契。今凭出当与王连彩名下，过手耕种为业。议作实值当价大花银拾陆元整，即日入手应用，银契两相交明，并无私债准折，亦无逼迫等情。自当之后，不论年月远近，银到取赎，二比不得刁难。今恐人心不古，恐口无凭，立此当约为据。

中华民国十五年六月初八日	立当园地文契人　王连第　十
	王连海　十
	凭中人　王兰　十
当契	
	刘　泽　押
存照	代笔　王建勋（押）

45. 民国二十一年（1932）恭照尧转当水田文约

立转当水田文约人恭照尧，系本村居住，为因缺少用费，无处出办，情愿将自己接买水田西半截，坐落贾贾后头，东至转主田，南至恭鑫荛田，西至贾光治田，北至河，四至开明，圩埂随田修筑，耕抵税照册上纳。今凭中证三面言明，立约出转当与本村堂弟恭兴荛名下，国币壹千贰百无整，合毫银洋捌拾肆元，当即银契两相交清，自转当之后，只许原主取赎，不与转主相干。银到取赎，二比不得刁难，无辞。今恐人心不古，故立此转当水田文约为据。

	仝侄　恭廈廈　○
民国廿拾壹年新正月十八日	立转当水田文约人　恭照荛　十
	任族祖　恭增祥（押）

中　贾凤　十

转当存照　　　　　　　　　　　代笔　恭和卿（押）

46. 民国二十二年（1933）晏富昌转当水田文约

立转当水田文约人晏富昌，系小坝圩住，为因缺少费用，银两无出，情愿将接当新发村恭甫尧水田伍分，坐落桑树田，西至恭绍尧田，南至恭绍周田，东至恭建中田，北至恭绍尧田，四至开明在契，随田钱粮照册上纳，随田圩埂修筑。今凭中证言明，仍照原价大花银肆拾壹元整，出转当与恭家坝代学正名下，过手耕种，当即银契两相交明。自转当之后，日后银到执许原主恭甫尧取赎，不与转主相干。今恐人心不古，故立此转当水田文约存照。

实计：随代原找二纸，共价银肆拾壹元，再照。

民国贰拾贰年正月十五日　　　　　立转当水田文约人　晏富昌（押）

胞兄　晏吉昌　十

晏硚成　十

代中庆　十

岳丈　代光庆　十

转当存照　　　　　　　　　　　代字　恭毓中（押）

47. 某年恭廈、恭学富出义助字据

立出义助字据人恭廈、恭学富，系新发村住，为因祖母亡故，缺少棺木银元，无处出办，情愿凭中立约将祖父先前义送的水田亩半，座落大荒田，四至不开，俱在永远送契之内。至今眼仝中人三面言明，向摆鱼戴择堡名下打义助银国币壹仟元整，当即入手应用。自助之后，永不得异言再助。倘有此情，信罚无辞。今恐人心不古，立下义助字样存照。

实计：前送择甫之业，议助再助，以后不得借故再助。如违甘愿倍罚，勿辞。

后残

顾颉刚先生读书笔记补考

——扬州新发现顾颉刚先生评点《长吟阁诗集》

（第六卷）

李文才[1]　杨丽娟[2]

（1. 扬州大学社会发展学院　2. 扬州大学马克思主义学院）

中华书局 2010 年出版了 62 册的《顾颉刚全集》[①]，全面收录顾先生所著学术论文、读书笔记、来往书信以及日记，无论从哪一方面来看，都称得上"全集"。然正如该书"出版说明"所云，"顾先生一生著述宏富，除收入该《全集》者外，仍有不少遗漏，尚需进一步搜集，俟条件成熟，续出《全集》补编"[②]。笔者近日在扬州一位收藏家的手中，得读一份顾颉刚先生评点过的《长吟阁诗集》（第六卷）[③]，经查《顾颉刚全集》并无收录。故撰写此文，以为补充。

《长吟阁诗集》作者黄子云（1691—1754），字子龙，号野鸿，江苏昆山人，居吴县。曾随徐征斋出使琉球。少年即有俊才，以诗名世，与吴嘉纪、徐兰、张锡祚合称四大布衣。著有《四书质疑》《诗经评勘》《野鸿诗稿》《长吟阁诗集》等。黄子云的著作流行于世者，为乾隆二年（1737）长吟阁刊本，后来又曾刊入道光《昭代丛书》。

扬州新发现顾颉刚先生评点之《长吟阁诗集》（第六卷），为乾隆二

---

①　《顾颉刚全集》，中华书局 2010 年版。

②　前揭《顾颉刚全集》"出版说明"，第6—7页。

③　顾颉刚先生评点《长吟阁诗集》（第六卷）原件，由刘师培曾孙女婿、扬州收藏家巫庆先生收藏，未刊稿。

年长吟阁刊本，白口，单鱼尾，半页 9 行，行 19 字，小字双行同，左右双边，卷六首页右下角钤有"颉刚所藏"白文方印。顾颉刚先生亲手圈点、评语，均为朱书，或于天头，或于行间。

兹依诗集顺序，将顾先生之评点整理如下（凡顾先生朱书所圈之字，均加以边框，所点之字，则上加着重号；顾先生评语则标以"顾评"字样，同时以括弧标注出该评语置于天头或行间；原书页码则以 1A、1B……标示。又，有些诗顾先生并未作评点，对于这些顾先生未加评点的诗，本文亦不录出，故本文整理时，诗篇序号有跳跃，特此指出）：

一　《春闺词（有序）》：1A—1B

何幸蛮笺传锦[字]，每寻苔径费芒[鞋]。[洞][花]弄影春无主，不顾仙家怨[玉][阶]。

顾评（1B 天头）："怜惜处得体为难。"

二　《横泾外舅席上食蟹歌》：1B—2B

西湖湖蟹兴高[秋]……到即先与比邻[谋]……青丝挽束授饔人，呼婢取酒须新[篘]。酱酰姜薤寻常味，于此佐助皆珍[羞]。移时磊落登盘[筵]，气犹奋怒张两眸……灯前攘腕了不[顾]，[老][眼][久]注探其尤。暖红入手未须臾……肉房栉比犬牙错，细理剔抉[情][绸][缪]。巨螯芊角沾柔[毛]，偏傍小大如吴[钩]。[齿][力][宛]转碎脱之，肌雪入口[无][停][留]。若肥若瘠尽饕[餮]，毫锐不肯轻弃[投]……醉看座客恣狼[藉]，[乖][脐]残爪森[戈][矛]。左右岂无刍豢[列]，对之于我行云[浮]。齐州盛称淮南[闸]……如斯甘美莫与俦。吾闻皇天恶不[仁]，一物戕害非身修……口腹讵可穷遐[搜]。呜[呼]，[君][不][见][夷]齐薇蕨颜箪瓢，未闻寿[考][封][公][侯]。

顾评（1B 天头）："心细笔锐，入于至小而无间，惟少陵有此。"（按，此评语当时针对"酱酰姜薤寻常味，于此佐助皆珍羞"一句而言）

顾评（2A 行间）："以下食蟹正面，淋漓抒写，靡不新刿。"（按，此评语书于"老眼久注探其尤。暖红入手未须臾"旁边）

顾评（2A天头）："尽态极妍。"（按，此评语当是针对食蟹细节而发）

顾评（2A行间）："余勇可贾。"（按，此句书于"乖脐残爪森戈矛"旁边）

顾评（2B天头）："创辟。"（按，此评语书于最后一行"夷齐薇蕨颜箪瓢，未闻寿考封公侯"之上，当是对全诗的总评）

三　《万年桥成，用三江全韵美汪郡侯》：2B—3B

吴中人文薮，亦称财赋邦……晓以济川义，士庶心折降。金钱遂争输，趋赴肩相撞。恭遴建巳月，牲帛告神江。相土定广狭……水功先万柱，累累森戈鏦。常恐易摧崩，复加数百椿。云车转穹石，十里闻挣摤。喊哮万力举，勋厥九鼎扛。庶司凛郡符……经营迄季冬，高空峙降躞，下偃青龙窟，上齐彩云帮。绵延尽坦夷，杂沓通人骢。厥功匪细浅，实补禹治泽……万年乐利涉，歌颂布吴腔。

顾评（2B天头）："能蹈险韵，直踹（？）杜韩。"（按，此评语书于"吴中人文薮"一句之上天头处）

顾评（3A行间）："叙事详切，结语坚凝。"（按，此评语书于"歌颂布吴腔"之后）

四　《题万年桥碑后》：3B—4B

有明去未远，事迹犹可稽……何以标其名，先时议万寿，继复改万年，名亦播人口。茫茫三甲子，世事若苍狗……斯实非人谋，毋乃自天牖。唐虞有胥者，与禹同治水。相传殁于吴，乡人庙而祀，后呼台与江，皆因此人起……榜悬相国字，令人一冷齿。惧干灵祇怒，奋迅鼓洪涛……恐不利于桥。畴能正位号，端告荐溪毛。上以谢神愆，下以奠江皋。所言或迂疏，在昔有匄尧。天寒垂白叟，斑管为亲操。

顾评（3B天头）："上下首本两意，各畅其说，间架波澜，少陵的派。"（按，此评语书于全诗开篇天头，当是对全诗的总评）

顾评（4A行间）："揔承上文，极精采。"（按，此评语书于"茫茫三甲子，世事若……"旁边）

顾评（4A行间）："以下皆辨以胥王为子胥之误。"（此评语书于"……天牖。唐虞有胥者，与禹同治水。相传殁于吴"旁边）

顾评（4B行间）："纽合。"（按，此评语书于"恐不利于桥"旁边）

顾评（4B行间）："说得郑重。"（按，此评语书于"下以奠江"旁边）

五　《小楼苦风，侄辈为余纸糊屋壁，上下帖妥，回顾忻然，因书即目》：4B—5A

客居城西 门 ，茆茨未曾 葺 。朝向皆东北，未冬寒先集。小楼更穿破，酸风百孔 入 。寒 具概 可知，晨暮毛骨立。阿翁尚如此，何怪 弱 女 泣 。况我婴衰 疾 ，寝处尤所 急 。尔曹动高 兴 ，不畏指冻 涩 。旧 纸 量短长，新浆细沾裛。斜竖约略匀，隙穴弥 缝 及 。尘 光 与篆烟，莫得通 呼 吸 。遂生挟纩 温 ，顿觉魂神戢。俄顷一弓地，安居展书 笈 。达人随所 遇 ，事迹毋固 执 。岂 谓 充 我腹，必食禹粮粒。岂谓荣我躬，必赐汉爵级。大道贵自然，我当 老 襄 笠 。

顾评（5A天头）："非化工手不能道只字。"（按，评语位于第3—4行上方）

顾评（5A天头）："一小题耳，叙事议论必曲，畅贯时且无一语不经捶凿而出。"（按，评语位于第5—7行上方）

顾评（5A行间）："结得正大。"（按，此评语在第7行"……贵自然，我……"等字旁边）

六　《建业　处士见访，余适游郭外，展待阙然，报以长句》：5A—5B

几 疑 昆 滔 玉 俱 焚 ，忽 荷 金 鸡 物 赦 君 。上 帝 要 令邱壑重，吾曹岂便死生分。正逢雪夜经过好，却失蓬门接待殷。何日胸奇共披豁，白头破涕大江渍。

顾评（5B 天头）："语精警而气豪迈，杜集中亦不易多得。"

七 《混迹》：5B

混迹姑胥生计微，更无好客款柴扉。鱼盐岁稔何由贱，鸡犬家贫不肯肥。幕府屡招书再却，草堂早卜愿仍违。论年愧说知非岁，回首今年事事非。

顾评（5B 天头）："此等题能无衰讽语，其养气省素也。"

八 《近诵高三丈园居诗，有"闲情常缕缕，老态愤徐徐"句，词旨静穆，如聆太古母音，非涵养冲深，乌能粹精若是，特揭而出之，用告诸来学兼以赠高》：5B—6A

三复闲情句，真堪风雅师。翻嫌常伏气，不肯数题诗。静者其词婉，端居与化移。心心守真诀，事事付佳儿。

顾评（6A 天头）："颔联入化。"

顾评（6A 行间）："流逸。"（按，此评语书于"事事付佳儿"之后）

九 《过毛二（晫）高斋留饮，值其尊人自山庄归，欢燕同堂，即席赠言》：6A—6B

羡君泛爱不论钱，把袂留欢为击鲜。十里正归黄发棹，一时转作彩衣筵。座无多客儿孙侍，自顾何人乡党先。礼意每来蒙款款，岭云欲赠负年年。

顾评（6A 天头）："组织自然，逐层俱到。"（按，此评语书于起首处）

十 《示诸生》：6B

积金与读书，二者不相并……自古咸若斯，咄哉难究竟。文章于世间，譬犹睫 上 眉 。鼻舌有专职，惟此将焉为……借问囊橐空，何以疗寒 饥 ？ 人 而 去眉采，何以为颜仪？命途有两端，尔曹审 所 宜 。

顾评（6B 天头）："与书塾中作不同，此专勉人，彼重自难。"（按，此评语为全诗评价）

顾评（6B 行间）："此句开中宾"（按，指"譬犹睫上眉"之句）；"三句开中主"（按，指"鼻舌有专职，惟此将焉为"之句）；"二句合中主"（按，指"借问囊橐空，何以疗寒饥"之句）；"三句合中主。"（按，指"人而去眉采，何以为颜仪"之句）

十一　《许丈绘祖考遗容及己像合为一册属题，遂拟庾开府商调体书后》：7A—7B

化机回 斡 ，妙气铉 缊 。四大乃 合 ，三纲以 尊 。先王因之叙天 属 ，古圣所以重人 伦 。饮水者不忘 源 ，啖实者常怀 树 。丈人有慨乎颓 衰 ，至性独耽夫孺 慕 。藉一时之粉 墨 ，绘四世之容 仪 。 由 我 而上匪父伊祖，自考而下呼孙 命 儿 。左右各殊色 笑 ，后先无改裳 衣 。洋洋乎如在 上 ，惴惴焉不敢 离 。历年华其绵 远 ，凭翰藻以瞻 依 。 画 图 非饰观之具，孝弟乃为仁之基。斯道彰彰如是，来哲拳 拳 念 兹 。

顾评（7A 天头）："其气伉直，其词醇稚，无体不佳。"（按，此评语书于起首二行上，当是对全诗的总评）

顾评（7A 行间）："合为一册，写得浓至。"（按，此评语书于正文第4—5行"伊祖，自考而下呼孙"等字旁边）

顾评（7A 行间）："胸到绘字。"（按，此评语书于正文第7行"凭翰藻以"等字旁边）

十二　《钱塘郑侍读（江）自京师寄书及诗兼贻酒米赀，拜嘉增悚，报章既成，复缀数韵以广其意》：7B—8A

仲冬之月日十 八 ，黄昏徒步投荒刹……再拜拂拭当窗开，两眼不觉金篦 刮 。 腜 觌 阳和枯朽回，新诗冰雪聪 明 拔 ……停桡数游江上市，沽酒迭费囊中 钱 。 欢 娱 取醉月三五，邂逅联吟 路 七 千 。一别钱塘守蓬蘽，公等腾骞余索寞。云山空自荡襟情，文字何曾救沟壑……后有音书辱鄙夫，江东但访长吟阁。

顾评（8A 天头）："神气酣足，声情壮强（?），七古中拔地倚天之作。"

十三　《答毛三（曙）次来韵》（附毛曙：《赠黄三隐居》）：8B

空闻扬马振母音，典乐虞廷孰已任。万里海槎归小隐，十年草阁独长吟。皂雕莫惜翻云上，老骥唯知伏枥深。不是休明遗草泽，鲁连珪组本无心。

顾评（8B 天头）："极得体，更极有身份。"

毛曙《赠黄三隐居》：

力挽颓波振雅音，少陵旗鼓独能任。片词五尺争传诵，一字千钧不苟吟。履杖过逢清兴发，风花跌荡渌尊深。明堂钟律须宗匠，空谷场苗负素心。

十四　《莴草（有序）》：9A—9B

郭璞曾称妙，神农却未知。劙兹难下咽，有底最相思。嘘吸回阳管，空蒙扬茧丝。稍留喉舌味，故弄鬓鬟姿。瞥眼无余烬，沾唇有剩脂。阙亡常不乐，交接竟为仪。寒食何由禁，凶年岂疗饥？绮罗更装饰，佩带及童儿。

顾评（9A 天头）："题枯而诗腴，题俗而诗雅。"

十五　《立春日》：9B

土膏气动千街柳，瓦冻晴开万灶烟。年齿浸淫大衍外，生涯催迫小除前。缾空只欲谋新酝，壁古从他贴旧联。笑看孙儿学趋拜，挽须竞索贺春钱。

顾评（9B 天头）："全赖起得胜势，下半似少陵清江一曲等诗，开（?）出宋人矣。"

顾评（9B 行间）："掩却题目而知为立春。"（按，此评语书于"土膏气动千街柳，瓦冻晴"等字旁边）

十六 《题壁》：9B

贫婆告人风过 耳，书词索我火燃 眉。终年辛苦供酬应， 义 取 犹 虚 搦 管 为。

顾评（9B 行间）："何为也。"（按，此评语书于"搦管为"三字旁边）；"一气旋转。"（按，此评语书于全诗结尾"搦管为"之后。又，原刊本"搦"字不清楚，以朱书补齐）

十七 《答沙门（浩渊）甥惠守岁资》：10A

流俗料无金布 地，空山未必僎盈 厨。钵资分减劳相 赠， 野 老 残 年 当 路 车。（小字双行自注：用诗我送舅氏章内句）

按：本诗只有圈点，而无评语。

十八 《梦中吟》：10A

宴罢蓬瀛山外 山，九天丹粒上真 颁。 夜 深 鹤逗秋云碧，万里西风一 剑 还。

顾评（10 行间）："思入风云，亦善自位置。"（按，此评语书于末尾处）

十九 《辛酉正月十日高三丈令子合卺走贺（自注：家住小」邿巷）：10A—10B

火队随仙 乐，香车动陌 尘。 礼 从 风俗旧，郎逐岁 华 新。寿算添玄鹤，阳和孕石麟。自今多宴 喜，取醉小邿 频。

顾评（10A 天头）："次联巧不伤雅。"

二十 《题毛氏山庄》：10B

鹭飞桥下镜堤 斜，洞有幽人鬓未华。勾引溪流通屋内，平分竹色与邻家。花开似凤春巢阁（自注：时牡丹盛放），客至如蜂午放 衙 。 欢 赏 风光三月破，淹留文酒一 时 夸 。

顾评（10B 天头）："胜地雅人与诗不朽。"

二十一　《钟馗骑狮画障》：10B—11A

一啸复一 吼 ，空堂走电 车 。相将远魑 魅 ， 跳 至 老 胡 家 （自注：梁周舍上云乐狮子是老胡家狗）。

顾评（10B 行间）："简老。"（按，此评语书于末尾处）

二十二　《浮屠宗禅雅好韵语，来学于余，吟示一绝》：11A

性天洞见鸢鱼 活 ，万古尘埃一点无。我有师承非妄语，曹庾弟子杜陵 徒 。

顾评（11A 行间）："便是三子真传。"（按，此评语书于"性天洞见鸢鱼活"旁边）

顾评（11A 行间）："从来学推上一层。"（按，此评语书于"我有师承非妄语"旁边）

顾评（11A 行间）："笔势轩翥。"（按，此评语书于末尾处，当时对全诗的总体评论）

二十三　《鸡冠》：11A

丹粒曾经一再 尝 ，空天头角好昂藏。随行何异鹓鸾 队 ， 历 久弥增锦绣 光 。 自 有 文章鸣晚岁，从他刻漏报 朝 阳 。雨余风定无人 见 ，紫霭彤云护草 堂 。

顾评（11A 行间）："写意于物，极情尽致。"（按，此评语书于诗名《鸡冠》之后，当是对全诗的总体评论）

二十四　《月牖小立》：11A—11B

切切蛩依壁，辉辉月上城。秋云万里 碧 ，白发数茎 明 。老觉文章重，贫从妻子轻。江湖日萧瑟，杯酌饯余生。

顾评（11B 行间）："平淡乃绚烂之至。"（按，此评语书于末句"杯酌饯余生"之后，当是对全诗的总评）

二十五 《蒋子生儿歌》：11B

神驹间代始一 生 ，云雷孕育玄元精……石麟天锡贤豪士，诞降不易尽如 此 ……

顾评（11B 天头）："挥洒如意。"（按，本诗为古体诗，顾先生圈点甚少，只是对全诗进行了总评）

二十六 《追远词》：12A

孟冬 朔 ，奉明 祀 。剔心 微 ，布筵 几 。悄空 闳 ，雨不 止 。是物居 奇 ，遑论甘美。蔬为 牲 ，水为 醴 ， 风 飕 飀 兮 动 裳 衣 。……江南九月阴雨深，强半 田 禾 糜 烂 死 。

顾评（12A 行间）："风骚遗响。"（按，此评语书于全词结尾处，当是对全词的总评）

二十七 《哭余生（沅）》：12A—12B

天意憎年 少 ，亲心属望灰。同堂失聪后，每饭一低 徊 。 皋 忆兰初发（自注：生字」兰皋）桥怜凤 不 来 （自注：家来凤桥下）。精灵未泯灭，夜夜诵南垓。

顾评（12B 行间）："新颖。"（按，此评语书于全诗末尾"夜夜诵南垓"之后）

二十八 《壬戌正月十三日夜携内子出游万年桥》：12B

春城月逐歌声 起 ，江阁波涵灯影流。 素 彩 横穿孤夜永，白头连袂万 年 游 。

顾评："语经百炼，气复春容。"（按，此评语书于全诗末尾"白头连袂万年游"一句之后，当是对全诗的总评）

二十九　《将赴浙西叶副使（士宽）幕，别毛氏兄弟次高三丈韵》：12B—13A

三年漂泊郡西南，懒似山僧不出龛。词赋未能悬日月，干旌忽漫贲江潭。治行秪有琴书二，欲云难忘伯仲三。前路颇增孤客兴，春江烟月恣高酣。

顾评（12B 行间）："苍莽（？）之气，到底益振。"（按，此评语紧接题目之后）

顾评（13A 行间）："雄放。"（按，此评语书于"春江烟"三字旁边）

三十　《别高三迭前韵》：13A

孤帆渺渺出城南，羡尔幽居学闭龛。玄豹雾深藏夜壑，老鱼水暖动春潭。肠萦离绪千而万，梅破韶光十有三。我向富春君邓尉，酒情何似往年酣。

顾评（13A 行间）："笔酣墨饱。"（按，此评语紧接题目"别高三迭前韵"之后）

三十一　《过武林界口过坝作》：13A—13B

行迈思遥遥，浩荡无凭借……前王为之防，至今奠庐舍……漠漠土色活，人夫力轻借。挽舟使倒行，拨刺跃泥坝……少冀云雾开，轻航载杯斝。湖山兴正深，风日天须假。

顾评（13B 天头）："结极有远神。"（按，本诗为五言古诗，此评语书于结尾天头处，当时对全诗结尾的评论）

顾评（13B 行间）："下半首天然一幅过坝图。"（按，此评语书于全诗末尾"风日天须假"之后，当是对本诗下半部分的评价）

三十二　《追和毗陵赵鎈使（侗敦）旧筑云窝居于白云古渡题壁六章（时甲午岁」尚未出仕）》：13B—14B

闻道绿溪辟洞门，乌衣风物斐然存。异书间代犹藏阁，胜地谁家有赐墩。鹤老于人终夜唳，松团作盖往年髡。黄昏吟尽江天月，烂醉何知卧竹根。光风高下好青春，复有亭台相间新。半栋明霞巢燕起，一帘迟日雨花匀。酒当快意何妨薄，书是前贤不厌陈。林壑栖迟深有得，乾坤消息邈无垠。笑插花枝压帽低，风流无异晋东西。神鱼荇沼终当跃，刍凤栖冈只暂栖。尽日轩窗唯白水，古人学业自黄虀。夕阳钟动溪风起，一曲长歌酒一卑瓦。身逐闲云一体闲，不临溪畔即花间。清言近道心无垢，好句惊人鬓未斑。后起英才皆玉树，旧家法物有金环。台垣勋绩分明在，未许王孙卧故山。绕堤新柳绿生烟，冉冉夭桃笑欲前。最爱轻鸥眠细浪，故褰疏箔对晴川……常把白云自怡悦，儒家况味未全贫。

顾评（13B 行间）：“全章佳处不胜评阅，读此细玩自得。”（按，本诗为七言古体，此评语书于题后，紧接双行小字“时甲午岁尚未出仕”之后，当是对全诗的总评）

顾评（14A 天头）：“对法巧妙。”（按，此评语书于“业自黄虀”上方天头处，当是对“尽日轩窗唯白水，古人学业自黄虀”这一对仗句式的评价）

顾评（14A 行间）：“切未仕。”（按，此句书于“凤梧冈”三字旁边，当时针对“神鱼荇沼终当跃，刍凤栖冈只暂栖”一句而言）

顾评（14A 行间）：“至言。”（按，此句书于“古人学”三字旁边，当时针对“古人学业自黄虀”一句有感而发）

三十三　《再和赵鹾使己未岁仲秋自浙北上过毗陵信宿云窝重次前韵（新除榷」鹾运使）》：14B—15B

为朝天阙过衡门，溪草溪花喜尚存。从桂生孙高出屋，修篁养子别移墩。肠回自觉离家久，发短人多咲我髡。门外征徒恐劳瘁，教儿唤取憩云根。风尘淹泊几经春，久客还家客转新。邻曲携筐丰俭异，儿童汲井往来匀。莼鲈自信交秋好，书疏能忘伏阙陈。徙倚中庭重回首，一溪凉月思无垠。书堂旧绕女墙低，步履先寻水榭西。坐处忽看如逆旅，当年反得遂幽栖。直从兹夕方家食，久未沾唇是此釐。曾记邻翁春酿美，开帆须觅两三卑瓦。得脱征衣且暂闲，洞中不复有人间。长松勃律风霜气，怪石权奇虎豹斑。荷锸俽堪锄菜田，绾符未便唱刀镮。亲朋尽说云窝好，此老年年不在山。信宿真成梦里烟，故人揖别渌尊前。回风猎猎吹孤树，落日荒荒下大川。琴箧再回篷底榻，旌旐毋恐里中舡。临岐更向儿曹语，莫忘先贤传数篇。数吟新句接文茵，班秩欣看拔擢频。象简祗承宣室召，绣衣伫望大东巡。清秋复唱阳春曲，属和终为下里人。早晚行旌出燕蓟，飘飘天地一官贫。

顾评（15A 天头）："一起先提明，所以是通篇眉目，以下方头头是道。"（按，此评语书于全诗开篇天头处，当是对全诗的总评）

顾评（15A 天头）："笔如转凡，目无绳墨。"（按，此评语书于"坐处忽看如逆旅"一句天头处，当是对"坐处忽看如逆旅，当年反得遂幽栖"以前诸句的评价）

顾评（15A 行间）："道得出。"（按，此评语书于"久客还家"等字旁边，当是对"风尘淹泊几经春，久客还家客转新"一句的评论）

顾评（15A 行间）："终将所以。"（按，此评语书于"忘伏阙"等字旁边，当是对"蓴鲈自信交秋好，书疏能忘伏阙陈"一句的评论）

顾评（15A 行间）："句句是过，字信宿字。"（按，此评语书于"坐处忽看如逆旅，当年反得"等字旁边，当是"坐处忽看如逆旅，当年反得遂幽栖"一句的评论）

顾评（15B 天头）："以上十二章赋物言情真办香杜陵秋兴。"（按，此评语书于"清秋复唱阳春曲"一句天头处，顾先生所云"以上十二章"，当是从"曾记邻翁春酿美，开帆须觅两三卑瓦"一句开始，至"清秋复唱阳春曲，属和终为下里人"止）

顾评（15B 行间）："此首是题后一层。"（按，此评语书于"故人揖别渌尊前"一句旁边，当是针对"信宿真成梦里烟，故人揖别渌尊前"一联而作的评价）

顾评（15B 行间）："言又登舟以上。"（按，此评语书于"琴篋再回篷底榻"一句旁边）

顾评（15B 行间）："望真回任（？）。"（按，此评语书于"绣衣伫望"四字旁边）

顾评（15B 行间）："重以前韵。"（按，此评语书于"复唱阳春"四字旁边，当时针对"清秋复唱阳春曲，属和终为下里人"一句又回到原韵而言）

三十四　《上城隍山》：16A

乍登初地画图开，翠阁丹宫夹岸回。一水与天为表里，千峰向我欲飞来。闲停竹院闻斋磬，徐步风林见落梅。不信霸图消歇尽，摄衣更上大观台。

顾评（16A 行间）："三四是俯视一切。"（按，此评语书于题目"上城隍山"之后，乃是对第三、四两句"一水与天为表里，千峰向我欲飞来"的评价）

顾评（16A 行间）："贴切不易。"（按，此评语书于"一水与天"等字旁边，当是对该句的评价）

三十五　《湖上作》：16A

白头无伴自为群，面面湖风扑酒醺。画鹢泛波疑入月，绣罗照日欲生云。人如花柳春无赖，山共楼台晚不分。惆怅难忘烟霭里，斜阳一片岳家坟。

顾评（16A 天头）："五六句有二层，已极醲郁，春字晚字更耐百思。"

顾评（16A 行间）："极精刻，语如探喉而出，其酝酿深也。"（按，此评语书于题目"湖上作"之后，当是对全诗的总评）

顾评（16A 行间）："形容入妙。"（按，此评语书于"日欲生云"四字旁边，当是对"画鹢泛波疑入月，绣罗照日欲生云"一句的评价）

顾评（16A 行间）："极繁华处忽然吊左。"（按，此评语书于"惆怅难忘烟霭里，斜阳"等字旁边，当是针对"惆怅难忘烟霭里，斜阳一片岳家坟"一句的评论，意指，前面描写的景象一片繁华，却突然转而凭吊左边的"岳家坟"。据此可知，此诗当是作者游览杭州西湖时所作）

三十六　《重游迭前韵》：16A—16B

转眼春游动百群，桃花送暖气全醺。山常金碧非关日，水更空明不受云。异地追欢难再遭，春光如许正平分。征途扰扰轩车客，谁信孤山尚有坟。

顾评（16A 行间）："前首细写，此浑写，故两度春游，已另辟一境。"（按，此评语书于题目"重游迭前韵"之后，此诗当是作者重游西湖时所作。所以，顾先生作此评语，认为前一首《湖上作》是"细写"，而这一首则是"浑写"，即较为豪放的风格）

顾评（16B 行间）："重游。"（按，此评语书于全诗开篇"转眼"二字旁边）

顾评（16B 行间）："新警。"（按，此评语书于"水更空"三字旁边，当是对"山常金碧非关日，水更空明不受云"一句的评论）

顾评（16B 行间）："重游。"（按，此评语书于"追欢难再"等字旁边，再次突出重游西湖的主题）

顾评（16B 行间）："应动百群有感讽。"（按，此评语书于"征途扰扰轩车客"等字旁边，既是对"征途扰扰轩车客，谁信孤山尚有坟"一句的评论，同时也呼应了第一句"转眼春游动百群"）

三十七　《寄二兄（近移居沧浪亭北）》：16B

暂欲幽栖复异方，风尘不称芰荷裳。心悬如斾何由定，须白于眉未是良。铅椠百年投幕府，烟花三月梦沧浪。世无严武君应识，自古成都一草堂。

顾评（16B 天头）："属对变化，兴寄甚长。"（按，此评语书于开篇天头处，当是对全诗的总评）

顾评（16B 行间）："切定兄字。"（按，此评语书于"须白于眉"等字旁边，当是指"心悬如斾何由定，须白于眉未是良"一句而言）

顾评（16B 行间）："有为而言。"（按，此评语书于"世无严武君"

等字旁边，当是针对此句的论议）

三十八　《示昌寿三截句》：16B—17A

除却二王休论 字 ，精于三子可言 诗 （自注：谓子建子山子美）。龙游碧汉鲸吞海，未信前贤肯我欺。

诗书执礼守鲁 训 ，孝弟力田尊汉文。妇子尽能乐天命，声名何必冠人群。

回首生平转自 疑 ，古人曾不疗寒饥。学成屠技终何益，眼见而翁事可知。

顾评（16B 行间）："首勖以文艺，次进以行业，忽转而自叹，气势夭矫。"（按，此评语书于题目"示昌寿三截句"之后，当是对全诗的总评）

顾评（17A 行间）："近乎前所云矣。"（按，此评语书于"诗书执礼守鲁训"一句旁边，当是指此句与前一首有相互呼应的关系）

顾评（17A 行间）："暗接上首末句。"（按，此评语书于"回首生平转自疑"一句旁边，当是指此句与上一首末句之间存在逻辑关系）

三十九　《丁仙祠歌（自注：略）》：17A—17B

紫阳之山高崔 巍 ，洞扉黯惨生风雷。抚岩槐兮森寒，梯云磴兮环回。桂堂寥闲封莓 苔 ， 野 鹤 去 野 鸿 来，白日照曜湖天开，心精炯炯明镜台。会跨星虹逐野鹤，胚腪一气相徘徊，紫阳紫阳 何 有 哉 。

顾评（17A 天头）："健笔凌云。"（按，此评语当是对全诗的总评）

顾评（17A 行间）："自一言所得，正与丁仙之修道同。"（按，此评语书于"白日照曜湖天开，心精炯炯明镜台"之句旁边，当是对此句的论议）

四十　《游净慈寺》：17B—18A

已历湖北 胜 ，复溯湖南 来 ……尊者五百状，犨蹙攒秋 苔 。 释 老 虽讲诵，其声颇清哀。安得古井底，重上梁 栋 材 。先皇昔暇 眷 ，立碣标香台……⬚湖⬚工⬚既兴作，余润理亦该。花神何为者，粪土视⬚钱⬚财。

顾评（17B行间）："章法句法并佳。"（按，此评语书于题目"游净慈寺"之后，当是对全诗的总评）

顾评（17B行间）："寓讽甚深。"（按，此评语书于"花神何为者"等字旁边，当是对"花神何为者，粪土视钱财"一句有感而发）

四十一　《孤山记事》：18A—18B

⬚风⬚花高下春，尽是香⬚车⬚路……短垣袅绿罗，到扉莫能⬚度。⬚阍⬚者若征商，计人入钱数。岂无工作勤，终岁唯此务。迤逦披荒榛，高贤有遗⬚墓。⬚新⬚碣⬚俨⬚居⬚中，⬚旁⬚乃⬚古⬚碑⬚附……白鹤倘更来，栖集得⬚无⬚误。竭来出深院，扃钥复牢固……⬚江⬚湖⬚与仕宦，呜呼⬚慎⬚跬⬚步。

顾评（18A行间）："言足以发难题之情。"（按，此评语书于题目"孤山记事"之后，当是对全诗的总评）

顾评（18A行间）："有刺意。"（按，此评语书于"碣俨居中"等字旁边，当时针对"新碣俨居中，旁乃古碑附"一句有感而发，认为此句有讥刺之意，讽刺那些弃古贵今的行为）

顾评（18A行间）："纪事。"（按，此评语书于"扃钥复"三字旁边，当是针对"竭来出深院，扃钥复牢固"等句而言）

顾评（18B行间）："大议论。"（按，此评语书于"江湖与"等字旁边，当是指"江湖与仕宦，呜呼慎跬步"一句而言，意指此句乃是大发议论之辞）

四十二　《苦雨二首》：18B

⬚非⬚敢求开霁，兼之不⬚肯⬚阴。分明妒春色，点滴碎乡心。顾影形还坐，⬚闻⬚声⬚昨⬚是⬚今。麦苗正垂穗，农课未为霖。

檐角沉沉下，庭隅汩汩⬚盈。⬚着⬚来⬚衣⬚易⬚垢，⬚挑⬚尽⬚火⬚难⬚明。所履无干土，来朝复远行。儿曹阻泥淖，未罄别离情。

顾评（18B行间）："两首苦字写得醒透。"（按，此评语紧接于后一首末句"未罄别离情"之后，当是对两首诗的总评）

四十三　《晚发钱塘》：19A

逆知潮信近，草草既开 帮 。 落 日 低平地，联帆走 大 江 。青山对酒数，白鸟立樯双。旷望千春感，前途七里泷。

顾评（19A 行间）："三四句有声光。"（按，此评语紧接末句"前途七里泷"之后，是对颈联"落日低平地，联帆走大江"一句的评论）

四十四　《富阳夜泊》：19A

戍楼烟靉霴，春郭水铮鏦。 蚕 麦 今三月，江山第 一 邦 。掩篷红烛 细 ，对弈白头 双 。客睡浑难熟，全凭酒力降。

顾评（19A 行间）："富阳。"（按，此评语书于"江山"二字旁边，当是指"江山第一邦"而言）

顾评（19A 行间）："工稳。"（按，此评语紧接于全诗末句"全凭酒力降"之后，当是对全诗的总评，意即全诗工整稳健）

四十五　《过桐庐》：19A—19B

春涨桐江 阔 ，轻桡健易 行 。 伲 多山作障，可以县 无 城 。江阁窗窗 辟 ，村船岸岸 横 。晚吟新句 稳 ，书趁夕阳 明 。

顾评（19B 天头）："切桐庐固矣，曰易行曰伲多，并切'过'字，与前二首切'发'字'泊'字同法"。

顾评（19B 行间）："三四切桐庐，对法化一为两。"（按，此评语紧接于末句"书趁夕阳明"之后，意指颈联而言。又，"村船岸岸行"之"岸"字，原诗使用的是异体字"山斥"字）

四十六　《简施（士基）甥壻（时客姑孰）》：19B

羡子辞家快胜 游 ，江山词客共淹 留 。 十 年 采 石曾题句，传语休登 太 白 楼 。

顾评（19B 天头）："豪放却似太白。"（按，此评语当是对全诗风格的总评）

顾评（19B 行间）："只许自己卖弄江山。"（按，此评语书于末句之后）

四十七　《偶题》：19B

蝇蚋营营晓暮 群 ，野人所尚只云 云 。 兰 亭 书法兰陵酒，工部诗篇吏 部 文 。

顾评（19B 行间）："所谓十成好句。"（按，此评语紧接末句之后，当是对全诗的总评）

四十八　《水碓》：20A

谁束江涛 急 ，雷轰白昼中。一轮凭水力，粒米借天工。触处机相 引 ， 捣 时 声 不 同 。看居庑下者，嗤点汉梁鸿。

顾评（20A 天头）："起二句是来历，三四是功用，五六摹拟，真神理结，则言造化之奇，左（古？）时未辟也。"

顾评（20A 行间）："入凝。"（按，此评语书于"捣时声"三字旁边）

四十九　《入兰溪界感旧（庚子返自中）山几溺于此）》：20A

县邑东南 大 ，钱刀闽粤 通 。 往 曾 沧水府，生实 荷 天 工 。桑竹仍春色，容颜已老翁。此邦多物产，自笑一囊空。

顾评（20A 行间）："轻稳。"（按，此评语紧接于末句之后，当是对全诗风格的总评）

五十　《将抵建德月下作》：20A—20B

平野蟠轮 仄 ，孤城雉堞 排 。 江 清 疾如矢，云敛 细 成 钗 。游目有佳趣，同舟多好怀。宵分就孤寝，漏鼓报官街。

顾评（20B 行间）："工细。"（按，此评语书于全诗末句之后，当是对全诗的总评）

五十一　《龙游下三十里纪事》：20B

颇怪樯乌 叫 ，前帮忽沮 行 。 篙 工 一 不 戒，河伯竟无情。天地诚朝暮，江湖易死生。沧胥廿年事，回首骇 心 精 。

顾评（20B 天头）："五六开拓，结语沉着。"

顾评（20B 行间）："感庚子岁事。"（按，此评语书于"沧胥廿年事"等字旁边，当是针对"沧胥廿年事，回首骇心精"一句有感而发，指作者感慨于"庚子之变"的史实）

五十二　《向晚阻风县郭外》：20B—21A

衢府宵应 达 ，无端阻迅 飙 。 奔 湍 生气势，落日 恣 荒 骄 。聊且飱饮过，深防椿缆漂。翻因惊恐 际 ，乡思顿全 销 。

顾评（21A 行间）："无语不切 。"（按，此评语紧接末句之后，当是对全诗的总评）

五十三　《达衢州》：21A

地控金严 阔 ，民资橘柚多。到来仍逆旅，在昔屡经过。水自知浮石，山谁见烂柯。劳劳天壤 内 ，吾道讬长 歌 。

顾评（21A 行间）："清矫（？）。"（按，此评语紧接末句之后，当是对全诗的总评）

五十四　《到官署后作》：21A—21B

窈窕历重 闱 ，引步公庭 左 ⋯⋯墙屋朽可知，草草泥沙 裏 。 户 纲 坐 蟏蛸，壁声穿蝼蝈⋯⋯君子无求安，所遇 靡 不 可 ⋯⋯忍看夏未交，昏旦身已 裸 。 青 松 计 作 幔 ， 吁 嗟何 日 果 。

顾评（21B 行间）："清新中时出隽永，如老树着花。"（按，此评语紧接全诗末句之后，当是对全诗的总评）

五十五　《隔院听俳优杂演，同府中僚友戏作》：21B

不辨谁先后，巾裾定改 观 。 凄 清 知有别，杀伐岂 无 端 。喉咽宫商转，弦繁进退 难 。 请 君 早眠卧，犹得 梦 中 看 。

顾评（21B 行间）："句句切'隔院'字、'听'字。"（按，此评语

书于开篇"不辨谁先后，巾裾定"等字旁边）

顾评（21B 行间）："奇想。"（按，此评语书于"早眠"等字旁边，当是对"请君早眠卧，犹得梦中看"之句而言）

五十六　《遣意五首》：22A—22B

自为千里 客，不得一家 书。郄 喜妻孥懒，翻令心 迹 虚。昼长观物化，道在即吾庐。药饵须扶老，盘餐不愿余。（其一）

投刺真如 市，离居宛若 邨。强 亲新仆御，最爱旧 琴 樽。眠食时时省，文章字字存。余年唯养 拙，仁 义 在 侯门。（其二）

露 晨纳花气，风夜枕 滩 声。好梦聊相慰，新诗不偶成，静能通妙 理，老 爱 说 长 生。咲恋人间世，春来复远行。（其三）

莺花好春 日，不复是吴 天。闷 闷雾中坐，荒荒野 外 眠。书窥难彻 底，棋倦罢侵 边。便认子云宅，风檐一草玄。（其四）

葵足犹思 卫，人谁不忆 家。镜 催头作雪，书逼眼 生 花。白蚁知迁国，黄蜂解坐衙。默伤衰谢叟，漂泊正无涯。（其五）

顾评（22A 行间）："叙次旅况，宛然在目。"（按，此评语书于题目"遣意五首"之后，当是对五首诗的总评）

顾评（22A 行间）："四句一气。"（按，此评语书于第一首"自为千里客"一句旁边，当是对第一首前四句的评论）

顾评（22A 行间）："遣意。"（按，此评语书于第一首颈联"物化"等字旁边，当是指此联抒发了"遣意"之情）

顾评（22A 行间）："皆承离居。"（按，此评语书于第二首颔联"强亲新仆御"一句旁边，当是对该句以下的评论，即以下几句均承"离居宛若村"之意而言）

顾评（22A 行间）："应首也。"（按，此评语书于第二首末句"仁义在侯门"旁边，当是指此句与第一句呈呼应关系）

顾评（22B 行间）："承春来远行。"（按此评语书于第四首首联"春日，不复是"等字旁边，当是对本首诗承上一首末句"春来复远行"一句而来，从而是将第三首与第四首的意境有机地连接起来）

顾评（22B 行间）："负彼莺花。"（按，此评语书于第四首颔联"中坐，荒荒"等字旁边，当是针对此句的评议，意指"闷闷雾中坐，荒荒野外眠"的状态，实辜负了莺花草长的春日时光）

顾评（22B 行间）："无聊中忽高自位置。"（按，此评语书于第四首尾联"便认子云宅，风檐一"等字旁边，当是针对此联的评议）

顾评（22B 行间）："承子云宅。"（按，此评语书于第五首首联"人谁不"等字旁边，当指此句承上一首尾联"便认子云宅"一句而来，从而将第四、五首的意境连接起来）

顾评（22B 行间）："伏表得此家忆家更切。"（按，此评语书于第五首颔联"镜催头作雪，书逼眼生花"等字旁边，当是针对此句的评议）

顾评（22B 行间）："反衬末句。"（按，此评语书于颈联"知迁国，黄"等字旁边，当是指此联正是为了反衬末句"漂泊正无涯"）

五十七　《五月十九日夜作》：22B—23A

黄昏送客 回，逍遥倚修筠……顾余非卜祝，安能测洪 钧。 陨 星应清献，今也难其人。以兹占隐德，又恐无 伯 珍。郡北鸡鸣 山，往者多金银…… 休 休吕大防，输官不 输 民。

顾评（23A 天头）："贪发议论，凿空无校，岂若此之轻圆敏妙。"（按，此评语书于全诗开篇天头处，当是对全诗的总评）

顾评（23A 行间）："笔属转而不安，下断语。"（按，此评语书于"难其人。以兹占隐德，又恐无伯珍"等字旁边，当是对这几句的评议）

五十八　《毗陵赵公子（绳男）恭毅公孙也，季夏自浙西惠龙井茶，走笔鸣谢》：23A—24A

熟梅之时雨最 佳，吾乡珍贮烹新茶……此物上贡非易得，对之曷敢不拜 嘉…… 卷帘拭几未须臾， 汤 沫 乱 吐 堆 银 沙。是时昼暖法上 投， 浅 碧浮动秋云芽。细缕宛转欲下迟，水壶月浸青 苹 花……从兹休羡金盘露，不须更种青门 瓜。 我 闻 邯 郸 家风素养士，钟鼎堂前未有此，幽壑深含雷雨春，孤芳肯近膏粱齿……感君何以报君情， 欲 处囊非少壮矣。

顾评（24A 天头）："中间肖物幽秀，末段发论有精采、有丰神。"（按，此评语书于全诗中间天头处，当是对全诗中间部分的评论）

顾评（24A 行间）："切季夏。"（按，此评语书于"是时昼暖"等字旁边，当指"是时昼暖法上投，浅碧浮动秋云芽"等句，与季夏时节相契合）

顾评（24A 行间）："切茶。"（按，此评语书于"雨春"等字旁边，当是指"幽壑深含雷雨春，孤芳肯近膏粱齿"一句而言，指此句与主题"茶"相契合）

五十九　《手中凤仙一株，经时不茂，口占载截句》：24A

爱尔亲栽似凤毛，兼旬曾未长秋毫。独忧米价如青草，雨雨风风日渐高。

顾评（24A 行间）："脱手如弹丸。"（按，此评语书于全诗之后，当是对全诗的总评）

六十　《槛外》：24B

虫网遭惊飙，毁裂无所仰。老蛛守残丝，饥蚼色惆怅……羽虫稍稍集，遂充朝夕饷。物情有如此，如此孝与养。

顾评（24B 天头）："一结无限讽劝。"（按，此评语书于末句天头处，当是指结句"物情有如此，如此孝与养"而言）

顾评（24B 行间）："句句说蛛，而委曲凄恻，自足感人。"（按，此评语书于末句之后，当是对全诗的总评）

六十一　《寄叶二》：24B

对弈思酣战，将诗达旅情。旧堂开夜夜，白月照空枰。

顾评（24B 行间）："炼净之极。"（按，此评语书于末句之后，当是对全诗的总评）

六十二　《叶观察以盆兰见贻报谢》：24B—25B

客窗寥闲风飔飔，疑闻馥馥飘书帱。果有薰兰自外至，主人贻我销乡愁。分与花作岁余别，讵知天遣面再谋……一茎解咲启微唇，舌如钩玉新雕镂。向外一茎扬秀彩，翠袖齐绕阑干周。其余伶俜各有意，脉脉不惜芳心抽……兹邦六月半雷雨，衾簟凉冷如深秋。苗禾虽无眼前患，实恐伏后干田畴……人生出处迥殊绝，老夫先乐公先忧。

顾评（25B行间）："立论有关系。"（按，此评语书于"月半雷雨"等字旁边，当指"兹邦六月半雷雨，衾簟凉冷如深秋"等句与全诗立论有关联）

顾评（25B行间）："铺叙纤悉，七古擅场。"（按，此评语书于末句之后，当是对全诗的总评）

六十三　《六月廿八日先太君忌辰》：25B

俄看华发三千丈，不着莱衣四十年。往昔田庐非我有，萧条兄妹竟谁怜。兹辰自不忘家祭，旅梦时犹傍母眠。回日正当朱橘（自注：此邦所产最多）好，欲思携取转凄然。

顾评（25B行间）："切母并切衢。"（按，此评语书于"正当朱橘（自注：此邦所产最多）好"等字旁边，当是针对"回日正当朱橘好，欲思携取转凄然"一句而言）

顾评（25B行间）："意余于词，精气密塞，当与工部并驾。"（按，此评语书于全诗末尾，当是对全诗的总评，认为此诗可与杜甫诗并驾齐驱）

六十四　《夏夜听武林姚孝廉（张松）述浙中逸事援笔以志》：26A—26B

残云逗疏雨，华星耿幽堂。素心二三侣，徘徊庭树凉。相与测物理，亦足觇行藏。蛛丝倚乔柯，网罗得高张。湿萤藉腐草，故能舒末光……弱冠甫一试，姓字标高墙。既已谒先圣，自难礼空王。缁衣

不强予，还往亦未妨。胡为绝行迹，委之 如 粃 糠 。洎乎掇甲科，洊历
登朝廊。舆马光翕赩，邈无书疏 将 。 其 法 不 必论，其情乌可忘……裁
裁上大夫，鸣玉耀 耀 貂 珰 。

顾评（26A 行间）："比起节奏和雅。"（按，此评语书于"蛛丝倚乔
柯，网罗"等字旁边，当是针对"蛛丝倚乔柯，网罗得高张"一句而言，
意即此句与起首几句相比较，节奏平和雅致）

顾评（26B 天头）："截然竟佳妙。"（按，此评语书于全诗倒数第二
行"其法"等字天头处，当是对"舆马光翕赩，邈无书疏将。其法不必
论，其情乌可忘"等句所作的评论）

顾评（26B 行间）："此及末段，皆插入议论，有龙门史笔。"（按，
此评语书于"既已谒先圣，自难礼空王。缁衣不强予"等字旁边，当是
指此几句而言）

顾评（26B 行间）："清楚历落，述得动听。"（按，此评语书于末句
之后，当是对全诗的总评）

**六十五　《长春叟谣（长春叟余自谓也新有是称遂以名篇）》：
26B—27B**

天地我同 气 ，彼此无分 剖 ……既不回眷 顾 ， 却 又 限 年 寿 。追
维初生 时 ，出自东方柳……我将会三家，经营自子 丑 。 采 药 入 黄庭，
法天而逆走……壶天路漫漫，果作 长 春 叟 。

顾评（27A 天头）："发泄底蕴，直本之参同契、黄庭诸书，入后更
精气团聚，兴会鼓舞。"（按，本诗为长篇五言古体，此评语书于全诗正
中天头处，当是对全诗的总评）

顾评（27B 行间）："点题作结神来。"（按，此评语书于末句"果作
长春叟"等字旁边，当是指末句"壶天路漫漫，果作长春叟"作为点题
结语，有如神来之笔）

六十六　《七夕（自注：时明日」立秋）》：27B

云色先秋作晚 凉 ，银河不复辨神光。 仙 家 离 合寻常事，只要天孙

有 报 章。

顾评（27B 行间）："翻尽陈言，恰是客中作。"（按，此评语书于
"仙家离合寻常事，只要天孙"等字旁边）

顾评（27B 行间）："妙从空处发论。"（按，此评语书于末句之后，
当是对全诗的总评）

六十七　《客夜》：27B—28A

江空日落高滩 急，院静天清古木 稠。满 月 于 人 相 永 夜，一
心如水却宜 秋。长生诀要名山 访，不朽诗曾沧海求。短策未知何日理，
晴光正好烂柯游。

顾评（28A 行间）："思灵语隽。"（按，此评语书于末句之后，当是
对全诗的总评）

六十八　《七月十五日东轩作》：28A

几榻新移 处，朋僚会良轩。汲泉通寺壁，薙草作家园。便觉秋庭爽，
兼辞漏鼓繁。焄 蒿 忽增思，乡国是 中元。

顾评（28A 行间）："七月十五日。"（按，此评语书于"增思，乡国
是中元"等字旁边，当指尾联而言）

顾评（28A 行间）："题首轻带，相颢为之。"（按，此评语书于末句
之后，当是对全诗的总评）

六十九　《简严州富使君》：28A

子陵天子之故 人，风节到今开斯 民。千 里江山标姓字，一州志乘
忍 湮 沦。

顾评（28A 行间）："得第三句之深厚，自不流于滑，此绝句上乘。"
（按，此评语书于末句之后，意指有了第三句之深厚，这首绝句方为上乘
之作）

七十　《芭蕉为秋风所破》：28A—28B

滋长新阴缳数 尺，便随衰柳向霜 天。飘 扬未有柯条任，不是秋风

不 肯 怜 。

　　顾评（28B 行间）："喻杖弱者易摧，不当怨造物也，有为而作。"（按，此评语书于末句之后，当是对全诗喻意的总评）

七十一　《无那》：28B

无那芙蓉白月 初 ，碧茎绿叶好扶 疏 。 皋 夔 昭昭日月在，欲劝儿童读 尚 书 。

　　顾评（28B 行间）："上二句喻圣主当赖贤臣，结二句细绎自知。"（按，此评语书于末句之后，是对全诗的评议）

七十二　《独坐怀高三丈》：28B—29A

动境时起 灭 ，从何会本 因 。 心 心 契无形，影影自 为 怜 。况忽灵晖廓，冲融玄珠醇。悠然涉遐想，欲寄语难申。

　　顾评（29A 行间）："苟涵养不纯熟者，不能道只字。"（按，此评语书于末句之后，当是对全诗的总评）

七十三　《独夜怀毛子》：29A

旅眠迟最 好 ，况复好林 亭 。 月 出 每疏雨，风来时一萤。把杯杯自劝，落笔笔 皆 灵 。此夜应遥忆，云中看客 星 。

　　顾评（29A 行间）："中四语字字彩作。"（按，此评语书于末句之后，是对颔联、颈联四句的评论）

七十四　《寄示（钟）儿》：29A—29B

道 路 同凫使，乡园异 雁 臣 。年过五十，息意傍风 尘 。 寿 考 文章在，春秋草野真。汝曹知 此 义 ， 贫 贱 等 千 钧 。

　　顾评（29A 行间）："二句工甚。"（按，此评语书于"乡园异雁臣"等字旁边，意指首联对仗甚为工整）

　　顾评（29A 行间）："言文章中有褒贬也。"（按，此评语书于"春秋草野真。汝曹知此"等字旁边，当是针对颈联"寿考文章在，春秋草野

真"一句而言）

顾评（29B 行间）："旅困中寄托不凡。"（按，此评语书于末句之后，当是对全诗的总评，意指此诗书于旅途困顿中，却寄托了不平凡的志趣）

七十五　《钱塘徐氏女索赠言，余方事摄生，戏答》：29B

心不生花笔肯 花，早收神 氢 闷 精 华。携 将七首千金赠，吐出明珠五 色 夸。

顾评（29B 行间）："文致其言，绝不直遂。"（按，此评语书于末句之后，当是对全诗的总评）

七十八　《贻孔博士（序略）》：29B—30A

学舍徐霖开讲 授，山城宗泽播弦歌。君家扈跸南来 久，洙 泗 门 墙 定 若 何。

顾评（30A 行间）："气和音雅。"（按，此评语紧接于题序之后，当是对全诗的总评）

顾评（30A 行间）："此拟词也。"（按，此评语书于"洙泗门墙定若何"等字旁边，当是针对此句而言）

七十九　《秋来时抱微屙，率尔述怀》：30A—30B

孤篷逐飘 风，半截落姑蔑……常恐病更入，永辞亲与 朋。人 生 五 十余，蒿里登程始。殁亦不为天，存亦 不 足 恃……眼前见时和，为客亦可 喜。不 闻 淮 扬郡，七月水稽天。兼葭白浩浩，四野 无 人 烟。

顾评（30A 行间）："忧思百端，不禁言之娓娓。"（按，此评语书于题目之后，当是对全诗的总评）

八十　《二绝句》：30B

两耳也称白过 面，平生何有只昏昏。壶中转觉乾坤大，世上安知卿相尊。（其一）

熟 精 经略真名士，老死词章小丈夫。七尺总归蝼蚁得，百年忍被

马 牛 呼 。（其二）

　　顾评（30B 行间）："恣肆。"（按，此评语书于第一首末句之后，当是对第一首绝句的评价）

　　顾评（30B 行间）："务为实学以自警。"（按，此评语书于第二首末句之后，当是对第二首绝句的总评）

八十一　《金陵怀古七首》：31A—33B

（1）《吴》：31A

赤 乌 死 已非江左，青盖生难 向 洛 阳 。照日烟煤烧魏壁，从风欸唾拒荆航。 忽 看 波 坠千寻锁，便听歌呈万寿觞。致使台城佳丽地，春花春 乌 耐 兴 亡 。

　　顾评（31A 行间）："词旨沉深，声情激越，杜老集中之诸得也。"（按，此评语书于总题"金陵怀古七首"之后，当是对全部七首怀古诗的总评）

　　顾评（31A 行间）："二句追溯盛时。"（按，此评语书于"照日烟煤烧魏壁"等字旁边，当是指颔联"照日烟煤烧魏壁，从风欸唾拒荆航"而言）

　　顾评（31A 行间）："吴失守。"（按，此评语书于"千寻锁"等字旁边，当针对颈联"忽看波坠千寻锁，便听歌呈万寿觞"有感而发）

　　顾评（31A 行间）："冒起各首。"（按，此评语书于"致使台城"等字旁边，意指"致使台城佳丽地，春花春鸟耐兴亡"之句，为以后六首诗开篇）

　　顾评（31A 行间）："孙权死而亡已兆，昔之窘魏拒蜀者，一旦降晋，而建康遂世阅兴亡矣。"（按，此评语书于末句之后，当是对全诗的总评）

（2）《东晋》：31A—31B

早闻洛下叹铜 驼 ，果见中原荡浊 波 。 龙 虎 纵 蟠 新社稷，马牛能返旧山河。王畿尺寸粗安少，帝座朝昏不暖多。问鼎群雄纷满目，昌明无 识 复 如 何 。

　　顾评（31B 天头）："历代相传至东晋而定，偏安之局立（？），群雄思逗刘裕，必不能忘情也。"（按，此评语书于本诗开篇天头处，当是对全诗主旨的总评）

顾评（31B 行间）："西晋时。"（按，此评语书于开篇"早闻洛下"等字旁边，意指首联所说为西晋时事）

顾评（31B 行间）："迁建康。"（按，此评语书于"龙虎纵蟠"等字旁边，当指"龙虎纵蟠新社稷，马牛能返旧山河"一联而言，意指此句是说西晋灭亡后，司马睿南迁建康，建立东晋）

顾评（31B 行间）："承上""起下。"（按，"承上"之评语书于"王畿"等字旁边，当指"王畿尺寸粗安少"一句有"承上"之作用；"起下"之评语书于"不暖多"等字旁边，当指"帝座朝昏不暖多"一句有"起下"之作用）

（3）《宋》：31B—32A

风尘奋臂扫中 华，薄海书轨几一 家。三 让 不 传虞故事，数传更异晋琅琊。美哉春赐田家饭，壮矣宵量历下沙。铁瓮金坛无宋土，到今父老 说 元 嘉。

顾评（31B 行间）："得之不顺。"（按，此评语书于"三让不传"等字旁边，当指"三让不传虞故事"一句而言，意思是说刘宋政权得之不易）

顾评（31B 行间）："失之更惨。"（按，此评语书于"数传更异"等字旁边，当指"数传更异晋琅琊"一句而言，意思是说刘宋政权灭亡时情况更加凄惨）

顾评（31B 行间）："以下褒其善。"（按，此评语书于"美哉春赐田间饭"等字旁边，当是指以下几句而言）

顾评（32A 天头）："武功雅盛而以篡不以让，宜受惨报，惟元嘉之政为足述耳。"（按，此评语书于末句天头处，当是对全诗主旨的总评）

（4）《齐》：32A—32B

仗钺新亭意气 雄，乌号未几隔星 虹。正 思 宝是儒言贵，不见金随土 价 同。羊侃家姬余妙 曲，刘悛庭树思高 风。雉场处处春雏雏，更有何人挽玉弓。

顾评（32A 天头）："齐主在位不久，未成崇儒阜财之治，令人目家姬庭榭，而钦想不已也。"（按，此评语书于全诗中间天头处，当是对全诗主旨的总评）

顾评（32A 行间）："因余韵流风而叹齐主早崩。"（按，此评语书于"羊侃家姬余妙曲"等字旁边，当指"羊侃家姬余妙曲，刘悛庭树思高风"

一联而言，意指此联是在感叹齐主早崩，而未能成就大治盛世之局面）

（5）《梁》：32B

绝知江表好金瓯，底事沦迷到白头。福报祷祈千万劫，祸阶萌动十三州。那堪佛老为家学，不早兵戈赴国忧。尽说萧梁艳文藻，从来王者岂风流。

顾评（32B 天头）："武帝为利所迷，纳叛召祸，其子孙又不克振，可知文藻非王者所尚矣。"（按，此评语当是对全诗主旨的总评）

顾评（32B 行间）："承沦迷。"（按，此评语书于"报祷祈"等字旁边，当指"福报祷祈千万劫"一句，是承接"底事沦迷到白头"一句而来）

顾评（32B 行间）："又责武帝子孙。"（按，此评语书于"那堪佛老为家学"等字旁边，意指"那堪佛老为家学，不早兵戈赴国忧"一联是在责备梁武帝的子孙）

（6）《陈》：33A

从天木柿下崩奔，燕雀君臣尚梦魂。玉树自将教翠黛，牙签谁肯掷黄昏。管丝骀荡飘三阁，甲楯凭陵破一门。井底应知无王气，官家犹想效公孙。

顾评（33A 行间）："此下三句承次句。"（按，此评语书于"玉树自将教翠黛"等字旁边，意指下面的三句是承接第二句"燕雀君臣尚梦魂"而来）

顾评（33A 行间）："应首句。"（按，此评语书于"甲楯凭陵"等字旁边，意指"甲楯凭陵破一门"一句，与首句"从天木柿下崩奔"呈呼应关系）

顾评（33B 行间）："诙谐话。"（按，此评语书于"官家犹想"等字旁边，意指此句是诙谐调侃之语）

顾评（33A 行间）："耽于歌舞，驯致账亡而不悟。"（按，此评语书于末句之后，当是对全诗主旨的总评）

（7）《明》：33A—33B

非是朝廷疏骨肉，须知叔父本鸱鸮。九重不拜无君久，一字之诛岂尔饶。天地西南余野老，衣冠日夜哭离骚。地形浪说长江险，眼见沦胥第七朝。

顾评（33B 天头）：“恰是捴结。”（按，此评语书于末句天头处，且“七朝”二字均以双圈标示，故此评语当指末句“眼见沧胥第七朝”是对全部七首怀古诗的总结之语）

顾评（33B 行间）：“起沧胥二字。”（按，此评语书于“天地西南”等字旁边，当指“天地西南余野老”一句，为末句“沧胥”一词之启发）

顾评（33B 行间）：“有永乐之残忍，建文自不能保，天险何足恃乎。”（按，此评语书于末句之后，当是对全诗主旨的总评）

八十二　《中秋夜宴曲》：33B—34B

银蟾炯炯高梧凉，满天急管流清商。翠灯绮席艳夜堂，绣衣主人赴古杭。公子靴裤相陪将，年方龆龀体昂藏。密含礼意巧趋跄，对客语咲皆文章……据案吞吸毛发张，拔剑大叫开穹苍。或起或坐各乱行，酣还倚柱倾十觞。玉山一倒凌云翔，踏翻北斗声铿锵。咆哮闉阇惊紫皇，有诏召入伏殿旁。裒旒不动神洋洋，帝乃曰都无恐惶……小臣舞蹈祝无疆，再拜稽首辞帝乡。倒跨五色金凤凰……呼僮不应梦亦长，雄鸡呃喔秋窗光。

顾评（34B 天头）：“上半似饮酒篇，而语尤奇特；下半似枕上问答篇，而气尤豪放。”（按，此评语书于末尾几句天头处，当是对全诗内容及意境的总评）

八十三　《送浙江张方伯（若震），予假归桐城侍养三十六韵（代叶观察作）》：34B—35B

太微丽中垣，列曜供昏晓。王道日开张，英贤盛丰镐。尚闻仄席求，弓旌待幽渺……骢马鸣不前，黔黎苦遮道。延颈呼父母，胡为弃襁褓……章袞是何年，重看周太保。群寮一慨叹，离色莽穹昊。张燕旷野前，中怀怒如捣。往者苾下郡，不鄙埶菲小……当代金貂门，孰与君家好……驰骋文翰间……

顾评（34B 行间）：“进一层翻起。”（按，此评语书于“尚闻仄席”等字旁边，意指此句将前几句喻意推进一步，并开启下文）

顾评（35A行间）："以下颂其历职制诏之美。"（按，此评语书于"黔黎苦遮道。延颈呼父母"等字旁边，意指此句以下内容，为颂扬张方伯担任草拟诏书之职的经历）

顾评（35A行间）："以下方入题中相送之意，并追述向叨覆庇之情。"（按，此评语书于"离色莽穹昊。张燕旷野前，中怀怒如捣。往者莅下郡"等字旁边，意指从"离色莽穹昊"一句以下之内容，方才切入送别之主题，并追述以前所受庇护之情）

顾评（35A行间）："八句美其家世。"（按，此评语书于"当代金貂门"等字旁边，意指以下八句，为赞美张氏家世的内容）

顾评（35A行间）："四句美其文字。"（按，此评语书于"驰骋文翰间"等字旁边，意指以下四句乃是赞美张氏的文采）

八十七 《灯下独酌观菊影》：37A

酒灯细雨黄昏候，人与秋花共一轩。粉壁亭亭还悄悄，最情深处两无言。

顾评（37A天头）："不说灯下独酌，便不脱观字，其妙但可意会。"（按，此评语当是对全诗意境的总评）

顾评（37A行间）："观字入神。"（按，此评语书于末句之后，是对题目中"观"字用词的评议。又按，末句"最情深处两无言"七字，均用双圈圈点）

八十八 《征妇词》：37A—37B

翠娥懒扫不成妆，心逐游丝一样长。江国烟花春婉娩，关山风月梦荒凉。

顾评（37B天头）："烟花婉娩，略作一开合，到梦境倍觉哀艳。"（按，此评语当是对全诗意境的总评）

八十九 《恭和　御制消夏十首》：37B—39B

（1）《月》：37B

夕矣蟾轮起，风乎凤辇游。苍茫天更远，旷望兴何悠？晕吐重华丽，光涵一气流。乾坤无不照，的的近新秋。

顾评（37B 天头）："十首皆肖和御制口气。"（按，此评语书于本首天头处，却是对全部十首和御制诗行文风格的总评）

顾评（37B 行间）："庄丽。"（按，此评语书于"华丽"等字旁边，当是对颈联"晕吐重华丽，光涵一气流"的评议）

顾评（37B 行间）："钧清消夏。"（按，此评语书于"的的近新"等字旁边，当是针对尾联而言）

（2）《雨》：37B—38A

溽洞今朝雨，欢忻何处村。炎天稍或旱，田父不无言。气接虞弦润，声交虁石繁。万方时若末，疏奏阅黄昏。

顾评（38A 行间）："是宫中雨。"（按，此评语书于"弦润，声交"等字旁边，意指颈联"气接虞弦润，声交虁石繁"所写为宫中雨）

顾评（38A 行间）："言朝廷常怀痌瘝之念。"（按，此评语书于末句之后，当是对全诗主旨的总评）

（3）《水》：38A

亭午方挥汗，凌阴正献水。难为小虫语，妙有至精凝。晶晶晶盘迭，依依玉几凭。心颜一清快，蝇辈近前曾。

顾评（38A 行间）："是御前水。"（按，此评语书于"依依玉几凭"等字旁边，意指颈联"晶晶晶盘迭，依依玉几凭"所写为御前水）

顾评（38A 行间）："寒光所聚，秽物自远，喻群小也。"（按，此评语书于末句之后，当是对全诗主旨的总评）

（4）《瓜》：38A—38B

都蔗甘无色，荆萍翠未香。一时兼众善，当暑正凝霜。种忆青门好，方传白虎良（自注：《本草》谓瓜为白虎汤）。在廷恐消渴，分遣侍臣尝。

顾评（38B 行间）："是御前瓜。"（按，此评语书于"分遣侍臣"等字旁边，意指尾联"在廷恐消渴，分遣侍臣尝"所写为御前瓜）

顾评（38B 行间）："极赞瓜之贵重，而归于养贤。"（按，此评语书于末句之后，当是对全诗主旨的总评）

（5）《荷》：38B

浴罢开菱匣，妆成腼绮窗。浅痕将晓露，微步欲风江。意蓄丝丝密，心含蒂蒂双。凌波邀眷顾，摇佩故铮钹。

顾评（38B 行间）："娟秀娉婷。"（按，此评语书于"浅痕将晓露"等字旁边，当是对首联、颔联的评议，意指此二联描写荷花的美妙姿态）

顾评（38B 行间）："全以美人比，宫词体也。"（按，此评语书于末句之后，当是对本诗体裁的总评）

（6）《蝉》：38B—39A

树树栖难定，声声昼引长。居高应太冷，流响若为忙。与物同朝露，无人自夕阳。上林枝许借，何必虑螳螂。

顾评（38B 天头）："超妙。"（按，此评语书于全诗天头处，当是对全诗意境的总评）

顾评（38B 行间）："起便得神。"（按，此评语书于首句"树树栖难定"等字旁边，当是对首联的评议）

顾评（39A 行间）："极言蝉之高洁以自喻。"（按，此评语书于末句之后，当是对全诗主旨的总评）

（7）《蛙》：39A

古池新雨足，一鼓众心齐。忽起曝晴鹭，不闻啼午鸡。气雄常狎水，族盛各吞堤。恐搅龙楼寝，声随落月低。

顾评（39A 行间）："二六两句神化之笔。"（按，此评语书于题目"蛙"之后，是对第二、六两句的评议）

顾评（39A 行间）："承一鼓来。"（按，此评语书于"忽起曝晴鹭"等字旁边，意指此句是承"一鼓众心齐"一句而来）

顾评（39A 行间）："以蛙之善鸣而不敢惊寝凝物，亦有君臣之义焉。"（按，此评语书于末句之后，当是对全诗主旨的总评。又按，"一鼓众心齐"、"族盛各吞堤"两句各字均以双圈圈点）

（8）《萤御制有向晚撑扁舫句系舟中所作》：39A

流萤每低照，似爱水天澄。风处迎双桨，儒家当一灯。点衣龙鬣动，绕阙凤苞增。杜甫多佳句，何如睿藻能。

顾评（39A 行间）："使事化。"（按，此评语书于"儒家当一"等字

旁边，当是对此句的评议）

顾评（39A 行间）："不脱御前。"（按，此评语书于"动，绕阙凤"等字旁边，意指此联而言）

顾评（39A 行间）："先泛言而后切指。"（按，此评语书于末句之后，当是对全诗写作方法的总评）

（9）《蛩》：39B

草下与阶际，秋将为尔归。清吟徒自苦，暗处一何微。风引通丝管，霜侵想户帷。倘能动天听，更肯发天机。

顾评（39B 行间）："起得超忽，结得矫健。"（按，此评语书于末句之后，是对全诗风格的总评）

（10）《扇　御制有几迭云烟」雨句乃是扇中有画》：39B

制出罗纨里，图成蛱蝶丛。以兹挥北极，亦可助南风。如雪葵难并，闻声蝇一空。大君日披拂，草偃九州同。

顾评（39B 天头）："全章结得住。"（按，此评语书于末尾一行天头处，当是对全诗结构的总评）

顾评（39B 行间）："大而能切。"（按，此评语书于"以兹挥北极，亦可助"等字旁边，意指此联所云虽大而能切中肯綮）

顾评（39B 行间）："好气象。"（按，此评语书于"大君日披拂"等字旁边，当指此联而言）

顾评（39B 行间）："多从扇之用处说得庄重有体。"（按，此评语书于末句之后，当是对全诗主旨的总评）

九十　《游烂柯山　旧名青霞上有石桥桥下即王质观奕处》：39B—40B

在昔青霞山，游赏无人订。王质偶一经，咸动登临兴。旷邈向千载，余亦来探胜。日华曜幽厓，苔发滑危磴。屈盘上穹窿，飞梁骇观听。何年拔鸿蒙，缥缈云衢亘。影削虹霓寒，势居龙虎瞑。洄非驱海余，母乃补天剩。东西跨百丈，元气相与凭。青冥独力支，黄垆双绾定。虚中走日月，晃荡如悬磬。浩浩连混茫，一啸千岩应。弗假巨灵手，自尔形制称。星河不肯填，恐为狭邪径。古仙感灵山，于焉少蹭蹬。至今日迟侧，空局犹可认。观者樵苏子，于道甚径庭。遽分沧海果，要使玄精孕。柯烂尚思归，梦熟何由醒。茫茫亿千界，若个波罗证。鹤驭倘重来，相逢莫轻赠。

顾评（40A 行间）："以下至邪径，实写石桥。"（按，此评语书于"屈盘上穹窿，飞梁骇观听"等字旁边，意指从此联以下至"恐为狭邪径"处，内容均为描写石桥）

顾评（40B 行间）："中间摹拟石桥，言人所不能言，结处亦凿空出奇。"（按，此评语书于末句之后，当是对全诗的总评）

九十一　《观康总戎督捈军士投赠》：40B—41A

漳州三月杀县令，秋来又扰南方陲……总戎不待秋色深，破晓城头吹画角。紫髯怪眼立期门，天地无情变幽朔。牙旗一动三军呼，班马当风尽腾踔……羯鼓渊渊落日黄，威赏分明校帷幄。论兵精确有如此，东浙深凭作山岳。吾闻棚民处兹土，闽人八九参其中。磩工冶匠动数万，蚁聚山谷多枭雄。高官抚驭达大体，急难可使图成功……公乎阃略讲应熟，书生计料将无同。

顾评（40B 天头）："奇语。"（按，此评语书于"天地无情变幽朔"一句天头处，意指"紫髯怪眼立期门，天地无情变幽朔"一联为"奇语"）

顾评（41A 天头）："沉雄警快，此等正工部擅场处。"（按，此评语书于全诗下半部天头处，当是对全诗风格的总评）

九十二　《有家叹》：41A—41B

客来见说吴门过，粒米寸薪等奇货。城中珠玉价不如，游子闻之肝胆破。一身得免岁星饥，尽室难堪孤竹饿。力田兹岁非凶荒，回首平生未游惰。黄花霜日对愁开，白发江湖垂涕坐。

顾评（41B 行间）："变雅之遗。"（按，此评语书于末句之后，意指

尾联而言。又按，尾联每字均双圈圈点）

九十三 《谒严先生祠》：41B—42A

一自中兴后，青山有故人。何心薄轩冕，励俗亦经纶。遗庙辉千祀，高风荡八垠。由来巉穴士，屑屑耻为臣。

顾评（42A 天头）："三四看得极平淡，却极关系，可与范文正严祠记并读。"（按，此评语书于全诗天头处，意指颔联第三、四句看上去很平淡，却与主题极有关系，可以结合范仲淹的著作合起来看，方能理解其妙处）

顾评（42A 行间）："绝大议论，对亦不测。"（按，此评语书于"何心薄轩冕，励俗亦经纶"等字旁边，当是对此联的评议）

九十四 《上钓台》：42A

天半削双峰，攀跻上上重。长松力排界（？），化作苍精龙。星象堪援手，江光直荡胸。遥遥二千载，谁复继高踪。

顾评（42A 天头）："说钓台景皆是说子陵节。"（按，此评语书于全诗天头处，当指全诗主题而言，意思是本诗看上去是在说钓台景色，实则述说严子陵的气节）

顾评（42A 行间）："高""旷"。（按，前一"高"书于"星象"二字旁边，当指"星象堪援手"一句而言，意即此句是说钓台之高。后一"旷"字，书于"江光"二字旁边，当指"江光直荡胸"一句而言，意即此句是说钓台所处地理位置之空旷）

后　论

扬州青溪旧屋仪征刘氏家族，是自清朝嘉庆年间至民国时期数代相传的书香世家，始创于刘文淇，其子刘毓崧、孙刘寿曾都是乾嘉汉学传统的知名学者，以祖孙三代共注一部《春秋左氏传》而著称。再后，刘师苍、刘师培等人，也都能发扬祖上遗业，在传统学术领域做出了非常重要的贡献。世人论及青溪旧屋刘氏，皆"讲到"第四代"师"字辈。其实，刘氏第五代"葆"字辈，以刘葆儒为代表，在保存整理刘氏藏书、出版刘师培《刘申叔先生遗书》等方面，均曾起到关键作用。

尤其需要指出的是，青溪旧屋仪征刘氏由于书香传世，因此，其历代与学术界的交往颇为密切，故而通过对青溪旧屋刘氏人情往来的研究，还可以为我们研究乾嘉以来的中国学术史提供线索。顾颉刚先生所藏及评点之《长吟阁诗集》（第六卷）即藏诸刘氏后人手中，足以表明顾氏与青溪旧屋刘氏有较为密切的往还。顾颉刚先生与青溪旧屋刘氏的交往，开始于何时，虽一时不得确考。然而，1920 年顾颉刚先生毕业于北京大学哲学系，而刘师培于 1919 年去世，因此，顾颉刚在北大求学期间，虽然有可能听过刘师培的课程或仰慕其名，但不一定有直接交往，因为毕竟他们之间还是先生与学生的关系。

有迹象显示，顾颉刚先生与青溪旧屋刘氏后人的直接来往，最有可能的当为刘葆儒。理由之一是，刘葆儒成年以后，基本在上海一带工作活动，顾颉刚先生 1923 年前后，曾一度任职于上海商务印书馆。刘葆儒所翻译的《近世会计学》，于 1924 年由商务印书馆出版。[①] 因此，不能排除顾先生那时候就与刘葆儒有直接接触的可能。理由之二是，作为刘氏第五代"葆"字辈的老大，刘葆儒与当时学术界的著名人物如钱玄同、顾廷龙、柳诒徵等人，均有密切交往，而钱玄同、柳诒徵等人又与顾颉刚先生交往密切，因此不能排除刘、顾二人通过钱、柳等人的沟通而发生往还。当然，以上都属揣测之辞，未必能够坐实，但刘氏后人所保存的顾颉刚先生评点《长吟阁诗集》（第六卷）的原件，似可为这个揣测提供某种证明。

顾颉刚先生所评点《长吟阁诗集》（第六卷），何以收藏于扬州青溪旧屋刘氏后人手中？此中缘由颇值得我们思考，最大的可能当如我们在前面所说的那样，即顾先生与青溪旧屋刘氏人物有较为密切的往来。又，依常理推论，顾颉刚先生评点《长吟阁诗集》不当只有第六卷，很有可能对全部诗集都有过评阅，只不过由于其他诸卷亡佚，以致我们今天只能见这很少的一部分，这对于九泉之下的顾先生来说，不仅是其学术史上的一个缺憾，对整个中国学术界也是一大遗憾。附图：

---

① 葛星明：《不可被低估的扬州文化学人刘葆儒》，《扬州文化论丛》第 6 辑，广陵书社 2010 年版。

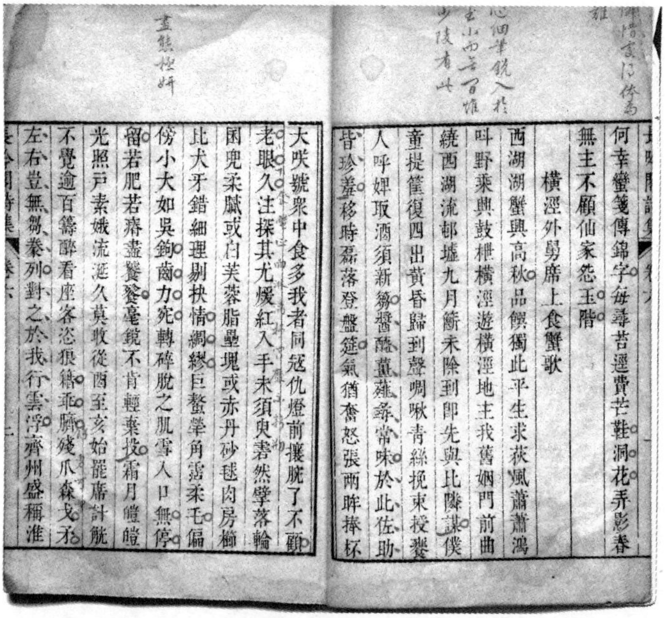
何幸蠻箋傳錦字每尋苔逕費芒鞋洞花弄影春
無主不顧仙家慾玉階
橫涇外舅席上食蟹歌
西湖湖蟹與高秋品饌獨此平生求莪風蕭蕭鴻
叫野乘興鼓栧橫涇遊橫涇地主我舊姻門前曲
繞西湖流郁壚九月蘇未除到即先與比鄰謀僕
童提筐復四出黃昏歸到聲啁啾青絲挽束授饔
人呼婢取酒須新篘醬醋薑蒜斜常味於此佐助
皆珍羞移時蒸落登盤筵氣猶奮怒張兩眸捧杯
大咲號衆中食多我者同寇仇燈前攫脫了不顧
老眼久注探其尤媛紅入手未須臾砉然擘落輪
囷兜柔膩或白芙蓉脂壘塊或赤丹砂毬肉房櫛
比犬牙錯細理劃抉情綢繆巨螯擘角露柔毛偏
傍小大如吳鉤齒力死轉碎脫之肌雪入口無停
留若肥若瘠盡饕餮毫鋩不肯輕棄投霜月皚皚
光照戶素娥流涎久莫收從酉至亥始罷席計觥
不覺逾百籌醉看座客恣狼籍垂膝殘爪森戈矛
左右豈無蛑蝥列對之於我行雲浮齊州盛稱淮

图 1　第 1—2 页

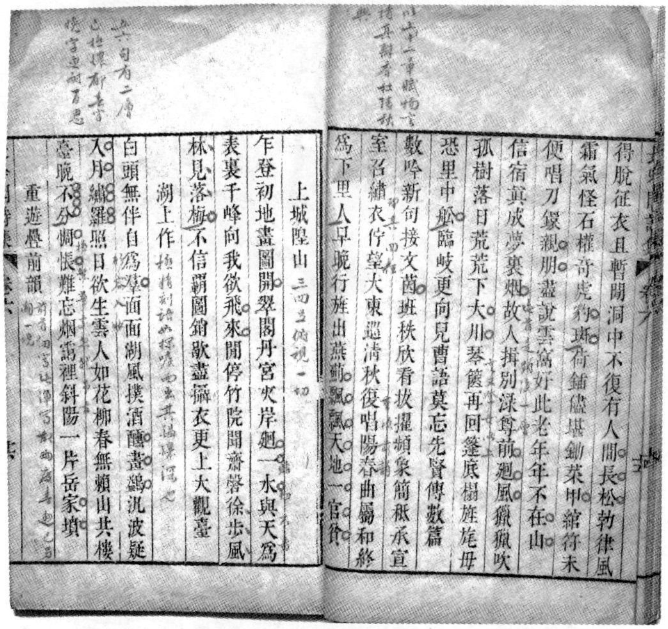
得脫征衣且暫閒洞中不復有人間長松勑律風
霜氣怪石權奇虎豹斑荷鍤儘堪鋤菜甲縮符未
便唱刀鐶覩朋盡說雲窩好此老年年不在山
信宿真成夢裏烟故人揖別淥尊前廻風獵獵吹
孤樹落日荒荒下大川琴篋再回篷底榻旌旄毋
恐里中船臨岐更向兒曹語莫忘先賢傳數篇
數吟新句接文茵班秩欣看拔擢頻象簡秖承宣
室召繡衣佇望大東巡清秋復唱陽春曲屬和終
爲下里人早晚行旌出燕薊飄飄天地一官貧
上城隍山
乍登初地畫圖開翠閣丹宮次岸廻一水與天爲
表裏千峰向我欲飛來閒停竹院聞齋磬徐步風
林見落梅不信霸圖銷歇盡譎衣更上大觀臺
湖上作
白頭無伴自爲辜面面湖風撲酒醺盡鷁汎波疑
入月繡羅照日欲生雲人如花柳春無賴山共樓
臺晚不分惆悵難忘烟霧裡斜陽一片岳家墳
重遊疊前韻

图 2　第 15—16 页

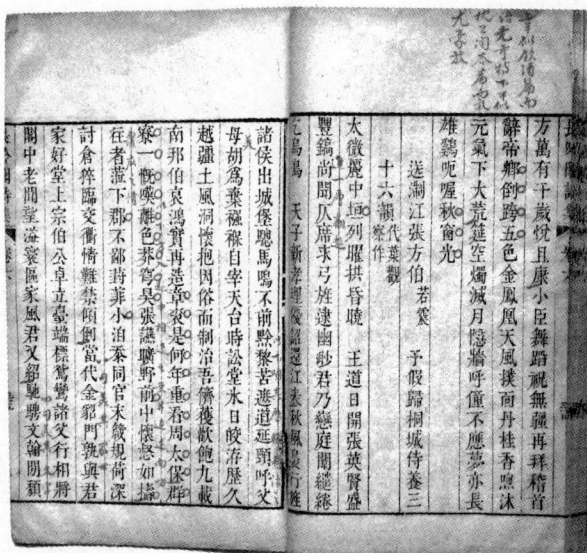

图3　第34—35页

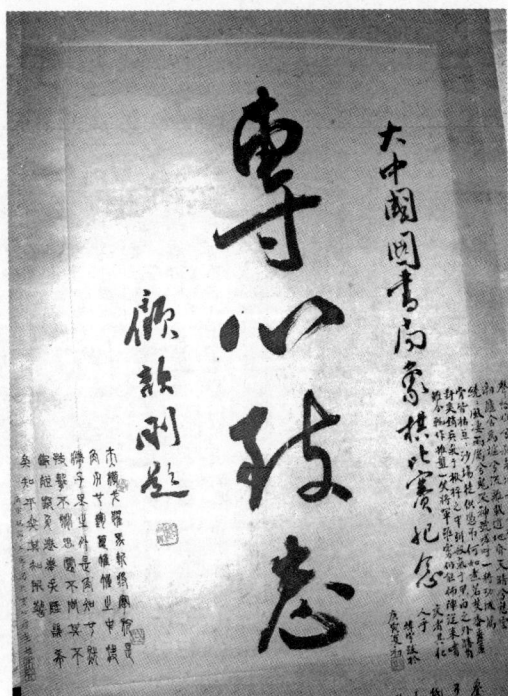

图4　顾颉刚为象棋大赛题字

传统文化研究

"近百年间,罕有与并"

——近代书法巨匠赵熙之书风书学研究

丁　筱

（中国美术学院）

赵熙,四川荣县人,是清末民初四川地区极负盛名的书法家、诗人、学者和教育家。时人传有"家有赵翁书,斯人才不俗"之谚,可知其被推重若此。赵熙可谓才华横溢、学艺双馨,而尤以书法成就最大,其早岁所书即"颇驰誉,海内鼎革"①,晚岁书法作品更是臻于至境,遂有"近百年间,罕有与并"②之誉,其书法风格别具,于宋元之前的书法大家几乎都有涉及,且每学一家都能融合变化,写出自家新意,对近代书法发展嬗变亦颇有影响,"一时风从"③,特别是在四川地区,被称为"荣县赵字",川内名山大川皆有其书迹留存。如此重要的书法家,学界过去主要关注的是其诗词创作成就并多有探究,而对其书风书学的研究则流于描

---

① 罗一士:《丁丑花朝评赵熙手札》,见陈代星《赵熙年表》（收入《二十世纪四川书法名家研究丛书·赵熙卷》,四川美术出版社 2012 年版）所引。

② 陈声聪:《兼于阁诗话》卷一"香宋神交"条,上海古籍出版社 1985 年版,第 37 页。

③ 余中英:《〈赵熙书法〉序》云:"初出于颜赵,中年以后端严劲重,上追唐贤,不规规于一家者,盖由学养性情使然,至老年镕合六朝,秀逸朴厚,别具风格,一时风从。"（《中国书法》1988 年第 1 期）

述、与漂泛评价，缺乏深入的分析①，本文旨在以考察赵氏传世作品为基础的层面上，对其书风演变和书学思想进行系统全面的探讨。

一 赵熙的书风演变

在赵熙书法各个时期面目的判断上，陈声聪在《兼于阁诗话》中有过一段简要的评述：

> （赵熙）书法最工，初为帖学，近小欧阳，后泛涉汉魏诸碑，于北魏之张猛龙，犹有入处，故所作峻整栗密，而又气骨森张，近百年间，罕有与并。②

陈氏将赵熙的书法分作前后两个时期，并且点出了赵熙书法前期和后期的两个重要特点，可谓有见。但是，现在看来，此说略显简单，不能涵盖赵熙书法的始终。通过对赵熙的书法实践，以及其于书法源流观念阐述的分析，我们可以将赵熙一生的书法分为三期：早期的赵熙，广泛地取法唐人，对欧、褚、颜已经有较为成熟的理解和学习，而不是中年以后才"端严劲重，上追唐贤"；中年以后，赵熙是以唐人书法尤其是大小欧阳为主，并由唐人书法为桥梁，逐步过渡到当时的"时髦学"——北碑；赵熙的晚期书风，主要表现在魏碑或者隋碑的特点在作品中完全凸显的形态。要之，第一期、第三期特点较为明显，第二期时间跨度为十年左右，为过渡期。这样的分期法与以往的早晚两期分法有明显的差异，并且笔者在其晚期风格中，又分出如《张猛龙》风格与欧体风格的结合特征、《孟

---

① 这方面代表论文有：唐振常《赵尧生先生其人其字》（《书法》1981 年第 6 期），曹念《简论赵熙书法艺术》（《文史杂志》1992 年第 5 期）、《论赵熙书法艺术》（《文史杂志》2002 年第 5 期），胡栋《迟滞和保守——社会文化转型时期赵熙书法思想研究》（浙江大学 2006 年美术学专业硕士学位论文）。这些文章的共同特点是所收集的赵熙书法图版资料日渐丰富，专门的书法研究，则显得较为粗疏，特别是对赵熙书风演变分期问题、赵熙书学思想本质问题，均殊少涉及，遑论系统深入之研究。2012 年四川美术出版社出版了《二十世纪四川书法名家研究丛书·赵熙卷》，依然是以收录展示赵熙作品为主要内容，所附录陈代星《晚清仕林之鹤、大师风规弥远——评赵熙及其书法艺术》一文也只是就其书法艺术稍加评述，与其题名"研究丛书"殊未相符。

② 陈声聪：《兼于阁诗话》卷一"香宋神交"条，上海古籍出版社 1985 年版，第 37 页。

法师》类隶书特点的楷法特征以及褚遂良行书风格的特征，等等，发掘出了赵熙晚期书风的多样性以及不同书风的内在共性，可为赵熙的书法研究略作补充。

早期书风：端严劲重、取法唐贤

赵熙早年学书的经历，由于不见直接详尽的文字记载，所以讨论的方式只能是依据所留下的作品与受教的师友来分析。赵熙的曾祖赵钟麟与伯曾祖赵芝麟都是县附学生员，祖父赵国壁为增广生员，尝教授闾里。赵熙父亲赵时阳为童子师。从家庭渊源来看，我们推测，其写出一手中规中矩、适合仕途进取的字应属于家学。但以上诸人并无作品可考稽。赵熙从小跟父亲读书，直到光绪八年（1882），15 岁的赵熙有一段短暂的时间从乡儒王义臣学习，据说，王义臣之兄长王义东擅长颜体，赵熙可能在此时受到影响。光绪十二年（1886），赵熙赴嘉定九峰书院从胡薇垣学习。胡薇垣的楷书、行书风格接近"二王"、苏轼，平和潇散，现存的墨迹中，还留有他临摹的孙过庭《书谱》等。

其后，光绪十八年（1892）进京途中赵熙与林思进定为兄弟之好，一生多有诗歌唱和，但在晚年对康有为书法的评价上，显示出两人不同的价值取向。同年，在京期间结识了乔树枏、刘光第、吴德潇诸位乡先达，其中刘光第以一手颜楷而闻名，"时辈难于抗手"，且曾经为赵熙评改诗文。光绪二十年（1894），与素来钦佩的顾印愚相见，顾印愚[①]的书法，汪国垣认为"其书在大令、登善、元章之间"。同年，拜见了会试座主翁同龢。此后，他入翰林院，到宣统元年（1909）六月，转任御史。以上是他早期风格形成过程中可能对他产生影响的人物。这一阶段，从时间跨度来算，应该从赵熙年幼时到 20 世纪最初的十年左右，也就是约略到宣统、民国之间，其时赵熙在 40 岁左右。这一阶段中，最早的作品应当是

---

① 顾氏为张之洞入室弟子。光绪五年（1879）举人。官湖北知县。印愚喜饮酒、作书。斗诗钟，偶为诗，类宋人语。汪国垣《光宣以来诗坛旁记》载：华阳顾印伯（印愚），以书名一时。余尝在梅畹华（兰芳）处见其为梅书易实甫（顺鼎）《数斗血歌》便面，极工。后又见其与程穆庵（其弟子，名康，为程千帆教授之父）手札多帧，潇散多姿，可称能品。王仲惠更以其家所印顾氏集联一册见赠，尤为隽永。其书在大令、登善、元章之间，信手挥洒，自然疏秀。闻其平日每晨起小饮后，即临河南雁塔《圣教》数过，日以为常，则其功力可知矣。

光绪十七年（1891），赵熙 24 岁时的作品《临尊胜陀罗尼咒》①，他在落款中写道："《尊胜陀罗尼咒》，唐石本宋拓，辛卯仲夏临于雪王龛。奉寄乌尤寺传度大师。赵熙记。"② 这件作品字体瘦硬狭长，展蹙分明，如有的字与柳公权书法极为接近；有的字与欧体较为接近；还有一点，此作中还有一些字法，显然不与两家相合，属于明显的平画宽结结构，似乎来源于隋与唐初北方风格特点。由于我们无法得知这件《尊胜陀罗尼咒》原本拓片的确切年代和样貌，所以，会导致我们对赵熙此时的书法状况产生两种推论：一、此拓本原本就含有以上三种倾向。由于《尊胜陀罗尼咒》是早期密宗经典之一，密宗在唐代玄宗朝皇室扶持下流行，此类碑刻流行的年代当不会早于是时，那么极有可能此碑作者有学习欧、柳或其他风格的可能。如此，赵熙的临摹至少部分还原真实；二、赵熙已经涉猎欧、柳以及隋、唐初北方平画宽结风格，在临摹此碑时，将这些意向反映了出来。不管是哪种可能，24 岁的赵熙，远没有确定自己的风格，而处在探索阶段。据赵熙《庚子年日记》记载："七月十五日，练习书法，临颜、柳、欧、米、赵；次日临写《书谱》。"赵熙学习欧、柳似乎在此时已经开始了。随后，1894 年的《胡太妃墓志》（27 岁时书）为较为纯正的褚遂良晚年风格作品；1896 的《卫道、穷经联》为颜体作品，1898 年的《游峨眉山诗》、1900 年的《庚子日记》《致瀛仙仁弟》手札，表现出颜体与赵体相结合的样貌，与翁同龢的小字行楷书非常相似。1903 年的《明月、红波联》，纯用柳公权法，中规中矩。其后部分写于 1904 年前后的《惜抱轩诗选》眉批与 1908 年的《会济善堂记》《重游峨眉纪行》等作品，渐渐可以看到赵体和颜体、柳体之类的形象淡化，欧体的风格不断增强。那种代表性的赵、颜结体小字，清腴、活泼，大小错落而不失庄重，充满了祥和的庙堂气息，这些痕迹，在宣统、民国之际，慢慢被另一种笔法瘦硬峻拔、体式开阔明显的书风所取代了。

　　此外，其早期书风形成原因，也可从科举考试制度，以及翰林院书风的角度考察。赵熙早期书法无法回避科举考试对书法实用性方面的规定。

---

　　① 陈代星主编：《二十世纪四川书法名家研究丛书·赵熙卷》，四川美术出版社 2010 年版，第 262 页。按，编者陈代星命名为《录尊胜陀罗尼咒》，然而作品中落款为"临"，可看出非抄录的作品，故从原文改之，为《临尊胜陀罗尼咒》。

　　② 同上书，第 81 页。

清代科举考试，要求以一手中规中矩的端楷答卷，仅举县试为例："卷纸十数页，每页十四行，每行十八字，界格红线横直格，另附空白稿纸数页，考试时正草全要，文字必须相符。"其余诸场考试的书写，也都有严格的行数、字数规定，书法端楷，不得草率。就算是草稿也需要用楷书。至于最关紧要的殿试，以及后来赵熙进入翰林院后的散馆考试、不定期考试，在书写"白折""大卷"时，是不经过书吏誊抄，直接展现各自书艺的。实际上，在科举考试的规定中，并没有所谓对书法的风格样貌的具体规定，而类似"书法端楷"之类的描述也只是一个一般性而且大而化之的概念。而这种所谓的应试"馆阁体"，其实质是由帝王、座主、时贤等人物因素，以及具体事理因素共同影响下，逐渐产生、明晰，并约定俗成、模式化的一种书风共同倾向。作为士人干禄的馆阁体，在清代各个历史时期面目也有所差异。大体康熙朝由于帝王偏好，馆阁体多仿董其昌；乾嘉以赵孟頫为大宗，欧阳询与颜真卿楷书同样大为盛行，兼学赵、欧两家者在光绪朝尤大行其道；宣宗朝颜体风靡；清末则又转会到欧、赵书风为主流。而在科举中书法偏重于黑、大、光、圆，并发展到对细枝末节点画的苛求上，则"道光启其端，咸、同、光绪更成风气"，"偏重书法，忽略文字，实不符定制之初意"① 这样的科举规则，客观上使有意仕途者在书法上产生了一种相似的面目。

由此可知，赵熙早年楷书学习颜体、赵体、欧体，是有着明确历史背景的。对于这种书写的经历与体验，我们可以从许多有此经历的人的文字中得到信息，如梁启超说："我年轻时候想得翰林，到现在总不脱大卷子气味。"讲明即使科考之后，即便有有意识的"艺术选择"，也很难逃脱当年书写经历的影响。而于赵熙，这种影响，并非在他涉猎碑学后终止，而是直到他登科授职以后，乃至于归隐乡间时期，时时还会关心甚至用这种体段来书写作品。例如他对颜体的关注，在王仲镛编纂的《赵熙年谱》中有这样的记录："光绪八年壬午（一八八二）十五岁，应童生试，获取。从乡儒王义臣学，王学兼宗汉宋，兄义东，工颜书。"② 此条记录，是描述赵熙可能受颜体影响最早者。陈代星的《赵熙年表》："一八九四年，光绪二十年，甲午，二十七岁……十年十月，在武昌购得《颜书三

---

① 商衍鎏：《清代科举考试述录及有关著作》，百花文艺出版社 2004 年版，第 136 页。

② 王仲镛：《赵熙年谱》，载于《赵熙集》附录一，巴蜀书社 1996 年版，第 1309 页。

表》和《浯溪碑》和《马公碑》等，尤对《颜书三表》珍爱之。"① 而在同年五月，他已入翰林院，到吏部听宣。其后，"一九零一年，光绪二十七年，辛丑，三十四岁。元旦，书颜体楹联自勉：朝气长存曾子三省，心光独照荀卿六生"②。又，赵熙在民国四年，1915 年有临颜真卿《告身帖》，民国十二年，1923 年有颜体楷书《录王十朋诗》存世。从这些方面可以看到，在赵熙的艺术生命中，尽管后期作品艺术倾向上发生巨大改变，但早年应试题材书体并没有因涉猎魏碑而放弃，而是与此错综并行。

中期书风：寓险于整，迈唐追魏

赵熙中期是以唐人书法尤其是大小欧阳为主，并由唐人书法为桥梁，逐步过渡到晚年涉猎学习南北朝碑刻阶段。可以推测，其涉猎南北朝碑刻学习的"潜流"应当也发轫于此阶段中，即中期阶段。故不能将学习唐人与学习"碑"作为两个完全相互独立的时间段来看待。可以看出，赵熙书法取法对象由唐碑而南北朝碑的过程，是从书法史发展的脉络来看问题的。

中期风格的时间段，是从宣统、民国之际，到 1918 年前后的七八年时间，赵熙 50 岁左右。赵熙的一首《秋葵》诗自记"宣统三年，熙得唐人写金光明经一卷，郑太夷因榜予室，人人有诗"③，此段文字，也可以看出他对唐人书法的喜爱。这段时间的作品，参考有四川美术出版社的《二十世纪四川书法名家研究丛书——赵熙》一书，以及其他来源资料。先就前书图录，列具有代表性的作品如下：①1910 年《万松深处杂抄》，此作是较为清晰的欧体影响下作品。然此种书风经赵熙之手变得比较平正，并不像欧体一样处处藏险。由于字体的消瘦，某些笔画显得非常突出，如撇捺与长竖，以及竖弯钩，这些动作成了他风格的重要特点；②1912 年《赠雨若书屏》、1914 年《此君轩记》为大字作品，特点与《万松深处杂抄》相似，只是大字看上去略微单薄，不似小字精严；③1915年有《赠文泰书》立轴、《大刀寨题字刻石》《登荣德山诗屏》。《赠文泰

---

① 陈代星主编：《二十世纪四川书法名家研究丛书·赵熙卷》，四川美术出版社 2010 年版，第 349 页。

② 同上书，第 353 页。

③ 收入《香宋诗集》卷五，王仲镛编：《赵熙集》，巴蜀书社 1996 年版，第 610 页。

书》立轴为节临颜真卿《自书告身》作品，点画粗壮，浓墨大书。《莲宇山西址碑》风格亦在颜、柳间，估计在此时间前后。① 《登荣德山诗屏》比《此君轩记》显得沉稳扎实，侧锋笔画的使用肯定而具有表现力。《大刀寨题字刻石》为苏东坡风格作品，此种书风当形成于上述第一阶段从胡薇垣学习时期。小字信札有《与向楚书》《与林山腴信札》之类，《与林山腴信札选页之十七》由其中文字"山腴先生：秋中妄撰横溪阁一碑，约计秋杪刻成……"，据《香宋文录》卷二载《宋横溪阁碑》一篇，作于民国四年②，即 1915 年，由此，这封信的年代也可以确定为 1915 年。值得一提的是，王仲镛编《赵熙集》中收录的赵熙《宋横溪阁碑》的手稿，每行二十字左右，结构较为工整，法度森严而不乏意趣，是赵熙欧体基本功的直接证据。④1916 年有《致胡孝博信札》，同书《与林山腴信札选页》，信左下角印有"香宋词笺"，当是他"寄兴于词"的标志，当至少在 1916 年以后。其中尤以《致胡孝博信札》诸作为杰思，体势险而观之若正，法度严而察之飞动，颇能道出欧体之妙，尤其与小欧为相契合。⑤1917 年《寄邓大人明信片》，风格与《致胡孝博信札》相同。另外，该书著录之外，尚有以下几种可以见到书迹：1913 年的《辛亥秋保路死事纪念碑》，荣县大佛寺存 1915 年的《郭家当铺碑》《宋家祠堂碑》等。

　　以上作品，除了临摹以外，不论大字小字，都是欧体风格所主导笼罩。偶有早期苏、赵等书法元素融入其间，但只可以作为观察风格进程的辅线来看，至于此类作品之精彩，固不可否认，但对于一个时期主次的关系来讲，仍旧不可混淆。一直到 1918 年的《海中、云端联》，书法风格才比较明显的有魏碑的倾向，故此种风格涵泳期也当在此前后。在此类作品之后，即跨入赵熙书法的晚期阶段。

　　将此一时期作品统观，作品分两个大类来观察，可勾画出书风发展的基本线索如下：①大字题署、碑刻类，和本文上述第一阶段 1908 年的《会济善堂记》相顺承，同属一类。如 1913 年的《辛亥秋保路死事纪念碑》、1915 年的《郭家当铺碑》《赠文泰书》等作品，属于颜、柳或加以欧。与之不同的是，于笔力上，《赠文泰书》比先前的颜体或其他楷书体作品大大增强了。②赵熙此时的小字信札、诗稿风格指向非常清晰，"欧

---

① 按，此碑无纪年，从落款"前翰林院编修、记名御史"来看，应作于清亡以后头几年。
② 王仲镛编：《赵熙集》，巴蜀书社 1996 年版，第 1236 页。

体"成为其日用之体——字体瘦劲，体势狭长险峻，笔力渐强，欹侧之势日益明显。盖自 1910 年《万松深处杂抄》到 1916 年《致胡孝博信札》这类作品中，也包含他特有的"欧体"书风，从"平整"走向"寓险绝于平整"的道路。《致胡孝博信札》《与林山腴信札选页之十八》当为此一阶段后期重要代表。

晚年书风：魏风隋韵，融陈出新

晚期书法风格所指，主要表现在魏碑或者隋碑的特点在作品中完全凸显的形态。此时他涉及的倾向也并非一种，对于一个成熟的书法家来讲，某些倾向已经化为自己的艺术语言，难以分辨出具体的出处，对于这种情况，强硬将某些作品塞进预设的框架是牵强而没有说服力的。

此一时期，从时间跨度上讲，是 1918 年前后到 1948 年。其中又可以划分出几类发展过程的不同样貌：第一类为北魏《张猛龙碑》风格介入时期作品。1918 年的《海中、云端联》，已经可以看出赵熙书法在欧体基础上受《张猛龙碑》风格影响，由于两者本身体势上的相似性，使得这种结合非常和谐，而用笔上则更加接近《张猛龙碑》。1919 年的《传度师馈山茗赋谢》，似乎是一种颜体和《张猛龙碑》结合体，由于两者结字规则一为斜画紧结，一为平画宽结的差异，作品显得有些牵强。日后，此种尝试也可能是因收集资料的匮乏，不曾再见到。1919 年的《林母邓宜人墓铭》是一件非常特殊的作品，与《张猛龙》不类，风格与赵之谦殊难分辨，可看作是纯粹的魏碑体行书精品。自这一年后，大约到 1928 年前后，大字作品都较为统一地显示出欧体和《张猛龙》结合的特点。1924 年的一件节临《张猛龙碑》完好地留了下来，落款为"甲子秋为八子录，赵熙"。我们有幸能够看到这段时间里的作品还有 1923 年的《庚申中秋词》、1925 年的《谁听且引联》、1927 年的《赠十七小姐四条屏》等。第二类是褚遂良《孟法师碑》《伊阙佛龛碑》风格作品。1929 年的《存心各有联》《重九戏写》、1930 年的《节临〈孟法师碑〉》、1935 年《书〈东坡罗汉赞〉》、以及不知确切年代的《乌尤寺夜雨书赠传度》，都是属于借鉴褚遂良早期《伊阙佛龛碑》《孟法师碑》风格的作品。这类作品有明显的隶书意味，结字略微平整，原本属于北魏楷书中的平画宽结传统。《节临〈孟法师碑〉》就夸张了其中隶书的意味，《存心、各有联》的"存"字写成篆书化，"闻""雷"等字结体隶书化。这类作品显得疏朗开阔,有潇散韵致。第三类是褚遂良《兰亭》行楷书风格。1934 年《老知、身奉联》、1937 年《庾信湘江联》,锋棱明显,点画纵越。第四类是以早期形成的楷书风格强化和异化为特点。1923 年《录王十朋诗》、1938 年《赠幻住书》的颜体风格,前者显得老气雄健,而后者是将颜体用内抆的方式来改写,形成一种猛厉矫健而又不失法度的新趣味。有趣的是,在 1932 年的《书藏记》是欧体与颜体的结合,与早在 1908 年的《会济善堂记》风格一致,只是后期的显得紧凑干净,有一种举重若轻的感觉,前者相比之下显得稚嫩。这也说明了作者并非将早年思路一股摒弃,而是不断加深回顾。其余作品类型有《张猛龙碑》与苏轼结合风格,作品如 1931 年《书录太白诗》、1934 年《九老寺感怀》等;还有 1937 年《书楞严经心咒佛经》、1940 年《书录佛经语》,结体类《张猛龙碑》,而使用圆笔书写,且带有较为明显的横向笔画加重书写倾向;还有一种风格类《张猛龙碑》而结字重心偏低者,如 1936 年《千山一丈联》、1939 年《自书诗卷》,此类风格,与梁启超最为接近。

他晚期有一些临摹作品,除了前面提到的临《孟法师碑》《张猛龙碑》外,还有 1926 年临《龙门二十品》中《高树解伯都造像》、1929 年《章草〈急就章〉》[1]、节临行书《集王圣教序》等。

尤其值得注意的一点,是这一时期赵熙作品的用字上,明显有采用用篆书字法来书写楷书及行草书的现象。一方面原因,从赵熙本人自述"三十以后专治小学、古文"[2],认为"……窃以隶体秦汉俗法,而由篆变通,其意了然。若满纸伪缪,必俗人之为……"[3] 看出,其于文字学颇有研究,并通《说文》,认为通篆字则能通隶,且用字尚"古"可增格调,另一方面原因,则是他临习的隋碑本身也有隶书化倾向。

现存的这一时期小字手札类作品很稀少。笔者有幸从藏家手中见到部分手迹,是赵熙写给陶居士的手札,这个陶居士,就是陶闿士(号天倪阁),他 1925 年以后赴南京支内那学院师从佛学大师欧阳竟无,赵熙在信

---

① 陈代星主编:《二十世纪四川书法名家研究丛书·赵熙卷》,第 262 页。按,陈代星命名为《自书册页》,然而此件为章草风格的作品,内容亦是《急就章》里的原文,似乎不应用"自书"来命名。故更名为《章草〈急就章〉》。

② 《与费范九》,王仲镛编:《赵熙集》,巴蜀书社 1996 年版,第 1285 页。

③ 《与江岳生》,王仲镛编:《赵熙集》,巴蜀书社 1996 年版,第 1296 页。

中多提及欧阳竟无，并称陶闿士为居士，可知此批信件实在 1925 年后。中有一札（共四页），云："天倪阁鉴，不佞嘉、峨之行往返半月，石遗领志局假期，名胜处处到，逼人悉贫累也，峨眉逢雨，对面不见人，仅及华严顶而返，乃知云亦欺穷老也，衰年离合，明知一过皆空，而对泣九老洞不可已，今犹惘惘。石遗险路能步行，终日纵谈，健罕所睹也，据云君谓不佞也诗为渝友所藏，只获钞薬，晤退公茂仁历历道及，惟有一事特记之，吾颇觉近年皲公诗未进，而石遗云校前好，请转告皲公自定之何如？不佞住乌尤，张菊老来访，同岁同月生，不仅同登第也，留题而去。林山公、庞石帚、杨伯屏继来闲宿，乞毕驰归，皆有乐无苦，专员公署欢迎则皆新识者，中有张仅三致书云，曾交陶闿士，实以师礼事之。因以知先生书中扬不佞而稍抑石遗，则非所望也，公省记。吾荣县亦旱，方举雩祭。至天下事，真不可置唇舌矣。寿诗极难佳，近作杂言二篇，曰说龙说蛇诗也，然不成诗体矣非文也，以太长拟付报章，以省传抄，去年今者日日为遣暑计矣，便及一年无检书，时时思以屏也，千言万语，临笔则忘，即颂衰相深矣，山公诶我作字不衰，为寿相，一笑。道祺不尽，熙再拜。伏前四日。"① 此事所指，是 1936 年赵熙与故友陈衍、传度大师、张元济、林思进、庞石帚、杨伯屏等在乌尤寺雅集。从其作于 1936 年的诗作《赴石遗乌尤寺之约》《说蛇》《说龙》《石遗至乌尤喜赋》《华严顶》《九老洞赠石遗二首》等皆可得证②。从这批信件也许可以窥见其小字手札，正是典型的欧体与《张猛龙碑》相结合的写法，结构极为险峻，用笔恣肆，不斤斤于法度而又无不中节。可以说是赵熙小字手札最高水准的体现。现出版的各种书籍均未发表，对于研究赵熙晚期书法是一大遗憾。

二 赵熙的书学思想

赵熙并没有留下任何一部关于书法的著述，甚至没有一篇专门谈论书法的文章。因此，要研究其书法观念，只能在他的诗词题跋和他与弟子、友人的信札中去钩稽材料。在各类零星的文字中，有一篇名为《康南海先生寄书方幅跋》的。他在这篇跋文里谈到了对康有为书法的看法，从

---

① 赵熙 1936 年与陶闿士信，私人藏品，重庆藏家唐肇新所藏。
② 以上诸诗见于王仲镛编《赵熙集》。

中可以窥探出赵熙的艺术观点。因此，这一部分将以此文为主要线索，结合其他散见的谈论书法的文字，重点谈论赵熙在书学方面的基本思想。

其一：书贵求"切"

康有为的书学思想主要体现在《广艺舟双楫》一书中。此书共六卷，27 篇，最核心的是《尊碑》和《卑唐》二篇，主旨在求新求变，尊碑抑帖。《尊碑第二》大致为说明尊碑之理由，主要是"出碑既多，考证亦盛，于是碑学蔚为大国。适乘帖微，入缵大统，亦其宜也"。并且罗列出五条详细的理由，如"笔画完好，易于临摹，一也"之类；其中《卑唐第十二》最为人们熟知，他认为"至于有唐，虽设书学，士大夫讲之尤甚，然缵承陈、隋之余，缀其遗绪之一二，不复能变，专讲结构，几若算子。截鹤续凫，整齐过甚。欧、虞、褚、薛，笔法虽未尽亡，然浇淳散朴，古意已漓，而颜、柳迭奏，渐灭尽矣"，"若从唐人入手，则终生浅薄，无复有窥见古人之日"①。大半是因为康有为的声名卓尔，《广艺舟双楫》一出即有众多追随者。但是，对于康有为的书学观点，当时人已经提出了不同的意见。刘咸炘在《弄翰余沈》一书中说："康氏《传魏篇》举北朝诸碑及欧、颜、褚、薛、柳、沈，一切牵归魏派，谓其皆是北法，而上文又自言北亦有一人传钟法，夸大过甚，自相矛盾，莫甚于是……康氏《书体》《导源》二篇，颇多比拟附会、模糊不确之论。"② 沙孟海在《近三百年的书学》中也说："他（指康有为）有意提倡碑学，太侧重碑学了。经过多次翻刻的帖，固然已不是'二王'的真面目，但进过石工大刀阔斧锥凿过的碑，难道不失原书的分寸吗？"③ 这些问题都提得非常到位。可见康有为的诸多说法颇值商榷。戊戌之后，康有为从中国香港辗转至日本，颇受礼遇。后经清廷干涉，被遣出境，遂出游欧美，遍观西洋

---

① 康有为：《广艺舟双楫》，《历代书法论文选》，上海书画出版社 1979 年版。

② 刘咸炘（1896—1932），字鉴泉，别号宥斋。祖籍成都双流，家世业儒，为成都大学、四川大学教授，与著名学者蒙文通、唐迪风（唐君毅之父）等为知交。武汉大学萧萐父在其《刘鉴泉先生的学思成就及其时代意义》一文中指出："刘鉴泉先生玄思独运，驰骋古今，所取得的学术成就最为突兀，堪称近世蜀学中的一朵奇葩。"1932 年 8 月 9 日病逝，年仅 36 岁。一生著甚丰，成书四百余卷，总名为《推十书》。其学术成就还受到过钱穆、陈寅恪、梁漱溟等的欣赏和赞誉。

③ 《东方杂志》第廿七卷第二号，1930 年。

各公家收藏机构之艺术品。细心观察之下，他开始感到西洋的艺术亦有其短，中国的书法与绘画亦有所长。这个结论是认真的学术衡量，自然是比较客观的。到了晚年，他在写给朱师晦的一通信札里谈道："仆若再续《书镜》，又当赞帖矣。"① 可见，他对"尊碑卑帖"之说也有所反思。②

而在赵熙的书学思想里，"尊唐"的观念是非常明显的，这正与康有为的"卑唐"相反。赵熙的"尊唐"，随处可见。赵熙有《秋葵》一诗，其云：

> 淡黄装束羽人居，向日浓敧大叶疏。
> 合贮金光明室里，虞卿道帔梵王书。

其自注曰："宣统三年，熙得唐人写金光明经一卷，郑太夷因榜予室，人人有诗。"③ 这卷写经是旧日在京师时杨增荦（昀谷）所赠的敦煌藏经，赵熙为此卷写了一首词《兰陵王题唐写金光明最胜王经坚牢地神品第十八卷子》："李唐笔。千岁香严手迹。何人考、年月姓名，惟有《坚牢》字千百。宣南四立壁收得。禅心一箧。是杨云、宣统二年，手割敦煌万山色。秋风满京国。叹谏草无功，天黯南北。伤心马角乌头白。便水远山远，一声去也，燕云如梦万里隔。誉身外经册。荣德。故山碧。准白发头陀，身傍诸佛。梵天花雨峨眉宅。只甚日携手，卷中词客，金光明字，月一片，照净室。"④ 此卷后有郑孝胥、陈三立、程白葭等人题跋，赵熙因为得到此经而将自己的室名命之为"金光明经室"，并邀请郑孝胥为其题榜。程白葭也为其治印曰"金光明经室"。赵熙如此重视这份经书，似乎有三层意义，第一，赵熙本来就喜欢唐人书法；第二，古人字号多有联属之意，"熙"与"光明"恰有相通之意；第三，在佛学中，《金

---

① 康有为：《致朱师晦书》，《康有为全集》第十集，中国人民大学出版社 2007 年版，第 254 页。

② 在评价赵熙书法思想特点时，不宜简单地通过与康有为的比较来判断赵熙是否保守滞后，因为康有为本人的书学思想亦非一成不变的。我们还是需要就具体的材料进行分析，这样才能得出比较客观的结论。今人容易从已知的书法史发展"规律"来推论某人的艺术与价值，并且先入为主地视某些话语为定论，类似赵熙这样的个案竟然遭遇"无处立足"的境地，因为此种态度作为一种思维定势经常出现于对赵熙书法的研究中，故略赘数语以提起注意。

③ 收入《香宋诗集》卷五，王仲镛编：《赵熙集》，巴蜀书社 1996 年版，第 610 页。

④ 收入《香宋词》卷一，王仲镛编：《赵熙集》，巴蜀书社 1996 年版，第 1030 页。

光明经》与《法华经》《仁王经》同为镇护国家之三部经典，诵读此经，国家皆可获得四天王之守护。上引词中，确实透露出在那个内忧外患的时代，赵熙内心深处的希冀。

他对康有为书法的批评，似乎也可视作尊唐之一端。《康南海先生寄书方幅跋》一文中说："晚清包慎伯谈书，言其所得，其无所得而言，则所谓请对以臆也。张廉亭蕴藉矣，然自谓由漆书悟入，漆书今谁见者？岂豪素间物哉，第荣古而已。画卦犹后于结绳，苟省结绳者，书之奥也。南海康更生先生于宣统三年寄书方幅，道相思之雅，吾葆而爱之；又十年移以赠山腴先生。山公好闲出于天性，自吾有见闻，见善而乐，无踰山公者。其眷眷于南海，故品其书，极推高之也，南海书合冶乎包、张，其得失匪吾所及知。扬子云言：'书，心画也。'则书者行吾胸中之气而已。自阮文达后，徇俗者竞以北碑残石描摹于牙角间。吾闵其不知史中有《魏书》，诚亦轻薄魏收所不及料也。因贻山公证之。"① 这段文字是赵熙为挚友林思进而写，所以直言不讳地表达了自己的看法。值得注意的是他对包世臣和张裕钊的议论。他对二者"请对以臆""由漆书悟入"的说法，是持批评态度的。在他看来，本人不知道的或者没有见过的，怎么能作数呢？

赵熙对包世臣和张裕钊虚言的批评，体现了他一贯的观点——"切"。所谓的"切"，就是恳切，为文要有真实的情感切实的依据，不作虚语，不事浮言。赵熙尝谓"我是学者，非辞章家"，在他的文艺理论中，他认为写文章要"第一能切，切则不袭浮言。次则能深，深则一去江湖浅语"②。赵熙的《古文辞类纂批注》中有："文章贵抒所得，不在持高论也。"③ 实际谈的也是"切"。其门人黄永富在《赵尧生先生简介》中说，老师教诲作诗有五要五忌，第一要就是"要有其意，要刻切"④。他的学生曾进说："老师评改我们的习作，又强调从写得真实做起"。⑤ 在他看来，包世臣"请对以臆"，张裕钊的"由漆书悟入"自然为不实之言，都是没有切实体贴的思考。在写给江岳生的一通信札中，他又说：

①　收入《香宋文录》卷一，王仲镛编：《赵熙集》，巴蜀书社 1996 年版，第 1232 页。

②　曾进：《赵尧生先生简历及其讲学精神》，《西南师范学院学报》1982 年第 2 期。

③　此件作品为私人收藏。

④　《荣县文史资料选辑》第 2 辑，1983 年。

⑤　曾进：《赵尧生先生简历及其讲学精神》，《西南师范学院学报》1982 年第 2 期。

"书画跋语，自来作者每多鄙气，三碑如阮诗至高矣，何其次也。朱、赵考据成文，卓卓可传，余之题名著语乃陋不可耐，沈子培等是。南海犹称通人，殆长于口舌者耶？为之者以多自证，莫以为耻。"① 书画跋语即是文章，然而每多鄙俗之气。康有为已算是通人，但所论仍似"长于口舌者"。究其原因，在于并非"考据成文"，故而不能"卓卓可传"。所谓的考据，即是对事物的情实作一番切实的研究，把思想落到实处。进一步而言，所论与所为不符，也是不"切"的表现。我们看到 1923 年赵熙写下了一首谈及碑学的诗："何子谈碑袭阮元，李行欧楷配平原。扫除晋法尊唐法，一代风流宝薛轩。"（《谈碑》）② 赵熙指出，虽然何绍基宣扬学碑，但他本人实际上得益于唐人书法，具体而言是李邕的行书和欧、颜的楷书。在他看来，何绍基也是言不由衷的。就在同一年，他又写下《论书二首》："一代经儒古阁修，偶遭笺札见风流。北朝碑版时髦学，尚有闲情仿小欧。谁知信本极雍容，险绝书家绍乃翁。试取道因留小影，吴妆窄窄立花丛。"（《论书二首》）③ 诗中讲北朝碑版在当时是很时髦的材料，却还是点明自己对唐人欧阳通书法的喜爱。他似乎对碑版之学保持着一定的距离。

　　然而，结合同一时期赵熙的作品来看，早在 1919 年的《传度师馈山茗谢轴》《仙贻、天雨联》，1921 年的《自书诗》，尤其是 1923 年的《赠传度诗》《庚申中中秋词》，明显看出他已经能够熟练地运用魏碑的书写元素，所幸的是，在他现存作品中有一件《临张猛龙碑》，正好是写于作以上三首诗的次年 1924 年，当时赵熙 57 岁，作品的落款写着"为八子录"。难道赵熙本人也言不由衷吗？不应如此简单地去理解这个现象。从中可以看出的是，赵熙并不反对"时髦学"，而是反对时人对于北朝碑版不能有一个真切的理解，沦落于"竟以北碑残石描摹于牙角间"而不自知。可见，赵熙的"尊唐"并不是以唐人书法为唯一的认可对象，而是以唐人为基础，采取兼容并包的态度。这与沈增植所说"但问其字之佳不佳，不问其汉魏隋唐碑"④，其实是有相通之处的。引而申之，在赵熙看来，碑帖都可以学，但须得其"切"，总需建立在对之有真切理解的基

①　王仲镛编：《赵熙集》，巴蜀书社 1996 年版，第 1296 页。
②　收入《香宋诗集》卷五，王仲镛编：《赵熙集》，巴蜀书社 1996 年版，第 625 页。
③　同上。
④　叶昌炽：《语石》，清宣统元年刊本。

础上。把握住这一点，对我们理解其书风的演变是至关重要的。赵熙的书法后来由唐入晋，再到晚年的绚烂多姿，都可以由此得到解释。

其二：脱俗入"雅"

如果说"切"是赵熙艺术取法的标准，那么，对"雅"的追求，就是他艺术观点的核心。

他在写给朋友的信札中屡屡提及诗文书法中的雅、俗问题："凡作诗作字，人人聪明，迄未能有成者，此事非读书不能脱俗入雅。"（《致胡伯乾》)① 又，"桐城寿诗，略定奉还，庶稍妥矣。所作犹是俗派，于古作者一无所入……时俗人诗，土音也，勿宛转陷溺于俗人，祈通声气，有百损无一益也。唐宋大家诗，官话也，满口土音而欲学官话，无是处"。（《与人书七》)② 因为"于古作者一无所入"，不能体会古人的雅正，所以不免流于世俗。而作诗作字要想"脱俗入雅"，则必须读书。

读书的好处是可以识得规矩。据余中英《〈赵熙书法〉序》记载，赵熙说"凡事须从规矩始。规矩中正之极也；诗文与书，一代各有风气，唯豪杰之士能挺然风气之外。"③ 而从古书记载看，合乎规矩正是雅的本意。《尔雅疏》："雅，正也。"那么，"正"又是什么意思呢？《周礼·春官·大师》："教六诗：曰风，曰赋，曰比，曰兴，曰雅，曰颂。"郑玄注云："雅，正也，言今之正者，以为后世法。"可见，所谓的"雅"原本指的是正确，合乎规范的意思。只有合乎规范，方能为万世之法。后世所谓的高尚美好之意，是由此引申而来的。所谓的"从规矩始"该如何措手呢？他举过一个书法方面的例子："窃以隶体秦汉俗法，而由篆变通，其意了然。若满纸伪缪，必俗人之为。"（《致江岳生》)④ 赵熙自言30岁以后"专治小学、古文"⑤，故于文字学颇有研究。他认为要通隶书，需追溯至篆书，因为隶书乃是由篆书演变而来。如果不理解篆书，那么在写隶书时，难免会发生错讹。作诗作书，如果能做到"古法多一分"，则

---

① 收入《香宋文录》卷三，王仲镛编：《赵熙集》，巴蜀书社1996年版，第1295页。

② 同上书，第1306页。

③ 余中英：《〈赵熙书法〉序》，《中国书法》1988年第1期。

④ 收入《香宋文录》卷三，王仲镛编：《赵熙集》，巴蜀书社1996年版，第1296页

⑤ 见《与费范九》，王仲镛编：《赵熙集》，巴蜀书社1996年版，第1285页。

"俗气少一分也。"① 这真是知者之言。

读书识见规矩，实际上就是上文所讨论的"切"字。在赵熙看来，读书方知"切"，"切"始能去俗。在这里，我们隐约看到了"切"和"雅"的会通。这个会通，最终仍然要依靠读书来达成。当然，这个"书"不是《说文》等小学之书，而是大道之书。他在致友人信札中说到："鄙意《论》《孟》为群书之要，人之本也。老年弥觉精深。凡以浅易忽之，皆不悦学者矣。次则《通鉴》，日新又新，周而复始，自必远于凡流。"(《与人书六》)② "敝处文学社仍是三家村模范，近来学童少能读《论》《孟》者，则一切无从说起，稍举唐以来诗，又平仄茫然。世运所驱至此。早知其当然，又不料其果然也。"(《答贺儒楷》)③ "赧公所长在政，政则慎而已，于学纵横而不轨于正。驳许郑，骂程朱，赧公迥然无之，故可法也。"(《致李雅南》)④ "前劝熟读《通鉴》，良以立身之稳，处世之轻重得宜；其论政治，则能本于经术。经术非神奇，千稳万稳而已；其明果报，则足证佛义，即人事可见不爽。"(《答李荷衣》)⑤ 要读的是《论语》《孟子》等儒家经典。可见，赵熙的儒家立场是非常明确的。到了这里，我们又要回到前面曾经讨论过的话题，赵熙是一个传统的士大夫。他少习儒家经典，深受孔孟程朱影响，虽然迫于时势而倡言"变法"，但是，在是非曲直、安身立命处，他是毫不苟且的。除了读书而外，还需时时识得忌讳方能免俗。他在一通写给别人的信札中说："或时流酬酢过多，遂不免入俗格。大抵雅才好尚，市井气不可有，以后似当摒绝俗题不为。"⑥ 应酬过多容易有"市井气"，是对雅的伤害，难免落入俗格。所谓"摒绝俗题不为"，即表明当有所去取之意。

近来颇有论者以为赵熙的书法属于保守滞后的。细读之下，可知其所持理由有二类：他似乎固守帖学，未能积极响应时代潮流，实践、宣扬"碑学"；赵熙没有创新精神。前文已经详细讨论赵熙的书法风格，则第

---

① 《与人书三》，收入《香宋文录》卷三，王仲镛编：《赵熙集》，巴蜀书社 1996 年版，第 1303 页。

② 收入《香宋文录》卷三，王仲镛编：《赵熙集》，巴蜀书社 1996 年版，第 1306 页。

③ 同上书，第 1286 页。

④ 同上书，第 1290 页。

⑤ 同上书，第 1287 页。

⑥ 同上书，第 1303 页。

一说可置不论。若谈赵熙无创新精神,其实也是不公允的。因为不同的书家对创新的理解是不一样的,有人全盘出新,有人推陈出新,有人以古为新。赵熙的余中英《〈赵熙书法〉序》中,则清晰地记载了赵熙对于新变的看法,"夫由篆及隶,变成今体,此一二千年间实以钟王为初祖,颜公变羲献,而自成云垂海立之势,此新意也"①。只是此种新意的获得,不是简单的以某种书写形式更新为"新意",而是"凡事须从规矩始,规矩中正之极也;诗文与书,一代各有风气,唯豪杰之士能挺然风气之外……"结合此整节论述,即论断赵熙所谓能出新意者,必是对事理、艺术之理有确切之了解,又必从心底发出,有高出或迥异时人乃至古人之杰思者方能做到真正的"新意"。故,赵熙的艺术观非但不是保守的,相反,他是开放性的,具有远大的怀抱。

赵熙立足于"雅"的书学思想,对康有为书论提出了自己的看法,"南海康更生先生于宣统三年寄书方幅,道相思之雅,吾葆爱之;又十年,移以赠山腴先生。山公好闲出于天性,自吾有见闻,见善而乐,无踰山公者。其眷眷于南海,故品其书,极推高之也,南海书合冶乎包、张,其得失匪吾所及知。扬子云言:'书,心画也。'则书者行吾胸中之气而已。自阮文达后,徇俗者竞以北碑残石描摹于牙角间。吾闵其不知史中有《魏书》,诚亦轻薄魏收所不及料也。因贻山公证之"②。"扬子"是西汉的文学家扬雄,"书,心画也"即出自他的《法言》一书。赵熙说到,书法的作用是"行吾胸中之气",正是他对"心画"一语的解释。"行吾胸中之气"的说法,当然不是他首创,类似的说法古人已有,远的不说,倪云林的"聊写胸中逸气"一句就是为众人熟知的。赵熙指出"南海书合冶乎包、张"自然是说康有为的书论体系庞大,涵盖面极广。他表示"其得失匪吾所及知",自然是谦虚之辞,但是他毕竟提到康有为的书法理论有"失"的一面。笔者认为紧接着的那一段话,还是流露出他对康有为书论、书法的看法。不过,赵熙接着说,自阮元提倡"碑学",有不少人顺随时俗,竞相搜罗北碑残石,伏案描摹,孜孜不倦。但是,这些描摹北碑的人,却不知道北齐的魏收曾经写过一本关于北魏历史的《魏书》。言下之意似乎是说,临习书法还是要以法帖为主,就好比理解那个

---

① 余中英:《〈赵熙书法〉序》,《中国书法》1988 年第 1 期。
② 收入《香宋文录》卷一,王仲镛编:《赵熙集》,巴蜀书社 1996 年版,第 1232 页。

时代还是要以正史为主。康有为极力提倡学习魏碑，甚至认为没有一方是不好的，即使是穷乡僻壤所造之像，也峻宕拙厚，朴茂非常。如能选择造像来临习，就已经能够成书家了。在赵熙看来，雅是一切艺术所追求的核心价值，而"非读书不能脱俗入雅"。这个"书"乃是《论语》《孟子》等儒家经典。他所谓的"书者行吾胸中之气"，当然是说，书法表达的乃是饱读诗书之人心中所蕴藉的一股气，这样的人写出来的书法自然是格调高古，超凡脱俗的。①

上文主要就赵熙书风演变和书学思想进行了探讨，赵熙的书法在四川影响非常广泛，可略举几个方面来说明。首先，赵熙在书院、文学社执教时、或在其他场合问学于他的情况，我们无法一一列举，略述数人如下：①周善培，赵熙早年弟子。1908 年任川省劝业道总办，倡导督促成立川江轮船公司。曾参与讨伐袁世凯运动，国民政府成立后，不问政事，究心学术，著有《周易杂卦正解》、手抄《书眼》一册，略仿赵熙早期颜体为主时期的风格。②谢持，四川富顺人，在川南经纬学堂就学赵熙门下，与此间同学者吴玉章、曹笃、陶闿士等人，后来成为同盟会成员。广西师范大学出版社出版《谢持日记未刊稿》全六卷中的墨迹，欧体与颜体相结合，点画瘦硬，解体扁阔的倾向是小欧风格的特点，是赵熙中期小字风格的影子。③宋师度，大约也与谢持同时问学赵熙门下，曾任《川报》社长、民生公司代总经理等职务，笔迹资料不多见，民生公司发行《新世纪画报》偶见有"民生实业公司赠"几个字，是纯正的赵熙学小欧时期的风格，钩笔锋利，结字展蹙对比夸张，这几个字即使放在赵熙本人作品中也很难分辨。④乌尤寺方丈遍能大师，尝从赵熙学，深受赵翰林器重，作书多赵熙早期中期风格，流传墨迹有《书胡薇垣诗》《书张问陶诗》等。⑤余中英，四川郫县人，成都第九任市长，早年曾任军政职务，50年代始任四川省文史研究馆研究员。他在向赵熙请益学问的同时，也受到书法上的熏陶。他后来还成为了中国书法家协会会员，书协四川分会副主席。《赵熙书法序》一文便是他 1986 年撰写的。⑥向楚，被誉为"赵门三杰"之首，著名史学家。曾在成都高等师范学校、成都大学、成都师范大学、四川大学任教多年，晚年任《巴县志》总纂。书法有赵熙很深

---

① 康有为虽然也熟读儒家经典，却写出了《孔子改制考》《新学伪经考》等离经叛道的著作。在赵熙心中，康有为的心中之气依然不醇不正，其书是雅是俗，已不难想见。

的影子。向楚的典型作品为《张太公墓铭》。以上为其书法对弟子辈影响的几个例子，已经可见一斑了。其次，与赵熙交游的人物中，除弟子外，还有诗社故旧、师友等，人见其手札，多叹服其美，亦或多或少受其书风沾染，如林思进的字迹，就可以看出其关系。再次，是赵熙在川境内所留的各处题咏。从留下的资料来看，赵熙在川境里留下最多字迹的是峨眉山和乐山。赵熙跟乐山乌尤寺的住持传度大师是好朋友，尝应其邀写《离堆佛楼记》①，又代传度作《〈乌尤山诗〉序》②，仅乐山地区保留下来的真迹刻石就数以百计，如1919年题《霁山法海》、《〈离堆〉题字》。闻郭沫若也在乌尤寺学赵字数月。荣县离峨眉山近，赵熙每到夏天都要到峨眉山去消夏，故而峨眉山上留下诸多墨迹，山上各大寺庙中碑文楹联与山寺共存，已成为当今海内书家研究赵字的范本。峨眉山现还存有赵熙联"愿将佛手双垂下，抚得人心一样平""要瞻太古雪，幻得大千云"，等等③。最后，可从赵熙的晚年鬻字润例推知其社会影响之一斑。1921年，54岁的赵熙书名特著，求索者益多，他双目染疾，不胜其扰，干脆于"诗婢家"④ 订出润格：对联每幅十元，中堂十二元，折扇十元，四尺为基。以上者每多一尺加二元。⑤ 1922年，赵熙居然攒下一笔钱，买得桂林街原把总署旧址，并名之"香宋"。1942年，《中央日报》头版刊登"赵尧生先生法书润笔"："对联每幅40元，单条横幅每幅80元，屏幅扇面不书。凡请书者自备佳纸，先付润资交民生路195号'德文斋'。"

赵熙的书法研究尚处"草创"阶段，除了正式结集出版过的相关资料之外，另一部分散落在民间为私人藏家所持有，还有一类是星见于四川境内各处的铭刻类作品（在名山大川，甚至在乡、镇上）。努力收集这些资料，以期更加深入地探讨赵熙书法问题，是笔者未来研究的重要方向。

① 《离堆佛楼记》，王仲镛编《赵熙集》，巴蜀书社1996年版，第1206页。

② 《〈乌尤山诗〉序》，王仲镛编《赵熙集》，巴蜀书社1996年版，第1224页。

③ 曹念：《简论赵熙书法艺术》，《文史杂志》1992年第3期。

④ "诗婢家"是一家以经营文房四宝、金石印章、碑版法帖、精裱古今书画而驰名的百年老店。

⑤ 陈代星：《赵熙年表》，陈代星主编《二十世纪四川书法名家研究丛书·赵熙卷》，四川美术出版社2012年版，第365页。

文史专家访谈录

立足农业圣地　探究农耕文明

——著名农史专家樊志民教授访谈录

卫丽/问　樊志民/答

（西北农林科技大学　中国农业历史文化研究中心）

樊志民教授简介：

樊志民，1957 年生人，祖籍陕西洛川。1977 年考入兰州大学历史系，1981 年毕业后分配到西北农业大学古农学研究室工作，从此开始农史研究生涯。1992 年入南京农业大学攻读农业史专业博士。1997 年入西北农业大学农业经济管理学院，从事中国土地制度史方向博士后研究。1997 年晋升为教授并被遴选为农业史方向博士生导师。在农史学界率先倡行地区与断代史研究，并以西北与秦汉农业史研究确立其特色领域与学术地位，在中华饮食文化、农业开发与环境史、农业文化交流史方面皆有独特见解与深入研究。先后在国内外重要学术期刊发表学术论文百余篇，出版《秦农业历史研究》《中国农业通史·战国秦汉卷》《问稼轩农史文集》等。在研或承担多项重大科研项目，目前主持教育部哲学社会科学重大课题攻关项目《中华农业文明通史》。现任西北农林科技大学中国农业历史文化研究中心主任、中国农业历史博物馆馆长，兼任国家社科基金历史组评审专家、农业部全球重要农业文化遗产专家委员会委员、中国农业历史学会副理事长、陕西省科技史学会副会长、陕西省社科规划办史学专家组成员、西北农大学术委员会委员、人文学部副主任委员、《西北农林科技大学学报》（社会科学版）副主编等职务。

问一：对于大部分非陕籍人来说，是随着近些年"国家农业高新技术产业示范区"的建立才逐渐知晓杨凌的。您在杨凌数十年了，能简单介绍一下杨凌并阐论它在中国农业史上的贡献吗？

答：杨陵本是民间对隋文帝杨坚陵墓的俗称。"陵"变成"凌"是后来的事。杨凌虽是帝陵所在，但值得称道的倒是杨凌在中国农业发展史上的巨大贡献。准确地说，杨凌乃"中国农业圣地"。古今中外以"圣地"相称者，不外两种情形：一是神灵诞居之地；二是对人类历史有重大贡献之地。杨凌是中国农业文明的发祥地，后稷"教民稼穑"，自商以来祀之若神；杨凌在历史上曾数有功于中国农业，迄今仍在中国农业现代化进程中发挥重大作用。借此标准，杨凌堪称"中国农业圣地"。

首先是其农业文明肇始之功。农业起源后，经历了漫长的原始农业时代。活动在关中地区的周先民率先摒弃了原始农业粗放的自然生产状态，最早将农艺措施运用于生产实践，进而带动了整个关中乃至黄河流域的农业发展。关中乃至黄河流域能较早步入文明并长期为中国古代政治、经济、文化中心所在，周民族早期在杨凌一带的农业经营功不可没。《史记·周本纪》载，周始祖弃因农业成就，被帝尧推举为农师。帝舜"封弃于邰，号曰后稷"。并且"世后稷"（世袭农官），负责、管理华夏族的农事活动。后稷教民稼穑，是中国农业第一次见诸史载的农业教育与推广活动。农业是古代社会经济贡献率较高的生产部门，周族以执农不弃而君临天下。周朝国祚延续八百余年，后世无逾于此。周民族创制的农耕礼乐文明，构成中华传统文化的主体与核心，曾对中国古今社会经济文化发展产生过深远影响。中国农业以后稷为标志而渐入文明时代，有邰作为农神诞居之地世受敬祀。有邰地望，根据文献记载在今陕西杨凌一带。陕西考古、农史工作者近年来的考古发掘与研究也证明了这一点。尤其是有邰地望的考证与研究，对杨凌而言意义非常重大。确定有邰的农耕文明发祥地地位，为把先周历史研究重心仍放在关中地区、为维护杨凌的"农业圣地"地位奠定了坚实的学术基础。

其次是农业历史赓续之功。杨凌在中国农业发展过程的第二次作用体现在魏晋南北朝这一历史时期。魏晋南北朝之际，随着各少数民族入主中原，整个黄河流域出现了以民族大迁徙为特点的社会动荡，此时的中国农业发展遭到前所未有的严峻考验。一是战乱对农业生产的严重破坏；二是少数民族的游牧经济对中原农耕传统形成强烈冲击，大量农地被开辟为牧场，粗放的经营方式有所抬头。自周秦以来形成的农耕文明不绝若线，难以维系。这一时期中国农业若发生逆转，很可能影响中国历史的总体发展进程。然中国农业历数百年战乱而不衰并孕育了此后的隋唐盛世，武功苏绰有兴灭继绝之功，是中国农业历史上值得称道的人物之一。苏绰对中国农业的庚续之功主要体现在三个方面：一是他直接参与当时政府经济方针政策的制定，这是直接和生产相联系的；二是他为宇文泰政权制定了著名的六条诏书，被奉为施政总纲，诸如"治身心，敦教化""尽地利，均赋役"，等等，旨在发展农业生产，弘扬农耕文明；三是他出任少数民族政权要官，劝喻少数民族君民逐渐接受先进的农耕文明。同时对少数民族先进的东西也不是一概排斥，促进了胡汉民族融合的完成。作为世族，苏氏后裔多参与隋唐经济行政，于隋唐盛世有襄赞之劳。

再次是农业近代科教之功。杨凌对中国农业第三次发挥作用，则以国立西北农林专科学校成立为主要标志。1934 年"西北农专"诞生时，西北各地灾荒连年，哀鸿遍野；日本帝国主义发动了对我国的侵略，国难当头。有识之士以"开发西北""建设西北"相呼吁，把"兴学兴农"视为救亡图存、以纾民困之要务。于是有筹建西北农林专科学校之议，是为西北高等农林教育之始。中国农业数千年以传统、经验科学为特征。兴办学校，传播、普及近代农业科学知识是"在中国旧文化发源地上建立中国新文化"的重要举措。1938 年更名为西北农学院。抗战时期杨凌地处后方，大批农、林、水科教人才云集于兹，辉煌一时。史学界评价 20 世纪初西部开发成就，视为硕果者有二：一是西北水利建设之勃兴；二是西北农业科教之发展。新中国成立后国家在杨凌先后建立中国科学院水土保持研究所、水利部西北水利科学研究所、陕西省农业科学院、林业部西北林学院、陕西省林业科学研究院、陕西省农业学校、陕西省林业学校、陕西省水利学校，杨凌成为中外闻名的农业教学科研基地，为西北乃至全国农业发展做出了巨大贡献。

最后是农业现代发展之功。这就是为了进一步优化配置杨凌的科技和教育资源，发挥整体优势，为西部大开发提供高水平的人才和科技支持，1997 年国务院决定建立杨凌农业高新技术产业示范区，1999 年批准组建西北农林科技大学。由当时的西北农业大学、西北林学院、中国科学院水利部水土保持研究所、西北水利科学研究所、陕西省农科院、陕西省林科院、西北植物所合并组建西北农林科技大学。

可以这样说：微后稷，吾将刀耕火种矣；微苏绰，中国传统农业历史或逆转矣；微杨凌农业科教，西北乃至中国农业现代化进程或为之减缓矣。这就是杨凌"农业圣地"的作用和地位。

问二：我们了解到您从兰州大学毕业后就来到了杨凌，从您个人的角度来讲，为何选择留在杨凌？那时候的杨凌又是一个什么样的地方？

答：在《问稼轩农史文集》的自序里，我曾对这个问题进行过叙述。20世纪80年代初，我毕业分配至西北农学院古农学研究室工作。西北农学院就是现在的西北农林科技大学的前身，位于关中的杨凌镇。那时的杨凌只是武功县下辖的一个小镇，教学、科研、生活条件都相当艰苦。对于我这样出身于农家，极想跳出农门的人来说，在杨凌工作并非吾愿。但是家父劝慰我说，当年他拉壮丁时曾到过那里，极目远眺皆为麦田，百姓罕食粗粮。能生活、工作在关中农区，与相对苦焦的陕北当有天壤之别，所以遵从父训来到这里。对我而言，毕业分配只不过是从陕北农村又进入关中农村而已。

孔子的弟子樊迟，也是我的老祖宗，不知缘何对农圃之事颇感兴趣，曾遭孔圣指斥为小人，这就是"樊迟问稼"的典故。自此之后，中国的知识分子都不愿轻易地谈论有关农业的问题，更不愿意躬亲农耕或从事与农业有关的研究和著述，以远"小人"之嫌。数千年后，我又重蹈老祖宗之覆辙。因此，失落、消沉的情绪很长时间难以排解，我的书斋名曰"问稼轩"，或能反映当时聊以自嘲的心态。

值得庆幸的是，当时的西农古农学研究的微环境相当不错。首先，先贤辛树帜、石声汉教授是享誉国内外的著名学者，也是我国农史学科的开创者，他们把《氾胜之书》、《四民月令》、《齐民要术》、《农政全书》等骨干农书已经大致校注一过，家底基本厘清；其次，西农古农室藏有五万册线装古籍，这是中国农业院校所仅有的；当时的古农学研究室也是西农最具人文气息的地方，有李凤岐、马宗申、冯有权、张波、邹德秀、冯风诸师友可聆听教诲，相互切磋。本意以埋头读书以静志排忧。谁知"学然后知不足也"，后来竟源自而沉溺其中并成终生事业。甚或领悟到命运对自己的安排颇有几分合理性：古农书中所谓的"传统农业科技"正是我的农村生活经历中似曾相识的东西；而大学阶段所受的史学熏陶，使我能从发展角度认识中国农业。正是这些，搭起了我农史研究登门入室的阶梯。当别人不堪其苦的时候，我"躲进小楼成一统"，尽情地享受着读书的乐趣。1985 年当我向农史学会提交的论文《周金文中所见之关中农业》受到胡厚宣等甲骨学大家与农史界同人赞赏时，我以愉悦的心情初尝到"也傍桑阴学种瓜"的劳动收获。20 世纪 80 年代初，同来西农者因不堪环境之困苦或出国或调离，而我成了仅有的几个留守者之一。此时我已不再以"问稼"而愧赧，而是矢志耕耘于自己感兴趣的领域。

《尚书·无逸》篇有"君子所其无逸，先知稼穑之艰难"的话头，随着学术研究的深入，我体味更多的也是"问稼"之艰辛。当代学科门类划分日臻精细，除若干通才型学者外，一般人大多沿一条路径前行而不旁骛他学。这是符合多、快、好、省原则，早成正果的理性选择。而我从事的是多学科交叉的农业历史研究，这就意味着既有的学术积累将不敷所用；意味着必须广泛涉猎陌生的未知领域；意味着将花费数倍于他人的精力。数十年来，由于自觉资质愚钝，我力争不"淫于观，于逸，于游，于田"，唯恐因懈怠而荒废了耕获之事，勤谨补拙。当时被同事朋友们戏称为"夫子""书痴"。然而日积月累，倒也有些许收获。新修陕西地方志中，农业、科技诸专志我曾参与工作，并成《陕西古代农业科技》一书；出版了《秦农业历史研究》；撰成博士后出站报告《中国古代土地制度与农业发展研究》；参加农业部重点课题，主编《中国农业通史·战国秦汉卷》；参编《中国农业百科全书·农史卷》，完成《关中农业史》《中国古代农业地域变迁》诸长条；主持国家文物局指南针计划《中国古代科技发明》项目，主编《中华大典·中国农业典·经济作物分典》。2013 年获批了教育部重大项目《中华农业文明通史》，目前正在紧张进行中。

问三：杨凌虽小，但在中国农业历史上的地位和作用不可小觑。了解了您的心路历程，也更能理解您坚守杨凌的原因了。说到农史研究，西农农史研究有所谓"前三老""中三老""后三老"之说，您怎样评价他们对农史学科的贡献？另外，目前西农的农史研究情况您能简单介绍一下吗？

答：西北农林科技大学的农史研究有 60 余年之历史，故数代学人有前、中、后"三老"之谓。所谓"前三老"是指学术界对西农农史学科的奠基者辛树帜、石声汉和夏纬瑛三位先生的尊称。"中三老"则是对李凤岐、冯有权、马宗申三位先生的尊称，他们是西农农史学科的承启者。

1955 年 4 月，农林部召开了"整理农业遗产座谈会"，我校辛树帜和石声汉教授应邀参加了会议。会议决定积极研究整理出版中国重要古农书，为开展农业史的研究做准备。会后，学校决定成立西北农学院古农学研究室，并成为国内获农林部正式批准建立的专门农史研究机构之一。清末民初，高润生拟纂《笠园古农学丛书》，序中首提"古农学"。半世纪后，东（南京农大）西（西北农大）南（华南农大）北（中国农大）诸农史研究机构相继成立，其余三家皆以"农业历史遗产"定名，唯西农曰"古农学"。高润生与辛、石时隔半世纪，何以不约而同以古农学为书名、室名，成为农史学科初创之美谈。《笠园古农学丛书》仅成序言，辛、石似无由见得，如是则为两代学人心有灵犀。假定辛、石曾见高氏手稿，则皆欲借"古农学"为中国传统农业立学，则体现了学脉之传承。辛树帜教授是中国农史学科的奠基者，他独树一帜的"古农学"的命名意蕴令人深思。

古农学研究室建立以后，辛树帜、石声汉、夏纬瑛、孙云蔚、周尧、翟允禔、安师斌、康成懿等著名专家教授，在农业历史文献搜集与整理、中国果树史、昆虫史等方面做了大量开创性的工作。搜求和整理中国农业历史文献，典藏珍本线装古籍 50000 余册，尤以古农书收藏为特色。全国现存农业古籍 300 余种，我校收藏有 280 余种，居全国农林院校之冠。前后用 20 年时间，出版了 20 多种 500 多万字的校注与学术类著作。同时还编制了《中国农书系统图》和《中国古代重要农书内容的演进表》，总结性地反映了中国古代典籍中有关农业的记载和农书内容演变的源流，成为指导进行有关古农学研究的科学提要，获 1978 年全国科学大会奖。在历代大型骨干农书基本整理、校注出版之后，《人民日报》曾对此进行了专门报道，并盛赞西北农学院古农学研究室"完成一项规模浩大的、具有世界水平的农业遗产整理工程"。

1957 年，辛树帜出席全国政治协商会议期间应邀参加了毛泽东主席主持的最高国务会议，在听了他开展的古农学研究汇报后，毛泽东称赞说："辛辛苦苦，独树一帜"。在全国政协二届三次会议上，辛树帜专题阐述了水土保持和黄河治理工作中存在的问题。周恩来总理听完他的发言，亲切地鼓励说："讲得不错呀！我希望在今后 50 年里，依靠我国水利和水土保持科学技术的发展，解决水土保持问题。"在辛、石时期，古农学研究也较早地与英、日、法等国外农史界形成人员互访、学术交流、资料交换、信息沟通机制。20世纪五六十年代，日本学者曾倡议在杨陵成立中日《齐民要术》研究中心。英国的李约瑟博士与石声汉教授有着深厚的学术与个人友谊，曾欲与我校联合培养农史研究生。他在《中国科学技术史》"农业史"、"生物史"两卷的扉页上写着"献给陕西武功张家岗西北农学院的石声汉教授"，并在后来的一封信中说："中国科学史农业卷的工作，极大地得益于石（声汉）先生的帮助"。

　　"文化大革命"10年极大地冲击了古农学研究室的正常运行，石声汉、康成懿先生先后去世，走出"牛棚"的辛老也已经年近八旬。辛老主持制订的西北农学院古农学研究工作计划，得到了胡耀邦等同志的支持。辛老主张恢复后的古农学研究室应该致力于石先生遗著的整理出版工作；继续进行骨干农书的整理校注，关注中国水土保持史研究，着手编著《中国水土保持史》；准备进行有关农业史著的编纂。经辛老选调，李凤岐、马宗申、冯有权等先生先后参与了古农学研究工作，是谓西农农史"中三老"。他们承前启后，为"文化大革命"后我校农史事业的恢复性发展做出了巨大的贡献。辛老仙逝以后，冯有权、李凤岐先生出任古农学研究室正、副主任。他们继承辛、石遗志，继续致力于辛、石遗著的整理出版工作，使《农政全书校注》《中国农学遗产要略》《两汉农书选读》《中国古代农书评介》《中国水土保持概论》《农桑辑要校注》《辑徐衷南方草物状》等辛、石遗著相继得以出版发行。今天我们能全读辛、石全书，"中三老"整理刊行之功不可没。李凤岐先生在承担室务管理的同时，积极参与或主持国家、省部组织的大型农业史著作编撰工程。他是《中国农业科技史稿·明清卷》的主要负责人、撰稿人之一，主编《农业百科全书·农史卷·中国农业发展史分支》并承担了历代农业发展的全部撰稿工作。发表了《西周关中农业》《有邰与后稷》《黄土高原古代农业抗旱经验初探》等学术论著。马宗申先生先后校注、译释古农书累计近二百万言，完成了《营田辑要校释》（1984年）、《商君书论农政四篇注释》（1985年）、《授时通考校注》（1995年），还承担了《中国农业科技史稿》中有关农田水利部分的撰稿任务。

　　1979年的郑州会议，召集全国农史界专家共商《中国农业史稿》编写大计，被誉为中国农业历史研究之春的来临。但是大家惊讶地发现，西北农大的农史研究事业在"文化大革命"后起步早、成绩大。辛、石创建的古农学研究室在极端困难的条件下不但保留了下来，而且有冯有权、李凤岐、马宗申三先生仍致力于辛、石的未竟之业。他们早迎农史之春，为农史研究的再度繁荣与发展做出了巨大的贡献。

2004 年，在古农学研究室的基础上，成立了中国农业历史文化研究所，2011 年农史所获批陕西省（高校）哲学社会科学重点研究基地，进而晋升为中国农业历史文化研究中心。由"前三老"初创，经"中三老"发扬光大的西农古农学研究事业，如今已成为西北农大最有特色的专业之一。经过多年的发展，已经形成了一中心（中国农业历史文化研究中心）、一库（线装古籍库）、一馆（中国农历历史博物馆）、一基地（陕西省哲学社会科学重点研究基地）的规模。研究中心的同志们继志述事，开拓进取，在西北农牧史、陕西农业史、农业思想文化史、世界农业史研究方面都出版了有影响的专著。目前，他们正把过去偏重于古代农业史研究的重心逐渐下移，进而延伸到近代、当代农业史研究。

问四：您在农史研究中率先倡行地区与断代史研究，在西北地区和秦汉史的研究中确立了您的特色领域和学术地位，《秦农业历史研究》可以说是您的代表作之一。我们知道二十五史中并没有一部专门的秦史，有关秦史的史料十分匮乏。您为何要选择这样一个题目？又是如何克服困难完成著述的？我们惯常的认识是秦包括秦农业比起其他六国来说要相对落后些，但您却提出了完全相反的观点，应该如何来理解这个问题？

答：以《秦农业历史研究》作为博士论文选题，实际上是挑了一块难啃的骨头。主要基于以下几点考虑：首先，农业的时空特点决定了应该重视区域和断代农业史研究。农业是在一定时空条件下形成和发展的。在一定的时间、地点、自然条件下，社会经济、生产科技和文化的多种因素作用于农业过程，就会形成特定的农业地域类型与发展特点。农业之发展不仅有其时间前后的历史，而且也存在着区界空间的历史。重视农业的区界空间与时间先后的历史，有助于我们对农业历史的特殊性、多样性与不平衡性的认识与研究。将断代、地域诸概念引入农史领域，使农史研究具有了定时、定位诸特点，改空泛为具体，变平面为立体，推动了农史研究的深入。《秦农业历史研究》撷取有秦一段作为论文选题，就是考虑到秦长期立国西北，农业生产带有明显的地域性特点；秦农业上承三代余绪，下开汉唐先河，在时代上具有承前启后的关键地位，是兼具地域、断代特征，颇富典型意义的选题之一。其次，秦族之始，可直溯五帝时代，可谓历史悠久；秦建立了中国历史上第一个统一的、多民族的封建中央集权制王朝，具有划时代意义。但是，人们对秦农业之发展却知之甚少。其初始，或以为尚处采集渔猎阶段，几乎与原始农业无缘；西陲时，强调其游牧族落后特征；居关中，"诸侯卑秦"，仍以戎狄视之；更有甚者，竟把秦得天下归之于游牧民族的野蛮征服。秦农业发展的历史序列有待于划分、确立；秦农业发展水平有待于科学的认识、评价；秦农业历史资料有待于进一步发掘、搜求、整理；秦史（包括秦农业史）研究中的一些偏见、误解，有待于纠谬、正误。撰著一部全面反映有秦一代农业发展的学术专著，为国内外尚无人涉足的空白领域。同时，本人生于秦，长于秦，俨然以秦人子孙自谓。在十余年的农史研究生涯中，以地缘缘故对秦农业历史略有涉猎，有感于秦历史之重要地位与秦农业之飞速发展久矣。又念自己居秦地研究秦史，得地利之益；稽检史籍文物，有就近之便；濡染秦风，有体察之利；祖述先辈，有责无旁贷之义。以上诸点也是促使确立《秦农业历史研究》选题的主观因素之一。

　　关于秦史资料匮乏的问题，的确是影响秦史研究深入的重要问题之一。例如早秦史料附见五帝、三代文献，一鳞半爪，难窥全豹；初秦始与诸侯通使聘享之礼，除世袭排列外，其余可用资料甚微；中秦，《战国策·秦策》《商君书》《吕氏春秋》及《史记》中有关秦之记载明显增多，然分布不均，取舍破费斟酌；盛秦勃兴骤亡，令人有白驹过隙之叹，除《史记·秦始皇本纪》外，无若干相关记载。而长期以来，史学界并未把秦史作为独立的学术单元去看待，这是导致秦汉史研究中详汉而略秦的根本原因之一。著名秦史专家林剑鸣先生不无遗憾地说："秦的历史记载相当缺乏，以至古代大史学家都没有人能在一套二十五史中补入秦史"，秦史研究者"如何在这十分可怜的史料中追寻出秦的历史足迹，确实是一件极其困难的任务"。做这样选题难度可想而知，曾有师友劝我驾轻就熟，利用多年积累另择易为之题。但是我认为居秦地而不研究秦史，于情于理难以交代，苦心极力地沿着一条道毅然前行。当时的工资收入，除了维持家计与孩子就读以外，并无些许剩余。我在南京的生活是这样安排的：某一顿专挑肥肉若填鸭般强咽，以至于数天内见之反胃；其余时间，饭菜则以廉价素淡为主。以保证月末总计平衡，不至于超支举债。在论文撰著阶段，常以早八点入图书馆（学习室）而晚九点离开，一天仅早、晚两餐而已。当时只有脱发、失眠等即时反应，但是缘此而导致的内分泌紊乱、甲亢等毛病则在50岁以后集中显现并或伴我终生。

改革开放初期，中国的学位制度亦在探索中前行。当时的博士、硕士研究生为了体现与"世界接轨"，盛行以新理论阐释、新模型建构、新方法运用入题行文，以至于成为时兴的撰著模式。唯我仍不合时宜地用着传统的功夫，力求博观慎取、辑佚钩沉，"补史之阙，纠史之谬，证史之疑"。导师曾以舐犊之私善意提醒我作某些调整，唯恐不适应大的氛围与形势。在踌躇、彷徨之际，是范毓周师与吴滔、秦冬梅、郭剑化等同窗学友给了我莫大的鼓励与支持。范师长我10岁，时已为国内外知名的学者，在古文字与出土文献、文明探源与比较研究、先秦社会历史文化、美术考古与文物鉴定诸领域皆多建树。范师在审读以后，曾以"近年少见的优秀博士论文"赞誉拙文并向诸评委着力推介。而吴、秦、郭诸师弟（妹）皆由史学入读农史，认为拙作循史论家法而有成，鼓呼造势不遗余力。

1996年5月，我的博士学位论文答辩顺利通过。答辩委员会主席风趣地说，秦始皇东征六国，我们曾以为是野蛮与落后对文明与先进的征服。今天樊君的答辩从学术上让我们这些"六国人"改变了对秦历史的看法，是"秦人"的第二次"东征"。剑化兄则即席赋诗曰："秦人虎步出关中，文事东南眼底空；艺苑未及收笔阵，满街已唱状元公。"1997年，《秦农业历史研究》由三秦出版社出版。学术界认为作为国内外第一部秦农业历史的学术专著，属填补空白性研究成果。作者第一次全面搜集、审视、整理秦农业历史资料，初步确立了秦农业历史资料的分布范围与利用体系；本书第一次划分并建立了秦农业历史发展序列，全面反映了秦农历史过程；本书推动了秦史研究的深入，被学术界称为秦史研究由文献整理与概貌通览阶段迈入专门领域深入研究时期的重要标志；该书所提供的研究结果表明秦农业并非传统史学所习认之比较落后，而是不断发展进步并渐居六国之先，从经济角度深化了秦并天下的历史认识；该书对秦某些具体史实的考订与认识，具有拾遗补缺、推动研究深入之用；该书出版后迭获国内秦汉史专家好评，日本学者也多予关注，具有较好的学术与社会效益。

关于秦农业的历史地位和评价问题，我在书中对秦农业发展的历史序列进行过划分：①早秦农业时期（远古至公元前770年），秦农业开始了由原始农业向传统农业的缓慢转化，完成了稻作向旱作的类型转换，秦族获得了向关中农区发展的合法权利；②初秦农业时期（前770—前385年），秦"收周余民而有之"，在周人农业的基础上完成了农业发展阶段的历史性跨越，并着手开发西北农牧交错地带，通过对周、戎农牧业文化遗产的继承和吸收，进入其自身发展阶段；③中秦农业时（前385—前221年），秦农业生产关系发生了重大调整与变革，基本占有了当时中国的核心农区，并奠定了传统农业科技的基础；④盛秦农业时期（前221—前206年），以秦灭六国为标志，中国农业由区域开发阶段进入整体发展时期，传统农业精耕细作的优良传统开始形成，北方旱农耕作体系趋于成熟，这一时期也是秦农业盛极而衰的关键时期，秦帝国的土崩瓦解与秦农业的严重破坏密切相关。

秦历经迁播后立国关中，使秦农业跨越了某些初始阶段，而在较高基点上获得进一步发展。这就从根本上缩短了秦与中原农业的历史差距；为秦农业的快速发展奠定了基础。而秦霸西戎，实现了农牧结构的合理配置与协调发展；巴蜀归秦，进一步密切了秦同南方稻作农业的联系与交流。秦农业由南向北依次包含稻作、旱作以及农牧交错等不同生产类型，与山东六国相比更具典型与代表意义。秦历史上形成的重农时尚与秦文化的功利特色，使秦人更注重牛羊马犬，耕耘稼穑，屋室仓廪，农战垦荒，开塞徕民，重本抑末等直接关系到国计民生的现实问题。秦民族的多源"复合基因"，使他们充满生机，奋发向上。他们不满足于"邑邑待数十百年"的常规性发展，而常谋出"奇计强秦"，促进经济、军事的飞跃发展。

具体来讲，通过商鞅变法，耕战理论成为秦的基本国策。农业由衣食之源的生活需要上升为富国强兵的国家需要。这种强化的农业发展措施，在客观上有利于以农业为主体的传统科技体系的形成与发展。在战国七雄中，唯秦最彻底地贯彻执行了耕战政策，因而也就极大地促进了秦农业科技的进步。秦还重视农业生产条件的改善，秦人在统一六国前夕，不惜花费巨大的人力、物力、财力，兴修了都江堰、郑国渠两大水利工程。通过工程措施从根本上改变关中、巴蜀农区的生产条件。同时，铁农具的广泛使用和农业科技的进步，则促使秦农业向集约、精细化方向发展，创造出更宜于作物生长的微环境。秦国农业的整体和局部环境的改善，从而为秦农业超过六国农业总和而"富天下十倍"奠定了坚实基础。吕书《上农》

篇"一人治之，十人食之，六畜皆在其中"的记载，或能反映秦农业生产条件改善后的高效生产水平。

相比较而言，东方六国的农业发展则稍逊于秦。三晋立国中原折冲、逐鹿之地，频繁的战争破坏了既有农业生产进程。桓管时代，齐实行了一系列改革措施，农业生产获得一定发展。但是齐国的奢侈之风滋盛，临淄城中"其民无不鼓瑟、击筑、弹琴、斗鸡、走犬、六博、蹹鞠者"。受邹衍阴阳三行学说之影响，"燕齐之士，释锄耒，争言神仙方士"；渔盐之利高于农业经济效益，在某种程度上冲击了农业生产。楚国虽号广大，但农业比较发达的基本上是毗邻中原农区的北部地区。而这一地带正是楚与韩、魏、秦、齐交战争夺之地。沉重的战备任务加重了农业的负担，影响了农业的发展。战国时代楚国的其他农区则相对处于落后状态，不能和关中、巴蜀以及山东黄河流域的农业相比拟。燕、中山及赵国领土的大部分处于龙门碣石以北地区。这条由东北倾向西南的斜线，是战国世代农牧业区划的分界处。龙门碣石以北多马、牛、羊、旃裘、筋角，游牧经济相对发达，而农业生产比较落后。

因此，虽然秦初入关中时，社会与农业发展水平尚不及东方诸国。但在农业生产发展的前提下，到战国末年，秦之富庶程度远远超过东方六国。而雄厚的经济实力使秦在征服东方六国的过程中即使偶有败绩，也能够迅速恢复，重新组织有效的进攻，最终征服六国，取得统一。

问五：我们知道，2013年以您为首席专家的教育部重大项目《中华农业文明通史》获批，申报这样一个大型项目您当初是基于怎样的考虑？主要研究那些内容？

答：首先，中华文明是世界文明体系中不可或缺的内容，而如果缺乏对中国农业历史与文化的认识与了解，则难得中华文明之精要。英国哲学家罗素曾说，中国文明是世界上几大古国文明中唯一得以幸存和延续下来的文明。农业的不间断，农业的可持续发展，是中华古代文明得以延续的基础，也是中华民族为之自豪的历史记忆与珍贵遗产。在悠久的农业历史进程中，中华民族形成了重农思想与重农传统；以农业文化为主体和基本内核的礼乐文明特征；卓有成效的社会组织管理体系、天人合一、民胞物与的和谐观念；有机农业的优良传统；精耕细作的技术体系；独特的丝茶文化；科学合理的饮食结构。如何在确保学术性、科学性、时代性、可读性的基础上反映中华农业文明的历史成就与现代价值，是我们当代农史学人义不容辞的责任与义务。

其次，从文明的高度理性综合阐释中华农业的成就与贡献，是农史学科发展的必然趋势。也是农史研究长期学术积累和学科发展的体现。自清末民初高润生首倡"古农学"始，中国农业历史研究已有百余年的学术积累与实践。从文献整理上升到专门领域研究，已有《中国农业通史》、《中国农业科学技术史稿》、《中国农业经济史》等标志性成果问世。有必要进一步从农业文明的高度来诠释中华文明的实质和内涵。

最后，作为世界文明体系中的中国农业，曾经在古代社会、经济、科技与文化发展方面创造出辉煌的成就，树立了可持续发展的典范。历史时期的中华农业文明在与其他文明沟通、交流中曾充分显示了她的理性与厚重、生机与活力、自信与开放。在现代社会，农业仍是社会安定的基础产业，农业文化仍是民德归厚的精神家园。具有丰富历史与文化底蕴的中华文明，能否应对全新的时代与多变的格局？她是否有坦荡的胸襟、包容的气概，完成自我修复、接纳先进、复兴转型的伟大进程？这是我们在强调弘扬中华文明之同时，要认真面对、思考与解答的重大学术与理论问题。编撰《中华农业文明通史》，是一项基础性的学术研究工作，对五千年中华农业文明进行系统整理研究，既是对中华传统优秀文化的研究与总结，也是应对现实与未来的思想与理论需要。

从通识角度来看中华农业文明的话，可以划分为以下几个阶段：

（1）五帝时代——华夏农业文明的曙光初现期。在原始农业时代，农业的地域与类型差异已有所表现。黄河流域的旱作农业率先结束原始状态，跨入文明时代的门槛。五帝创制虽多，仍以农事活动为主，都具有浓郁的农神色彩。文明是与野蛮相较而存在的概念，司马迁写《史记》以五帝本纪为第一，中华农业文明亦应从五帝始。

（2）夏商西周——中华农业文明的特质形成期。夏是部落联盟向国家形态过渡的重要时期，大禹的治水、区划九州、任土作贡，都是重要的农业活动。殷商甲骨文的出现结束了文化的口耳相传时代，对于文明的积累与提升具有划时代意义。西周是中华文明的基本特质形成期，周礼反映了农业社会的和谐、秩序与等级。中华民族的基本社会结构、伦理道德规范、思想文化观念、生产生活方式都趋于定型，并深刻地规范和影响了此后数千年的历史与社会。

（3）春秋战国——中华农业文明的多彩表达期。春秋战国时代诸子勃兴、百家争鸣、英才辈出，士成为社会分工、体脑劳动分离后的新兴知识阶层，他们为各自的政治理想和学术追求而努力。战国诸子学说，受农业母体文化之滋养，都不同程度地重视或强调农业。儒家主张规范农业社会运行模式，行"德政"、"仁政"，建立良好的社会秩序；法家由"尽地力之教"到耕战政策、本末思想，无不以重农为治国之要；道家学派向往小国寡民、无为而治，充满对百姓的同情与关切；墨家贵俭、兼爱、尚贤、非攻，充分反映了独立小生产者的利益与思想；兵家把农业看作是支撑战争的必要物质基础，故素重"贵功养劳"、奖励农战；农家或申君民并耕、市价不贰之道，或重耕桑足食、经验技术之器，属真正反映农业生产和农民思想的学术派别。

（4）秦汉——中华农业文明的制度建设期。史谓"百代皆行秦政事"，由封国建藩发展到中央集权；由世卿世禄发展到官僚体制；由领地封邑发展到郡县制度，秦汉的制度建设奠定了此后两千多年社会发展的基础。秦汉时代中国农业进入第一次整体发展时期，利用中央集权建章立制、规划发展、投资建设、规范度量衡、币制、统一文字，保障了社会经济文化的有序发展。秦汉也是诸子治国理念的实践期，秦行法家思想，"其兴也勃，其亡也忽"；汉初"无为而治"、"与民休息"，实行的是道家学说；到汉武帝时罢黜百家，确立了儒家"独尊"的地位。

（5）魏晋南北朝——中华农业文明的碰撞融合期。这一时期一般被认为是中国历史上的黑暗时期，突出体现在社会动荡、政权割据、少数民族入侵、民族大迁徙等。实际上它是秦汉、隋唐间一个重要的能量积聚期、结构调整期、思想文化变革期。这一时期孕育、萌生的诸多新因素对此后中国历史发展均具有重大影响，民族迁徙与融合、农牧结构调整、生产关系变革（均田制度）、思想文化的多样性发展，为隋唐盛世的兴起奠定了坚实的基础。

（6）隋唐——中华农业文明的自信有为期。隋唐结束数百年分裂割据局面，民族融合、南北统一所产生的政治、经济、文化"合力"是隋唐文明超迈秦汉的重要原因之一。秦汉时期"海内为一"，但基本上是以中原地区和汉民族为主体的，民族矛盾以及地域经济发展不平衡是制约秦汉文明发展高度的重要因素。隋唐时代北方地区经过长期的民族冲突和民族融合，使进入中原的少数民族与汉民族界限渐趋消弥，经济社会发展水平基本拉齐。周边少数民族仰慕内地经济文化，联系交流更为密切。民族融合缓解了矛盾冲突、调整了生产结构、促进了经济科技文化发展，形成了充满生机与活力、自信与开放的新的中华民族文化，这是隋唐盛世的时代背景与社会条件。

（7）宋元——中华农业文明的异向发展期。宋代中国经济重心南移，南方的农业资源与环境优势得到充分体现，青山绿水、鱼米之乡、丝竹软语的农渔文化逐渐占据主导地位。宋由经济富庶而追求内敛性发展，北方少数民族的外延性拓展特征是元朝建立的前提，二者形成了鲜明的反差与比照。

（8）明清——中华农业文明的成熟期。明清时代，人地矛盾成为必须应对的基本国情。闯关东、走西口、下南洋，促进了农业地域的外延性拓展，掀起了新的农业开发高潮；传统农区土地利用率显著提高，农业追求内涵化发展，传统农业科技日趋精细。中国传统农学与西方近代农业科技之间开始了接触与交流，第三次引种高潮引进的高产作物与经济作物，满足了人口增长的需求，促进了农业的商品化发展，奠定了中国近现代农业的基本格局。地主经济的动态竞争机制，使封建经济产生了某种坚韧性，延缓了其瓦解过程。传统农业文明虽然渐显老态，但与初生的西方工业文明相比孰优孰劣尚难定夺。

（9）近现代——中华农业文明的转型期。随着西方近现代社会自然科学的兴起与传入，中国的政治家、思想家逐渐接受了进化论、富国策以及近现代的工业化、城市化发展模式。在近现代社会背景下，传统的农业文明显得比较柔弱，难以应对激烈的竞争与交往。西学东渐，促进了二者的结合，具有强骨健筋之效。中华农业文明如同凤凰涅槃，进入它的历史转型期。

未来社会发展，当以工业、城市文明为主导，但是农业仍是社会安定的基础产业；农业文化是民德归厚的精神家园，历史渊源不能割断、优良传统不可废弃。在现代化进程中，中华农业文明积蕴已久的某些智慧与经验将会有鉴古知今、继承创新之用。以上也是《中华农业文明通史》研究的基本内容。

问六：您刚才提到西农拥有一所中国农业历史博物馆，而且您是这个博物馆的主持创建者，并担任馆长。这个博物馆的特色是什么？您能简单谈一谈它的创建过程吗？

答：这座博物馆最初筹建于 2004 年，正值西北农林科技大学建校七十周年。杨凌是后稷教民稼穑的故地，也是传统农业的发祥地，中国的农业教育从这里起步，中国数千年的农业历史也是在这里得以贯通。因此，在杨凌建立一座农业历史博物馆，具有弘扬中华农业文化的重要意义。经过 2006 年和 2009 年两次布展，目前形成了集教学、科研、展览为一体，展览面积达 4000 平方米的大型博物馆。

2006 年的第一次布展，对于我们这些习惯于农业历史的文本研究者而言，如何进行农业史的物化展示是一个全新的课题。由于是自己动手搞的，并且要在相当短的时间内完成，所以很有一些急就章的味道。时间紧迫，做出来的东西就比较粗疏些。可供利用的农史文（实）物又比较少，效果不尽如人意。不过，值得肯定的是，第一次布展的内容属于高端的专业与学术表达。虽然在布展创意上没有运用太多的新手段与新方法，但在展示内容上也没有发现明显的错误或遗漏。另外，我们没有采用一般的历史朝代次序而是以主题展示的方式进行布展，这种构思框架在国内尚属首次，做了一些有益的尝试。我们采用主题展的方式，是基于中国农业发展有着自身的发展规律，与历史朝代并不一定有严格的对应性。但是我们的主题展，还是以相关时代作为背景的。如厚重的农耕文明、遒劲的农牧文明、富庶的农渔文明，几乎都可以和相关时代相对应：农耕对三代，农牧对汉唐，农渔则是反映宋以后经济重心的南移。这样的布展有利于把握基本特征，反映中国农业历史的基本规律，也解决了农业通史陈列中的文（实）物平摊、难以突出重点的问题。但是由于没有完整、直观的历史序列展示，大概只有高水平的游客或同行业的专家看了后才能把三大文明类型与相关时代对应，理解并赞赏我们的创意。而一般的游客看完之后，不容易建立起对中国农业历史发展脉络的整体认识。专业性很强而普及性不够，应该说是第一次布展的不足。作为爱国主义教育基地，开展对青少年的历史文化知识的普及教育应该是题中应有之义。因而第二次布展采纳相关专家意见，改用农业通史的体例，以使游客更容易了解中国农业历史发展的基本进程与时代特征。

采用通史体例、按时间序列布展，虽然弥补了以上缺陷，但是体例的规定性又会使展示内容比较平直、缺乏起伏。在有限的空间里要全面展示中国农业历史，各时段内容与表达形式的取舍难度很大。所以我们当时的基本想法是：第二次布展既要建立起比较完整的农业通史体系，同时又要充分吸纳第一次布展的优长。也就是说在通史体例的基础上把握时代特征、确定展示重点、兼顾基本要素。我们的布展与国家博物馆、省博物馆有很大的不同，他们的布展在很大程度上是让文物"说话"，而留给设计人员的创意空间较少。我们馆的文物不多，需要运用艺术形式表达主题思想并同有限的文物有机结合起来，这样留给大家的创意空间反倒多些。当然这需要农史专家与布展设计方的有效沟通，在交流中逐渐达到我们所企求的意境。我们的农史知识比较丰富，但缺乏博物馆展览设计的专业知识；专业设计人员布展水平较高，但是对农业与历史了解的又少些。所以第二次布展是两方面达成默契后的再设计，因而做出了高水平的展览方案，也达到了我们中国农业历史陈列的目的。

因此，第二次布展从"世界农业体系中的中国农业"出发，按照"原始农业"、"夏商周与春秋战国农业"、"秦汉魏晋南北朝隋唐农业"、"宋元农业"、"明清农业"、"近现代农业"的顺序，将通史体例与主题展示结合起来，也就是把每一个时段的亮点做了出来，系统、全面地展现了中国农业历史发展的基本脉络与辉煌成就。本博物馆目前已经建成为国内展示内容最为系统的农业历史博物馆。

问七：21 世纪以来，中央一号文件连续十几年都是关于农业的，说明国家和政府越来越重视农业这一关乎国民经济存亡的重要生产部门。那么，研究传统农业，对于今天社会发展意义何在？可否从农史的角度回顾一下惠农政策的历史？

答：惠农政策，是指党和政府为了鼓励和发展农业生产而制定的若干扶持和倾斜政策。农史是一门探讨历史时期农业产生和发展的动因、动力、影响及规律的学科，为农业现代化服务当然也是农史研究的一项重要职责，忽略中国传统农业对现代农业化的作用与影响、搞不好对接与转型问题，我们就有可能走弯路，这正是农业历史科学对现实的意义所在，也是本学科赖以生存和发展的动力和源泉。

农业作为衣食之源，始终是国家与政府关注的重要的基础产业。中国古代有"食为政首"的说法，把农业生产看作是国家行政的第一要务。我们现在也有"农业是重中之重"的说法，中央连续多年以一号文件的形式反映对农业的关注与重视。这是对传统农本思想的继承与发展，也是当代国家与政府倡导的基本理念之一。农本思想大致包含以下含义：其一，农业是治国安邦的根本大计；其二，农业居于基础产业地位；其三，农业具有重要的社会教化与和谐功用。今天社会与时代虽然发生了根本变化，但是农业的功能与地位基本没有改变。从传统农业角度来看，实行国家重农体制，是最大的惠农举措，也是确保农业发展与进步的社会与政治条件。古代每到春耕时节，朝廷都要举行盛大的"籍田"仪式（类似今天的植树节）。天子亲耕反映了对农业的劝勉与关注，也有倡导各级官吏重视农桑之效。同时国家也制订相应的产业、赋税与价格政策以体现对农业的优惠与扶持。一般说来，重农抑商，体现的是农业产业优先思想；轻徭薄赋，表达的是利益分配与生产保障原则；贵粟平准，反映的是对农业的价格调节与保护措施。随着儒家思想正统地位的确立，重农抑商、轻徭薄赋成为中国的基本国策。惠农政策一方面保障了古代农业的发展与进步，另一方面也保障了中华文明的可持续发展。

农业是古代社会的决定性生产部门，所以惠农政策基本上是在同质（农业）社会内部实行的产业鼓励政策。长期优惠、扶持主导产业，虽有促进农业发展进步之效，但却在客观上强化了传统农业社会的自然经济特征。中国古代惠农政策的正面作用固然应该有充分的认识与评价，但是它在贯彻与实施过程中产生的负面作用与影响也不容忽视。中国人头脑里有根深蒂固的鄙视商业的观念，不能说与长期实行重农抑商政策无关；就致富而言，虽然农不如工、工不如商，但在七十二行中农业仍被认为是最稳定、最保险的产业；长期实行惠农政策，在客观上抑制了近代因素（商品经济）的萌生，这也是导致中国没有完成社会经济转型、由先进变落后的基本原因之一。

近代以来，由传统农业社会发展到近代工业社会，城市与工业的社会经济贡献率明显超过农业与农村。国家与政府对社会、经济的关注重点也明显地由农业转向工业、由农村转向城市，这也是促使国人的农工商观念发生重大变化的根本原因之一。具有悠久惠农传统的中国，在近代社会发生了由惠农到不惠农的历史变化。中国近代的工业发展与城市建设需要巨额的资金投入，而中国的半封建半殖地地位又决定了它不具备从外部获得的历史条件，所以农业承担了繁重的资本原始积累功能；农业同时又是传统商业资本盘剥与帝国主义资源掠夺的基本对象。毛泽东同志曾经说过，帝国主义、封建主义、官僚资本主义是压在中国人民头上的三座大山，而处于最底层的当然是中国的农业、农村与农民。

中国共产党领导的革命是在相对落后的社会经济条件下发生的，是以农民为主体的革命运动。但是我们在革命胜利以后，忽视了应有的"补课"过程。在对农业的社会主义改造过程中，逐渐剥夺了农民对基本生产资料的权利，严重挫伤了劳动者的生产积极性。在发展战略中缺乏对基本国情的应有判断，把工业化确立为基本发展目标。随着城乡二元体制确立，农业支援工业成为共识，农业的资本原始积累功能被无限强化。我们通常说的城乡差别、工农产品剪刀差在这一时段不但没有缩小，而且有进一步拉大的趋势。在党和国家的统筹规划中，也不具备惠农强农的时代条件。

改革开放以来我们曾经先后出台过相关惠农政策，一次是20世纪七八十年代的被动适应，一次是21世纪以来在科学发展观指导下的主动推行。1978年冬，安徽凤阳小岗村18位农民以"托孤"的方式在土地承包责任书按下鲜红的手印，决定对集体土地实行大包干经营。这是一场自下而上的农村改革，它深刻改变了当代中国农村发展的历史。中国改革开放初期的一二十年里，生产关系的调整与改革极大地调动了农民的生产积极性、解放了生产力、促进了农业发展。"三农"方面没有发生重大问题，在很大程度上得益于当时的农村改革。我们的党和国家顺应了这场变革，1982年1月第1个"一号文件"明确指出包产到户、包干到户或大包干"都是社会主义生产责任制"。1983年1月第2个"一号文件"说明了家庭联产承包责任制是在党领导下中国农民的伟大创造，是马克思主义农业合作化理论在我国实践中的新发展。1984年1月第3个"一号文件"强调要继续稳定和完善联产承包责任制，延长土地承包期。1985年1月第4个"一号文件"调整农村产业结构，取消农副产品统购派购的制度，将农业税由实物税改为现金税。1986年1月第5个"一号文件"肯定了农村改革方针政策，强调进一步摆正农业在国民经济中地位。这一系列惠农的路线、方针与政策，总体上有利于农业的自身性恢复发展，没有涉及从根本上改变农业的落后状况的问题。

时隔20年后，从2004年开始中央又连续发布一号文件，这是党和国家解决三农问题的重大战略决策，也是当代农业发展进入全新的历史时期与全新的发展阶段的重要标志。随着工业与城市化进程的加快，三农问题已经不再是单纯的农业发展、农村建设、农民增收问题。而是在二元结构背景下日益加剧的工业与农业、城市与农村、市民与农民的反差、矛盾与冲突问题。也就是说，"三农"已经由系统内的问题变为系统外的问题，成为党和国家、甚至是民族与时代所面临的、亟须解决的问题。李昌平上书总理与《中国农民调查》等书披露的相关内容，从某种程度上反映了问题的严重性。我们虽然不完全同意他们的观点，但从激活危机与忧患意识方面来说还是有正面意义的。从社会经济发展水平与物质条件讲，中国已经完成了"温饱"和"小康"两步发展战略目标，进入到了工业化的中后期阶段。"工业反哺农业，城市带动农村"，"统筹城乡发展"的条件已经基本具备。国家和政府有条件、有能力拿出更多的财力投入到农业生产发展、农村基本建设、农民生活改善方面，惠农强农战略就是在这样特定的背景下被推到了前台。这一次推出惠农强农大政不是权一时之利弊，而是从社会经济发展的全局来理性把握的结果；是基于中国国情的科学决策，我国人口总量大且农村人口比重高，如果在工业化、城市化进程中因为农业在国内生产总值和财政收入中的比重下降而忽视农业，那将会导致农业衰退、农村凋敝，付出沉重的社会、经济甚至政治代价。

问八：2012 年世界园艺博览会在西安举行，您提出的"天人长安"这一主题词被主办方采纳。学习农史的人都知道天、地、人"三才"理论，那么您的灵感是否也是来源于传统农业哲学与文化呢？

答：《吕氏春秋·审时篇》云："夫稼，为之者人也，生之者地也，养之者天也。"它是对农业生产中农作物与自然环境以及人类劳动之间关系的一种概括。把农业看作是在天、地、人共同作用下完成的生产过程，通俗地表达了天时、地利、人和的关系，反映了人与自然的和谐统一。西安作为世园会的主办地，入选主题词应与这座城市所具有的历史文化积淀、自然地理特征相匹配。"天人长安"体现了我们坚持环境友好、构建和谐社会、建设美好西安的申办主旨，也确实契合了天、地、人的"三才"关系。

在中国传统文化中，"天"是自然，"人"是社会，"长安"既是古都西安的旧称，也是中华民族国泰民安、繁荣昌盛的现实期许与理想追求。可以从"天长安"、"人长安"、"长安长安"三个方面来理解"天人长安"。"天长安"，意指"环境友好"意义上的可持续发展。"人长安"意指和谐社会的构建。"长（西）安长安"则是对西安未来发展的美好的祝愿。作为出生、生活、学习、工作在陕西、西安的人，对这一方土地有着特殊的情感，总是希望它能越来越好。

世园会是最高级别的专业性国际博览会，它不仅是世界各国园林园艺精品、奇花异草的大联展，而且能增进各国的相互交流，展示文化成就与科技成果。"天人长安，创意自然"的主题词，其新意在于比较注重发掘自然文化与人类文明的历史衔接，意境弘阔。"天人长安"强调了并存共生、和谐相处，所寓意的自然社会和谐共生理念，与世园会的办会旨趣具有很大的一致性。

问九：作为农史专家，您近年还参与了不少大型电视节目的制作，从"齐民要术"到"大秦岭"等，您都担任了学术顾问，为省直机关及乡镇干部多次做过讲座，为农民立传，等等，都收到良好的社会效益和评价。从农史的角度来看，您是怎么想到要为中国农民立传呢？

答：我本人就是农民的儿子，我的祖辈世世代代都是农民。我的家乡居生，是陕西省洛川县杨舒乡的一个小村落。我生于斯长于斯，20岁后方离它远游。由于能回家的机会少了，关于故乡的回忆反倒多了。小时混沌、朦胧的印象和记忆，随着年岁的增长越发显得清晰、明了。细理思绪，许多经历的事情竟与自己钟情的研究领域息息相关。若能将少小见闻置诸相关专业、知识背景下去重新分析、认识，亦不失为了解传统农业、农村与农民的有效途径之一。当然动笔之冲动，也不排除特有的情感因素。若不留下些许文字，谁会关注到僻远的山乡、平凡的百姓，岁月的进程也会淡漠了我们的记忆。随着城镇化与非农化进程的加快，我们当年熟知和常见的东西也将逐渐消失。我写我的家乡、我的父老兄弟，在某种程度上也是为中国的农民立传。目前，我以"留下我们的记忆"为主题写了两篇相关文章，一篇是《中国传统农民的生存安全追求》，一篇是《中国传统农民的耕读情结》，都是以自己的亲身经历和耳闻目睹的见闻为材料写成。另有与传统农民、农村、农业、以及乡村生活相关的记忆已积累材料若干，待有闲之日或退休后集录成书。下面简单谈谈。

首先来说说传统农民的生产安全追求，"居生击死"乃军事术语，以居生为村名或许涵含着先民们追求平安的良好愿望。研究中国农民历史的学者，将较多的精力放在了对农民贫富问题的关注上，而忽略了其生存安全的保障问题。若果安全出了问题，身家性命难保，纵有万贯家财也尽付流水。中国古代农民的农业生产所得，在维系基本生存与缴纳国家赋税后，比较大的份额都花费在了自身安全的保障方面。尤其在边远地区与战乱时代，保护性命与财富不受侵夺更具重要意义。在村落居址的选择上，首先考虑的是环境与自然因素。因为居高易旱、处下易涝、依山易崩、濒水易洪，一旦遭遇无法抗拒的自然灾害便成灭顶之灾。《诗》有公刘迁豳，选择居址的记载。"相其阴阳，观其泉流"的话头，意味着陵水高下必得其宜。中国古代大凡有一定历史而且颇具规模的村落，往往是规避了不安全因素之结果，它是凝聚着先民智慧的安全选择。

农业民族安土重迁，最为看重的就是生前居址及死后葬地。前者事关他们的生产、生活环境，后者体现的是事死如生及对先祖魂灵之敬畏。他们一般都会选择山南水北，地势向阳避风等风水好作为居处。小农是中国古代农村最基本的社会经济形态，有效的院落设计与建设是小农安全的第一道屏障。黄土高原老百姓的居室，一般有窑洞和房厦两种。窑洞有在平地以砖、石箍成者，窑址多是经主人择选的宜居之地。家有窑洞之大小与多少，成为判断主人财富和身份的重要因素。黄土高原精巧的民居院落设计，是在历史与自然的演进过程中形成的，安全保障功能的强化是其特色之一。

在应对社会治安问题上，村社共同体承担了乡村社会某些日常秩序与治安的维护功能。首先，是宗族的抚育赡养、死丧相助、患难相恤功能。它作为基层的社会组织结构，为中国农业社会的稳定奠定了基础。农村宗族制度一般通过祠堂、族谱、族田等形式对宗族事务进行管理。宋明以来大量出现的乡规民约，一方面是为了约束规范族群的行为，另一方面主要是为了应对危及族群的社会问题。其次，是民团组织的武装自卫、治安维护功能。民团是乡村治安恶化的产物，尤其是国家政权不能给老百姓以有效保护的情况下，农民以自我武装的方式来应对外来侵扰，属于防御性的武装组织。土匪绑票勒索、打家劫舍，是旧中国危害乡民生命财产的一大祸患，这种状况在县以下农村尤为突出。

农村的防御工事也呈现多样化。一是"路壕"。居生村东西南北向有四条道路与外界相联，千百年来由于车马碾压、行人踩踏和风雨冲蚀的交互作用，形成黄土高原颇具特色的"路壕"（村民俗称胡同）景观。"路壕"之浅深短长，成为判别村落历史年代的重要依据。二是"地道"。是用来对付土匪的。陕北农村习称地道曰"窨子"。三是"寨堡"。居生村东、村西又有两座寨堡。它是选择黄土高原三面绝壁的土梁，在与塬面联结处作地堑断面而形成的一种防御设施。四是筑城。筑城坚守，是民间防御工事的最高层次。一般由当地富户建造的依山势成数排建筑，首尾相接构成所谓的环形院落。

下面再简单谈谈中国传统农民的耕读情结。儒家有"耕也，馁在其中矣；学也，禄在其中矣"的说法，似乎把耕与读看作是矛盾的东西。但是在中国传统农业社会里，耕与读却得到了完美的结合。在传统社会各阶层中农民无疑是受教育层次最低的，但是他们又是最重视教育的群体之一。"耕"是农业社会最基本的物质基础，而"读"是格物致知、修身养性的最有效方式，在中国农村地区的门宅的匾额上，常可见到"耕读传家远、诗书继世长"等字样，显示了主人耕作不忘读书的生活习惯和人生追求。通过马斯诺的"基本需求层次理论"可以解释传统农民的这种耕读情结。

1. 村名雅俗所反映的耕读文化。大概由于社会、经济、文化甚至民族因素的缘故，历史时期陕北的地名命名大多具有随机性。常见的是居民姓氏加上自然地形特征以为村名，如某家塬、畔、沟、湾、砭、梁、屹崂、崾岘等；也有姓氏加上历史时期的军事、交通遗迹而形成村落，如某家城、寨、镇、堡、驿等。以姓氏加自然或人工地形为地名，或许是地理命名的初始形态，但是它保留的历史文化信息往往值得注意。然而我的故乡却命名曰居生，显然不合上述范例。赋于某种含义的村里命名或属地理命名的高级形态，亦与某位先祖粗通文墨相关。《孙膑兵法》是先秦的军事著作，谈到"险易必知生地、死地，居生击死"；佛经《俱舍论》偈颂有"本有谓死前，居生刹那后"之谓；朝鲜李朝《中宗实录》讲到少数民族的生产方式时，指出"非为恒居，只设农幕，往来居生"；元陆文圭《词源跋》曰："淳祐、景定间，王邸侯馆，歌舞升平，居生处乐，不知老之将至。"先祖们未必查阅过相关典籍，也许是基于安居久远、生生不息的良好祈愿，以寄托中国农民最基本、最淳朴的生存追求。耕读传家是中国农民朴素的理想追求之一，不曾想竟在乡野居生得以印证。

2. 基于生存。农村各阶层受教育的不均衡性农村把不识字的人称之为"睁眼瞎"，它给生产与生活带来的不便是显而易见的。中国古代农村多有私塾、义学之设，私塾有塾师自己办的教馆、学馆、村校；有大族富户自设的家塾；有宗族或村民集资或捐地兴办的村塾；而义学则指官府、宗教界或有识之士设立的免费蒙学机构，聚集孤寒，延师教读。如此说来农村的初级教育资源似乎并不短缺，但是农村孩子何以学有所成者甚少？这或与一般农民对读书的需求层次有关。一般农民对于子女受教育并不具有太高的期望值，以能应酬生产、生活中必要的往来与计算为限。在不具备一定的劳动能力之前，家长将孩子送进学堂，与其说是接受教育倒不如说是省却管护之劳。当孩子逐渐长成以后，耕与读在时间上的矛盾与冲突则逐渐显现出来了。虽然"学也，禄在其中"，但毕竟是来日的事情；而耕所获致的收益则是立竿见影的。基于学习的非功名性，农村人对读书识字的基本态度是"放羊娃拾酸枣——能拾几个是几个"。大多数农村孩子都是接受几年蒙学教育后又世守世业，"农之子恒为农"了。对于聚族而居、安土重迁的中国农民而言，是否具有良好的家庭与社会关系，不仅是伦理道德建设的需求，而且也是基本生存的需求。

3. **富而教之。**耕读传家作为一种教育理念，更多地体现在农民对子女教育的关注。在中国传统农村，大概只有当生活超过温饱水平后，老百姓才会比较认真地考虑后代的正规教育问题。自耕农对子孙教育的关注与重视，一方面表现为随着家业的成长，既有的经验与方法已不敷所用，需用知识与理性去科学的经营与管理；另一方面则着眼于长远，逐渐过上兼顾物质与精神情趣的生活。"贫生盗，富生淫"，富裕具备了教之的物质条件，但也增加了教之的难度。父辈艰辛创业而子孙骄奢淫逸，以致家业破败者不在少数。富而教不可缓，在中国农村既是一种理念追求，也是一道现实命题。"富而教之"，是中国传统农民可持续发展的理性选择。耕读传家是中国农民世代追求的崇高理想，是中国传统家庭的核心价值理念之一，奠定了中华文明全方位发展的物质、文化基础。

4. **赢得尊重。**耕读传家同时又是一种渗透于乡村社会的人文意识与生活方式，耕可致富，读可养性。一个成功的耕读之家，往往也能成为乡里农家的表率、能够得到足够的尊重，这是中国传统农民践行耕读的精神动力。中国传统农村普遍受大家尊重的知识分子，有宗教人士、教书先生、民间医生和乡村干部等，对他们的尊重也是传统农民对知识的向往和尊重的体现。

5. **功名追求。**现代社会是以城市文化为主导的时代，而古代是以乡村文化为主导的时代。中国传统农民虽然生活在社会的最底层，他们同样有着强烈的功名欲望，而改变身份与地位的办法不外乎文武两条途径，一是抗争与造反，一是科举取士。前者以改变身份地位的风险还是很大的，统治阶级对于异己（端）力量的反攻倒算务以斩草除根而后快，所以这一路径的选择往往是迫不得已而为之。科举取士开启了百姓之家实现自己理想与目标的一条通道，是耕读传家追求的最高境界。科举制度一方面建立了一个良好的人才吸纳体制，另一方面它满足了人们的趋上性心理、机会均等诉求，通过理性竞争而建立起不同社会阶层间的沟通交流机制，在某种程度上减少或化解了不必要的反差、矛盾与冲突；还有科举对于知识的普及和民间的读书风气亦起了相当的推动作用，在客观上强化了中华思想文化的凝聚力和向心力。

西人马斯洛有"基本需求层次理论"，并以此成为著名行为科学家。将人类需求像阶梯一样从低到高，按层次逐级递升，揭示了人类普遍的追求规律。中国农民可能并不知晓马斯洛，但是他们的耕读情结却与马氏理论不谋而合。问题是，耕读传家是他们千百年来的孜孜追求，而马氏理论却是 20 世纪 40 年代提出来的。

问十：您是怎样看待农史学科的发展前景的并对后学晚辈有什么样的建议？

答：随着城镇化与非农化进程的加快，农村的田园风光、清新的空气、绿色的食品，甚至出入相助、邻里相扶持的社会结构与生活方式都在逐渐成为稀缺性资源。中国的乡村，正以不可逆转的趋势在加速度的消失过程中。我们的父辈曾经历过的，我们就比较少见了，我们的儿女们感到陌生了，我们的孙辈或许永远也见不到了。我们固然要回顾过去，要展望未来，但是我们不妨稍稍放慢我们的脚步，多看看现实，多环顾周围，对即将逝去的留下我们的记忆。英国哲学家罗素曾经说过，中华文明是世界大国中唯一的幸存和延续者。中国农业没有出现重大的逆转与破坏，或是保障中华文明可持续发展的终极原因。"三农"问题是我们的党、国家、民族所面临的重大问题，因为我们粮食安全的饭碗不能端在别人的手上。农业是城里人、乡下人和你、我、他芸芸众生的重大问题，柴米油盐酱醋茶，农产品价格波动与是否安全、健康，与我们每个人息息相关。农业是专家学者的农业，中华民族的思想、文化与学说，都是由农耕文明的母体所孕育的，他历史久远，内涵丰富，贯穿古今，以至于我们的今天仍能感受到它的存在与影响。

我们经历了千万年的农业社会，习惯了面朝黄土背朝天的生活。当工业与城市文明来临时，我们立即为它的新奇、时髦与便捷所吸引，这是当今的时代大潮。大家都想享受一下现代工业文明，都想当当城里人。但是遭遇到驱之不去的雾霾天气，住着水泥与钢筋砌成的"鸽子笼"，吃着有害、有毒的食品，人与人若陌路般寡情少感的时候，甚至死后的灵魂若孤魂野鬼般无所栖止的时候，我们会突然感觉到缺少了些什么，那就是我们曾经生于斯、长于斯的农村老家。它作为农耕社会基本生产与生活单元，存留着家族与民族历史记忆和活动细节，保持着家族与民族文化的"基因"与性格，那是一个充满灵气、生机、温情与和谐的地方，那是我们最大的文化遗产，是民族文化的根。这或是我们今天仍然会执着于农业历史研究的缘由之一。

说到建议，我认为研究"三农"的历史与现实问题，可以遵循以下基本原则：①充满情感。现代社会是以城市生活与文化为主导的时代，而古代社会是以乡村生活与文化为主导的时代。我们这些所谓的城里人，往上追溯三代，大概都是乡下人。农村是我们的故乡，农民是我们的父老，农业是我们赖以生存的衣食资源。随着现代化进程的加快，农业与工业、农村与城市、农民与市民的差距越拉越大。对"三农"的同情、关照与扶持，成为党和国家、甚至是民族与时代所面临的亟须解决的问题。②切忌义愤。这种义愤包含两个方面：一是基于对"三农"问题的同情与怜悯，希望在一夜之间解决长期堆积或遗留的"三农"问题。把问题的反映与研究演变成指责或埋怨、不理智的情绪渲泻。二是过分夸大或渲染"三农"的负面问题，如农民的保守与愚昧、农村的破败与落后、农业的弱质与低效等，似乎一团漆黑不可救药。义愤往往与偏激共生，不但无益于问题的解决而且会适得其反。③学术表达。我们既不是生产、生活在农村的农民，也不是工作、生活在基层的干部。农民和基层干部要应对的往往是具体的、琐碎的甚至是突发的问题，当机立断、相机行事是处理问题的基本手段和方法，不能苛求他们从形而上的高度做过多的理性分析与处置。我们是研究社会科学的学者，保持客观、理性、公正、准确是基本的学术与道德操守。我们的"三农"问题研究既不应有旁观者的冷漠也不应有当事者的焦躁，而应该是以科学揭示社会规律，以理性呼唤社会良知、以智慧引导社会发展，这是我们应有的定位与担当。希望后学们也能以此为准则来检测自己的分析与研究，恕几能获致比较好的认识与观点。

学术随笔

中华农业文明的可持续发展研究

樊志民

（西北农林科技大学　中国农业历史文化研究中心）

世界有三大农业起源中心，旧大陆有环地中海中心和东亚（中国）中心，另一为新大陆的美洲中心。客观地说，旧大陆的环地中海中心农业文明的起始与发展水平在某些方面是要超过东亚（中国）中心的；而新大陆美洲中心的农作物种质资源也要比东亚（中国）中心相对丰富一些。但是环地中海中心的发展历程具有明显的断续性特征，而美洲中心长期在相对封闭的环境下滞后性发展，这和东亚（中国）中心的可持续发展形成了较大的反差。

英国哲学家罗素曾经说过，中国文明是世界上几大古国文明中唯一得以幸存和延续下来的文明。中华文明在她的发展进程中没有出现重大的逆转与破坏，有赖于中国农业的可持续发展。得天独厚的自然禀赋、有效的制度与文化保障、中国特色的农学思想与科技体系，既资生民衣食之源，亦奠文明不坠之基。

天佑中华的自然禀赋

在北半球几乎相同纬度的尼罗河、两河流域、印度河以及黄河流域相继产生了世界四大文明古国，它们的气候、水文、生物和土壤等自然要素表现出强烈的纬度同质性。神秘的北纬 30 度线贯穿四大文明古国，成为破解世界古代史之谜的关注点所在。但是基于流域视野的文明史研究，还是揭示了不同文明间的历史地理差异。在世界几大文明古国中，呈南北走向的有古埃及的尼罗河流域、古巴比伦的两河流域、古印度的印度河、恒河流域。沿东西走向的有中国的黄河、长江流域，欧洲的多瑙河流域。

南北向河流垂直于纬度，具有不同农业类型的沿纬度更替特征。东西向河流平行于纬度，具有同一农业类型的沿纬度延伸特征。更替性特征有利于异质文化的形成与发展，但容易产生不同农业生产类型之间的矛盾与冲突；延伸性特征有利于同质性文化的形成与发展，达到同纬度农业类型的面积最大化，生产结构与社会秩序相对稳定。古埃及、古巴比伦、古印度文明都因某种原因而中断，唯有中华文明与后来的欧洲文明得以幸存，正应对了经度与纬度流域文明的推论。

中国农业沿河流走向、依纬度变化、按 400 毫米与 800 毫米等降水线形成北方草原、中原旱作与江南稻作三大农业类型区，并且做到了每一类型涵盖地域范围的最大化。三大农业类型结构、功能、优势互补，奠定了中华文明多样性、可持续发展的基础。尤其是沿黄河与长江东西向依纬度而形成的旱作与稻作两大农区涵盖的地域范围非常大，比古两河流域，尼罗河流域、印度河与恒河流域的基本农区大好多倍。黄河流域厚重的农耕文明与江南流域富庶的农渔文明，确立了中华文明的基本特质与内涵。严文明先生认为这两个农业体系像双子星座似的拧在一起，具有强大的结构与功能互补性。抵御灾异与耐受冲击能力的强化，确保了中华文明的可持续发展。北方旱地农业歉收了，南方的水地农业可以作补充；南方水地农业歉收了，北方旱地农业可以作补充。历史时期的北方少数民族虽或以政治与军事上的征服者而入主中原，但大多以文化与产业上的被征服者而融入中华文明体系，进而完成了她的民族融合与农业化进程。海纳百川、有容乃大，异质要素的导入又在客观上具有调适产业结构、丰富文化内涵之效，促进了中国历史与中华文明的发展与进步。

保障有力的制度文化

三代礼乐制度，建立了农业社会的秩序与道德的约束和规范机制。中国由农业社会跨入文明时代，以血缘群体为基本生产单位的农业社会衍生出了家国同构的社会结构，形成了有别于西方功利文化的中华礼乐文明。将宗法礼乐推而广之以维护社会秩序、约束行为举止、陶冶道德情操、保证和谐安定。西周是中华文明的基本特质形成期，周礼反映了农业社会的和谐、秩序与等级，中华民族的基本社会结构、伦理道德规范、思想文化观念、生产生活方式都趋于定型。西周的礼乐制度，管了周王朝八百余年并深刻地规范和影响了此后数千年的历史与社会，是中华民族最有效的制度设计之一。

春秋战国诸子学说，奠定了中华文明的思想理论基础。春秋战国时代诸子勃兴、百家争鸣，他们的学说代表了不同社会阶层对社会现实的认知与见解、对未来理想的期许与追求。先秦诸子在中国思想史上占有崇高地位，后世的思想与学术莫不渊源于此。诸子的治国、学术理念，在不同的历史时期都曾得到践行、应用与研究。秦行法家思想，"其兴也勃，其亡也忽"；汉初"无为而治"、"与民休息"，实行的是道家学说；到汉武帝时罢黜百家，选择了独尊儒家的路径。后世大致以"霸王道杂之"，既从思想上强调大一统的统治秩序，又从行政运作上兼顾了依法行政原则。

秦汉中央集权与郡县制度，确立了中华文明的体制与组织保障。利用中央集权建章立制、规划发展、投资建设、规范度量衡、币制、统一文字，保障了社会经济文化的有序发展。百代皆行秦政事，秦汉的制度建设保障了此后两千多年中国社会经济与文化的发展。郡县制废除了贵族的世袭特权，解除了地方割据对国家政权的威胁，形成了中央对地方的垂直管理。中央集权的大一统局面能避免纷争、割据，为经济发展提供有利的社会、政治环境；有利于利用国家力量组织兴建一些大型基本建设工程，改善生产与生活的环境条件；有利于大范围的科技、经济、文化交流与传播，对我国古代多民族国家的形成与发展具有决定性作用。小农经济的分散性要求有一个强有力的中央集权来维护国家统一和社会稳定，中央集权国家的管理体制一方面具有国家与社会安全保障功能，另一方面也具有公共事务的组织管理职能。

隋唐科举制度，保障了中华文明的人才与学术需求。科举制度，是对隋唐以后中国的社会结构、政治制度、教育、人文思想曾产生深远影响的重大制度设计。科举制相对于世袭、举荐等选才制度，无疑是一种公平、公开及公正的用人制度。科举制拓宽了选拔人才的基础，让处于社会中下阶层的知识分子有机会透过科考向社会上层流动，对维持社会整体稳定起了相当大的作用。中国的读书人当中除部分人能在仕途上更进一步外，多数人都成为生活在基层的知识分子。所以，科举制对于知识的普及和民间读书风气之养或，亦起了相当的推动作用。由于确立了儒家学说的官学地位，读"圣贤书"亦间接维持了中国思想文化的统一性和向心力。

中体西用的路径选择。近代以来随着西方近现代社会自然科学的兴起与传入，中国经过长期的争论、徘徊与斟酌，选择了中体西用的近代化发展路径，没有犯颠覆性的错误。自魏源主张"师夷之长技以制夷"以后，张之洞提出了"中学为体西学为用"的主张，发展到今天的"马克思主义的中国化"或是"中国特色的社会主义"。中国的社会经济与中国的政治家、思想家逐渐接受了进化论、富国策以及近现代的工业化、城市化发展模式。西学东渐，具有改造农业文明之功、强骨健筋之效。增强了应对激烈的竞争与交往的能力，促进了中华农业文明的历史转型与进步。

中国特色的农学体系

中国农业是在特定的自然、历史、社会、文化条件下发展起来的，形成了有别于其他农业中心的农学理论、技术体系、生产方式、生活习俗。这是一些具有中国特色的东西，是确保中国农业可持续发展的"基因"性表达。中国传统农业农牧兼营的产业结构；食为政首的重农思想；礼乐规范的约束机制；休戚与共的群体观念；家国同构的宗法范式；循序行事的月令图式；天人合一、民胞物与的和谐观念；吾以观复的圜道理论；不偏不倚的中庸之道；有机农业的优良传统；精耕细作的技术体系；独具特色的丝茶文化；科学合理的饮食结构，既是独具特色的农学理论与科技体系，也是中华民族弥足珍贵的思想文化观念与精神价值取向。

1. 追求人与自然的和谐境界。

三才理论把农业生产看作是农业生物（稼）和它周围的自然环境（天和地）以及作为农业主导者（人）相互联系的共同体，并且成为中国传统农业的基本指导思想之一。这种农学理论富有哲理性，比较注意适应和利用农业生态系统中的农业生物、自然环境，发挥人的主观能动性。不把人和自然看作是对立关系、征服关系，这和西方农业有很大不同。汉代的"天人合一"追求的是一种和谐境界，是一种可持续发展的思想。中国农业强调"顺天时、量地利，则用力少而成功多"，甚至涉及缘此而产生的投资效益问题。其他农业文明中断的原因很多，其中之一或与农业指导思想有关。

2. 悠久的重农思想与重农传统

重农政策是中国的基本国策，重农思想是深入到中国人"骨髓"里的东西，这是中国几千年来农业不断发展的重要思想保证。重农思想的功与过是学术界永恒的话题，在自然经济与商品经济时代似乎有截然不同的认识与评价。古代重农体制下长期实行惠农政策，对农业的优惠与扶持成为中国政治家和思想家的基本政策和基本认识。对农业的优惠与激励甚至吸纳了商业资本，故中国有"以末致富，以本固之"的悠久传统。商人利用国家对农业的优惠条件，赚钱后不是用来投资其他产业而是重新购买土地，成为更大的地主。但是古代的重农政策基本上是在同质（农业）社会内部实行的产业鼓励政策，虽有促进农业发展进步之效，但却没有从根本上改变传统农业社会的总体特征。古代重农政策也曾有它的负面作用。七十二行最重农业，中国人头脑里有根深蒂固的鄙视商业的观念。反倒是长期实行惠农政策，抑制了近代因素（商品经济）的萌生，这或是导致中国未能完成经济转型、由先进变落后的基本原因之一。

　　3. 有机农业的优良传统。

　　有机农业是为了保护人类赖以生存的土壤以及为了生产出健康的作物和食品的背景下提出来的，它是人们在高度发达的科学技术基础上重新审视人与自然关系的结果。有机农业并不等于传统农业，但是中国农业中的选育良种、积肥施肥、兴修水利、防治病虫害、改良土壤、改革农具、利用能源、轮作复种等传统农业技术与经验是可供借鉴的。人类在经历或面临能源、环境、食品安全危机时，似乎更强调生态、环保、无公害、可循环和田园风光。尊重和利用农业的自然再生产特点，尽量地减少外部物质的投入，使农业生产和生态环境各方面都得到改善，建立人与自然和谐的农业生产模式。改革开放以来，种植业方面比较多地保留了传统农业生产技术，一度被人视为进步不大。畜牧业发展异军突起，产业化进程保持了相当强劲的势头。但近期情况不好，因为使用生长调节剂、饲料添加剂及化学合成药物等，使大家对畜牧产品心存疑虑。尤其是三聚氰胺奶粉事件的出现，很可能对畜牧业发展造成很大影响。

　　4. 精耕细作的技术体系。

　　精耕细作是近人对中国传统农法精华的高度概括，它是以传统农学理论为指导的综合技术体系，其核心是改善农业的环境条件、提高农业的生产能力。精耕细作传统的形成与发展，与人多地少局面的逐步形成是分不开的，明清以来人地矛盾的加剧，使农业精耕细作成为不可逆转的趋势。在有限的土地面积上提高土地利用率，增加农产品的数量和种类，提高农产品的质量，是中国农业的必然选择。需要说明的是，农业中的精耕细作是一种境界追求、是一种理性选择，因此，它可能在某程度上并不符合经济学上的投入产出原则。

5. 独特的丝、茶文化。

茶是风行世界的饮料之一，中国是茶的故乡。近年来中国茶叶产量接近五十万吨，其中1/3出口国外。茶为饮料前曾作食料，古有茗菜、茶粥的说法。宋以前茶以研末煎煮为主，甚至加入调料、米、油，大概为由吃到饮的过渡形态。明清至现代茶以冲泡为主，虽然如此江南人仍为饮茶为吃茶。茶虽为饮品，却并非纯为补充体液。它能予饮者超出实用的享受，是让生活更加艺术化的饮品。有关饮茶的规仪谓之茶道，茶道讲究"和、敬、清、寂"，逐渐演变成修身养性、学习礼仪、进行交际的一种有效方式与文化象征。我国是世界上最早养蚕、缫丝、织绸的国家，古代希腊人、罗马人就称我国"丝国"。旧大陆沟通东西的陆、海通道因为流通的货物中以丝绸制品的影响最大，故名之曰丝绸之路。由蚕桑而有丝绸之路，由茶叶而有茶马贸易，构成了古代不同农业类型间沟通交流的主要内容。

6. 以农耕文化为主体和基本内核的中华礼乐文明。

农耕文明是孕育中华传统文化的母体。这一文明体系影响了中国数千年的社会、经济、文化发展，它是深入到我们骨髓里的东西。时至今日，我们虽然已经进入工业化、信息化时代，但是基本的道德、伦理、礼节、习俗仍然深刻制约和影响着我们的行为规范与思想方式。在党和国家有关构建和谐社会、坚持科学发展观、树立社会主义荣辱观等的方针政策里，我们仍能体味到浓郁的中华优秀传统文化气息。

7. 科学合理的饮食结构。

中西饮食的巨大差别，在于西方人肉食占的比重很大，而中国人则以植物食物为主，这种习惯的形成自然与各地出产的不同有关。中国古代以农立国，农业是人类最基本的衣食来源。中华饮食文化是以农业为基础的，《黄帝内经·素问》以"五谷为养，五果为助，五畜为益，五菜为充"的说法，基本反映了中国古代食物资源的实际情况，表现出鲜明的东方饮食结构特色。所谓五谷：稷、菽、麦、稻、麻；五果：桃、李、杏、栗、枣；五畜：牛、羊、豕、犬、鸡；五菜：葵、藿、薤、葱、韭。"养"是主食；"助"指佐养；"益"为增补；"充"意丰备。科学合理的饮食结构，既避免营养不足又防止营养过剩，确实是一种明智的选择。

东北大学秦皇岛分校
博士专题论文

孔子"素王"考[*]

张立克

（东北大学秦皇岛分校经贸学院）

孔子"素王"之说沿用日久，后人见"素王"必以为当孔子，孔子亦必为素王，"素王"之意为有道无位的"空王"。而认真清理史料发现，实际情况更加复杂。自先秦时代即有"素王"称谓，然与汉儒"素王"说不同，孔子素王说更是继《春秋》素王说而后起，其中玄机值得玩味。

一 先秦素王说

"素王"概念初与孔子无涉，《史记·殷本纪》："伊尹处士，汤使人聘迎之，五反然后肯往从汤，言素王及九主之事。"索隐按："素王者，太素上皇，其道质素，故称素王。"[①] 马王堆帛书《老子》甲本卷后佚书中，适有伊尹与商汤论"九主"之事，"九主"之中以能"法天则地"，"执符以听"、"制命在主"的"法君"为理想君王，道法家色彩浓厚。[②] 素王与九主并列为说，盖亦道法家理想君王。又如《鹖冠子·王铁》："此素皇内帝之法也"，宋代陆佃注：盖至人神矣，由是而在下，则玄圣外王之道也；由是而在上，则素皇内帝之法也。"[③] 此处素皇即素王也。

---

* 本文为国家社会科学基金一般项目《东汉文学思想史》(14BZW026)阶段性成果。

① 《史记》卷3《殷本纪》，中华书局1959年版，第94页。
② 参见凌襄《试论马王堆汉墓帛书〈伊尹九主〉》，《文物》1974年第11期。
③ 黄怀信：《鹖冠子汇校集注》，中华书局2004年版，第212页。

有研究者指出以上"素王者，乃身怀道家素德之王。"① 实则此"道家"是"因阴阳之大顺，采儒墨之善，撮名法之要"，（司马谈《论六家要指》语）比较庞杂的道家思想，而非老庄道家，故可称之为"道法家"。②

又有虽不以"素王"属孔子，但其内涵影响及于孔子"素王"者，如《庄子·天道篇》："以此处上，帝王天子之德也；以此处下，玄圣素王之道也。"郭象注："有其道为天下所归而无其爵者，所谓素王自贵也。"③ 此"素王"之道乃道家虚静恬淡、寂寞无为之道，这与汉儒"素王"之道意义不同，但强调"素王"为有德而无爵之空王，则直接启发了孔子"素王"说的形成。又贾谊《过秦论》："诸侯起于匹夫，以利会，非有素王之行也。"此"素王"盖亦属于德行高洁而身在下位者。

最初称孔子为"素王"的数据保留在《孔子家语》中，其《本姓解》："孔子生于衰周，先王典籍，错乱无纪。而乃论百家之遗记，考正其义。祖述尧舜，宪章文武。删《诗》述《书》，定《礼》理《乐》，制作《春秋》，赞明《易》道。垂训后嗣，以为法式，其文德著矣。然凡所教诲，束修以上，三千余人。或者天将欲与素王之乎？何其盛也！"④《家语》曾被斥为伪书，然近年出土文献证明，此书中多有先秦旧文。《家语》中孔子为"素王"乃因其"文德"，即整理恢复"先王典籍"（六经）之功，与《春秋》王道无直接关系。

又《淮南子·主术》："孔子之通，智过于苌弘，勇服于孟贲……能亦多矣。然而勇力不闻，伎巧不知，专行教道，以成素王，事亦鲜矣。《春秋》二百四十二年……采善锄丑，已成王道，论亦博矣。"⑤ 此文"素王"之道乃"教道"，孔子因"教道"而成"素王"，与《春秋》王道无关。以上二"素王"一以"文德"，一以"教道"，与汉儒以《春秋》王道属"素王"大不相同。盖亦先秦之遗说，至少也是汉初未尊经术之前的说法。

---

① 葛志毅：《玄圣素王考》，《求是学刊》1992 年第 1 期。

② 参见裘锡圭《马王堆〈老子〉甲乙本卷前后佚书与"道法家"》，收入《文史丛稿》，上海远东出版社 1996 年版。

③ 郭庆藩：《庄子集释》卷五中《天道》，中华书局 1961 年版，第 461 页。

④ 四部丛刊本《孔子家语》卷第九《本姓解》。

⑤ 何宁：《淮南子集释》卷九《主术训》，中华书局 1998 年版，第 695—697 页。

二　《春秋》素王说

汉儒初不以孔子为"素王"，而是以《春秋》当"素王"。《汉书·董仲舒传》引董子对武帝天人三策之文曰："孔子作《春秋》，先正王而系万事，见素王之文焉。"后儒多以董子此文乃称孔子为素王，实非也。王先谦补注引王先慎曰："《广雅·释诂》：素，空也。素王谓空王，指在下者而言……《史记·殷纪》载：伊尹从汤言素王及九主之事……是古以素王推尊在下有德者通称，何曾属之孔子。董子生当西汉，必不以素王为孔子自称，故《繁露·玉杯篇》云：孔子立新王之道。《三代改制篇》：春秋作新王之事，而不云孔子立素王之号，尤其确证。自纬书出遂有孔子自号素王之说。东汉宗之谬种流传，诬及董子，纬书作俑也。"① 王先慎氏以《史记·殷本纪》中"素王"之义为有德在下位者，似不确，上文已明。王氏又以为孔子自号"素王"之说非出自董仲舒，而出自纬书，后汉儒者宗之，王氏所言不误。然王氏并未指明董子此处"素王"所指为何？且孔子素王之说亦不必待谶纬出而有，详见下文。细揣上下文作整体之考察，董子此处乃以《春秋》当"素王"，非以素王属孔子。此文出自董子对"天人三策"之二。武帝制曰："盖闻虞舜之时游于岩郎之上，垂拱无为而天下太平。周文王至于日昃不暇食，而宇内亦治。夫帝王之道岂不同条共贯与？何逸劳之殊也。盖俭者不造玄黄旌旗之饰，及至周室设两观乘大路，朱干玉戚，八佾陈于庭，而颂声兴夫帝王之道，岂异指哉？……"武帝想知道帝王之道是否同条共贯？虞舜、周文王同为圣王，何以逸劳相差如此悬殊？董子认为舜之所以可垂拱而治，因为他继承的是尧的大业。尧在位之时，"诛逐乱臣务求贤圣……（舜）即天子之位，以禹为相，因尧之辅佐，继其统业，是以垂拱无为而天下治。"而周文王乃承殷纣之乱世，"当此之时，纣尚在上，尊卑昏乱，百姓散亡，故文王悼痛而欲安之。是以日昃而不暇食也。"接着说："孔子作《春秋》先正王而系万事，见素王之文焉。帝王之条贯同然而劳逸异者，所遇之时异也。"在"帝王之条贯同然"句前提及"孔子作《春秋》"云云似乎与武帝之问毫无关系，但若明白董子欲表达帝王之道同条共贯，一脉相承之

① 王先谦：《汉书补注》卷五十六《董仲舒传》，书目文献出版社 1995 年版，第 1142 页。

义，则可释然。即尧、舜圣王之道至夏桀失之，则商汤作而承之，至殷纣王失之，则周文王作承之，周又失之，则《春秋》作而承之。此观念亦汉儒之通识。《太史公自序》："桀纣失其道而汤武作，周失其道而《春秋》作。"《淮南子·泛论训》："夫殷变夏，周变殷，《春秋》变周。"《说苑·君道》："夏道不亡，商德不作；商德不亡，周德不作；周德不亡，《春秋》不作。"据此可知《春秋》上承明王之道。孔子作《春秋》"见素王之文"，即是《春秋》见素王之道。即《说苑·贵德》所说："（孔子）退作《春秋》，明素王之道。"此"素王"非指孔子，"素王"之道亦非指孔子之道，而是尧、舜、禹之道，而是夏、商、周之道，同条共贯，一脉相承而至于《春秋》之道，故"素王"之道即《春秋》之道，"素王"乃以《春秋》当之。董子的帝王之道一脉相承，降在《春秋》的思想在天人三策另两策及《春秋繁露》中亦有明确表述。第一策有："故《春秋》受命所先制者改正朔、易服色、所以应天也。"受命者乃《春秋》也；第三策有："道者，万世无弊，弊者，道之失也……三王之道所祖不同，非其相反……故王者有改制之名，无变道之实……道之大原出于天，天不变道亦不变。是以禹继舜，舜继尧，三圣相受而守一道。"三王之道同条共贯也；《春秋繁露·符瑞》："有非力所能致而自致者，西狩获麟，受命之符是也。然后托乎《春秋》正不正之间，而明改制之义。"① 等等。《春秋》素王出，乃上承三王之道。

何以言《春秋》为"素王"呢？盖《春秋》虽载王道，然毕竟非人间真王，乃待后圣起而行之、用之。正如董子以《春秋》当新王，此新王非世俗之王，而是理想之王，神圣之王。"世俗之王，代表着实然的历史，而神圣之王则代表着应然的历史。"② 《春秋繁露·三代改制质文》："故《春秋》应天作新王之事……乐宜亲招武……"苏舆正义："宜者，商略之词，非谓实如是也。"又同篇："《春秋》作新王之事，变周之制，当正黑统。"苏舆正义："'当正黑统'者，亦设为是说，与前'宜'字例同……"③ 苏氏知《春秋》新王非实然之王也。既非实然之王，则称之为"素王"。皮锡瑞《经学通论》之四《春秋》亦有"论《春秋》素王

① 苏舆：《春秋繁露义证》卷第六《符瑞》，中华书局1992年版，第157页。
② 蒋庆：《公羊学引论》，辽宁教育出版社1995年版，第136页。
③ 苏舆：《春秋繁露义证》卷第七《三代改制质文》，第191、199页。

不必说是孔子素王"条:"公羊有《春秋》素王之义,董何皆明言之,而后世疑之者因误以素王属孔子。"① 所言极是。

《春秋》"素王"虽非实然之王,但在汉儒者心目中却具有崇高之地位。汉儒以《春秋》当新王,"新王"之说出自公羊家"三统说",《繁露·三代改制质文》:"故汤受命而王,应天变夏作殷号,时正白统……文王受命而王,应天变殷作周号,时正赤统……故《春秋》应天作新王之事,时正黑统。"据此,《春秋》素王乃应天而作的受命之王,按照"三统说"的理论,是迟早要成为真正的人间之王的。这与后世儒者说"素王"为"有其道而无其爵"的"空王"绝不相同。《春秋》素王在汉儒眼中具有无与伦比的权威性。汉儒在现实政治中通经致用,"以《春秋》决狱",汉昭帝时发生灾异,董子弟子眭弘甚至据《春秋》学三统之说上书要汉帝禅位与贤人。眭弘虽因此而伏诛,但他据经干政的勇气实在令人动容,也可见《春秋》经在世人心目中的地位。《春秋》素王的存在,无疑对汉王朝政权的合法性构成了巨大的威胁。

三 孔子素王说

据上文,称孔子为"素王"者,先秦时或许已有。但其时尚未将"素王"与《春秋》王道联系起来。汉儒何时始称孔子为"素王"难以遽断,据现有资料,此说最早见于西汉《春秋》谷梁家。《汉书·梅福传》梅福上书成帝,以为"宜建三统,封孔子之世以为殷后",其所据理由之一便是:"……据仲尼之素功,以封其子孙,则国家必获其福。"何为素功?颜师古注曰:"素功,素王之功也。《谷梁传》曰:'孔子素王'"。② 颜氏所引之《谷梁》文今本中无,盖亡佚。又据梅福本传,福乃"少学长安,明……谷梁《春秋》"。《谷梁传》称孔子为"素王",是以《春秋》为媒介的,东汉时亦然,《论衡·定贤》:"孔子不王,素王之业在于《春秋》。"又《超奇》篇:"孔子之《春秋》,素王之业也。"盖后来"素王"之业亦不限于《春秋》一经了,孔子除作《春秋》外,亦删诗书、定礼乐,赞明易道,则"六经"均可算作"素王"之业了。后

---

① 皮锡瑞:《经学通论》卷四《春秋》,中华书局1954年版,第109页。
② 王先谦:《汉书补注》卷六十七《梅福传》,书目文献出版社1995年版,第1295页。

汉桓帝永寿三年《韩敕修孔庙后碑》："孔圣素王……稽《易》制《孝》，升出大人……"便是此类。①

为何《春秋》素王说之外又出现孔子素王说？史料无存，没有确切的答案，但有一事实无法回避，即一旦孔子取代《春秋》成为"素王"，则"素王"不再是受命王。因为，历史上孔子既非受命王，更不是现实王，这是既定的事实。孔子素王说，使得"素王"真的变成了"有其德而无其爵"的空王。不惟如此，孔子变为"素王"后，继而又变成了为汉制法的素王。为汉制法，则《春秋》王道由汉家当之。

孔子作《春秋》为后世制法，乃汉儒之通识。但此法为万世之法，非专为汉制法。《公羊传·哀公十四年》有："制《春秋》之义以俟后圣"，《公羊传》并未明言此后圣乃汉家刘氏，后汉何休注为："待圣汉之王以为法。"② 此乃后起之义。《春秋繁露·俞序》篇："仲尼之作《春秋》也，上探正天端王公之位，万民之所欲，下明得失，起贤才，以待后圣。"又《三代改制质文》："《春秋》上黜夏，下存周，以《春秋》当行新王。"等等，董子所说"后圣""新王"均非指刘氏。《太史公自序》引壶遂语："孔子作春秋，垂空文，以断礼义，当一王之法。"此"一王"亦非专指汉家。盖汉儒初不以孔子为汉制法，《春秋》乃万世之法，有德者居之。即《三代改制质文》所说："故天子命无常。唯命是德庆。"苏舆义证曰：疑作"唯德是庆"③。孔子"为汉制法"之说最早见于纬书之中，且相当普遍。④ 故论者多以为此说出于谶纬。笔者以为不然，诚如钱穆所说："这一说虽先见于纬书，然我们纵说是当时汉儒推崇孔子《春秋》的公共意见，亦不为过。就当时人意见，远从上古以来，一朝新王兴起，则必有一圣王为之创法而定制。如尧舜、如禹汤……汉高、吕、惠，几十年来，一切法制，都沿袭了秦之旧……如是，则汉王室虽是一朝之新王，而实无一朝新王之制度与文物……于是'孔子《春秋》为汉制法'之说，正合时代之需要。"⑤ 钱氏亦认为此说必不待纬书而早有，但

① 洪适：《隶释》卷第一，中华书局1986年版，第22页。

② 阮元校刻：《十三经注疏》卷第二十八，中华书局1980年版，第2354页。

③ 苏舆：《春秋繁露义证》卷第七《三代改制质文》，第187页。

④ 参见杨权《新五德理论与两汉政治》，中华书局2006年版，第397—399页。

⑤ 钱穆：《孔子与〈春秋〉》，收入《钱宾四先生全集》甲编，联经出版公司1998年版，第204页。

也只是作一合理地推测，并未找到实际的史料证明。笔者不揣浅陋，试补论如下。

《春秋繁露·三代改制质文》："《春秋》作新王之事，变周之制，当正黑统。而殷周为王者之后。"此乃董子《春秋》当新王，合殷、周二王之后为"三统"之说。苏舆正义曰："此亦《春秋》为汉制作之意，时尚未封殷周后也。"① 苏氏以为董子有孔子《春秋》为汉制法之意，非也，前文已明。然苏氏亦知此时汉尚未封殷、周之后，故此时汉并为以己当一统，明矣。事实上汉家欲封殷、周之后在汉元帝初元五年（公元前44年），真正封殷、周之后在汉成帝绥和元年（公元前8年）。据《汉书·武帝纪》元鼎四年十一月诏曰："观于周室邈而无祀，询问耆老乃得孽子嘉。其封嘉为周子南君。"此次封周后纯粹是后王对前王子孙没落至不能奉祖之祀现状的怜悯与施舍，与公羊家之受命新王存二王后的"三统说"无关。《公羊传·隐公四年》："王者之后称公，其余大国称侯，小国称伯子男。"《春秋繁露·三代改制质文》："王者之后称公……王者之法，必正号，绌王谓之帝，封其后以小国，使奉祀。下存二王之后以大国，使服其服，行其礼乐，称客而朝……录五帝以小国。下存禹之后于杞，存汤之后于宋，以方百里，爵号公。"武帝封周后姬嘉为周子南君，"子南"即公羊所说爵号"子男"也②，"伯子男"乃小国之爵，非王者之后。据《汉书·元帝纪》初元五年春正月"以周子南君为周承休侯，位次诸侯王。"据《汉书·梅福传》，元帝此时亦"使诸大夫博士求殷后分散为十余姓，郡国往往得其大家推求子孙绝不能纪。时匡衡议以为王者存二王后所以尊其先王而通三统也……"这可以看作汉家欲封二王之后，通三统之始。即汉家此时欲以己当新王，当一统。汉儒皆以《春秋》当新王，当一统，则汉家有意与《春秋》合德为一，成为《春秋》王道之化身，盖此时孔子《春秋》为汉制法的观念开始登场。然而此观念似乎并未得到儒者的响应。元帝求殷后不得其宜，匡衡据经欲以孔子当殷后，承殷之统序。他所依据的理由有二：一是据"《春秋》之义，诸侯不能守其社稷者绝，今宋国已不守其统而失国矣，则宜更立殷后为始奉君，上承汤统。"二是据《礼记》"孔子曰：丘殷人也"。则宜以孔子世奉汤祀，继殷

---

① 苏舆：《春秋繁露义证》卷第七《三代改制质文》，第199页。
② 据王先谦《汉书补注》卷六《武帝本纪》补注引沈钦韩说。

统。匡衡之言可谓信而有征，无可非议，然而元帝以为"其语不经"，遂不见用。成帝时，梅福复上书言宜封孔子后以奉汤祀。这一次成帝最终采纳了。梅福向成帝陈述的理由有三：一是据《谷梁传》证明"孔子故殷后也"；二是孔子是圣人。"贤者子孙宜有土，而况圣人又殷之后哉！"三是孔子素功。"今陛下诚能据仲尼之素功以封其子孙，则国家必获其福……追圣人素功封其子孙未有法也，后圣必以为则。"孔子殷后，匡衡也据此为说，第二点孔子圣人乃汉人之通见，亦不足据。关键似乎在第三点上。按梅福所说，据仲尼素功而封其子孙，未有此法。何为"素功?"师古曰："素王之功也。"那么"素王"之功所指为何？当然是作《春秋》了，但孔子作《春秋》，明王道，乃汉儒之通识，何以在此能打动成帝？笔者以为，此"素功"盖指孔子为汉制法之功。《汉书·成帝纪》载绥和元年诏曰："盖闻王者必存二王之后，所以通三统也。昔成汤受命列为三代，而祭祀废绝，考求其后，莫正孔吉，其封吉为殷绍嘉侯，三月，进爵为公。及周承休侯皆为公，地各百里。"自此，汉家才真正身当"新王"，实现了通三统的愿望。而孔子殷后身份之被承认，却是因为他为汉制法之"素功"。制法之"素王"虽身当王号，实则不免沦为汉家之良臣、贤佐，虽王而未王也。但是显然理论上的问题还是没有完全解决，即"素王"孔子为何要给汉家制法呢？这个问题在后来的谶纬书中圆满解决。

四　谶纬中之"素王"

现存谶纬文献中，既有称孔子为"素王"者，亦有称《春秋》为"素王"者。前者如《论语·摘辅象》："仲尼为素王，颜渊为司徒。"为了配合孔子"素王"说，还杜撰出"子路为司空"或"子贡为司空"等说法。①

又《孝经·钩命决》："曾子撰斯问曰：'孝文乎，驳不同何?'子曰：'吾作《孝经》，以素王无爵禄之赏，斧钺之诛，与先王以托权，目至德

---

① 安居香山、中村璋八辑：《纬书集成》下，论语编，河北人民出版社 1994 年版，第 196 页。

要道以题行，首仲尼以立情性，言子曰以开号，列曾子示撰辅，书诗以合谋.'"① 此"素王"无疑是孔子自称了，但从中亦可见《春秋》素王说之痕迹。这里孔子自言身当"素王"，"无爵禄之赏，斧钺之诛"的权力。自先秦时代起，《春秋》便被视为具微言大义，惩恶劝善之书。《左传》成公十四年说："《春秋》之称微而显，志而晦，婉而成章，尽而不污，惩恶劝善，非圣人谁能修之？"《孟子·滕文公》亦说："孔子成《春秋》而乱臣贼子惧。"《太史公自序》："（《春秋》）是非二百四十二年之中，以为天子仪表，贬天子，退诸侯，讨大夫，以达王事而已矣。"又"与先王以托权"即是董仲舒所谓《春秋》"缘鲁以言王义"，"以《春秋》当新王"之义；"至德要道"自然是《春秋》所载之"王道"了。谶纬作者将《春秋》所具备的特质通过圣人之口统统转移到孔子身上。于此亦可见孔子"素王"说确是在《春秋》素王说的基础上演变而来的。

以《春秋》为"素王"者如：《春秋·演孔图》："麟出周亡，故立《春秋》，制素王，授当兴也。"② "制素王"指制素王之法，此"素王"必指《春秋》而言，即制《春秋》之法。而"立春秋"亦可以说"立素王"。此文虽以《春秋》为素王，但并非强调《春秋》素王的独立性与权威性，而在于"授当兴也"，无疑是为汉家服务了。

另有一特殊情况，《论语·崇爵谶》："子夏共撰仲尼微言，以当素王。"此处"子夏等人共撰仲尼微言"似指《论语》之成书。那么此谶作者便是以《论语》当素王了。这与汉儒或以《春秋》当素王或以孔子当素王说截然不同。其实这完全是根据《春秋》素王说的原理引申出的结论。既然《春秋》可称"素王"，那《论语》也记录圣人之言，自然也可称"素王"了。这大概是《论语》学者为抬高《论语》身份所作的谶言。故论语谶中专门有一篇名为《论语素王受命谶》，盖亦是以《论语》为素王。

谶纬继续尊孔子为"素王"外，又为孔子加上"玄圣"的冠冕。《春秋纬·演孔图》："孔子母征在，梦感黑帝而生，故曰玄圣。"孔子母感黑

---

① 安居香山、中村璋八辑：《纬书集成》下，论语编，河北人民出版社 1994 年版，第 170 页。

② 安居香山、中村璋八辑：《纬书集成》中，春秋编，河北人民出版社 1994 年版，第 89 页。

帝精生孔子，则孔子成了黑帝子。谶纬中这样的说法很多，又《演孔图》："孔子母征在游于大冢之陂，睡梦黑帝使请己，已往梦交，语曰：'汝乳必于空桑之中。觉则若感，生丘于空桑'。"《论语·撰考谶》："叔梁纥与征在祷尼丘山，感黑龙之精，以生仲尼。"

谶纬何以称孔子为黑帝子呢？顾颉刚先生认为："乃是从三统说的黑统来的"① 此说盖据公羊家："《春秋》作新王之事，变周之制，当正黑统。而殷周为王者之后。"实则董子此文是以《春秋》当黑统，为新王，非以孔子当黑统、为新王，② 故谶纬中孔子之为黑帝子，定不是从三统说中得来。其实谶纬作者是以"五德终始"理论中五德相生说（即杨权先生所说的"新五德理论"说）为根据推导出孔子为黑帝后的。谶纬中，按照五德理论，殷商是当水德，乃黑帝子。而汉儒是以孔子为殷后的，故孔子必然也当水德，为黑帝子了。③ 按照五德理论，在历史的回环往复中，凡是在此系统中当一德运的人，都是受命王。既然孔子为黑帝子，当水德，为何没有成为真正的人间帝王呢？谶纬作者的解释是：孔子虽当水德，但因其处在周木德之后，德运不当，故无法践位。《孝经·援神契》："丘为制法，主墨绿，不代苍黄。"便是此意。那么孔子岂不白当一德了？于是纬书作者利用五德理论指出：周为木德，按照五德终始相生理论，则代周者必为汉之火德。不当运的孔子此时便只能心甘情愿为汉制法了。故在谶纬中"孔为赤制"的说法俯拾即是。且在谶纬中素王不仅仅是外人给予孔子的尊号，孔子竟开始"自号素王"了。前文所引《孝经·钩命决》是一例。郑玄《六艺论》："孔子既西狩获麟，自号素王，为后世受命之君制明王之法。"郑氏此说盖自谶纬中来。

---

① 顾颉刚：《中国上古史研究讲义》，中华书局 1988 年版，第 279 页。
② 论者多以为《春秋》当新王即是孔子当新王，实则不然，汉儒眼中孔子是圣人，虽然具备帝王之德，但无其爵位，故后来称其为"素王"，即空王。孔子"素王"是不同于《春秋》"新王"的。"新王"按照三统说，是真正的受命之王，是身当一统的。而孔子"素王"与三统无关。事实上，汉儒从未有以孔子当"新王"之说。
③ 参见杨权《新五德理论与两汉政治》，中华书局 2006 年版，第 342—354 页。

孤立之翘秀，藏器以待贾[*]

——《抱朴子外篇·自叙》与早年葛洪心态辨析

张文亭

（东北大学秦皇岛分校）

葛洪，字稚川，号抱朴子，丹阳句容人，生于晋武帝太康四年（283），13 岁丧父，兵火中，躬耕瘠土，饥寒困瘁，负笈行借读书，常乏纸笔，较之汉、吴之世，家道几可谓尽衰。葛洪出生时，司马炎称帝不过 18 年，而孙皓降晋，司马氏政权形式上完成一统才不过三年，晋室立政未稳，有方方面面亟待解决的问题，而初附的吴人乃是其心腹大患。

大抵西晋平吴以后，对吴蜀旧地故多防范，然司马氏对江南地主阶级亦颇致意笼络……但北方人士对南人仍有偏见，故蔡洪吴郡人，太康中，举秀才入洛，而洛中人谓，君吴楚之士，有何异才，而应斯举（《世说新语·言语篇》）。孟超为小都督，领万人，而敢公然斥骂作为河北大都督全军统帅之陆机为貉奴（陆机本传）……《魏书》九六司马睿传所谓"中原冠带呼江东之人皆为貉子，若狐貉类云"，孟超易貉子为貉奴，益见其对陆机等南人之轻视。故自吴国昔日士家

* 本文为秦皇岛市社科联 2014 年社会科学重点应用性课题《为民、务实、清廉——葛洪政治思想当代启示》（课题编号 201407167）、中央高校基本科研业务费项目《抱朴子外篇》政治思想新研》（青年教师科研启动基金，课题编号 N130323012）及东北大学秦皇岛分校博士基金项目《仁、礼、法与〈抱朴子外篇〉政治思想研究》阶段性成果。

大族而言，平吴之后境遇确实难堪也。[①]

　　吴平之后，二陆入洛。卢志无礼挑衅陆机道："陆逊、陆抗于君近远？"而陆机反讥以"如君于卢毓、卢珽"（《晋书·陆机传》）。晋室故旧与吴土新降之间的对峙，一目了然。陆机曾上疏推荐贺循、郭讷，言二人"出自新邦，朝无知己。今扬州无郎，而荆州、江南乃无一人为京城职者，诚非圣朝待四方之本心"（《晋书·贺循传》）。虽荐贺、郭，而可见吴士普遍不得晋室任用之大概。陆云亦曾在《与陆典书书》中写道："吴国初祚，雄俊犹盛。今日虽衰，未皆下华夏也。愚以东土之国，进无所立，退无所守。明裂眦苦，皆未如意……至于绍季札之遐踪，结高肝于中夏，光东州之幽昧，流荣勋于朝野，所谓窥管以瞻天，缘木以求鱼也。"[②] 陆氏兄弟之身名在吴不可不谓显达，然而一旦屈身晋室，士龙不得骋志，怨怅如斯；士衡虽得用一时，于八王之乱中，亦终以出身吴中四姓之高门而见疑，祸遗身命。可见吴中士人在晋室的遭际运命与心态处境之一斑。

　　而这种状况，一直到两晋之际葛洪创作《抱朴子》的时候，仍然没有改善。他在《审举》中论道：

　　　　今普天一统，九垓同风，王制政令，诚宜齐一。夫衡量小器，犹不可使往往有异，况人士之格，而可参差而无检乎？江表虽远，密迩海隅，然染道化，率礼教，亦既千余载矣。往虽暂隔，不盈百年，而儒学之事，亦不偏废也。惟以其土宇褊于中州，故人士之数，不得钧其多少耳。及其德行才学之高者，子游仲任之徒，亦未谢上国也。昔吴土初附，其贡士见偃以不试。今太平已近四十年矣，犹复不试，所以使东南儒业衰于在昔也。此乃见同于左衽之类，非所以别之也。

　　晋室对吴人的歧视，葛洪是有切身体会的。晋惠帝太安二年（303），石冰作乱。正当及冠之年的葛洪，应讨伐石冰的义军大都督顾秘之邀，招

<hr>

　　① 周一良：《魏晋南北朝史札记》，中华书局1985年版，第72页。陈寅恪、唐长孺等史学家亦有类似观点，不复赘述。

　　② 《陆云集》，黄葵点校，中华书局1988年版，第170页。

募了几百名士兵，投到丹阳太守宋道衡帐下为将兵都尉，攻贼献捷，加伏波将军。次年，陈敏攻斩石冰，"事平，洪投戈释甲，径诣洛阳，欲广寻异书，了不论战功。"① 按照葛洪《自叙》中的说法，其起兵讨贼的动机是"义军大都督邀洪为将兵都尉，累见敦迫，既桑梓恐虏，祸深忧大。古人有急疾之义，又畏军法，不敢任志，遂募合数百人，与诸军旅进"。其不论战功的原因是"窃慕鲁连不受聊城之金，包胥不纳存楚之赏，成功不处之义焉"。而其平乱后立即奔赴洛阳的目的则是"欲广寻异书"。这里展现的是一个与时俗异趣、淡泊功利的葛洪形象。

但是，葛洪自叙之时已是"齿近不惑"，距离讨石冰、赴洛阳之事已有十数年，其间经历了八王之乱、陆机之亡、嵇含之死、穗地避滞、晋室南迁，心态已与初出茅庐、甫就军功的少年葛洪有了相当的距离。他对自身事迹的叙述故然是翔实的，但其对于当年行为的动因之解说，就不免值得仔细推敲一番了。

首先，葛洪起兵讨贼的动机究竟是什么？葛洪曩祖葛浦庐曾"起兵以佐光武，有大功。光武践祚，以庐为车骑。又迁骠骑大将军，封下邳僮县侯，食邑五千户"，其祖葛系为吴"大鸿胪，侍中，光禄勋，辅吴将军，封吴寿县侯"，其父葛悌亦曾得吴大都督"给亲兵五千，总统征军，戍遏疆场"。葛洪"少尝学射""又曾受刀盾及单刀双戟"，前者尚可以习"六艺"释之，后者的训练目的却是"以待取胜""当全独胜，所向无前"，很明确是为征战而准备的。家世背景恐怕是他修习武艺的重要原因，而他这样的自我训练，也可以见出一番对于祖业家声的神往和效奉。

这样的家世出身也就可以解释，以葛洪"衣不辟寒，室不免漏，食不充虚，名不出户"的状况，如何会得到吴地武力强宗的代表人物顾秘之力邀，共讨石冰，又如何能组织起几百人的队伍之后始投宋道衡帐下为将兵都尉。没有其父祖在吴地的声望，没有其家族在吴时的地位，很难想见"饥寒困瘁，躬执耕稿"又"交游过差，故遂抚笔闲居，守静荜门而无趋从之所"的葛洪，能够在门阀观念十分深泛的时代，被当地军阀赏

---

① 《抱朴子外篇·自叙》。本文引葛洪文未出注者，均出自此篇。如无特殊版本问题，本文以下引用《抱朴子外篇》均据以下版本，只注篇名。杨明照：《抱朴子外篇校笺（上）》，中华书局 1991 年版。《抱朴子外篇校笺（下）》，中华书局 1997 年版。

识，并起举兵而一呼百应。

如此，再来看葛洪讨贼的动机，顾秘之邀是事实，保卫乡土也是事实，甚至形式上"累见敦迫"也是事实。但是，《自叙》罗列的动机并非全部事实，不惑之年的葛洪，有意无意地隐藏了自己弱冠之年从军讨贼之时，那份对于军功的渴望。设若葛洪从军出征心理上是被动的，那么就很难解释他约令所领，于贪军败乱之时，"救诸军之大崩"的主动和坚决；很难理解他为宋道衡献计屡献不从，依然为之计如故，终得一用，而得破石冰的执着①；更很难理解他"斩贼小帅，多获甲首，而献捷幕府"并因此而接受"伏波将军"之封赏的行为。少年习武，立功沙场，出身显祖，年方21岁的葛洪恐怕未能如其《自叙》中一般免俗。《自叙》终篇有"上不能鹰扬匡国，下无以显亲垂名。美不寄于良史，声不附乎钟鼎"之叹。可见，即便是中年葛洪，对显亲垂名之事，依然未能释怀。

其次，石冰之乱平，葛洪"了不论战功"的原因是什么？邀他参战的是吴地本土军阀顾秘，给他封赏的也是顾秘。联系这场战争的背景，作乱的石冰固然是吴人，而平乱的顾秘、周玘等也都是吴人。顾秘的名号是"义军都督"，也就是说他并非奉晋惠帝之旨讨伐石冰。顾秘讨伐石冰，主观上和葛洪所谓"桑梓恐虏，祸深忧大"有些接近。石冰是张昌的将领，当时张昌已经攻占武陵、零陵、豫章、武昌等江南诸郡，石冰又攻陷扬州，此时的顾秘所在的吴兴几乎已经被包围，与其被动挨打，不如主动进攻。顾秘的义军虽然在形式上是晋室嫡系部队的同盟，但其并非为司马氏而战。所以，葛洪虽然得到了义军的封赏，但并未得到来自朝廷的正式认可。他"不论战功""成功不处"的说法，与他战争中的奋勇拼杀和殷勤献计的行为是不符的②，却暗合了他只能得到义军"非正式授衔"，却

---

① 《太平御览》卷三百二十八·兵郡五十九·占侯引《抱朴子》佚文："余年二十一，见军旅，不得已而就之。宋侯不用吾计，数败。吾令宋侯从月建住华盖下，遂收合余烬，从吾计破石冰焉。"中华书局1960年缩印四部丛刊本，第1510页。

② 《自叙》："昔大安中，石冰作乱……曾攻贼之别将，破之日，钱帛山积，珍玩蔽地，诸军莫不放兵收拾财物，继毂连担。洪独约令所领，不得妄离行陈。士有擅得众者，洪即斩之以徇。于是无敢委杖，而果有伏兵数百，出伤诸军。诸军悉发，无部队，皆人马负重，无复战心。遂致惊乱，死伤狼藉，殆欲不振。独洪军整齐毂张，无所损伤。以救诸军之大崩，洪有力焉。后别战斩贼小帅，多获甲首，而献捷幕府。于是大都督加洪伏波将军，例给布百匹。"即便中年葛洪作《自叙》回忆当年之力战，仍津津然为美溢之言，可以想见其当年举义，恐非止督迫于人，更有渴望军功之念想和邀取军功之行为。

无法得到朝廷垂青的尴尬处境。

　　这样,再来看他的赴洛之行。石冰之乱一平,葛洪立刻就奔赴洛阳了,其目的是否只是"欲广寻异书"那么单纯呢?他从军平贼是抱有建功理想的,然而他于战阵中出生入死之后却只得到了三百匹布的赏赐和一个义军自封的"伏波将军",葛洪的吴人身份用这样一种方式凸显了他与朝廷之间的距离。作为前吴侯爵将军的子孙,他的"不论战功",乃是不与没有朝廷番号的土阀论战功。他很清楚继续在吴地作为仍难得到晋室的信用,所以带着平石冰的战绩,他马不停蹄地奔赴洛阳,正与他所推重的二陆一样,"立功立事者,髦俊之所思也"(《贵贤》)。22岁的葛洪是满怀着政治理想的。

　　然而,他的洛阳之行并未能如二陆一样顺利,非但没有得到举荐任用,甚至还没能到达,就遭逢八王之乱,阻滞途中。又因平了石冰的陈敏自己又反于江东,归路隔塞。流离辗转中,得到时任广州刺史的吴人嵇含的举荐参广州军事。乱军之中不得北上又未能返乡的葛洪,只得接受故人的邀请,催兵而前,避地南土。做嵇含的参军虽然是他的权宜之计,却也能见出他并未放弃自己的政治抱负。

　　可是,嵇含尚未到广州便遇害,葛洪的心理受到了严重的冲击:"永惟富贵可以渐得而不可顿合,其间屑屑,亦足以劳人。且荣位势利,譬如寄客,既非常物,又其去不可得留也。隆隆者绝,赫赫者灭,有若春华,须臾凋落,得之不喜,失之安悲?悔吝百端,忧惧兢战,不可胜言。"嵇含之死,让葛洪对荣位之无常与危险有了真切的体会,他对自己举兵讨贼和奔赴洛阳的行为"悔吝百端",觉得这种靠武功实现政治理想的途径非但行不通,而且一不小心就会牵连性命,为此"频为节将见邀用,皆不就"。他又对自己的未来感到"忧惧兢战",忧的是全身远害就要终生名业不就,惧的是一旦稍有振作,又会像嵇含那样,在混乱的势力角逐与权位斗争中丢了性命。"家国不幸诗人幸",正是如此的境遇催发了葛洪《抱朴子外篇》的创作。

　　"洪年二十余,乃计作细碎小文,妨弃功日,未若立一家之言,乃草创子书。会遇兵乱,流离播越,有所亡失,连在道路,不复投笔十余年,至建武中,乃定。"朝廷对吴人的偏见、两晋之际的战乱、各方势力的沉浮,使得葛洪充分见识了建立武功的危难。可是宏图未展、血气方刚的他,并没有放弃对人生价值的追寻。于是,草创子书,立一家之言,就成了他的寄托。

> 历览远古，逸伦之士，或以文艺而龙跃，或以武功而虎踞，高勋
> 著于盟府，德音被乎管弦，形器虽沉，铄于渊壤，美谈飘飘而日载，
> 故虽千百代，犹穆如也。余以庸陋，沉抑婆娑，用不合时，行舛于
> 世，发音则响与俗乖，抗足则迹与众迕。内无金张之援，外乏弹冠之
> 友。循途虽坦，而足无骐骥；六虚虽旷，而翼非大鹏。上不能鹰扬匡
> 国，下无以显亲垂名。美不寄于良史，声不附乎钟鼎。故因著述之
> 余，而为自叙之篇，虽无补于穷达，亦赖将来之有述焉！

他此时的心境正如魏文帝所言："年寿有时而尽，荣乐止乎其身，二
者必至之常期，未若文章之无穷。是以古之作者，寄身于翰墨，见意于篇
籍，不假良史之辞，不托飞驰之势，而声名自传于后。"[1] 但是，《外篇》
的撰写却并非单纯为了驰骋辞章，做一个后世知名的文儒而已。

从二十一二岁到三十五六岁，葛洪用了十数年时间撰著《外篇》。
"树勋立言，出处殊途，而所贵一致"（《博喻》），武功与文名在他心中
的分量很难说孰重孰轻，一个是显身之途，一个是长处之道，无论去就，
目的都是完成人生价值的实现，[2] 而且立言的意义指向与树勋一样——身
后之不朽固然重要，但其中也包含了现世价值的寄托，《外篇》的撰著，
瞄准了一系列现实问题，救世的努力远大于传道的意味。

早年葛洪是满怀仕进激情的，也是异常清醒的，《外篇》中充满了深
重的人生寄托与政治理想，清晰地展现了葛洪创作《外篇》的心态："孤
立之翘秀，藏器以待贾"（《审举》），即一腔文韬武略无处施展的抑郁与
愤懑和对于风云际遇的期待与渴望。这样的创作心态，使得《外篇》中
兼容了倡言隐逸与建言时政的两种看似冲突的篇章，使得《外篇》思想
杂糅了孔孟与老庄乃至其他，也使得其文学思想在追求实用之中，不时发
出更具"文学"性的灵光异响。

---

[1] 曹丕：《典论·论文》，《文选》李善注，上海古籍出版社 1986 年排印胡克家覆宋本，第
2271 页。

[2] 《自叙》曰："历览远古，逸伦之士，或以文艺而龙跃，或以武功而虎踞，高勋著于盟
府，德音被乎管弦，形器虽沉，铄于渊壤，美谈飘飘而日载，故虽千百代，犹穆如也。"

清代漕运水手中罗教的传播与水手行帮组织变迁研究[*]

曹金娜

（东北大学秦皇岛分校社会科学研究院）

中国传统社会中漕运持续已久，于清代由盛转衰；加之，漕运的出现与发展，影响社会的方方面面，如赋役、社会、经济各方面。因此，漕运成为一个热门课题。以往学术界研究颇丰，相对而言，与漕运息息相关的漕运水手行帮之研究仍显薄弱①。本文通过参阅档案资料对漕运水手中罗教传播与水手行帮之历史变迁作了梳理，以期有进一步的认识。文中如有不当之处，敬请方家指正。

一　清代漕运水手组织的出现

清初，漕粮运输因袭明代运军体制，仍以卫所军组成运军。清代卫所军指挥官称为守备。千户百户称为千总百总，卫军称旗丁。此后，文中旗丁统称为运丁。

清代运丁运粮编派，多以本省卫所军挽运本省各府州县漕粮为准。各

　　* 本文为河北省社会科学基金青年项目（项目编号：HB14LS023）阶段性成果。特别感谢李文才、张卫东两位老师对本文的指导。

　　① 吴琦：《清代漕运水手行帮会社的形成——从庵堂到老堂船》，《江汉论坛》2002 年第 12 期。李文治、江太新：《清代漕运》第八章《漕粮运道》附二《清代粮船水手与罗教》，社会科学文献出版社 2008 年版。戴鞍钢：《清代漕运盛衰与漕船水手纤夫》，《安徽史学》2012 年第 6 期。

省负责运粮卫所，山东有德州、济宁、东昌、临清四卫，江安有江淮、兴武等十五卫，江苏有苏州、太仓等四卫，浙江有宁波、台州等七卫，江西有南昌、袁州等三卫和吉安、安福等七所，湖北有武昌、荆州等六卫一所，湖南有岳州等五卫。也有本省漕粮由外省卫所负责运输的情况，如河南省漕粮则由山东德州、临清等卫和江南徐州卫协济。

运船组织，每一卫之下分成若干帮，称为前后左右帮，或称头帮、二帮、三帮、四帮。每帮船数一般是五十只至六十只。乾隆朝根据每帮的实际情况作了局部调整。乾隆四年，为了便于管理，对每船帮数作了调整。将南昌卫后帮船拨入饶州卫十四只，将平山前帮拨入后帮八只，将苏州前帮船拨入后帮十八只。至清后期，全国漕船共计一百一十八帮，船六千二百八十三只。每船佥卫所军十名至十二名配运，轮流出运。

卫所运军隶属军籍，政府按一定期限对其进行编审，因地区不同或四年一编，或五年一编。佥选运丁，由直属卫所千总百总负责，或是由地方州县办理。签订之后，由该管知府和粮道验看起结，上报漕运总督及本省督抚。每船佥选十名至十二名运丁轮流领运，每次由一运丁领运，其余九至十一丁出银帮贴济运。运丁领运之年，除运丁本人外，还可以从家人中佥派一人随运。如运船抵淮米石短少，一丁领运北上，一丁买米赶帮。如抵通米石缺欠，留一丁购米追比，一丁领运回空南下，将船交于下届领运运丁。

国家佥派运丁运粮，给运丁一定补贴作为运费，大体分为三类：一是行粮、月粮、赠贴、修舱船只等费；二是准令携带一定量土宜；三是分派屯田耕种以资补贴。所谓的月粮是按月发给的粮饷。出运之时政府另给行月粮。月粮和行月粮合计，每名每年在十二石至十五石之间。运丁出运之时，准许携带商货，均按额免除关税，所得收入作为其出运补贴。运丁耕种屯田以资补贴挽运。

运丁虽有以上收入，但因漕政腐败，各处漕务官吏皆对运丁进行勒索，运丁的经济生活每人不敷出。运丁在水次承运时，"有卫官、帮官常例，每船二三两不等，粮道书办常例，每船四五两、八九两不等，至府厅书办，各有常规。常规之外，又有令箭牌、票差礼，漕院粮道令箭令牌一到，每船送五两、十两不等，刑厅票差每船送一二两不等。其名目，则或查官丁，或查粮艘，或查条舱，或查日报，或查开帮，或提头，识名目数十，难以枚举。间或清廉上司，不肯差人到帮，书吏又巧立名色，止差人到粮道及刑厅处坐催。又在刑厅差人代为敛费，盖船未离次已费五六十金。"① 运丁在起运水次领取行月二粮时也需缴纳陋规银。"布政司派给行月钱粮，旧例行文各府县支领，每船约送书办六七两不等，否则派拨远年难支钱粮及极远州县，而州县粮书又有需索，每船送二三两不等，十金之粮，无五金之实。"② 粮船过淮，"每帮漕费至五六百金或千金不等"。粮船抵达通州，向"仓院、粮厅大部、云南司等衙门投文，每船共费十两，皆保家包送书办，保家另索每船常例三两……坐粮厅总督仓院、京粮厅云南司书房各索常规，每船可至十金，又有走部代之聚敛，其不送者，则禀官出票，或查船迟，或取联结，或押取保，或差催过堂，或押送起米，或先追旧欠，种种名目色，一票必费十余金"③。这仅是运丁交授陋规的一部分。包世臣称："旗丁所得津贴不敷沿途闸坝、起拨、盘粮、交仓之费，倾覆身家，十丁而六。"④

　　运丁终年劳于征途，涉江过河，艰险无比，出现船覆人亡、丧命倾家的情况。因此，运丁视出运如畏途，想法设法窜入民籍以逃避出运。运丁被迫出运，日益穷困，如江西赣州帮船运丁，"其穷彻骨，临至河西务剥米之时，米已上船，而剥价不能开发"；"回空则身工饭米全无，无所不卖，尚有遗弃之虞"。于是，运丁出现大量逃亡的现象。

　　在此情况下，各帮运官为补充缺额，只有暗中招募水手。康熙三十五年，为了维持漕运的正常运行，在旧有运丁制度难以维持的情况下，改弦更张，规定："漕船出运每船佥军一名，其余水手九名雇觅有身家并谙练撑驾之人充役。"⑤ 从此，运丁人数减少，其职责转变为承担各船的监督工作，而招募之水手则成为漕运运输队伍的主力。

　　康熙三十五年，清政府对漕运队伍进行了比较大的调整，每船佥运丁一名，其余九名雇募水手。事实上，每船人数多少不一，但大都超过十名以上，有的多达十七人。清代记载中关于漕运队伍的人数没有详细准确的统计，如以清初每船十人计算，清初漕船共一万零四百五十五艘，运军人

---

① 贺长龄编：《皇朝经世文编》卷四十六·户政二十一·漕运上·漕弊疏，《魏源全集》第 15 册，岳麓书社 2004 年版，第 478—479 页。

② 同上书，第 479 页。

③ 同上。

④ 包世臣：《安吴四种》卷 7《中衢一勺》，光绪十四年刻本。

⑤ （光绪）《清会典事例》卷 205，户部 54，中华书局 1991 年版，第 358 页。

数则为十万零四千五百五十名，出现了"旗丁水手十万家"的局面。

清初，继承了明代运军制度，在各纳漕地区组建运丁队伍。每年漕运期间，佥选部分运丁承担运输任务。因卫屯地大量丧失，加上运丁承运负担过重，以致运丁经济状况迅速恶化，于是出现运丁大量逃亡的现象。康熙三十五年，为了维持漕运的正常运行，清政府允许运丁招募水手协助漕粮运输。

二　清代漕运水手中罗教传播情况

罗教在漕运水手行帮组织发展演变过程中起到重要作用，成为漕运水手的精神信仰和凝聚的纽带。以下介绍一下罗教在水手中传播情况。

罗教又称罗祖教，创教祖师为罗梦鸿，世代隶军籍，曾在北直隶密云卫充当戍军。他有充当运粮军人的经验，对运河上运丁、水手十分熟悉，漕运水手便成为罗教最早的传教对象。明末清初罗教信奉者中有钱姓、翁姓、潘姓三人到杭州共兴罗教，在杭州兴建庵堂，供奉佛像，吃素念经。于是，出现了钱、翁、潘庵三派。在教派流传过程中，"庵"逐渐变成"安"。钱、翁、潘三人在杭州共兴罗教，开创了罗教中最重要的三个派别。

庵堂是罗教最基本的宗教传播场所。所以，庵堂的兴建情况在一定程度上也能反映出当时罗教的传播情况。明末清初，钱姓、翁姓、潘姓三人在杭州建庵传教，香火极为兴盛，迅速成为漕运水手聚集之地，信仰者也群趋而至。由于入教水手日益增多，三座庵堂不敷居住，于是众水手凑集银钱增建庵堂。"平时有各处驾船水手入教往来，每至堂住宿，给与香钱，多寡从便。惟驾船外出回空时，助银数两及数钱不等，以作堂费。"①由此可知，罗教庵堂数量不断增加。前文所述，雍正五年浙江巡抚李卫奏折称有罗教庵堂"先有七十二处，今止余三十所"。雍正六年，江苏巡抚陈时夏在苏州等地查出阎庵、俞庵、王庵、西来庵、施茶庵、马姓庵、李庵、半野庵、倪庵、刘庵等十二处庵堂。仅从罗教庵堂建设情况来看，江浙漕运水手中信奉罗教者已有一定数量，雍正年间罗教传播已初具规模。

乾隆三十三年，政府下令查访各地秘密宗教，在江南一带查访罗教。

① 《军机处录副奏折》，乾隆三十三年九月二日，江苏巡抚彰宝奏折。

当年九月十日，浙江巡抚爱新觉罗永德奏"北新关外查出庵堂十余处，庵内收藏经卷，供奉罗像，每年粮船回空水手容留托足"①。经过继续查访，在杭州又搜查出二十二座罗教庵堂，分别是"刘天元所住之李庵、丁天佑所住之刘庵，及陆云庵、八仙珠庵、滚盘珠庵、刘庵、李庵、周庵、阎庵、石庵，俱系钱庵分出；又杨钦所住之刘庵、李应选所住之李庵、周成龙所住之王庵，及章庵、黄庵、虞庵、彭庵皆自翁庵分出，各习罗教；又高万成所住之清凉庵、丁文学所住之王庵、张国柱所住之刘庵，系由潘庵分出"②。在苏州，从康熙初叶至乾隆中叶，罗教守庵人的成分完全变成了漕运水手，"原系驾船出身，年老无依，赴堂入教"，而"所传徒弟及招接入教人等仍系漕运水手，及内河驾船之人"③。由此可知，乾隆年间，仅苏州一带已被查访出的庵堂就三十余处，罗教守庵人完全成为漕运水手。此时，罗教传播更加广泛，罗教庵堂也被漕运水手"视为己业"。

道光年间，罗教庵堂地点转移至漕船上，或沿河偏僻的庙宇坊肆中。江浙漕运船帮中，供奉罗祖之船称为老堂船，船中奉祀罗祖之人称为老官。此时，"凡投充水手，必皈叩罗祖"④。此时，罗教不只在漕运水手范围内传播，还扩展到漕运相关人员中传播，如纤夫。此时，罗教已在江浙船帮水手中广泛传播，甚至在拉纤人中传播。

以上探讨的是罗教在江浙漕运水手中的传播状况，那么罗教在其他有漕省份的传播状况如何？

道光五年，清政府下令调查有漕省份内罗教传播情况。除江浙船帮外，其他有漕省份船帮内罗教传播的调查情况如下。

（一）安徽省：曾有罗教传播，现在已无罗教传播。

嘉庆二十年间，安辉省小南门外有水手公所一处，堂内供奉观音，并有年老水手看守。安庆府查明，此处公所为乾隆年间漕运水手筹资公建，为回空粮船酬顾谢神，及年老水手念经求福之所。同年，将公所内老水手

---

① 《史料旬刊》第 12 期，永德折二。
② 《史料旬刊》第 12 期，永德折。
③ 《史料旬刊》第 15 期，彰宝折。
④ 《军机处录副奏折》，嘉庆十八年十二月二十五日，山东巡抚同兴奏折。

送回原籍安插，革除公所名目。道光五年，安徽巡抚再次查看小南门外是否有漕运水手公所存在，得知有水手购买房产堆放货物。货空后，常年空锁并无念经等事。① 经调查后，安辉巡抚张师诚奏报安徽省漕运水手并无信奉罗教。

（二）山东、河南、湖南、江西、湖北：无罗教传播。

山东省　漕粮运输路途短，漕运水手为临时雇觅，在船时间短，粮船抵达通州，水手立即解散。再年水手由旗丁亲自重新雇募，以致水手之间并不熟稔，难成帮派，船帮内并无聚众习教事件。②

河南省　河南省漕船数少，漕粮运输路途短，粮船抵达通州，水手随即遣散，易于约束，船帮内无聚众习教事。③

湖南省　湖南漕运水手尚无持众逞强，聚众习教。④

湖北省　湖北省漕运水手虽良莠不齐，向听弁丁约束，并无聚众习教事件。⑤

江西省　江西漕运水手人数众多，良莠不齐，应加防范，并无聚众习教事件。⑥

从这些调查中，虽不能说除浙江两省之外，其他有漕省份水手都没有信仰罗教，但至少可以说情况是极少的。

从明末到清中叶，罗教已在漕运水手中传播近两个世纪。以乾隆三十三年为分界，罗教的传播地点发生变化，由罗教庵堂转移到漕船上，更确切地说，罗教的传播由公开转向地下。罗教传播地点的转变并未影响其在漕运水手中的传播，如至道光年间，江浙漕运水手中信奉罗教者"不下四五万，而沿途所雇纤手尚不在此数内"⑦。罗教传播并非遍布于整个运河流域，除江浙之外，其他有漕省份中并未发现有罗教传播情况。

---

① 《朱批奏折》，道光五年九月十五日，安徽巡抚张师诚奏折。
② 《录副奏折》，道光五年九月初五日，护理山东巡抚纳尔经额奏折。
③ 《清宣宗实录》卷87，道光五年八月壬戌条，中华书局1988年版，第391页。
④ 《军机处录副奏折》，道光十五年十二月二十六日，湖南巡抚吴荣光奏折。
⑤ 《清宣宗实录》卷86，道光五年七月甲辰条，中华书局1986年版，第374页
⑥ 《清宣宗实录》卷87，道光五年八月丁巳条，中华书局1986年版，第386页
⑦ 《军机处录副奏折》，道光五年六月初六日，掌广东道监察御史王世绂奏折。

三　清代漕运水手组织形态的历史演变

漕运水手组织随着时间的发展出现了阶段性变化。明末清初之际，罗教流传至运河的南端，并逐渐被江浙漕运水手所接受。此时，罗教在漕运水手中广泛传播，与互助性的漕运水手组织相结合以一种民间宗教组织形式在漕运水手中发展。雍正五年，浙江巡抚李卫对漕运水手内部情况作了详细调查，得知此时漕运水手组织具有以下基本特征：①具有浓厚的宗教色彩，信奉罗祖，吃斋念经，庵堂是基本宗教传播场所；②庵堂不仅是基本宗教传播场所，更是漕运水手回空后的住宿、饮食等生活场所；③此时漕运水手罗教组织十分松散，并无强有力的权力核心，共同的宗教信仰和生活需要成为主要的维系力量；④漕运水手罗教组织除"欺人生事"外，并无直接影响政局的行为。

此时，组织内部成员多以师徒、师父、师叔、干爹、干儿等相称，"各帮粮船舵工、水手各立教门，多收门徒，结为死党，一切任其教主指使，纲缚、烧炙、截耳、割筋毫无忌惮，为害殊甚"①。教内存在"教主"，存在高下等级，存在权力因素，但教主与行业师父无异，职掌仅是维系教内基本秩序稳定。此阶段的罗教组织系统上十分松散，并不具有秘密会社那种较强的保密性。

乾隆中叶至道光初叶，漕运水手内罗教组织发生了新的变化：①漕运水手以庵堂为活动中心向以老堂船为活动中心的转化；②帮会权力系统的建立。

各船帮中都有一老堂船，船上悬挂罗祖画像，管理此船之人称"老管"。老管，也称为当家或会首，一般由数人轮流充任，共同组成该帮的首领集团，议事场所则为老堂船。老管由帮中公认资格最老、辈分最高、最具有权威的人担任。老管成为帮中权力的象征，由老管组织的首领集团便成为帮中的权力机构。权力机构制定了帮规、入帮仪式，建立了本帮的联络信号，遇事传出"红箸""溜子"为号，"人即立聚"②。各类滋事水

---

① 《朱批奏折》，抄录刑部咨文，约雍正五年十一月。

② 《军机处录副奏折》，道光五年七月二十日，江苏巡抚陶澍奏折。

手，送老管处惩治，"轻则责罚，重则立毙，沉入河中"①。显然，水手罗教组织已经具备秘密会社的主要特征。

此时，各种水手帮派已经形成犬牙交错的局面。雍正、乾隆初中叶，原来属于翁庵、钱庵、潘庵的各自势力已形成三大帮派。而每帮则各自招收门徒，"凡投充水手，必拜一人为师，排到辈分，彼此照应，各分党羽以自强"②。三派之下，又分成了众多小宗派。这些小宗派之间互相排斥，争夺饭碗，在整个运河水系形成了对峙局面。如翁、钱两庵在传教时，关系和睦，后合称老安；潘庵则称为新安。以浙江船帮为例，浙江有嘉兴白粮帮、杭三帮、宁波帮等船帮，船帮内水手行帮分属老安和新安两派。老安和新安一直存在较大的矛盾，常常相互排斥，甚至将对方视为职业竞争对手。

因为权力体系的形成，漕运水手内罗教组织的整体实力逐渐增强，其行为目标和活动方式具有明显的一致对外性。道光初年，旗丁运弁已普遍受到水手的挟制，漕运水手行帮党羽众多，一经滋事，官弁等畏惧不前，最终形成"案愈大则讳匿愈深，讳匿深则藐法者益众"③的局面。由此管窥漕运水手的藐法程度。事实上，嘉道年间，水手罗教组织基本控制了江浙漕船，将漕船视为"己业"。

水手罗教组织的一致对外性还表现在水手们相互之间的对立和冲突日益激烈和公开化。各罗教组织权力体系的的形成，各派系之间的排他性十分强烈。如道光初年，运道受阻，江浙地区漕粮试行海运。道光五年，嘉兴白粮帮内新安和老安两派，为了争驾粮船发生械斗，持续了四日之久。

水手罗教组织行为还表现在为了经济利益与漕运官员间的争斗。如嘉庆五年，江南兴武八帮行至邳州河成闸，漕运水手向旗丁勒加身工钱。同年，处州前帮行至清河县徐家渡，漕运水手向旗丁勒加身工银，并发生争斗损坏漕船。道光五年，运粮途中，浙江嘉兴白粮帮、杭三帮水手声称旗丁侵蚀了道光初年的黄赏银两，于是漕运水手起意传发溜子，"每名诈得钱五千三百余文分用"④。这场索要钱银的行动持续了数月之久，以致江

---

① 《军机处录副奏折》，道光五年九月二十一日，浙江巡抚程含章奏折。

② 同上。

③ 《军机处录副奏折》，道光五年十一月，河南巡抚程祖洛奏折。

④ 《朱批奏折》，道光五年九月初二日，浙江巡抚程含章奏折。

淮等地的许多行帮纷纷效仿。在这些持续不断的抗争活动中，水手罗教组织起到了重要作用。

以乾隆中叶为分界点，漕运水手中罗教组织分两个阶段：第一阶段则是松散的民间宗教组织；第二阶段是具有秘密会社性质的行帮组织。两者最主要的区别在于权力体系的建立，其组织功能的发挥。至道光年间，漕运水手内的罗教组织已完全具备了秘密会社的典型特征，可以称之为漕运水手行帮。漕运水手罗教组织在性质上的转变，不仅使罗教组织具有了新的意义，更从侧面反映了运河沿线政治经济生活的新走向。

四 结论

清承明制，在各纳漕地区组建运丁队伍进行漕粮运输。因卫屯地大量丧失，加之运丁承运负担过重，以致运丁经济状况迅速恶化，于是出现运丁大量逃亡的现象。康熙三十五年，为了维持漕运的正常运行，清政府允许运丁招募水手协助漕粮运输。

漕运水手每年运送漕粮及回空，历经千辛万苦，随时有性命之虞。无常的命运，残酷险恶的生活环境，罗教信仰为漕运水手提供精神慰藉和寄托。加之，罗教庵堂为漕运水手提供更为实际的社会服务。因此，在精神层面和实际生活中，罗教对漕运水手来说均有重要意义。罗教在行帮组织发展演变过程中起到重要作用，并成为漕运水手的精神信仰和凝聚的纽带。

清代漕运水手组织形态的历史变迁，反映了清代经济、人口变化导致社会关系的某些变化，更典型地反映了清代社会秩序形成过程中所面临的困局和难题。

薛福成人才思想探析[*]

王莲英

（东北大学秦皇岛分校社会科学研究院）

薛福成（1838—1894），字叔耘，号庸庵，江苏无锡人，近代具有维新思想的洋务改革派代表人物，也是著名外交家，曾担任清政府驻英、法、比、意四国公使，其出使经历对其洋务思想的提升具有重要影响。有学者将其称之为"集爱国者、改革者和启蒙者于一身的有志之士"，是"近代中国新陈代谢历史进程中承前启后的杰出思想家"。② 薛福成一生勤于笔耕，留下大量著述，虽天不假年，但其思想在其留下的丰富文本资料中却有详细的阐述。薛福成重视人才，"事须才而立，才大者必任群才以集事，则其所成有大者焉。才尤大者，又能得任才之才以集事，则其所成又有大者焉。累而上之，能举天下之才会于一，乃可以平天下"。③ 薛福成的人才思想早在他成为曾国藩幕僚之前就有所阐发，此后随着洋务和外交历练的增强，他对人才问题更加关注，不断在奏稿、书信、日记中谈及自己的人才观，逐渐形成具有一定系统性的理论。学界关于薛福成人才思

---

　　* 本文为中央高校基本科研业务费专项资金资助项目《晚清驻外公使与近代中国改革》（东北大学，项目编号 N130423009）阶段性成果。

　　② 丁凤麟：《薛福成评传》，南京大学出版社 1998 年版，第 2 页。

　　③ 丁凤麟、王欣之编：《薛福成选集》，上海人民出版社 1987 年版，第 37 页。

想方面的专题研究相对较少，① 研究的广度及深度与其思想的重要性不成正比。本文将薛福成的人才思想进行梳理归纳，从五个方面完整呈现这一洋务改革派、外交名臣的人才思想，也可以管窥洋务派官僚、外交官在人才培养方面深度思考。

一 储才思想

面对中国"三千年未有之变局"，驰骋晚清政坛近半个世纪的李鸿章道出了人才问题的紧迫性和重要性，"用人最是急务，储才尤为远图"，②他的思想可以说能够代表洋务派在人才问题上的普遍认识。作为洋务派的重要成员，薛福成在成为曾国藩、李鸿章幕僚之前就对变局之下的核心问题——人才问题进行过重点关注。1865 年，薛福成在《上曾侯相书》中提出"养人才、广垦田、兴屯政、治捻寇、澄吏治、厚民生、筹海防、挽时变"③ 的八条时政对策，内容洋洋洒洒，长达万言，字字切中要害，受到曾国藩器重，后成为著名的"曾门四弟子"之一。在这篇文章中，薛福成将"养人才"作为头等大事列第一位，足见对人才问题的重视以及呼唤国家社会重视人才的急迫心情。直到 1872 年曾国藩去世后，薛福成才离开曾幕到苏州书局任职，这段幕府经历成为他宝贵的人生财富，为他日后人才思想的发展奠定了坚实基础。

1874 年前后，中国内外形势上发生重大变化。外部，日本侵台事件的发生，清政府意识到海防的重要性，海防问题开始被提上议事日程。内部，同治皇帝载淳于 1875 年 1 月 12 日病逝，年仅 4 岁的光绪皇帝载湉即

---

① 丁凤麟：《薛福成评传》（南京大学出版社 1998 年版）是关于薛福成的权威评传，其中第十二章涉及专门人才问题，但该书并没有将薛福成的人才思想作为专章阐述。单强、陈信方：《试论薛福成人才思想的特色》（《苏州大学学报》1987 年第 4 期）从时代性、系统性和宏观控制——人才管理措施三个方面阐述其思想特色；祝彦：《薛福成的人才观》（《吉安师专学报》1995 年第 6 期）论述薛福成对科举制度的批判，主张通过征辟、特科等方式弥补科举选人不足，多渠道培养人才；杨懿华《浅议薛福成军事人才观》（《贵州工业大学学报》2008 年第 5 期）对薛福成关于新型军事人才培养问题进行了解读，以上三篇论文与本文无论从理论体系还是关注面上都完全不同。

② 翦伯赞、郑天挺：《中国通史参考资料》（近代部分），上册，中华书局 1985 年版，第342 页。

③ 《薛福成选集》，第 9—27 页。

位，二度垂帘听政的两宫太后下诏广开言路，谕令朝廷内外大小臣工积极
建言献策。恰逢光绪元年是赴吏部引见之时，这个特殊的历史时期给了薛
福成进京阐发个人见解，让最高统治者了解自己的机会。为响应清廷积极
建言的号召，薛福成迅速写就《应诏陈言疏》，将自己多年对内政、时
弊、改革的思考进行了全面阐述，概括为"治平六策"和"海防密议十
条"，委托开明官吏——山东巡抚丁宝桢代为递呈。"治平六策"归纳为
"养贤才、肃吏治、恤民隐、筹漕运、练军实、裕财用"，其中首要的是
"养贤才"，他指出"贤才有盛有不盛者，则培养之道为之也……夫欲贤
才之奋兴，必先培养于平日。"他认为培养人才的方法，主要有三方面：
"重京秩、设幕职、开特科"，并进一步解释，"重京秩，则贤才奋于内
矣；设幕职，则贤才练于外矣；开特科，则举世贤才无遗逸之虞矣。"①
这是他自从入曾幕以来经过十年历练和发展，对现实有了更加清晰的认识
之后，对《上曾侯相书》中"养人才"一说的进一步肯定和理论提升。
"海防密议十条"是《应诏陈言疏》的亮点，薛福成一生密切关注海防建
设问题，此次专门针对海防问题作出详细的剖析，凸显其重要性。海防涉
及的核心问题也是人才，薛福成指出"储才宜豫"，即国家要将储备人才
作为国家发展的战略问题，而且人才的储备一定要提早。他将人才问题放
在了非常重要的位置，指出中国正深处变局之中，但面对这种现实情况的
转变，士大夫对中外交涉深受成见束缚，"鄙弃洋务而不屑道"，而一遇
到事变却又无所适从，"号为熟习洋务者，则又惟通事之流"，不够资格
去代表国家办理交涉。此话虽不免有偏颇之处，但能在一定程度上反映当
时在办理洋务的人才问题上确实出现乏人现象。薛福成感叹在这种情况下
"异才难得"，所以"欲人才之奋起，必使聪明才杰之士，研求时务而后
可"，② 然后将人才分类派用，"胆识兼优、才辩锋生者，宜出使；熟谙条
约、操守廉洁者，宜税务；才猷练达、风骨峻整者，宜海疆州县。求之既
早，斯用之不穷。"③ 这是解决国家人才短缺问题的关键一环，必须要提
前做好人才的储备工作。这是薛福成还未形成更大政治影响之前就进行的
关于人才问题的综合思考。此后，薛福成多次在日记中对"储才"问题

---

① 《薛福成选集》，第65—68页。

② 同上书，第77页。

③ 同上书，第78页。

有所阐发，如他在驻英公使任上针对海防问题作出过综合分析，指出海防有四要："筑炮台、精火器、储人才、节财源"，他强调"储才不可缓"，并指出有效的办法是"平日宜于海口设水师学堂、武备学堂，渐收其效。"①

对于人才问题的重视不仅是出自对现实形势的判断，也是薛福成积极学习外来文明的结果。对于近邻日本，薛福成就极为关注，特别是其明治维新以后的发展和改革经验。他在 1892 年的日记中对日本在明治维新之后的迅猛发展进行了分析，"日本之地小于中国不啻十倍，而风气之开先于中国，则不止十年"，这是它能够由弱转强的根本原因。他认为日本的经验能够给中国以极大的启示，即"国不在大小，而在人才之奋兴；才不限方隅，而惟识时务者，斯谓之后俊杰"②。他以日本的现实启示剖析人才的重要性，指出只有识时务者真正在国家发展中占据主导地位，国家的改革发展才会有希望。正是因为有这样的识见，黄遵宪在其《日本国志》完成之后，力邀薛福成为之作序，认为"方今研使力而又谙外国情势者，无逾先生（按：指薛福成）"，③ 足见黄遵宪对薛福成眼界和见解的尊崇。

二　育才思想

要想储才，前提必须要育才。身处变局之中，统治者的育才标准必然会发生显著变化，郭嵩焘所说的"今日人才，以通知洋务为尤要"④ 就反映出了新的人才标准。如何能按照新标准培育出顺应时变，为国家所需要的人才，薛福成认为要从多方面着手进行改革发展。

（一）办学堂

面对纷至沓来的西方列强，落后的清王朝疲于应对，艰难的进行各种对外交涉，同时为了维护封建统治，不得不进行自上而下的改革以图自

---

① 薛福成著，蔡少卿整理：《薛福成日记》（下），吉林文史出版社 2004 年版，第 753 页。

② 《薛福成日记》（下），第 711 页。

③ 《薛福成选集》，第 525 页。

④ 郭嵩焘：《郭嵩焘奏稿》，岳麓书社 1983 年版，第 360 页。

强，所以急需各类人才以应时需，包括语言人才、科技人才、军事人才等。如何在最短时间内培养出人才并长久发展，就必须在教育这一基础问题上着手。近代最早倡导学习西方的魏源就曾指出"欲悉夷情，必先立译馆，翻夷书始"。① 张之洞在奏请创办广东水陆师学堂就指出"特是时势不同，船炮机算诸端至今而巧者益巧，烈者益烈。若欲应时制度，固非设学不可"，② 代表了地主阶级改革派在系统学习西方问题上的认识，即要设立学堂。

作为洋务改革派代表人物，薛福成认为培养人才、储备人才的要端为"多设学堂，随地教人"。③ 他对于西方的教育问题极为关注，出使期间，他亲眼看到了西方对于学堂教育的重视程度，"凡男女八岁以上不入学堂者，罪其父母。男固无人不学，女亦无人不学，即残疾聋瞽喑哑之人亦无不学。"这种现实与中国形成了鲜明对比，对薛福成的人才观、教育观产生了重要影响，他总结道："学校之盛有如今日，此西洋诸国所以勃兴之本原"。④ 他认为中国应该在学堂教育方面更多汲取国外的经验，为教育发展打好基础。

对于中国急需各类人才的现状，薛福成认为应该加强各类学堂的建设。他在担任公使期间始终关注国内学堂的创办，出使日记中多次专门记录国内各地学堂建设情况，光绪十六年七月初十（1890 年 8 月 24 日），"广东去年设西艺学堂"；⑤ 十六年七月廿九日（1890 年 9 月 12 日），"江南创设水师学堂"；⑥ 十七年正月十三日（1891 年 2 月 21 日）威海卫"有水师学堂"；⑦ 十九年四月初一日（1893 年 5 月 16 日），"武汉设自强书院，分算学、方言、格致、商务四斋"⑧ 等。虽只是寥寥数语，但都是特意记载，足见其对教育发展、学堂建设的重视程度。十分关注中国海防建设的薛福成还专门就海军人才建设问题写下"海军人材必由学堂造就"

① 魏源：《海国图志》，岳麓书社 1998 年版，第 26 页。
② 王炳照、阎国华：《中国教育思想通史》第 5 卷，湖南教育出版社 1996 年版，第 89 页。
③ 《薛福成选集》，第 502 页。
④ 《薛福成日记》（下），第 607 页。
⑤ 同上书，第 566 页。
⑥ 同上书，第 571 页。
⑦ 同上书，第 609 页。
⑧ 同上书，第 803 页。

的文字。①

（二）治术、学术在专精

治术，是治理国家的方法和策略。治术专精，是薛福成对统治阶级治理国家手段的理想追求，是官制改革的目标之一，是为了使国家能够更加适应变化的形势，更加高效的运转。学术，泛指系统专门的学问。这里的学术，更具体的是指学习西方的科学技术。学习西方科技要专要精，是国家富强的一个重要途径，特别是在洋务运动时期，这种专精是十分必要的，是自强的必经之路。不管是治术还是学术，都是人才需要具备的本领，即专业性，这是人才培养的重要内容，直接影响国家的稳定和强大。1892 年，薛福成专门撰文《治术学术在专精说》，从中国历史上寻找依据，指出中国自古以来就有重视专业的先例，"管子称天下才，其所以教民之法，不外士之子恒为士，农之子恒为农，工之子恒为工，商之子恒为商，此齐国之所以霸也"。② 但宋明以后注重时文小楷取士，且做官无定职、无定居、无定官，"于岁月之间而望尽其职守，岂不难哉？"③ 一针见血地指出中国在用人方面逐渐忽视专业，难以在某一方面有所成就。他还在日记中强调职业精专的重要性，"职业专，则志一而不杂；经画久，则才练而益精"。他以最有切身体会的外交为例，指出"西人办理交涉，措注周详鲜有败事"，④ 就是因为他们长期从事专业外交工作。中国则与此形成鲜明对比，"总理衙门大臣萃毕生之全力以经理交涉事务者，殆鲜其人。或以官高挂名，或以浅尝自喜；或骤出骤入，听其自然"。"如是而欲洋务人才之练习，其可得乎？如是而欲办理洋务之不至于歧误，其可得乎？吾是以谓中国欲图自强，必自精研洋务始；欲精研洋务，必自整顿总理衙门始；欲整顿总理衙门，必自堂司各官久于其任始。"⑤ 中外之间的这种交涉人员的专业对比的差距，就使得加强职务专业化成为亟待解决的问题，这就涉及官制改革问题，也是薛福成作为早期维新派代表人物的一个明证。在科学技术人才的培养上，对于专业性的要求更高，西方"士

---

① 《薛福成日记》（下），第 611 页。
② 《薛福成选集》，第 422 页。
③ 同上。
④ 《薛福成日记》（下），第 732 页。
⑤ 同上书，第 733 页。

之所研""工之所习"涉及方方面面，一学一艺之中又往往有数十百种之多，"各有专家而不相侵"，① 薛福成认为这是其迅速富强的重要原因。他指出西方能够重视专业性，而这恰恰是从中国承袭过来的，"西人不过略师管子之意而推广之，治术如是，学术亦如是，宜其骤致富强也"。② 薛福成认为正是治术和学术的专业才使得西方迅速富强，所以，一向秉承"西学中源"思想的他认为中国应该学习西方的先进经验，实现中国的人才专业化培养，进而走向富强。

（三）派游学

派员出国游学，直接学习实用技术，是学西方见效最快的方法。李鸿章等人认为中国仿造西方的制造工艺由于师资不广，见闻不多，只能循规蹈矩，不能有后续增长，"即使访询新式，孜孜效法，数年而后，西人别出新奇，中国又成故步，所谓随人作计，终后人也。若不赴西厂观摩考索，终难探制作之源"。③ 所以派游学是"探源"之举。实际上，早在1865年《上曾侯相书》中，薛福成就提出"仿俄人国子监读书之例，招后生之敏慧者，俾适各国，习其语言文字，考其学问机器。其杰出者，旌以爵赏"。④ 较早提出了向国外派遣生员进行学习的主张。薛福成认为储才的一个重要方面就是"多选学生，出洋肄业"。⑤ 他曾多次指出应该派员出国学习专门技术。1875年，薛福成在"海防密议十条"中指出应"随时派员带赴外洋，遍游各厂以窥其奥窔"。⑥ 1878年，薛福成针对创办铁路问题给出了详细的建议，认为"宜令出洋学徒，研究铁路利病，数年之后，各厂竟可自造"。⑦ 他强调现阶段必须派员出洋学习铁路实用技术，才能够真正自强，实现独立创办。对于西方巧妙运用水力、火力发电，薛福成极为推崇，指出用水力推动机器运转，中国古已有之，西方和日本在此项技术上有很大发展，应该"派人至东西洋，考求运用水机与

① 《薛福成选集》，第422—423页。
② 同上书，第423页。
③ 高时良：《洋务运动时期教育》，上海教育出版社1992年版，第916页。
④ 《薛福成选集》，第23页。
⑤ 同上书，第502页。
⑥ 同上书，第78页。
⑦ 同上书，第109页。

蓄水取势之法。以天地自然之工，兴天地自然之利"。①

派游学，派出去的生员必须具有很强的学习能力才能不负众望。薛福成对所派生员的学习能力是深感自豪的，认为派员出洋学习是非常具有可行性的，他在光绪十六年六月初五日（1890 年 7 月 21 日）的日记中有这样的记载："近年出洋学生，试于书院，常列高等，彼亦知华人之才力不后西人也。"② 这说明薛福成很清楚中国出洋学生在国外的学习能力是为西人认可和赏识的，这也是派游学的重要基础。

对于学习西方，薛福成有明确的认识，他认为"欲求驭外之术，惟有力图自治，修明前圣制度，勿使有名无实；而于外人所长，亦勿设藩篱以自隘"，只有这样，才是"道器兼备"③ 的明智之举。时局变化，风气渐开，中国必须适应环境，以最快的速度走出去，学习西方的先进技术，才能实现自强，才能够御侮，这也是洋务运动时期洋务派和早期维新派的共识。

薛福成作为驻外公使，利用在海外的机会充分接触和学习西方的先进文化，同时，他还利用一切机会让身边人去学习实用技术。担任驻外公使期间，德国柏林医生新研究出治疗痨病的方法，各国都去学习。为了解决中国治疗痨病的难题，驻德公使洪钧建议中国驻英德两使馆应派随带医官前去学习，薛福成认为这个建议非常好，立即"派医官赵之益静涵，驰往柏林；派翻译学生王丰镐省三，伴之同往。并令详纪路程及所见闻，以资考证"。④ 不仅强调认真学习治疗痨病的医术，还要求记录所见所闻，方便日后考证，心思非常缜密。

三　选才思想

培育人才的主要目的是为国家延揽人才提供基础准备工作。隋唐以降，科举制度作为封建王朝在最广大范围内选拔人才的重要制度存在和发展了一千多年，发挥了重要的历史作用。它的优势在早期是十分明显的，

---

① 《薛福成日记》（下），第 797 页。

② 同上书，第 555 页。

③ 《薛福成选集》，第 103—104 页。

④ 《薛福成日记》（下），第 601 页。

使得底层社会的人能够凭借自身努力跻身仕宦行列，在很大程度上激发了寒门士子学习的热情，确立了他们的人生目标，也直接影响了教育的形式和内容。但随着近代国门的被迫打开，国家发展的现实条件产生变化，适应封建发展的科举取士显然已经不能满足剧变之下的国际国内环境，而且随着制度的发展，其禁锢人们思想的弊端越来越明显，越来越不能满足社会对人才的需要。具有先进思想的知识分子开始思考科举制度的弊端，并不断有人进行明文阐发。如何进行有效选才？必须对科举制度进行改革，这势必也会对育才环节产生直接影响。

洋务运动一开始，改革思想家们就对科举制度的弊端有所阐发，对改革科举制度表达了明确主张，如冯桂芬的《改科举议》《制洋器议》，郑观应的《考试》《西学》等。李鸿章对于科举制度的弊端也有清晰认识，他指出"所用非所学，人才何由而出？近时拘谨之儒，多以交涉洋务为浼人之具，取巧之士又以引避洋务为自便之图。若非朝廷力开风气，破拘挛之故习，求制胜之实济，天下危局，终不可支；日后乏才，且有甚于今日者。以中国之大，而无自强自立之时，非惟可忧，抑亦可耻。臣愚以为科目即不能骤变，时文即不能遽废，而小楷试帖，太蹈虚饰，甚非作养人才之道。似应于考试功令稍加变通，另开洋务进取一格，以资造就"①。他甚至曾直白指出，"科举中未必即有真人才，培养根本之道或不尽系此耳"。② 冯桂芬、李鸿章均是科举正途出身的杰出代表，但对于科举制度的弊端照样直言不讳。同一时期的薛福成虽然政治影响相对较小，但对科举取士也有敏锐的洞察力和真知灼见。他指出"方今人才之进，取诸制艺"，③ 然而"制艺之盛，已五百年，至今日而穷矣。穷则变，变则通，通则久。为今之计，其必取之以征辟，而试之以策论乎。黜浮靡，崇实学，奖荐贤，去一切防闲，破累朝积习，则庶乎可以得人矣"④。他明确表示，应该用征辟的方式来举荐贤才，试以策论，来弥补科举取士的不足，尽最大可能延揽人才。具体来说就是在常科之外，开设特科，主要针对的是"隐逸之士，不羁之士，及才行素著，久困场屋之士"。"令内外

---

① 《中国通史参考资料》（近代部分），上册，第342页。
② 《李文忠公全集·朋僚函稿》卷14，第1页。
③ 《薛福成选集》，第1页。
④ 同上书，第2页。

大臣荐举，天子亲试之廷，取其学通古今、器识闳伟者授以职，罢者以礼遣归。"① 他既不完全否定科举制度，又提出了弥补科举不足的方法。

1865 年，薛福成在《上曾侯相书》中再一次表达对科举弊端的不满，认为"科举行之既久，其法不能无敝。盖学士大夫以制艺相切劘，馀五百年，至于今陈文委积，剿说相仍，而真意渐泪。取士者束以程式，工拙不甚相远"。② 这种延揽人才的方法逐渐与建立制度的初衷相背离，导致"魁硕之儒，皓首而不遇者，比比是也"。③ 薛福成认为中国积贫积弱的主要原因就在于过去一直被奉为经典的选才制度。他曾在出使日记中批判道："宋明以来，专尚时文，舍此无进身之途。于是轻农工商，而专重士。"④ 而"中国若欲自强，必先破去五百年来时文之成见，朝野上下皆渐化其贱工贵士之心"，同时要能够奖励发明创造，"行之数十百年，庶几风气渐移而人才自出乎"。⑤ 改革选才制度，是解决问题的根本。1892 年，他还曾露骨批判科举取士，"专用时文试帖小楷，若谓工其艺者，即无所不能；究其极，乃一无所能"。⑥ 薛福成早年也在学而优则仕的路上追寻过个人理想，但并不如意，在变局影响之下，他以自己的才学和经世的思想成为晚清重臣的幕僚而起家，逐渐成为一位杰出的政治家、外交家和思想家，成为影响时代发展的人物，他本人的经历是对封建选才制度亟须改革的写照。

如何解决科举的弊端，为国家延揽到更多的优秀人才，他在 1864 年就有所阐发，此后又有所发展。他认为"欲救科举之敝而收遗逸、养人才，莫如征辟与科举并用"。对于"有一长一艺，堪施实用者，不拘一格，取其见闻所及，或素有时望者荐之朝，复奏之天子，饬内外大臣各举所知，仿国初举博学鸿词例，召试大廷，量才录用。然后著为成法，不时举行。如是则贤才无遗逸之患，可以辅科举所不及"。⑦ 他更加具体地对变革选拔人才的方式方法问题进行了建议，"为今之计，宜变更一切成

---

① 《薛福成选集》，第 4 页。
② 同上书，第 11 页。
③ 同上书，第 12 页。
④ 《薛福成日记》（下），第 731 页。
⑤ 同上书，第 732 页。
⑥ 《薛福成选集》，第 422 页。
⑦ 同上书，第 12 页。

法，如大考翰詹之类，可罢者罢之，其余则以策论、掌故、律令，代制艺、律赋、试帖，以糊名易书代小楷，以责公卿保荐贤才，重其赏罚，代大臣之阅卷，尤在九重之上，精神默运，询事考言，采宿望，核舆论，如是而真才不出，吾不信也"。① 他明白，关键在于统治者改革科举制度的决心！选才直接关系到官员的任用，涉及吏治的整顿，所以要"慎其选，养其廉，尽其才，三者无一阙"，② 才能将选才与吏治的澄清真正完美结合。

薛福成具有强烈的民族自豪感和自信心，他认为"西学者，无非中国数千年来所创，彼袭而精究之，分门别类，愈推愈广，所以蒸蒸日上，青出于蓝也"。③ 他认为中国本可以"操鞭笞八荒之具"，弊端就在墨守成规，必须"删成例以修政，破资格以求才"，才能从根本上解决人才的短缺问题。他在《答友人书》中谴责中国政事的现状就是"非成例不能行也，人才非资格不能进也"，所以"外国日强，中国日弱"的局面不是偶然现象，是中国自己造成的。并且预测长此以往，"一二十年后，吾辈恐未得高枕而卧也"。④ 十九年后，中日甲午战争中国惨败验证了他的猜想。薛福成于1894年7月21日病逝，四天后中日丰岛海战爆发，标志甲午战争的开始，此后就是战事的不断失利以及第二年丧权辱国的《马关条约》的签订。试想薛福成如果不是英年早逝，他见到被自己一语成谶的情形会有何等的感慨！更何况在1891年，薛福成就曾说过"以区区日本，尚知力图振兴，岂中国反不如日本乎？"当时就指出"中国宜为自强之谋，迫矣急矣！"⑤ 现实是多么的讽刺和残酷！因此，对不合现实发展需要的选才制度作出改革，是带动整个国家育才观念、方法、内容转变的关键一环。李鸿章也曾说时事艰难，希望朝廷"节省冗费，讲求军实，造就人才，皆不必拘执常例，而尤以人才为急要，使天下有志之士，无不明于洋

---

① 《薛福成选集》，第8页。

② 同上书，第20页。

③ 《薛福成日记》（下），第778页。

④ 《薛福成选集》，第93—94页。

⑤ 《薛福成日记》（下），第635页。此处内容为光绪十七年四月二十日的日记内容，整理者特别加了脚注指出是刻本二十日日记内容，但与第697页光绪十八年二月初二日内容一样。此类现象在此版《薛福成日记》中出现多次。

务"。① 不拘一格选拔人才成为当时有识之士的共识。

四　荐才思想

　　"奖荐贤"是薛福成选拔人才思想的一部分，推荐人才要成为国家的一项制度形成常态，同时要给推荐者以奖励以彰其要。国家要有鼓励臣工推荐人才的制度，各级官员也应该有踊跃举荐贤才的责任感。鼓励臣工推荐人才，可以作为科举制度的有益补充，为贤才发挥作用增加更多可能性，而且荐才应该具有灵活性，只要具有一技之长，能够为国家所用，就可以作为被举荐对象，经受国家的考试和任用。实际上，薛福成的荐才思想与他改革选才制度的思想有密切关系，他认为应该不拘一格荐举有才能的人为国家服务。如果国家在举荐人才方面具有宽松的、鼓励的政策，就会使各级官员有举荐的积极性。薛福成在积极倡导为国家举荐人才的同时，自身也积极观察、物色才堪大用的人才。以使才为例，这是变局之中的清政府亟须的一类人才，特别是在对外遣使的早期阶段，一来熟悉洋务的专业人士极其稀少，二来受夷夏大防传统观念的影响，甚少有人自愿漂洋过海担任使职，所以合格的使才始终是国家的稀缺资源。薛福成以自身的洋务才能和识见被荐举为驻英公使，经过海外的多年外交历练，他对远赴重洋办理对外交涉事务、维护国家权益有了更深刻的体会，他认为担任使职的人没有贤将、贤相的胆识与才智是不行的，所以越发重视使才问题。他认为"交涉之端日益广，需才之事日益多。而握其大纲，泛应咸宜者，尤以豫储使才为急务。当夫安危得失，事机呼吸之秋，无使才则口舌化为风波，有使才则干戈化为玉帛，平时遇事措注，利弊所倚，亦复动关全局。"薛福成对使才的标准进行了说明，"识形势、揣事情、谙公法、究约章"②，对使才铨选标准的明确做出了贡献。使才的特殊性恰恰凸显他的重要性，因此荐才也成为使臣的重要使命之一。荐才，包括了方方面面的人才，是发挥贤才之长，是应国家所需，因此是各级官员应该肩负的一项重要职责。

---

　　① 《李文忠公全书·国史本传》卷首，第23页。
　　② 《薛福成选集》，第522页。

五　励才思想

鼓励人才发展，才能培养出人才的积极性、主动性和创造性，才能为更多人才的产生创造良好发展环境。随着国家开化程度越来越高，更多的了解了外来文明，处于变革时期的清政府必须作出顺应时代潮流的转变。薛福成的励才思想早在 1875 年就在"海防密议十条"中有所涉及，其中详细解读了西洋诸国奖励人才的制度。他以制造业为例，指出西方"以制器为要务"，并鼓励发明创造，有专利制度进行保护。如果中国能够学习西方奖励发明创造，中国的制器之人就会受到极大鼓舞，就能够为国家的自强贡献更大的力量。他认为中国政府一方面应鼓舞人心，对中国的能工巧匠授以虚衔进行鼓励，另一方面应派员出洋，到各地工厂参观学习，"以窥其奥窔"，① 关键对能有所成就者要有奖励制度，这是受到西方奖励人才制度的直接影响。出使期间，薛福成对奖励人才制度进行了密切关注和思考。1890 年，薛福成在日记中说道："与其争胜于境外，不如制胜于国中"，时势变局之下，即使"伊吕复出，管葛复生"，也不得不关注"枪之灵、炮之猛、舰之精、台之坚"，而这几者的本原即为"修内政，厚民生，濬财源，励人才"，② 其中"励人才"就成为其中的重要一项。1893 年，薛福成在《强邻环伺谨陈愚计疏》中给出"约而易行"的时政对策，居首位的就是"励人才"。他还对人才进行了定义，"时方无事，则以黼黻隆平为贵；时方多事，则以宏济艰难为先"。具体到当时，需要的人才是"洞达时势之英才，研精器数之通才，练习水陆之将才，联络中外之译才"，并将人才层次进行了划分，"体用兼该，上也；体少用多，次也"。他认为对于人才的选用要根据国家的风气开化程度有所区别，"当风气初开之际，必有妙术以鼓舞之，则人自濯磨矣；迨豪彦竞进之时，必择异能而倚任之，则事无丛脞矣"③。只有这样，才能够营造群才振奋、默运九重的发展环境，才能解决国家发展的根本问题。薛福成特别以自身所见进行说明，"近数十年以来，火轮舟车，无阻不通，瀛环诸

---

① 《薛福成选集》，第 78 页。

② 《薛福成日记》（下），第 605 页。

③ 《薛福成选集》，第 501 页。

国，互为比邻，实开宇宙之奇局"。各国之间通商、定界、立约，出使人员作为变局之下的开路先锋，责任重大。1892 年，薛福成专门撰文《使才与将相并重》，指出"无贤相之识与度，不可以为使臣；无贤将之胆与智，亦不可以为使臣"，① 以使才为例进行了详细剖析，意指国家如果不对有才能的人进行鼓励、奖励，就不能延揽到贤才为其服务！

六 结 语

"知人必先论世。只有把历史人物及其活动置于特定的时代和社会环境中予以通盘考察，才能实事求是，得出比较确凿的价值判断。"② 综观薛福成的人才思想，反映了近代变局之下先进知识分子思想中的新式人才观，具有完整性和系统性，并有长期的发展和论证过程，能够从储才、育才、选才、荐才、励才五个方面完整展现其人才观。他的人才思想冲击了传统科举制度对于人才选拔的统治地位，主张只有灵活选才才能真正做到培育和储备时代所需要的人才，才能促进新式人才、实用人才走向仕途，推动教育事业的近代化发展，加速社会风气的开化。同时要创造好的外部环境来荐才，并把励才制度作为实现国家强盛的重要一环进行落实。这些思想对当时社会产生了积极的影响，对没落的清王朝适应变局起到了促进作用，一定程度上维护了清王朝的封建统治。客观上，其所产生的效应远比薛福成本人所想要深远，他的人才思想在很大程度上加速了新式思想在中国的发展和传播，为中国的近代化和近代革命都创造了思想和阶级上的基础条件，这也是封建统治官僚集团所始料不及的。由于其坚持"中学为体、西学为用"的洋务运动指导思想，是为了维护封建统治的长久性，终归不能摆脱封建思想的窠臼。他的人才思想中还夹杂着唯心和错误的观点，如他专门撰文《赤道下无人才说》，认为人才的产出受地域的限制，"大抵地球温带，为人物精华所萃；寒带之极北，则人物不能生；热带之下，人物虽繁，而人才不生"。③ 这显然是荒谬的。但瑕不掩瑜，我们不能苛责前人。薛福成的思想是先进的，他的人才观"具有承前启后的时

---

① 《薛福成选集》，第 418 页。

② 《薛福成评传》，第 1—2 页。

③ 《薛福成选集》，第 301 页。

代价值"，① 的确，薛福成继承了前人的人才观点，又提出了适应中国近代化发展需要的人才观，对后来的维新派产生了深远影响，从历史大潮来看，薛福成系统、成熟的人才思想与同时代人相比较走在了时代的前列，顺应了历史发展的潮流，对促进中国教育、军事、科技的近代化发展具有重要的历史意义。

---

① 《薛福成评传》，第 471 页。

书　评

再看江南又一新

——评刘丽博士《7—10 世纪苏州发展研究》

李 沁

（上海师范大学人文与传播学院）

冯贤亮的《史料与史学：明清江南研究的几个面向》[①] 一文中提到，当代关于江南研究，"依然方兴未艾，论著堪称高产"，水准较高，但"最令人遗憾的，还是对前人、海外同行研究的不熟悉、不了解，问题意识建立的基础多有薄弱，史料的占有与正确见解有待进一步研究"。在范金民的《江南社会经济史研究入门》[②] 中，有这样的论述："江南研究始终很热闹，江南成为中国的窗口，成为与世界某个国家如英格兰比较的对象；江南研究似乎成为显学，各种人士大显身手，各种理论纷然杂陈，各种方法各显神通，各种解释应接不暇。"研究江南社会经济发展有时间和空间、宏观和微观，研究的主题有理论方法、区域开发和区域发展、农业经营、水利兴修、赋税徭役与地租、手工行业、城镇经济、商业贸易与商品市场，等等，但在现有的资料前提下，最重要的是有独特的视角，在各种研究基础上进行新的阐释。刘丽博士的《7—10 世纪苏州发展研究》，立足于时间与空间，着重一个地区在一个时间段的发展，在共性中解读个性，笔者认为无疑是一个新的江南社会经济史的切入点。就如为该书作序的张剑光先生所说："学术贵在选题的拓展，贵在论述的新颖和论题的推

---

① 冯贤亮：《史料与史学：明清江南研究的几个面向》，《学术月刊》2008 年第 1 期。

② 范金民：《江南社会经济史研究入门》，复旦大学出版社 2012 年版，第 1 页。

进。"① 这本书中的新研究构架、新观点、新论述，在近年来十分热门的江南社会经济史研究中，让人耳目一新。

正确划分带有共同性质经济要素的区域，是区域经济史研究的第一步。该书选择了唐代江南经济较有典型的苏州作为研究对象，作者首先对苏州在唐代的地理概念进行了详细的介绍，说明本书所谈苏州为何地及范围的大小。众所周知，苏州不仅以两千五百余年高度稳定的城市发展史而成为世界上罕见的奇迹，而且又以一千余年经久不衰的区域经济中心地位常令人赞叹不已，其强劲的生命力引起国内外学者极大兴趣，对苏州各个方面的研究已取得比较丰硕的成果。然而，7—10 世纪，苏州是一个极为特殊的阶段，是一个区域开发逐步转向深入的时期，因此，作者选择这个时期就有着特别重要的研究意义。另外，作者在研究方法上还跳出了狭隘的时间、空间界限，通过与周边地区的横向对比反观苏州社会发展的独特性，与历史时期的纵向对比来总结苏州区域演变的阶段性。这是本书的第一个亮点。

其次，必须充分肯定的是该书作者在研究思路上有了一定的创新。因为要突出 7—10 世纪苏州发展的个性，所面临的最大问题就是材料不足。作者从排比基本史料着手，甩开对一些理论模式机械性的迎合，试图从对现有史料的挖掘上获得对该区域变迁的理性认识。特别要重视的是，作者把目光聚焦在中唐时期的"元和户"及大历十三年苏州升为"雄州"这两点上，把弄清楚"元和户"的性质作为成功解读苏州成为雄州的前提。作者在一步步深入研究中整理出来的"苏州地区何以成为江东地区最受移民关注的区域"、"促使中唐苏州户口剧增的因素有哪些"等的问题后，使得苏州区域在中唐以后经济快速发展这一特征逐渐浮出水面。这是作者研究的又一突出亮点。作者在解读苏州户口的过程中得出"长期以来，与北方黄河流域相比，江南地区是稳定的，但是在江南地区内部，各个区域之间的稳定又是相对的；就整个江东地区而言，苏州无疑是最为稳定的区域"② 这一重大结论，让读者更加了解苏州发展的一个总体特征，这个结论的证实是该书研究的理论支撑与重大成果。

此外，作者有着严谨的学术思想。在该书的表述中，作者分上、下篇来

---

① 刘丽：《7—10 世纪苏州发展研究》，中国社会科学出版社 2013 年版，第 3 页。

② 同上书，第 9 页。

展开。上篇以雄州崛起为核心，阐述隋唐五代时期苏州经济发展的过程，重心在于论证促使苏州成为雄州的原因等问题。下篇以区域秩序稳定为核心，阐述隋唐五代苏州政局稳定发展的过程，重心在于探讨促进大族文化与苏州政局稳定之间的关系。作者论述道："经济发展是政局稳定的重要体现，而政局稳定又是经济发展的基本前提。"① 这也从侧面反映出作者对中外学者关于现今江南地区的研究状况及未来研究的发展空间有着深入的了解。谦虚而严谨的学术之风让读者了解到现今学术界的研究者在研究中不断推进。

作者在叙及研究的理论方法中提到该书是以马克思主义政治经济学理论为指导，结合历史学科的基本特征，采用当下史界所普遍适用的研究方法展开。其中分别采用了考古资料与文献研究相结合的研究方法（又称为"二重证据法"），作为该书研究的主要方法。作者用历史学、经济学、政治学、文化学等多学科的综合研究法来阐述问题，做到了宏观审视与微观剖析相结合。在现今史学界，主流研究思路的"问题史学"，即以探索历史表象下隐藏的深刻内容为目的的研究方法，笔者认为在本书中得到了使用及延伸。作者的论题实际上是通过对苏州发展的横截面进行剖析，从而展示隋唐五代江南经济和社会发展的全貌和运行规律。

一本新书最吸引读者的地方莫过于它的创新之处。必须强调指出，该书的特别亮点，主要体现在对旧史料的新解读。作者在对"元和户"考察过程中发现由于土地制度及征税方式的变化，安史之乱前后唐王朝在户口统计方面出现了重大转变：安史之乱前，均田制下政府所掌握的户口在理论上是指全国的总户口；安史之乱后，两税法下政府所统计的户口仅仅是提供赋税的那部分人，即"税户"。尽管"税户"与均田制下的"课户"有根本的不同，但从纳税整体而言，二者又有诸多相似之处。作者以此作为突破口，发现了中唐以来南方户口变迁的基本趋势与规律，从而找到了苏州户口持续增长的深层次原因。这一方法，为唐五代江南经济史研究提供了一个崭新的视角。

该书有较高学术创新点在于揭示苏州升为"雄州"的基本因素。其中之一是对苏州农业开发方式的讨论。书中梳理了江东农业开发方式，提出"拓展式开发"与"恢复式开发"等概念。作者认为中唐时期，随着东南基本经济区地位的确立，南方的农业进入一个新的发展时期，在新形

---

① 刘丽：《7—10世纪苏州发展研究》，中国社会科学出版社2013年版，第10页。

势下，江东的农业开发呈现出两个基本的层次：第一个层次位于交通便利但境内尚有大面积原始土地的区域，随着垦殖的推进，该区域的开发表现为新土地的不断拓展，人口也在逐步增长，在书中称作"拓展式开发"；第二个层次位于经济相对比较发达的区域。此历史时期该区域的土地资源已经得到了比较充分的利用，此期间由于频繁的兵变导致原有基础设施的破坏和土地的撂荒，在相当长的时间内当地的主要任务是整顿战争破坏的经济，招募流民，恢复生产，即"恢复式开发"。

本书学术上另一较大的创新点，就是揭示出历史时期苏州长期保持社会稳定的社会文化根源，作者认为是世家大族及其家学文化在苏州秩序的形成发展过程中起着举足轻重的作用。士族与区域稳定的关系学界已有不少表述，但作者首次将这一关系运用到苏州地区，通过剖析历史时期士族文化寻求苏州社会内部高度稳定的根源。又因为不同时期影响的不同，作者从三处具体进行分析：首先是吴郡大族对苏州社会秩序所起的决定性影响；其次是苏州刺史对中晚唐苏州政局的影响；最后是钱氏儒学化倾向与苏州稳定的关系。

作者在史料运用上分别参考了大量的古代文献、今人著作及今人论文。正因为作者通过对整个江南地区及苏州一地的史料的横截面进行对比发现，才使得作者在此书中有了以上这些崭新的学术成果，为唐代史学做出进一步深入研究的扩展。除了集大成的类书、地方志的运用，因苏州地区在唐代有很多著名的文人，作者采用全方位选取资料，从文集中搜取被大家忽略的史实资料，从而使论述有更多的论据，能更全面地证实结论。

日本学者斯波义信在中国江南地区经济史的研究上有着巨大的研究成果，在他的《宋代江南经济史研究》中，我们看到他运用"空间与时间的趋向和周期研究"这一理念，将宋开国至明永乐初划分为七个时段，分别命名为边境状态（开拓状态）、上升始动期、上升期、实质成长期、下降始动期、下降期、上升始动期。以往不少中国的研究者通常以人口及赋税为标准来说明问题，但人口数不能直接反映经济盛衰，赋税常常是定额，且数据不实，以之作计量分析往往不能令人信服。斯波先生在其书中则采用广义社会史学方法，综合考察，眉目清楚，自成体系。[①] 我们对比

---

① ［日］斯波义信著：《宋代江南经济史研究》序，方键、何忠礼译，江苏人民出版社2001年版，第7页。

了刘丽的《7—10世纪苏州发展研究》与《宋代江南经济史研究》，发现作者关于江东农业的新观点的思路是在斯波先生一个大的整体定义下，选取了一个具体区域的一个具体时间段中在具体类型的应用上取得的成果。这虽是一种创新，也是一种有益的模仿。

该书是区域地方史的深入性的扩展研究，在取得进步的同时也有着需要进一步改进之处。该书在苏州地区土地研究过程中，因为现有史料并不充裕，所以对作者新提出的概念的阐发相当有限，需要进一步完善。

征 稿 启 事

　　东北大学秦皇岛分校近年来对人文社科研究极为重视，创办了一系列以文科专业为主的学术机构以进一步推动人文社科研究。历史学科发展是东北大学秦皇岛分校颇具特色的文科领域，有科技史、近现代史与区域经济学科下的区域社会史等硕士点或研究方向，等等，形成了具有学科发展、学术研究、教师队伍建设等多位一体的发展模式。历史学学科是秦皇岛地区高校整体而言较为薄弱的一个方面，与秦皇岛悠久的历史、灿烂的文化相比，加强历史学建设既是该校相关教师的科研任务，也有益于推动地域文化的繁荣发展。目前，学校具有历史学及相近专业的博士学位的教师二十余位，形成了一支具有朝气的学科队伍。

　　历史学是对以往社会的科学研究，涵盖范围极为丰富，我校立足科研，并有强烈的社会责任感。习近平总书记指出，优秀传统文化是我们最深厚的文化软实力。在此基础上，教育部提出："中国特色社会主义道路是在对中华民族5000多年悠久文明的传承中走出来的，具有深厚的历史渊源和广泛的现实基础。"从学术研究角度去梳理和总结优秀传统文化，并服务于现实，是知识分子应该承担的社会责任。东北大学秦皇岛分校在学科建设多元发展的基础上，拟进一步加强对历史学学科的建设，2013年东北大学秦皇岛分校承办了河北省历史学年会暨首届秦皇岛地域历史文化研讨会，其会议成果《秦皇岛地域文化专题研究》（经济科学出版社）即将出版。为了密切与学术界的交流，定期推出研究成果，学校在综合考虑、求证学界专家、结合国家和社会的需要，拟定创办以历史学为主、兼及相关专业的学术集刊：《中华历史与传统文化论丛》。为了达到学术交流、保证学术品位，集刊聘请了历史学界的数位知名专家担任学术顾问。集刊以历史学为主，包括中国古代史、政治制度史、民俗文化史、社会经济史、科技史、史料汇集、名家访谈、学术动态，等等。

集刊以历史学为主，相关专业如法学、哲学、政治学等学科范围内探究史学问题（如法律史）或与传统文化有关的论文皆欢迎投稿。除收录原创学术专题论文外，拟开辟书评、学者访谈、名家随笔、史料汇集等专栏。其中书评，欢迎对经典著作、新出著作等历史学等反映中华传统文化研究的书籍的深入剖析。学者访谈，可对学界泰斗、中青年学者进行深入且有启发意义的访谈。名家随笔，欢迎学者在学术之外中的人生思考。史料汇集，欢迎各界提供独家的新见史料，或档案、或碑刻、或契约文书等，只要为首次披露且为独家整理的资料皆可。以上文稿，原则上不限制字数，格式参照《中国社会科学出版社图书编辑体例规范》最新规定，并附中文摘要和作者详细信息。本集刊谢绝一稿多投，对于拟采用稿件给予相应稿酬，并请作者同意中国知网全文收录。

联系人：董劭伟

联系邮箱：dqzhls@ sina. com、12965562@ qq. com。

书讯及书评约稿通知

　　商务印书馆近期出版了黎虎教授专著《汉代外交体制研究》（80 万字，2014 年 1 月第 1 版），该书是在其主持的国家社科基金的结项成果（鉴定等级"优秀"）基础上修改完善而成。黎虎教授 1998 年出版了研究专著《汉唐外交制度史》，今又出版了《汉代外交体制研究》，两书为相互关联的姊妹篇，从而共同构成著者所精心设计的完整的中国古典外交体制框架。黎虎教授数十年来从事中国古代史研究，从先秦秦汉到魏晋隋唐，无论断代还是贯通研究，都取得了丰硕的学术成绩，填补了诸多学术空白，且开辟了中国古典外交制度的研究领域。黎虎教授从 20 世纪 70 年代末开始外交史研究，迄今已有三十余年历程，累计发表和出版了一百多万字研究成果，开中国古典外交制度先河。相信此书的问世将进一步推动这一学术领域向深度和广度的开掘前进。如有读者对这一研究领域感兴趣，愿意参加讨论或撰写书评赐下，敝刊将无比欢迎。

　　北京师范大学出版社"探索文库"丛书近期收入出版了黎虎教授学术论文集《先秦汉唐史论》，该书分上下编：《古史卷》与《吏民卷》。上卷收录了黎虎教授数十年间发表的十余篇学术论文，时间跨度 20 上世纪 70 年代末到 21 世纪初，这些论文包括先秦、秦汉、隋唐的专题论文，主题涉及外交史、社会史、文化史、历史人物等，这些主题各异的论文第一次结集出版，与作者此前出版的《魏晋南北朝史论》涵盖了作者专著之外的古史论文。下编《吏民编》虽为论集形式，实则为具有内在关联性的系统专题研究，作者在立意上有破有立，从长时段视野下展现了对"吏民"这一问题的深度思考，并充分使用了吴简等新出土文献，全编创见良多，论述精辟。